中伦研究院出品

中伦研究院出品

1993-2023 中倫 ZHONG LUN

房地产与基础设施

规则、变革与进阶

中伦研究院 / 编

REAL ESTATE AND INFRASTRUCTURE

RULES, REFORM, AND ADVANCEMENT

法律出版社 LAW PRESS · CHINA
北京

图书在版编目(CIP)数据

房地产与基础设施：规则、变革与进阶 / 中伦研究院编. -- 北京：法律出版社，2023
ISBN 978 - 7 - 5197 - 7993 - 1

Ⅰ. ①房… Ⅱ. ①中… Ⅲ. ①房地产业－律师业务－研究－中国 Ⅳ. ①D926.5

中国国家版本馆 CIP 数据核字(2023)第 101671 号

房地产与基础设施
——规则、变革与进阶
FANGDICHAN YU JICHU SHESHI
—GUIZE、BIANGE YU JINJIE

中伦研究院 编

责任编辑 李争春 翁潇潇
装帧设计 汪奇峰

出版发行 法律出版社
编辑统筹 法规出版分社
责任校对 张红蕊
责任印制 耿润瑜
经　　销 新华书店

开本 710 毫米×1000 毫米 1/16
印张 28 **字数** 457 千
版本 2023 年 7 月第 1 版
印次 2023 年 7 月第 1 次印刷
印刷 北京中科印刷有限公司

地址：北京市丰台区莲花池西里 7 号(100073)
网址：www.lawpress.com.cn
投稿邮箱：info@lawpress.com.cn
举报盗版邮箱：jbwq@lawpress.com.cn
销售电话：010 - 83938349
客服电话：010 - 83938350
咨询电话：010 - 63939796

书号：ISBN 978 - 7 - 5197 - 7993 - 1
定价：146.00 元

凡购买本社图书，如有印装错误，我社负责退换。电话：010 - 83938349

中伦律师事务所创立于1993年，是中国最早获批设立的合伙制律师事务所之一。经过30年快速、稳健的发展壮大，中伦已成为中国规模最大的综合性、国际化律师事务所之一。来自全球18个办公室，包含420余位权益合伙人在内的2500多名专业人员，分别专精于特定的专业领域，通过合理的专业分工和紧密的团队合作，中伦有能力在各个领域为客户提供高质量的法律服务。

随着中国企业进一步迈向国际化，中伦与全球不同国家和法域的律师事务所建立了多维度、多渠道的合作关系，服务网络持续延伸，搭建了多元化、深层次的全球服务平台，形成了跨区域、跨领域、跨法域的综合发展格局，更加有效地为客户提供全方位、一站式的法律服务。

中伦研究院创立于2017年，依托中伦作为大型国际化律所的海量实践经验，集成中伦在行业内的前沿案例，结合全球化的法律与商业思维，致力于为法律服务注入前瞻性、创新性、综合性的知识成果与智力资产，推动法律行业变革与进步，并以科技解读法律，以法律赋能未来。

序　言

2023年，是中伦律师事务所成立三十周年。而立之年驻足回眸，一代代中伦人在朝与夕的传承中坚守，在变与革的创新中突围，融入助力国家法治发展的大潮之中，脱颖而出。在既往的耕耘中，中伦见证并参与了经济与社会的发展，也受益于中国与全球的交流融合，始终保持理性、充满信心、彰显韧性。

三十年来，中伦践行律师使命，以法为业，以律为师，夯实理论基础、坚持专业化升级，与客户风雨兼程、同舟共济，共同把握时代机遇，迎接历史挑战。今天，中伦已经成长为一家提供全方位法律服务的大型综合性律所，在三十多个业务领域处于国内乃至世界领先地位，整体专业实力持续领跑中国法律服务市场。同时，中伦以"立足中国，连接全球"为出发点，不断提高为客户在全球配置最优法律服务资源的能力，并在国际舞台上贡献属于中国律师的智慧。

三十年来，中伦不断探索现代化中国律所建设之路，注重科学的组织和制度建设，以文化塑造人、以事业凝聚人，力争打造有活力、有温度、有效率、有目标、有原则的专业机构，构建优质的企业生态系统。同时，中伦努力承担社会责任，致力于慈善公益、法律援助、法学教育、国际交流、建言献策、参与立法、对外共享研究成果，于不同层面参与法治建设，推动律师行业发展和社会进步。中伦与中伦人共同成长，互相成就，攥指成拳，合力致远。

最近五年面对世界大变局和诸多不确定因素，中伦努力把握时代脉搏，在发扬光大传统优势领域的基础上，积极适应新场景、学习新技术、运用新工具、创造新模式。其中一个重要方面就是以行业部门为入口，服务于国家产业政策，面向未来发展趋势，培养精通专业、熟谙行业、兼具全球视野和本地专长的业务团队，从而为客户提供更精准、更全面、更优质的全产业链服务。

这套中伦三十周年系列文集正是展现了这方面的成果，共六卷，分别聚焦房地产与基础设施、能源与自然资源、金融行业、通讯与技术、健康与生命科学、文化娱乐教育六大行业。它的问世离不开中伦合伙人和律师们的不辞辛劳；在繁忙的业务之暇，他们将执业中的经验凝结为一篇篇兼具专业性、针对性和实用性的文章。这是他们为中伦三十岁生日献上的一份厚礼，更是中伦奉献给读者们的一份答卷。

三十周年是“百年中伦”的一个重要里程碑，也是中伦面向未来的一个关键时刻。中伦将秉承“专业、进取、包容、共享”的核心价值观，以“制度化、专业化、国际化”为抓手，拥抱科技创新革命，为建设成为国际上受人尊敬的法律专业服务机构，为推进中国法治化进程，笃行不怠，踔厉风发。

志之所趋，无远弗届，穷山距海，不能限也。

是为序。

中伦律师事务所管理委员会主任

赵 靖

目　　录

一、房地产

二、城市基础设施建设

CHAPTER 01

房 地 产

房地产困境项目债务重组法律实务

邓福荣*

* 作者简介：
邓福荣，中伦律师事务所深圳办公室公司业务部合伙人，电邮为：dengfurong@ zhonglun. com。

房地产行业高速发展10余年，在“房住不炒”的宏观背景下，尤其是2020年8月“三道红线”政策出台后，因房地产行业的发展模式及市场发展规律、政策执行力度、国家宏观调控等，房地产市场从2021年9月开始经历行业“缩表”的阵痛，不少大型房地产企业先后出现债务风险，面临诸多困难，继而影响资金方、施工方、材料设备供应方及购房业主等多方主体。房地产市场影响国民经济及民生多个方面，在行业困境下，政府亦在监管、维稳、施救等多方面遇到难题。从表面上看，各方主体皆可按政策与法律处理，但实操中，商业诉求与法律的平衡，经济效果与社会效果、法律效果的协调，社会资源的调度与节约，仍需探索最佳路径。

在单纯的法律手段难以解决问题的情形下，笔者认为，房地产难题的解决，最终要落实到具体的房地产项目庭外重组与盘活。开展全行业性的政策拯救或对大型地产公司进行全面的庭外重组盘活，需要多方长期共同努力。因此，结合一年多的地产项目重组盘活经验，笔者希望从政府管理、商业诉求、法律实践等方面，为各方在房地产项目困境中破局提供一些建议，助力解决具体房地产项目的实际问题，使项目价值最大化，最大限度地实现各方利益诉求，从一定程度上缓解目前房地产困境。

本文仅就困境项目的成因、市场常见盘活方案等问题，从法律角度予以整理，不宜以此作为法律意见在实践中套用。

一、困境项目出现的背景

房地产行业经过10多年的快速发展之后，地产的金融属性、投资属性凸显。金融资源过度集中到地产行业，房价虚高，金融杠杆不断放大，行业资金的高成本传导至其他领域，导致房地产行业危机重重，如不加以调整，将给社会经济运行甚至社会稳定带来重大不利影响。

2020年8月，中国人民银行（以下简称央行）、住房和城乡建设部（以下简称住建部）召开房企座谈会并约谈12家房企，明确了资金监测和融资管理规则——“三道红线”。“三道红线”之后，政府继续出台一系列政策收紧房地产融资。12月28日，央行与中国银行保险监督管理委员会（以下简称银保监会）发布《关于建立银行业金融机构房地产贷款集中度管理制度的通知》（银发〔2020〕322号），根据银行业金融机构资产规模及机构类型，分档对房地产贷款集中度进行管理，规定了每家银行的“房地产贷款余额比率”和“个人抵押贷款余额比率”。

2021年2月，国家资源部发布住宅用地分类调控文件，明确了重点城市要对住宅用地实行集中公告、集中供应，实施“两集中”土地使用权出让制度的22个重点城市，除包含北上广深4个一线城市外，还有南京等18个二线城市，该政策加剧了房地产企业拿地的资金集中度。3月26日，银保监会、住建部和央行联合发布《关于防止经营用途贷款违规流入房地产领域的通知》（银保监办发〔2021〕39号），提出加强经营用途贷款审查要求，从个人住房贷款方面控制资金违规流入房地产。

多重调控政策的出台，对房企的融资能力和现金流管控能力提出了更高要求，长期依靠高周转、高杠杆进行发展的房地产行业开始“失速”，行业融资、供地、销售等，均逐步出现不同程度的同比、环比下降。部分房企因为融资困难、现金流紧张，出现信用危机甚至破产，购房业主观望情绪浓厚，新房销售不畅，整体房地产市场进入寒冬，部分头部房企陷入流动性危机。

2021年9月下旬，实施了一年多的各种紧缩政策后，政府开始出台相关政策，释放积极信号。9月24日，央行货币政策委员会2021年度第三季度例会，提出“两个维护”，即维护房地产市场的健康发展、维护住房消费者的合法权益。9月29日，央行和银保监会联合召开房地产金融工作座谈会，进一步强调金融部门要准确把握和执行好房地产金融审慎管理制度，要求金融机构要配合相关部门和地方政府共同做到“两个维护”。10月20日，时任国务院副总理刘鹤在2021年金融街论坛年会开幕式上书面致辞中，提出统筹做好金融风险防控，并指出房地产市场出现了个别问题，但风险总体可控，合理的资金需求正在得到满足，房地产市场健康发展的整体态势不会改变。11月中央政治局会议，12月中央经济工作会议，均释放积极信号。央行、银保监会出台《关于做好重点房地产企业风险处置项目并购金融服务的通知》，鼓励银行稳妥有序开展并购贷款业务，重点支持优质的房地产企业兼并收购出险和资金周转困难的大型房地产企业的优质项目，之后包括支持资产管理公司（Asset Management Companies，AMC）纾困房地产项目的政策多次释放利好信息。11月11日，央行与银保监会发布《关于做好当前金融支持房地产市场平稳健康发展工作的通知》（以下简称《十六条》),从房地产融资、保交楼金融服务、做好受困房企风险处置、住房金融消费等六个方面缓解房地产市场各主体资金紧张程度。

利好政策的出台,减缓了房地产行业失速的情况,但并未有效解决困境房企的资金需求,房地产企业流动性困难仍然持续,房地产企业"暴雷"宣布债务违约的情形增加。自2021年下半年开始,很多地产公司陆续进行债务重组,个别大型房企进入破产重整边缘。截至2022年10月,已有10多家大型房地产公司进入庭外重组程序,部分公司在我国香港特别行政区被提起清盘程序,地价、房价进一步下降,房地产去化周期延长一倍甚至更久,理财产品投资人收回投资心切,部分楼盘交楼困难,个别项目购房业主集体断供断贷,大型施工企业被拖累,诸多在建项目停建,预售楼款被掏空,大部分项目亏损,导致无法再融资;工程款、房屋买卖、房地产项目合作、房地产融资等方面的争议案件大幅上升。《十六条》的出台有利于市场信心的建立并为行业提供实际的支持,但效果呈现需要数月时间。

在流动性整体不足和资源有限的背景下,纾困具体项目而不是救助整个地产集团公司,已经成为市场共识。从"保交楼、保稳定"及房地产金融稳定的角度看,市场需要对大量困境项目进行重组。

二、困境项目重组的基本原则

本文探讨的困境房地产项目,原则上需资大于债,或者通过政府行政赋能可以改善其资产平衡情况,以达到重组的基本条件。

困境房地产项目公司重组的主要原则有:

(1)各方合意。主要债权人与债务人同意并配合重组,原有债权人受偿顺序基本不变,用于重组盘活的增量资金优先于所有资金兑付。

(2)资产保护。重组资产需要进行一定程度的资产保护措施(非逃废债),避免在重组过程中被其他关联公司或母公司的债务干扰,影响重组目标实现。

(3)第三方操盘。项目操盘原则上委托债务人以外的有实力的第三方,项目操盘共管,以恢复各方对项目、对公司的信心。

(4)行政赋能。政府支持重组,在维稳、规划、自然资源、建设、金融等方面提供支持,提升项目价值,维护社会稳定、项目经营稳定,保障民生。

(5)增量资金支持。需要现有债权人或第三方提供项目后续发展资金的支持。

(6)项目品牌更换。在困境地产公司品牌严重受损的情况下,需第三方(操盘方或投资方)授予项目新品牌,增加项目品牌溢价、消费者信心,提高项目去化速度。

三、困境项目重组的法律尽职调查

困境项目受制于多个方面且难以突破的一个重要原因是:各方对于项目盘活的信心没有具体可见的信息予以支撑。各方主体对单个房地产项目情况客观上存在信息获取不平等、不对称,但救活项目必须是相关各主体协商一致、利益平衡,故原有的信息壁垒应该被打破,信息通过法律、财务、工程等由专业机构尽职调查,实现信息共享透明,解决各方互信问题,方便各方对自身在项目中的权益做到心里有底,从而适当让渡利益,支持项目重组方案,避免各方争相采取查封冻结措施、挤兑资产、项目烂尾的局面,从而形成各方同意的项目重组方案并使项目价值最大化。

(一)项目尽职调查

除应该关注的一般事项外,对困境项目的尽职调查,可考虑从以下八个方面进行重点梳理:(1)土地及房产基本信息及权利限制情况;(2)项目货值与去化周期;(3)项目成本及税负;(4)项目共管情况;(5)项目进度情况,含施工、预售等;(6)已有债务种类、金额,已经支付开发资金,后续开发所需资金、时间;(7)项目债权人、施工方、供应商等各方主要诉求;(8)项目业态、容积率等主要规划指标调整空间。

尽职调查为项目重组方案服务,需要摸清现状,为方案涉及的问题提出解决路径。

第一,针对项目的不同情况侧重点会有所不同。在调查土地及房屋权属时,要注重关注土地、在建工程等核心资产是否存在被其他债权人查封、冻结、抵押、质押等情形,应对土地及房屋权属的确定性进行验证。

第二,需特别关注房地产项目的货值、成本及税负情况,这直接影响投资人对项目盈利的经济测算,决定后续项目重组方案。项目货值,可从项目规划建筑面积、可售面积(分住宅、商铺、车库等多种业态)、自持面积、已售面积、应收销售款、已收销售款、在途回款、可售面积单价区间(分住宅、商铺、车库等物业类型)、平均单价预估、去化周期预估等相关可量化、较为具体、更为直观的经济指标进行判断分析;商品房销售/预售许可证获取情况,如有分期开发,也应要求提供各期的取得情况,及尚未取得预售证的部分预计取得时间等资料信息。

第三,项目当前的进度情况以及共管情况。进度情况包括工程形象进度、项目已经取得的所有证照、是否达到当地预售条件(预售条件、实际进度)、预计完工日期(主体封顶、安装、装修等完成日期)、预计竣工备案日期(分期分业态),以及是否存在停工或预计将停工的情形,尚需工程款金额及支付时间等。项目共管情况表现为权属人对项目的掌控度,与项目公司融资、财务等情况相关联,可从目前公司账户共管、印鉴(公章、财务章及法人章)与证照共管、项目流程及重要进度资料共管情况进行了解。

第四,就可能存在的项目解封方案调查。实践中因部分房地产项目已被法院查封,故需了解包括各方解封的具体诉求,解封所需的担保措施。了解新增担保、资金封闭运行、账户及证照共管、进度控制、当地政府相关部门对项目的介入情况等。

第五,调查项目业态与容积率调整、相关配套调整空间等,主要是在项目自身不能收支平衡时,为寻求政府行政赋能提供相应技术依据。

(二)项目公司尽职调查

就项目公司的尽职调查,应着重关注以下六个方面的内容:(1)股东;(2)公司融资及担保;(3)债权债务;(4)诉讼、仲裁及行政处罚;(5)公司财务;(6)项目公司股权质押。

第一,原有投资者即项目公司股东作为公司得以存在的核心要素,对其尽职调查显得尤为重要。困境中的房地产项目,公司股权可能已被质押给其他债权人,或被让与担保,公司“暴雷”后股权被其他债权人查封、冻结或采取其他司法强制执行措施、行政冻结措施,故需要由项目公司股东对前述事项予以说明,以判断公司控制权的稳定性及保护资产的难度。股东需就与其他合作方的合作情况,股权代持情况,合作方在项目中的权益(包括分红或对项目物业分成等)、对项目参与监管的情况,与其他股东是否存在纠纷或矛盾等,进行说明并提供相应资料。

第二，公司融资及担保情况。应要求被调查方提供尚未清偿的所有融资（包括融入、融出，包括与银行、其他金融机构、股东或其他任何第三方之间的融资行为，还包括以股权、收益权等的转让和回购等名义订立的融资合同）的清单及对外担保的清单，就涉及的合同、金额、余额、期限、担保措施等予以说明并提供相应资料。

第三，经营性债权债务情况。除前述融资资料外的债权债务，如应收款（包括其他应收款）、应付款（包括其他应付款），以及股东及股东的关联公司与公司所有的债权、债务、担保及关联交易的清单，就涉及的相关情况予以说明并提供相应资料。

第四，法律诉讼及争议情况。实践中调查重点分为两块：一是对已产生诉讼、仲裁及执行的调查，二是对违约及违规情况的调查（引发新诉讼及处罚的可能性）。

第五，公司财务情况，主要包括企业信用报告、最近一期的资产负债表、最近一年的财务审计报告以及是否存在资产负债表之外的重要资金往来情况等。

根据上述尽职调查结果，实现项目信息共享，打消债权人与投资人的疑虑、树立市场对项目的信心，为后续各方主体就项目救活达成一致意见提供前提和基础。

四、困境项目重组方案

在房地产项目庭外重组案例中，重组方案主要包括重组主体、资产保护、交易结构、行政赋能、项目操盘、资金投入、项目销售与招商运营、债务清偿等内容，对于城市更新项目，有一些特别注意事项。

（一）重组参与主体

重组参与主体主要包括投资人、债权人、债务人、代建人、政府等。

重组投资人是重组过程中的重要角色，通常包括新引进的投资人、现有债权中的债权人两类。根据对项目的信心、资金成本、引进效率等方面确定具体的投资者。新引进的投资者主要包括资产管理公司、房地产投资基金。现有债权人作为新投资人，有对项目了解、引进效率高的特点，但也有其自身资金使用限制方面的局限。新投资人则面临不熟悉项目、引进时间长的局限。

由于没有进入破产重整程序，庭外重组不受相关破产程序强制，所以项目公司债权人、项目公司及其实际控制人的主动积极参与、支持，对于重组成功至关重要。

代建人作为树立各方信心的重要角色，往往由央企、地方国企、公信力及操盘能力较强的地产公司等担任，代建方有可能输出自己品牌作为项目的新品牌，以增强市场对项目的信心，促进项目销售。如果项目公司自身市场声誉较好，亦可以考虑仍然由其操盘，但此种情形很难获得债权人及购房业主的充分信任，不能使项目溢价。

困境项目重组必须行政赋能时，政府则成为庭外重组不可或缺的重要参与方。

（二）资产保护

房地产项目出现困境，其背后是整个地产集团公司的债务相互关联、资金混用、项目超融超调，因此，对项目资产采取保护措施就显得尤为重要；否则，重组过程中甚至重组成功后，大概率会因其他关联公司或实际控制人的债务，而将重组的项目公司重新拖入债务泥潭。

目前，采取资产保护的常用方式包括信托服务与设立特殊目的载体（Special Purpose Vehicle，SPV）两种，其作用是通过信托服务或将股权过户给新设的 SPV，使项目公司与项目公司原实际控制人及关联公司脱钩，不受关联公司债务拖累。

为避免逃废债嫌疑，项目公司原股东仍然在资产保护的交易结构中持有项目公司股权，但根据原债务顺序，原股东处于中间或列后的受益人顺序，依然对项目享有相应权利。

（三）重组交易结构

目前市场上通行的是信托服务结构与有限合伙作为 SPV 结构。但无论哪种交易结构，其目的是进行资产保护，不受项目公司原关联公司的债务和决策影响，同时方便债权清偿的顺序安排及投资者的加入。信托服务结构如图 1 所示：

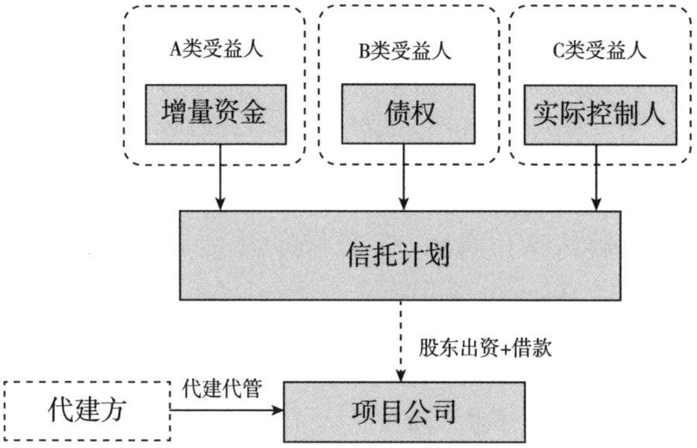

图 1　信托服务结构

在重组过程中,应债权人要求,项目公司(或其母公司)作为委托人,将项目资产或项目公司股权作为信托财产委托信托公司设立财产权信托。在受益人中,根据项目情况,将资金投入方、现有债权人、债务人等安排优先、中间、劣后的受益人多层级顺序,项目收益按受益人顺序分配,进而按照法定与约定的顺序实现债权。同一顺序中有两人或以上的,按照比例分配。

有限合伙结构如图 2 所示:

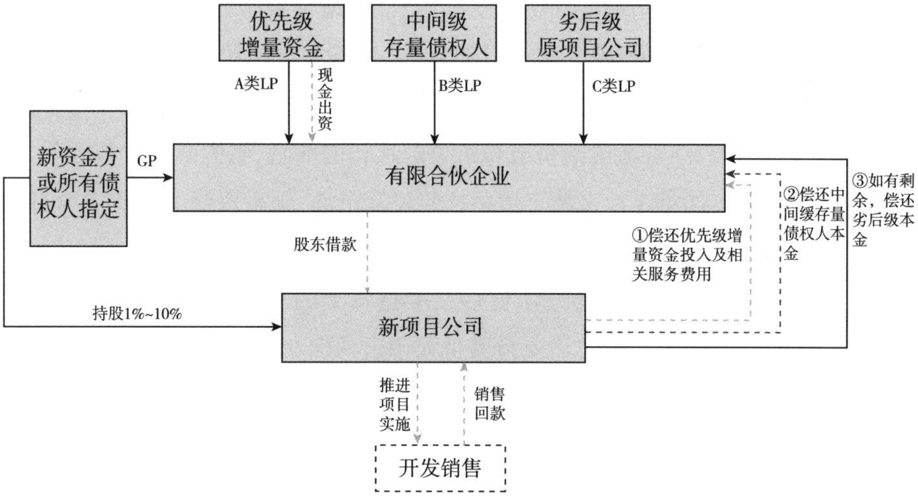

图 2　有限合伙结构

在基金 LP/GP 层面，根据项目情况，将资金投入方、现有债权人、债务人等安排优先、中间、劣后的多层级顺序，项目收益按 LP 顺序分配，进而按照法定与约定的顺序实现债权。同一顺序中有两人或两人以上的，按照比例分配。

（四）政府行政赋能

政府行政赋能是解决项目稳定、收支平衡、去化周期等的重要措施之一，大多数困境项目没有政府行政赋能，难以重组。行政赋能的具体内容见后文。

（五）重组项目操盘

项目操盘通常由代建人承担，债权人与代建人共管代建章证照，债权人对操盘中的重要事项如项目定位、方案设计、进度控制、成本控制、工程发包及销售定价等有最后决定权。项目公司原股东虽劣后于其他债权人，有些项目因历史遗留问题需要原股东继续协调帮助的，原股东或项目公司原管理人员继续参与项目操盘。债权人、原股东在项目操盘中的具体权利分配，需要根据项目情况确定，不能一概而论。代建人是受原股东与债权人委托操盘，系代理角色。

（六）增量资金与封闭运作

项目所需增量资金，来源于现有债权人的新投资或其他投资人的投资。增量资金额度视项目具体情况与需求确定，仅限于本项目必须使用的资金。《十六条》已经有支持金融机构对新增配套融资支持的规定，增量资金“后进先出”，且使用年限最长可达 3 年，同时明确了资金封闭运作，该资金封闭从项目微观上进行管理，与项目保护从项目宏观上隔离风险相辅相成，确保资金安全。

项目前期阶段，涉及缴纳地价或城市更新项目的前融，则因融资政策限制，资金来源渠道受限。如果土地来源于招拍挂的公开市场，则融资缴纳地价需要行政赋能许可。

另外，在资金投入中，有部分项目存在维稳资金的贡献，主要是在政府要求下，给予项目公司相关资金，之后支持其他兄弟公司保交楼、保稳定项目。该部分资金实际上是债权人及项目实际控制人各方对维稳相关任务达成的妥协。

（七）项目销售

关于项目销售时点与销售定价，各方意见容易出现分歧。虽然价格销售越高、周期越短，是各方共同追求的目标；但由于对市场的判断，债权优先劣后不同，各债权人关注点难以完全统一。尤其是增量资金债权人与有优先权的债权人，债权延期的成本及未来市场的不确定性，会使他们希望尽早销售。作为劣后的原股东或实际控制人，也非常希望项目能在偿债后有余值分配，在现有市场下行的时候，希望延期销售以等待更好的行情。因此，在交易方案中对销售定价与销售时点如何确定，需要进行相应的约定。

项目销售资金管理，应当划入增量资金提供方参与共管的专用账户，在资金封闭与资产保护的大前提下，确保资金用于项目及增量资金的优先偿还。

（八）项目债务清偿

项目开发完成后，按照交易方案确定的清偿顺序清偿债务。增量资金优先受偿（后进先出），其次为项目有抵押权的债权，再次为普通债权，最后是股东权益。股权质押的债权，优先于股东，但如果无抵押增信措施，在项目公司的偿还层面，则与项目公司普通债权受偿顺序无异。

项目代建费用、工程款等，优先于所有债权，代建费用优先其他债权源于重组协议的约定，工程款系法定优先债权。

项目开发完毕时债务依然无法全部清偿时，应部分债权人的要求，项目公司进入破产清算程序。

（九）亏损项目重组

如果项目最终开发完毕出现亏损，则需要根据项目情况另行确定方案。如果项目条件及规划条件允许变更业态、容积率、增加学位等指标提升项目价值，且提升后能达到项目收支平衡，则需要行政赋能，之后重组。如果项目净值亏损且无法行政赋能，则可能依赖兄弟公司项目支持，确保交楼稳定，但无法偿还相关债务。《十六条》也规定了在剩余货值销售回款不能覆盖专项资金（纾困专项资金）与新增配套融资（增量资金）的情况下，已经明确还款来源的，可以提供资金。既不能获得行政赋能提升价值，又无兄弟公司利润支持或其他还款来源的项目，只能走向破产重整或破产清算程序，具体内容不在本文探讨。

（十）争议解决对重组的辅助

困境项目基本都面临诉讼（仲裁）查封、冻结甚至拍卖执行，各类债权人因不同利益诉求采取力所能及措施对项目资产权利予以限制。在资产保护完成之前，参与重组的债权人可采取查封冻结措施对特定资产限制转让或被他人采取强制措施，在资产保护完成之后再解除限制措施，释放项目，办理开发手续。

五、困境项目重组中的行政赋能

政府介入项目重组或施救方案的制订与实施，是困境项目后续能否顺利完成开发的重要保障。政府权威性高，执行力强，有利于调动资源，可在短时间内集中资源处置局部风险，避免局部风险转化为全局风险。因此地方政府积极介入困境项目的风险化解，有利于提振社会和市场对困境项目化解危机的信心，争取重组的时间与空间。

在中央政府层面，一般通过政策调整（地产调控政策、金融监管政策）结合金融工具适当放松限制，比如银保监会敦促银行正常化房贷审批和房地产开发贷发放、债务融资政策放松等，在一定程度上缓解房企的流动性压力。这些政策仅有利于行业困境的适当缓解，不会给困境项目带来直接影响。

从地方政府角度来看，政府参与困境企业施救的首要任务是确保住房项目的后续建设和交付、保障购房者合法权益、保障农民工工资正常支付，实现“保稳定、保民生、保发展”。政府介入施救的部门一般包括维稳、自然资源、规划、住建、金融、国资等部门。主要对以下情形之一的项目介入重组：(1)项目出现难以交楼的风险；(2)项目难以兑付工程款，进而拖欠农民工工资；(3)项目涉及理财产品兑付风险，影响社会稳定；(4)项目自身条件良好，但需要对其他出现困境必须救助的关联公司进行救助；(5)其他无行政赋能难以重组的。

地方政府可以从以下方面介入困境企业的重组处理，以合适的方式对困境项目进行赋能：

(1)协调金融债权人。协调金融债权在债权实现方式、时间等方面基于房企处理危机的宽松条件，带动其他债权人给予流动性危机处理的适当支持。

(2)购买商品房。向开发商购买商品房作为保障房，一方面可以给困境企业带来一些现金流，另一方面可以增加保障房供应，缓解地方保障房的建设压力。

(3)免除闲置违约责任。对于困境企业尚未开发的土地，可以考虑适当延长项目开发期限，豁免延期开工或竣工违约金以及免缴闲置费（如果不是单纯由企业导致闲置的情形）等。

(4)改善预售监管制度。适当降低预售资金监管。有些地方政府在“三道红线”政策关于受限资金的基础上（以货币资金的1/3或预售款项的20%，以孰高者计算为受限资金),进一步收紧预售资金监管,加剧项目资金的紧张。如果在政府监管情况下用于本项目盘活,则可适当放松监管尺度。条件成熟时,改革预售制度,避免预售带来的不良后果。

(5)政府规划赋能。对于尚未开发或未完成建设的项目,可以在符合上层规划的前提下,经企业申请按合法程序适当调整业态、容积率、保障房、教育等相关配套设施等规划指标,吸引有实力的投资者参与合作开发,提升项目市场价值及去化速度。

(6)重组流程行政赋能。对于项目重组过程中的具体事务给予适当行政许可、登记方面的灵活安排,包括土地抵押登记与涂销登记、股权质押登记与注销登记、土地产权变更登记等,以满足项目用地及股权在遇到查封、抵押等多重权利限制时可有序实现协议一致的变更登记。

(7)拆迁障碍行政赋能。在拆迁方面不能推进的城市更新/旧改项目,提高保障房比例后,政府通过征收手段协助解决拆迁问题,以加快项目开发,实现资金回流。

(8)城市更新项目进度行政赋能。政府主管部门在城市更新项目立项、专项规划及实施主体确认等方面予以变通,确保被拆迁人及时得到补偿与回迁,维护社会稳定。促成项目/资产保护的顺利进行,维护投资人及债权人利益。

六、结语

困境房地产项目重组是在房地产行业下行并遇到严重困难的情况下出现的,与传统的房地产不良资产项目盘活有本质不同。政府、各类债权人、债务人、施工方、投资人等多方角色只有把"蛋糕"做大、适当放弃部分利益、承担社会责任等作为各方共同目标,方可重组成功。实践中的项目重组还会遇到更多、更复杂的问题,做到社会效果、法律效果、经济效果三者协调统一,是重组需要兼顾的原则。重组最终取得成功,还需要《十六条》落地及市场企稳的支持。

通过重整程序股权投资房地产项目的法律风险探析

马会军　贾　勇*　周　津　李艳军

* 作者简介：

马会军，中伦律师事务所北京办公室私募基金与资管部合伙人，电邮为：mahuijun@ zhonglun. com。

贾勇，中伦律师事务所北京办公室私募基金与资管部非权益合伙人，电邮为：jiayong@ zhonglun. com。

房地产项目开发建设需要大量资金投入,房地产企业一般以土地、在建工程、房屋抵押进行债务融资,获取开发建设资金与运营资金,以销售回款或物业经营收入作为偿债资金来源。近年来,由于经济形势变化、商品房市场行情下行、房地产融资监管趋严、销售政策限制等多种因素作用,大量房地产企业融资受阻、销售遇冷、存量地产运营收益下降,导致资金链断裂,构成《企业破产法》第2条所述“不能清偿到期债务,并且资产不足以清偿全部债务或者明显缺乏清偿能力”的情形,被申请破产。根据中房网报道,2021年全国约有343家房企发布了相关破产文书,2022年提交破产文书的房企数量降至308家。①

部分房地产企业虽然出现上述破产原因,但其资产本身的价值较高,只是存在变现与运营困难,或者清算处置与存续经营的不同前提下资产评估价值、变现价格差异较大,如正在开发优质楼盘但无力继续支付工程款等到期债务、存在较多查封扣押无法进行交易、拥有核心地段商业项目但无法承担改造资金等,如果能够为目标公司注入流动资金、争取一段正常经营的时间,目标公司仍然存在脱困、重生、盈利可能。

《企业破产法》的重整程序提供了“纾困”机会。重整是指经利害关系人申请,对可能或已经具备破产原因但又有希望挽救的债务人,通过各方利害关系人的协商,并借助法律强制性地调整他们的利益,对债务人进行生产经营整顿和债权债务关系清理,以使其摆脱困境、恢复生机的法律制度。具体程序如图1所示。

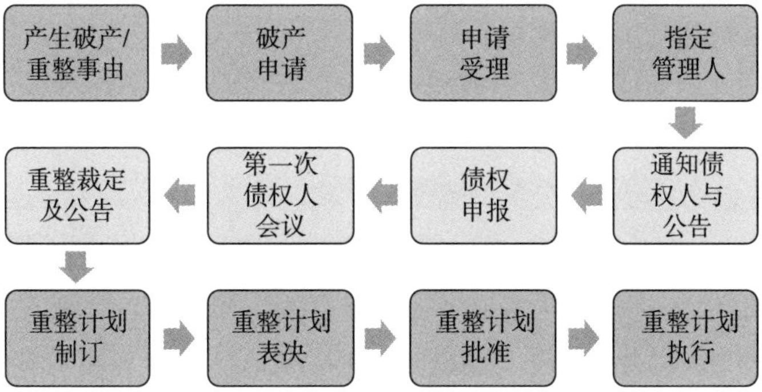

图1　重整程序

① 参见苏晓:《2021年超340家房企申请破产!》,载中房网2022年1月28日,http://www.fangchan.com/news/320/2022-01-28/6892687084315021633.html;苏晓:《2022年超300家房企申请破产》,载中房网2023年2月28日,http://www.fangchan.com/news/320/2023-02-28/7036172133248340745.html。

对于仍有挽救希望的房地产企业，引入投资人参与重整程序、提供资金并获取目标公司股权，有利于提高债务清偿率、履行交房义务、减轻目标公司债务负担，投资人也可以以较低的资金投入取得目标公司股权以及后续资产增值收益，实现各利益相关方合作共赢。通过重整程序获取房地产企业股权已经成为特殊机会资产投资的重要路径之一。

高收益往往伴随着高风险，重整程序调整债务人、债权人、原出资人与新投资人各主体之间的利益，需要处理的法律关系与程序事项错综复杂，存在较多不确定因素与法律风险，投资人在作出投资决策前，需要对相关风险进行全面识别与控制。本文将对投资人以重整程序并购房地产企业股权的主要法律风险及其防范进行简要介绍与梳理。

一、投资人通过重整程序并购房地产企业股权的优势

（一）有利于全面梳理目标公司债务

根据《企业破产法》的相关规定，只有申报债权的债权人，才可以享有破产程序中的相关权利，没有及时申报债权的债权人，在重整计划执行过程中不得行使权利。大部分债权人为了积极行使其在破产程序中的获得分配权、表决权等权利，有动力参与债权申报，也有可能为了提高其自身债权的清偿率，对其他存疑的债权提出异议。因此，债权申报与异议制度可以有效地暴露目标公司各方面的债务（无论是否在账面记载、是否到期、是否为担保类或有负债、是否存在争议），并尽可能使债权金额真实、准确，避免原股东披露不实、虚报债权等风险。

（二）有利于减轻目标公司债务负担

重整计划将载明对目标公司各类债权的清偿率，根据《企业破产法》第 92 条的规定，经过法院批准的重整计划对全体债权人均有约束力，即使该债权人反对重整计划，或是因未申报债权未参与表决。一般而言，如果重整计划载明的债务清偿率高于在“假设破产清算”前提下各债权人可实现的清偿率，重整计划较容易获得表决通过。

根据《企业破产法》第 46 条的规定，自目标公司破产申请受理时起附利息的债权停止计息，目标公司的债务规模可以得到一定程度的控制。

根据《企业破产法》第 94 条的规定，按照重整计划减免的债务，自重整计划执

行完毕时起,目标公司不再承担清偿责任。

(三)有利于高效解决纠纷与清理债务

经过法院批准的重整计划对全体债权人均有约束力,因此,重整计划形成了一次性解决多项法律纠纷、确定多笔债权债务的生效法律文书,无须投资人与目标公司、相关债权人逐笔沟通协调与解决已有债务。

根据《企业破产法》第21条的规定,法院受理破产申请后,有关目标公司的民事诉讼只能向受理破产申请的人民法院提起,有助于投资人及时了解与处理纠纷。

根据《企业破产法》第79条的规定,重整计划草案需要在人民法院裁定债务人重整之日起6个月内提交并最多延期3个月。尽管实践中存在超期仍未完成亦不宣告破产的情况,但上述期限要求仍对现有债务清理有一定的时间导向作用,对并购目标的实现有一定的时间保障。

(四)有利于保障目标公司资产完整

目标公司被申请破产时,其所持开发项目往往已受到多轮抵押查封,如果使用普通并购方式收购股权,在过渡期和债权清理过程中,目标资产一旦被拍卖变卖,交易目的将落空。根据《企业破产法》第19条、第75条的规定:法院受理破产申请后,目标公司的保全措施应当解除、执行程序应当中止;重整期间担保权应暂停行使。该等规定可以防止目标公司的财产因个别债权人申请强制执行而被处置,有利于保持目标公司资产完整。

二、投资人参与重整程序的相关情形

(一)为进行并购主动启动目标公司重整程序

在此种情况下,投资人在目标公司出现困境、尚未被申请破产时,已与目标公司原股东达成一致、签署并购协议、锁定目标公司作为投资标的,并拟通过申请目标公司破产与重整,实现梳理债务、减轻债务负担、一次性解决大部分纠纷等目的,达成并购交易。

在此种情况下,投资人在前期介入较多,对目标公司了解深入,对重整程序的启动与推进有较大的主动权。

(二)在目标公司预重整阶段被选定为投资人

由于在法定重整期限(6+3个月)内重整成功的企业少之又少,实践中已有部分地方法院引入预重整制度，即由债权人、债务人、投资人等利害关系人在破产申请受理前开展协商谈判，形成庭外重整计划草案，并提前整理企业相关事宜的一种困境企业拯救机制。

《最高人民法院印发〈全国法院破产审判工作会议纪要〉的通知》（法〔2018〕53号）第22条支持推行预重整制度："探索推行庭外重组与庭内重整制度的衔接。在企业进入重整程序之前，可以先由债权人与债务人、出资人等利害关系人通过庭外商业谈判，拟定重组方案。重整程序启动后，可以重组方案为依据拟定重整计划草案提交人民法院依法审查批准。"

部分地方法院已建立了类似制度。例如，浙江省高级人民法院在2013年发布的《关于企业破产案件简易审若干问题的纪要》（浙高法〔2013〕153号），提出"企业破产申请预登记"制度，并规定："债权人在预登记期间对债务清偿方案所做的不可翻悔的承诺，在债务人进入企业破产和解或重整程序后，相关承诺对承诺方仍然具有拘束力。"北京市第一中级人民法院在2019年发布的《北京破产法庭破产重整案件办理规范（试行）》（京一中法发〔2019〕437号），规定了详细的预重整制度及与重整程序的衔接安排，并规定："预重整方案与重整程序中制作的重整计划草案内容一致的，有关出资人、债权人对预重整方案的同意视为对该重整计划草案表决同意。"

实践中部分投资人在预重整阶段参与预重整与重整程序，并在该阶段与出资人、目标公司、主要债权人、管理人就投资方案达成基本一致、签署重整协议或对预重整方案表示同意，再启动破产申请与重整程序。在此种情况下，投资人在前期介入相对较多，对重整程序的启动与推进有较大的主动权。

（三）在目标公司重整阶段被选定为投资人

部分破产企业在进行完资产与债务梳理后，管理人与债权人会议认为有重整成功的希望，有意招揽投资人的，可能会通过公开招募、债务人或债权人推荐等方式招揽投资人，参与重整程序。

在此种情况下，投资人介入时，债权已梳理完毕、重整计划已基本成型，投资人因项目周期较短，可能无法开展全面尽职调查与梳理，在重整程序中相对比较被动。

三、投资人通过重整程序股权投资房地产项目的主要法律风险及其防范

（一）重整计划获得批准前，投资人地位存在不确定性

实践中大量投资人在重整程序启动前已通过与原股东签署投资协议等方式锁定了投资标的，但是，直到载明投资人权利义务的重整计划得到法院批准，投资人才正式取得了目标公司的重整投资人地位。在此前，投资人可能基于如下原因失去作为重整投资人的资格，或需要以更高的投资条件保住投资人地位：

1. 法院、债权人会议或管理人要求公开招募投资人

目前法律法规对何时选择重整投资人、有权选择重整投资人的主体、方式、程序并没有明确规定，各地区、各案件做法也不一。部分案件中管理人直接接纳债务人或债权人推荐的投资人并认可其给出的投资方案，部分案件通过公开招募方式招募投资人。在目标资产较为优质的情况下，不排除法院、债权人会议或管理人要求公开招募投资人，以便为债权人谋求更高的清偿率。

2. 管理人接纳其他投资人作为重整投资人

即便公开招募投资人不是法定的选择投资人的必经程序，但在破产与重整信息公告后，不排除其他投资人接洽并要求参与重整投资。如果其他投资人给出的投资方案更为优越、能够提高清偿率，管理人可能基于“债权人利益最大化原则”接纳新的投资人并据此制订重整计划。

对于上述风险，投资人可提前与破产法院进行沟通，尽可能结合当地法院的预重整制度等特殊规定提前确定投资人地位；在投资人地位确定前，尽可能避免对目标公司提供投资；在与利益相关方（如目标公司、原股东、重要债权人、管理人等）签署的投资协议中，对确保其取得投资人地位的安排进行约定，并对失去投资人地位的情形设置相应的违约金与对前期成本的赔偿责任。

（二）目标公司股权因其股东债务被质押冻结，难以通过重整程序解决

目标公司股权上的质押登记或冻结登记，构成目标公司股权过户的障碍。目标公司股权被质押和冻结存在两种情况：

1. 持股股东为目标公司自身债务提供担保

在此种情况下，根据《企业破产法》第 92 条“经人民法院裁定批准的重整计划，对债务人和全体债权人均有约束力”的规定，质押或冻结股权的债权人本身作

为目标公司的债权人参与重整程序中，受到重整计划的约束，重整计划一般会要求该等债权人解除股权冻结、质押登记后方可获得清偿款项，或由破产法院直接协调冻结法院解除该等冻结。

2. 持股股东自身欠有债务或为非目标公司的债务提供担保

由于房地产企业普遍采用项目公司开发模式，同一股东持有多个项目公司从事不同的房地产项目开发，A公司的股东为B公司的债务提供保证担保，或以A公司股权为B公司的债务提供质押担保的情况较为普遍。在此种情况下，由于质权人或冻结股权的债权人不是目标公司的债权人，目标公司股权也不属于目标公司自身的资产，该等债权无法通过重整计划受偿，债权人或质权人也不受重整计划的约束，因此无法直接通过重整计划要求该等债权人解除股权质押或冻结。在此种情况下，即使重整计划已确认投资人取得目标公司股权，投资人仍无法办理目标公司的股权登记。

对于上述风险，投资人可在作出投资决策前，提前与法院及公司登记部门沟通，确认可否持法院批准的重整计划中的出资人权益调整内容直接在不解除质押与冻结的前提下，由法院出具相应的协助执行通知，办理公司变更登记；同时与破产法院沟通，协调冻结法院共同的上级法院配合解除冻结；在成本允许的情况下，也可以考虑同时收购该等不受重整计划调整的债权，以解决股权质押与冻结问题。

（三）目标公司与关联方人格混同，被要求合并重整

房地产企业普遍采用项目公司开发模式，在管理不规范的情况下，与其关联方存在人格混同（如多个项目公司之间、项目公司与母公司之间、项目公司与运营管理公司、物业公司之间的人格混同）。实践中存在大量关联方为项目公司进行融资、抽取项目公司资金、相互进行利益输送的情况；也存在资产集中于目标公司，而为项目产生的负债、为项目服务的员工集中于其他关联方的情况。一旦目标公司被要求与其关联方进行合并重整，可能提高投资人的投资成本、增加所需清偿的债务范围、降低可实现的收益。

《最高人民法院印发〈全国法院破产审判工作会议纪要〉的通知》载明："会议认为，人民法院审理关联企业破产案件时，要立足于破产关联企业之间的具体关系模式，采取不同方式予以处理。既要通过实质合并审理方式处理法人人格高度混同的关联关系，确保全体债权人公平清偿，也要避免不当采用实质合并审理方式损害相关利益主体的合法权益。"

因此，如果目标公司与关联方之间人格高度混同，单独进行目标公司的重整将导致关联方的债权人利益无法得到平衡，法院可能将目标公司与关联方的破产进行合并审理，即全部合并审理范围内的主体资产与债务一并重整。

例如，在海航集团有限公司（以下简称“海航集团”）破产重整案件中，法院认为，海航集团等321家公司虽然各自登记为独立的法人主体且存在其他股东，但大新华航空有限公司等320家公司在管理、人员、财务、业务等方面存在混同事实，应认定海航集团等321家公司整体上符合法人人格高度混同之认定标准；此外，被申请实质合并重整的公司及其股东知悉相关情况，且利益受到重大影响，但海航集团等321家公司及其主要股东均未提出异议，亦说明各公司之间混同事实的客观存在；对海航集团等321家公司进行实质合并重整，更能从整体上保护债权人的清偿利益，提升重整效率和成功率。因此，法院最终裁定对海航集团有限公司等321家公司进行实质合并重整。

合并重整虽有利于提升重整成功率、有利于维护债权人的整体利益，但对原本仅考虑投资某一项目或目标公司的投资人而言，将导致其投资方案出现重大变化，甚至无法实现其投资目的。

对于上述风险，投资人可在作出投资决策前，关注目标公司的关联方、关联交易情况以及关联方资产债务情况，进行不同情形（合并重整与非合并重整）的测算，并在投资协议中对此类极端情况的处理安排进行约定。

（四）存在其他优先于担保债权的债权，且可能单独分组表决

根据《企业破产法》的规定，除破产费用与共益债权外，破产企业的债权一般分为有担保债权、职工债权、税款债权与普通债权，在重整计划表决中分组表决，一般在上述排列顺序基础上设计清偿安排（见图2）。

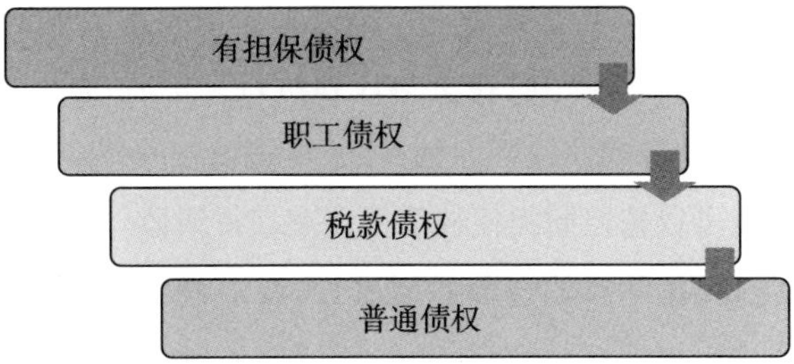

图2　重整计划表决分组与清偿顺序

然而,房地产企业的重整程序还涉及多种可能优先于有担保债权(一般为项目抵押债权)的权利需要考虑与解决,包括:

1. 承包人对项目的建设工程价款优先受偿权;

2. 购房人对项目房产的期待权(根据购房人的实际情况与权利顺位的区别,又分为消费者、普通购房人、预告登记购房人、工程款以物抵债购房人、名为买卖实为担保的购房人等),以及购房合同解除后购房人请求退还购房款的权利;

3. 项目被拆迁人对项目房产的拆迁安置优先权,以及无法履行拆迁义务时请求支付赔偿金的权利。

上述权利人的存在,对重整计划的设计与表决有如下影响:

1. 在制作清偿计划时,需考虑该类权利获得保障与清偿的顺序如何认定,哪类权利应优先于抵押权、哪类债务属于共益债务、哪类债权仅可被认定为普通债权等。

2. 权利人是否参与重整计划的表决以及参与哪一组表决问题。在大部分房地产企业的重整计划中,会单独分出工程债权人组、购房债权人组等组别,单独表决。因此,为取得该组对重整计划的认可,重整计划需要充分考虑对该类权利人利益进行保护。

(五)目标公司存在未申报债权,增加投资成本

房地产企业在资金紧张时常通过民间借贷方式融资,可能存在金额较大的普通债权。

破产程序设置了债权申报环节,债权人原则上会倾向于申报债权,为自己的权利行使和债权清偿争取更多的可能性,但申报债权的总金额越大,在资产与投资款项确定的情况下,普通债权的受偿比率就越低。

《企业破产法》第92条第2款规定:"债权人未依照本法规定申报债权的,在重整计划执行期间不得行使权利;在重整计划执行完毕后,可以按照重整计划规定的同类债权的清偿条件行使权利。"因此,未申报债权并不会被消灭、豁免,在重整计划执行完毕后,可以按照同类债权清偿比率获得清偿。

基于上述情况,不排除有部分普通债权人,在了解目标公司存在资信状况良好的投资人后,不去申报债权,提高普通债权清偿率,在重整计划执行完毕后,要求目标公司按同等清偿率清偿。此外,也有债权人基于不知情或其他原因未能申

报其债权。

在A公司重整案中,重整计划执行完毕后还有7家债权人向A公司补充申报债权,经审查确认的补充申报债权额高达14537.81万元,虽然重整计划根据账面金额对未申报债权依照同类债权的清偿比率进行了预留,但预留的部分未能足额覆盖未申报债权,A公司仍需以后续经营收入清偿未申报债权。

对于上述风险,投资人可在依赖于债权申报程序判断目标公司债务之外,通过其他辅助手段对债务进行充分调查,并要求重整计划预留部分清偿款项给未申报债权与诉讼未决债权,以适当降低普通债权的清偿率。需要注意的是,预留清偿款不宜设置过高,否则在有余额的情况下,一般仍需要追加清偿其他普通债权。

此外,部分地区对于保障重整企业管理人尽职调查提供了政策支持,管理人可以通过人力资源社会保障、市场监管、税务、不动产等部门查询企业情况,通过法院、公安网络查控系统查询企业涉诉、涉案、涉执行相关情况。

(六)投资人自身不享有对债权的异议权、撤销权等

《企业破产法》主要在于调整债务人(目标公司)、债权人、原出资人与管理人之间的法律关系,并未提及重整投资人的权利义务。实际上,重整投资人为了取得目标公司股权及其重要资产参与重整,负责提供偿债资金,目标公司经确认的债权是否真实、准确,不合理交易能否被有效撤销,对投资人权益具有重大影响。

例如,债权人A申报的债权比实际负债高一倍,但管理人仅对申报材料进行形式审核并登记造册,未发现申报债权金额问题;债务人(目标公司)与原股东虽然知情,但并无动力提起诉讼,亦未告知管理人;其他债权人也没有发现异常,重整计划获得债权人会议表决通过并由法院裁定批准。重整计划执行过程中投资人接管目标公司并审核基础资料,发现债权金额认定存在问题。但是,《企业破产法》并未赋予投资人对债权金额提出异议的权利,即使是有权提出异议的债权人、债务人,在重整计划执行阶段提出异议也可能无法得到法院的支持。①

由上述案例可知,管理人作为维护债权人与债务人合法权益的主体参与破产与重整程序中,并被相应赋予较大的权利,包括但不限于对所申报债权的审核权、不合理交易的撤销权等,债务人与债权人也可以通过提出异议、提起诉讼、行使表

① 参见广东省高级人民法院(2013)粤高法民二破终字第11号。

决权等方式，在重整程序中对有损其利益的事项进行救济。但管理人、债权人、债务人往往因程序复杂、信息的不对称、对己方利益影响不大等，没有能力或动力对相关事实进行审核或提出异议、行使权利，导致上述案例最终由投资人承担不利后果。

《企业破产法》第130条规定："管理人未依照本法规定勤勉尽责，忠实执行职务的，人民法院可以依法处以罚款；给债权人、债务人或者第三人造成损失的，依法承担赔偿责任。"因此，如果投资人可以证明管理人工作存在明显过错导致其损失，有希望依据上述规定追究管理人责任。但是，笔者以该条文检索的管理人责任纠纷案例约200篇，仅极少数案例中法院认定破产管理人未能妥善保管破产财产、未及时办理劳动合同解除手续需对债权人、破产企业员工等承担赔偿责任；除此之外，尚未发现法院判令管理人向投资人承担赔偿责任的案例，原告举证证明管理人行为具备侵权责任"四要件"（管理人具备主观过错、管理人有客观侵权行为、原告有实际损失、侵权行为与实际损失之间有因果关系）的难度较大。即使投资人胜诉，管理人可能也不具备赔偿责任的实际能力。

对于上述风险，投资人可在重整程序之外，通过其他调查手段了解目标公司债权、债务、未履行合同、目标资产权利负担情况，确保对投资具有重大法律障碍或风险的事项在重整计划中得到解决，避免遗漏；如有必要，可以通过收购某笔有担保债权，获得债权人在重整程序中的相应权利；此外，投资人可要求在重整协议、预重整方案与重整计划中，设定投资人在程序中的参与权、对影响其利益的极端情形设定相应的终止投资与风险分担机制。

（七）重整计划得以成功的特定条件可能存在不确定性

具有潜在商业价值的房地产项目陷入财务困境存在其特定原因，能否于重整投资过程中妥善解决该等已存在问题对重整投资能否成功具有重大影响。因此，重整投资人需要基于尽职调查与商业判断评估该等问题得以解决的可行性。

一方面，重整投资人应当充分利用项目所在地区已经出台的"府院联动"机制解决项目已存在问题。《最高人民法院关于为加快建设全国统一大市场提供司法服务和保障的意见》（法发〔2022〕22号）指出："积极推动完善破产法制及配套机制建设，完善执行与破产工作有序衔接机制，推动企业破产法修改和个人破产立法，推动成立破产管理人协会和设立破产费用专项基金，推进建立常态化'府院联动'协调机制。"例如,杭州市原下城区法院审理杭州田逸之星置业有限公司破产案中,案涉房屋虽然已完成主体竣工验收,但由于项目公司办证材料不齐备、拖欠土地出让金等情况,借助府院联动机制,主审法院与相关行政部门多次沟通,成功推动项目办出房产证,实现了多方共赢。

另一方面,重整投资人可以要求在重整投资方案、重整计划草案中对于该等特定条件是否成就的不确定性予以一定保留。例如,在威海绿洲房地产开发有限公司合并重整案《重整计划草案》中,重整投资人根据其实际判断设定了如下特别说明事项:"本重整计划草案得以执行的一个重要条件是 WD 项目能够得以正常开发续建、分户、销售,且续建支出在重整方测算的正常范围之内。本重整计划草案在法院批准后由重整方对 WD 项目申请相关政府部门办理相关续建、分户、销售等审批手续,如重整计划草案批准后 6 个月内,WD 项目未获得政府部门的批准或者实际续建费用超过重整方的测算范围,则重整方将申请法院终止执行本重整计划草案,本重整计划草案不再执行,重整方不承担任何法律责任。"

(八)重整失败后投资人所投资金可能无法收回

如果重整计划无法获得表决通过或法院强制批准执行,或者在重整计划获得批准后,未申报债权过多、市场变化等因素影响导致目标公司无力执行重整计划,目标公司仍可能进入破产清算程序。[①] 如果投资人在目标公司破产清算前投入过投资款,例如,在预重整阶段为了目标项目尽快复工提供借款,或者在重整计划执行阶段提供过投资款清偿债务,投资款在清算程序中的受偿顺序将决定投资款的可回收性。

《最高人民法院关于适用〈中华人民共和国企业破产法〉若干问题的规定(三)》(2020 修正)第 2 条第 1 款规定:"破产申请受理后,经债权人会议决议通过,或者第一次债权人会议召开前经人民法院许可,管理人或者自行管理的债务人可以为债务人继续营业而借款。提供借款的债权人主张参照企业破产法第四十二条第四项的规定优先于普通破产债权清偿的,人民法院应予支持,但其主张

① 《企业破产法》第 88 条规定:"重整计划草案未获得通过且未依照本法第八十七条的规定获得批准,或者已通过的重整计划未获得批准的,人民法院应当裁定终止重整程序,并宣告债务人破产。"第 93 条第 1 款规定:"债务人不能执行或者不执行重整计划的,人民法院经管理人或者利害关系人请求,应当裁定终止重整计划的执行,并宣告债务人破产。"

优先于此前已就债务人特定财产享有担保的债权清偿的，人民法院不予支持。”该规定将投资人在破产申请受理后提供的借款认定为共益债权，为投资人提供的资金安全提供了一定的保护。

但是，由于房地产企业破产与债务结构的特殊性，上述规定可能无法起到实际保护投资人投资安全的作用，原因如下：

1. 如前文所述，房地产企业普遍存在大量优先于有担保债权的权利，该类债权就特定资产的受偿顺序优先于抵押权，因此也优先于共益债权。

2. 对于已设定担保的资产而言，共益债权的受偿劣后于有担保权的债权；基于房地产企业融资特点，房地产企业的资产普遍设定担保，有担保债权占比较大，资产变现所得清偿完有担保债权后余额较小。

3. 上述规定保护的债权仅限于“破产申请受理后”且“经债权人会议决议通过”或“第一次债权人会议召开前经人民法院许可”的“借款”，对于预重整阶段提供或未经债权人会议审议的借款，以及以重整投资款而非借款名义提供的款项，均没有明确规定。

因此，投资人在参与重整程序时，需要对重整失败后投资款回收的可能性做好预案，综合运用预重整、庭外重组、担保、控制资金支付节点、在重整计划中明确界定所投入资金款项性质、获得有担保物权及其他法定优先权债权人同意优先清偿等方式，降低重整失败与投资款无法收回的风险。

（九）重整成功后，目标公司可能因债务减免产生大额税费

如上文所述，重整程序的主要作用之一在于实现目标公司的债务减免。

在重整程序中，如果由债权人直接豁免债务而未作相关特殊财务处理或税务处理，债权人所减免的全部债务将构成目标公司的“企业取得收入”，除非目标公司存在较高的扣除项或大额可用于弥补以前年度亏损，否则将就减免债务承担高额的企业所得税。

截至目前，我国尚未针对企业通过重整程序获得的债务减免出台相关税收优惠政策，根据已被修改的《财政部、国家税务总局关于企业重组业务企业所得税处理若干问题的通知》（财税〔2009〕59 号）、《财政部、国家税务总局关于促进企业重组有关企业所得税处理问题的通知》（财税〔2014〕109 号）以及已被修改的《关于企业重组业务企业所得税征收管理若干问题的公告》（国家税务总局公告 2015 年

第 48 号)等,企业债务重组在满足特定条件后可适用特殊性税务处理规定,企业债务重组确认的应纳税所得额占当年应纳税所得额 50% 以上,可以在 5 个纳税年度的期间内,均匀计入各年度的应纳税所得额;但上述处理仅是缴税时间递延,并未减少纳税金额。

此外,如果重整程序引入以物抵债、债转股、企业合并或分立等交易安排,可能发生其他所得税、增值税、土地增值税等税务成本。

因此,投资人在参与重整程序前,需要对重整计划涉及的税务成本以及可进行税前扣除的项目进行测算,根据具体情况合理选择投资交易结构。

四、结语

重整程序对于挽救危困房地产项目、解决项目所引发的社会问题、促进各方合作共赢具有重要意义,而引入有意愿、有实力的重整投资人往往是重整成功的关键。

截至目前,投资人在重整程序中的权利义务缺少明确的法律规定,且危困房地产项目本身已经处于山重水复之境,投资人参与重整程序对危困房地产项目进行权益投资面临较大的不确定性与多种风险。对于重整投资人而言,既需要对于危困项目本身具有独到的商业判断力,更需要在充分了解、熟悉破产重整程序与规则基础上,综合利用尽职调查、协议约定、法定程序、特定规范等手段进行风险控制,方可能实现商业目的。

房地产项目破产重整程序中，如何保障固定收益重整投资人的利益

魏志强[*]　翟树良

[*] 作者简介：
魏志强，中伦律师事务所南京办公室争议解决部合伙人，电邮为：wzqlawyer@ zhonglun. com。

根据《2022 年全国烂尾楼研究报告》测算，2022 年上半年国内烂尾房地产项目规模已经超过 2 万亿元，[①]随着 2021 年大型房地产公司接连“暴雷”以及近三年的疫情影响，势必会产生更多的烂尾或接近烂尾的项目。对于大型地产公司而言，整体重组的可操作性明显太低，对于商业逻辑自洽的单体项目破产重组，借助破产清算或重整程序分兵突围势必成为地方政府主导重整的最优路径。但是鉴于目前的房地产市场行情以及烂尾项目续建的特点，大部分重整投资人，尤其是财务投资类型的重整投资人（以下简称财务投资人）更倾向于采用固定收益的方式进行项目重整，既能实现维护稳定的社会效果，又能最大限度地保证投资安全。因此，如何认识在当前法律架构下财务投资人所需要面对的风险以及如何保证其利益是本文讨论的主要问题。

一、重整投资人的收益模式对比

重整投资人参与烂尾项目的收益模式大致可以分为固定收益模式、风险收益模式和固定加风险收益模式。不同的收益模式下重整投资人有不同的投资逻辑，也有不同的退出模式。我们从投入、收益、风险以及安全性角度对固定收益模式与风险收益模式进行了比较。

（一）固定收益模式

固定收益模式的特点是财务投资人投入重整资金，约定固定收益率，在必须交付的商品房交付后，剩余财产变现所得款项中优先收回投资本金及收益，项目剩余资产全部用于债权清偿。

第一，投入相对固定。财务投资人投入固定资金用于项目续建，资金投入以项目建设完成具备销售条件为目标，其投入的金额是项目建设成本，可以由造价机构进行估算，无须考虑其他成本投入，确定性更强。

第二，收益固定。财务投资人会在重整计划中明确固定收益率，并在债权人会议上表决通过，以投资资金为基数乘以投入周期及利率计算收益，项目退出时的收益是固定的。

第三，优先退出。在固定收益模式下，财务投资人可以要求在破产财产中优

① 参见易居研究院智库中心：《2022 年全国烂尾楼研究报告》，https://ks3-cn-beijing.ksyun.com/attachment/436bf401cd48f823d4a3e46c4e2833b9。

先分配、优先退出,不承担项目风险。

第四,投资较为安全。正是基于投入资金确定、收益固定以及优先退出的特点,固定收益类的投资安全性较高。

第五,项目公司控制性低。在固定收益模式下,财务投资人的参与模式往往是垫资续建、借款等,项目公司由管理人实际控制或由风险收益重整投资人(以下简称风险投资人)实际控制,财务投资人对项目的建设进展与销售等不具有控制权。

(二)风险收益模式

第一,投入不确定性高。在风险收益模式下,投入资金并不以项目完工为节点,而是需要以项目销售完毕或处置完毕为节点。因此风险模式需要承担后续的销售、处置以及税费等运营成本,投入相对不确定。

第二,收益不确定。在风险收益模式下,风险投资人通过投入重整资金换取项目公司股权或项目的剩余资产,而项目最终的股权价值或资产销售额受市场行情以及销售进度影响具有不确定性,甚至受土地招拍挂阶段需要自持要求的影响,风险投资人有长期持有的可能,也因此导致收益具有不确定性。

第三,劣后受偿。在风险收益模式下,需要优先向购房人进行交付、清偿优先债权并对其他债权人进行清偿,剩余部分资产为风险投资人的收益。实际上风险投资人的投资在分配顺序上劣后于购房人、担保债权等债权人受偿。

第四,投资风险高。风险收益模式以项目股权价值或资产为收益的基础,资产价值以及变现周期具有不确定性,同时其投入又具有相对不确定的特点,最终项目资产价值能否完全覆盖项目的成本及财务费用具有不确定性,投资风险高。

第五,实际控制项目公司。重整投资人的目标是公司的资产,所以在风险模式下,目标公司将由重整投资人实际控制、运营。

对比两种模式可知,在烂尾项目破产重整程序中,在项目信息情况不明的情况下,固定收益模式是财务投资类型重整投资人的最优选择。

二、财务投资人投资的性质及清偿顺位

(一)财务投资人投资的性质

对于财务投资人而言,一般会在受让优先债权、为重整项目提供借款以及为风险重整投资方提供配资等方式中选择一种或多种组合参与重组,采用不同的交

易架构也会导致财务投资人的投资性质不同。

1. 受让优先债权的方式虽然形式上未向目标公司注入开发资金，但实际上减少了施工单位被拖欠的工程款，在施工单位作为风险投资人的情况下属于变相为施工单位提供了资金，此种模式的结果是重整投资人替代原建设工程价款优先受偿权债权人的身份，财务投资人投资的性质属于建设工程价款优先受偿权。

2. 为风险投资人提供配资的形式。财务投资人与风险投资人可以组成一个有限合伙，在有限合伙层面进行分级并设定相应的增信措施，以有限合伙作为主体参与目标公司的重组。这种模式形式上属于风险投资人与财务投资人之间的内部关系，财务投资人与目标公司之间不发生法律关系，但实质上仍然是以有限合伙与目标公司之间的重整计划为基础，只有有限合伙与目标公司的重整计划中有优先部分清偿的安排，才能达成财务投资人在有限合伙层面优先分配的目标。因此，此类投资的性质需要根据有限合伙与目标公司之间交易架构为准。

3. 向目标公司提供借款的形式。此种形式是直接在财务投资人与目标公司之间发生借款关系，按照现行《最高人民法院关于适用〈中华人民共和国企业破产法〉若干问题的规定（三）》（2020修正）的规定，借款可以被列入共益债务，按照《企业破产法》的规定在破产财产中随时进行清偿。这是目前实践中被采用较多的模式，但是不可避免地要发生与别除权的矛盾。

（二）共益债务及别除权的清偿顺位问题

有财产担保的破产债权又称“别除权”，是民法中担保制度在破产程序中的延伸。按照担保制度的规定，担保权人有权就担保财产处置后所得价款优先于其他债权人受偿，推延到破产程序中则是有财产担保的债权在资产处置后优先于其他债权人获得清偿。而共益债务在债务人财产中随时清偿的法理依据是，共益债务系为了全体债权人利益而产生的债务，全体债权人均因该债务而获益，因此要求在债务人财产中随时清偿。

根据现行《企业破产法》的规定，共益债务应由债务人财产随时清偿。根据《最高人民法院关于适用〈中华人民共和国企业破产法〉若干问题的规定（二）》的规定，债务人财产被设定担保物权的，清偿担保债权后的剩余部分才能用于清偿共益债务。即破产清算程序中共益债务是劣后于有财产担保的破产债权清偿的，其主要的逻辑是采用顺序规则中的时间顺序，即为了保护在先交易安全，保护在先已经存在的担保债权,维护交易的稳定。

因此,按照《企业破产法》设计,为了维护交易安全以及保护顺序权益,别除权是优先于共益债务进行清偿的。

(三)破产重整程序中担保债权暂停行使

根据《企业破产法》"在重整期间,对债务人的特定财产享有的担保权暂停行使"的规定,在债务人进入破产重整程序后,担保权人不能要求立即行使担保物权,债务人财产将用于债务人重整,担保权人的权益在一定程度上为全体债权人的权益让步。

1. 生产型企业项下共益债务的实现实际先于担保债权。在破产重整程序中,抵押的房产及生产设备均无法拍卖,因此依附在抵押物上的担保债权是不能实现的,相反作为共益债务的借款,可以在销售所得中随时实现。可见,在生产型企业中,共益债务实质上是在担保债权之前获得清偿的。

2. 房地产项目重整中共益债务实现实际后于担保债权。生产型企业中抵押的房产及机器设备均属于生产资料,生产过程中只会产生损耗,而在房地产项目中所抵押的土地使用权、在建工程等均会转化为最终的房产。房地产企业销售房屋的时候就已经涉及抵押土地使用的处置。因此,在房地产项目破产重整过程中,在土地使用权或在建工程已经抵押的情况下,只要涉及房屋销售,就涉及担保债权人的清偿。因此,在房地产项目重整中,共益债务只能在清偿了有财产担保的债权后的剩余部分中进行清偿。

因此,若按照《企业破产法》的规定,以借款方式参与项目重整的投资人实际上劣后于别除权的清偿,而实际中房地产项目自项目开发阶段就有开发贷,甚至还有信托贷款等其他途径的贷款,项目基本上已经全部对外抵押,按照《企业破产法》的规定以共益债务的形式参与投资的可能性则相对较小,因此实践中也出现若干变种来规避或解决该矛盾,我们在下文中进行论述。

三、财务投资人需要面对的法律风险

财务投资人在房地产项目重整中需要考虑来自各方面的风险,其中包括来自市场的风险以及来自重整程序的风险等,我们主要讨论上述风险中需要关注的法律问题。

（一）市场风险

财务投资人最关心的是什么时间能够安全地退出，但是受疫情影响以及国家调控政策，房地产行情虽然企稳但上升的趋势尚未形成。因此财务投资人特别需要关注无法按期退出的风险，需要财务投资人在重整计划的法律文件设计上充分考虑，尽量确保即使在销售不及预期的情况下也能退出。

（二）来自程序的风险

1. 余债的风险。破产重整程序与破产清算程序最大的不同是，重整程序会有余债的风险，破产重整程序中没有申报债权的债权人可以享有与重整计划中同类债权人同样的权利。因此以共益债务形式进行项目重整但又未获得超级优先权的财务投资人，应当特别注意"未申报债权"带来的不确定性，一旦需清偿债权发生重大变化，则可能导致重整投资人的投资失败，需要在交易文件中予以考量。

2. 重整失败的风险。并非所有的项目均能重整成功，投资人也需要考虑非财务投资人因素导致项目重整失败的处置方案，尤其是在项目重整成功需要一定前提的情形（如需要政府调整项目规划要点，设置学区、地铁或政府承诺回购部分作为安置房）下，更需要在重整计划草案中充分考虑重整失败的处置方案。

（三）来自合作方的风险

除了来自市场的风险以及程序的风险外，在财务投资人与风险投资人共同参与项目的情况下，风险投资人是项目的实际操盘方，财务投资人并不参与项目的经营管理，因此财务投资人还需要关注来自合作方的风险。

四、实践中的操作建议

如何在《企业破产法》的框架内应对前述风险保障投资人的利益，吸引更多的投资人进入项目重整的市场，在保障社会效益的同时保证投资人投资安全和收益稳定是不可避免的议题。目前我国《企业破产法》并没有同美国的制度一样，赋予重整投资超级优先的地位，但在民商法的领域内，意思自治原则是一项基础的原则，我们仍然可以通过交易架构设计、交易文件的约定等方式为财务投资人争取较为稳定、安全的投资安排。

（一）重整计划草案中的设计

1. 共益债务优先于别除权受偿。在共益债务参与重整的模式下，若项目存在别除权同时可偿债资产有限或存在项目销售周期较长等情形，重整投资人应在重整计划草案中特别要求共益债务要优先于别除权受偿；在更谨慎的情况下，重整投资人应要求别除权人书面承诺放弃优先受偿。

除了明确要求优先获得清偿外，实践中也有另外一种设计方式：重整草案中未将重整投资人的投资列入任何债权类型，但明确表述为财务投资人不承担任何风险，债权人仅就项目增值部分进行清偿。此处所谓的“增值部分”已经将重整投资人的投资成本剔除在外，可以对财务投资人的投资款进行单独清偿。

2. 重整投资本金的特别设计。破产重整程序是对各方主体利益的平衡，财务投资人最关心的是重整投资的安全性，“保本”是重整投资人最低的需求，满足其保本的需求也有利于吸引投资人进入重整程序。因此，我们认为，可以将重整投资本金列为“超级优先权”，优先于有财产担保债权受偿，这种对于重整投资本金的特别设计更容易获得债权人的支持，尽可能地在重整投资人与债权人之间取得平衡，便于重整计划草案得以通过。

3. 关于余债的特别设计。在重整计划中不能简单以确保某类债权的清偿或确保某类债权的清偿比例为重整方案，应当设定清偿的总额。例如，不能仅以确保建设工程价款优先权人获得全部清偿或 90% 获得清偿为重整条件，同时需要设定此类债权人获得清偿的上限，如设定为人民币 2 亿元，有余债的则在该类债权人需要在上限总额范围内按比例受偿，不会因为余债而导致财务投资人的利益受损。

4. 重整失败的安排。对于项目重整风险系数较高的项目，需要考虑项目重整失败的可能性，比如要求以项目新增部分为财务投资人投资提供担保，即使重整不成功也可保障自己的债权不至于沦为普通债权，并且此种方案不会损害现有债权人的权益，债权人会议也容易表决通过。

5. 处置价格决定权。“没有不好的资产，只有不好的价格。”财务投资人无论是自行进行项目重整还是与其他风险投资人共同参与项目，均需要明确其享有处置价格决定权，即在其投资期结束后项目仍然未能退出的，财务投资人有权决定降价销售，最终能够退出。

（二）重整计划草案须经过债权人会议的表决并经法院裁定

根据《企业破产法》第 92 条的规定，经人民法院裁定通过的重整计划对全体债权人具有约束力。若财务投资人制定的重整计划草案涉及有财产担保债权清偿顺序，为了避免发生后续的纠纷，必须经债权人会议决议并由法院裁定，经法院最终裁定的重整计划草案对全体债权人均具有约束力，最终清偿即按照重整计划草案设置的清偿顺序进行，优先清偿重整投资款。

（三）与其他风险投资人之间的协议安排

在财务投资人不参与项目管理的情况下，需要与风险投资人进行协议安排保证自己的权益。第一，项目的知情与监管权。即财务投资人虽然不干涉项目管理，但作为合作伙伴需要对项目进展情况做到有效把控，可以在项目公司的管理架构中安排一名副总经理、一名财务总监或副总监参与项目运营，确保对项目的日常经营管理的了解与监管。第二，重大事项的一票否决权，对于涉及项目公司的重大事项，尤其是可能增加项目风险、延长项目周期的事项，财务投资人委派的董事会成员有权一票否决。第三，对应的担保措施，最简单的方式是由风险投资人进行回购承诺或为财务投资人的回报提供差额补足，在双方确实进入公司管理僵局的情况下，由另外一方进行股权份额的回购以实现财务投资人的退出。

总体而言，烂尾项目破产重整风险重重，涉及的利益主体多种多样，重整投资人在参与重整时除了商业逻辑的自洽，也需要在交易架构、各主体之间协议层面上落地，希望笔者在本文中所提建议可以为重整投资人参与项目提供帮助。

新时代外资地产并购的合规要点与结构筹划

魏轶东*

* 作者简介：

魏轶东，中伦律师事务所北京办公室公司业务部合伙人，电邮为：weiyidong@ zhonglun. com。

近年来,中美关系急剧恶化,再加上疫情影响,对世界经济造成了极大冲击;但是境外投资者并未停止对中国资产的收购热情。本文系从"外商投资中国房地产"这个典型场景出发,结合我们近年的法律实践,总结、提炼新形势下外资地产并购所需注意的合规要点以及如何进行相关的结构及税务筹划,以期将境外投资者共同关注的问题抽丝剥茧,并运用至其他行业的投融资、并购场景之中。

一、外商投资中国地产的市场概况

经笔者收集2018年至2022年外资中国地产项目的大宗交易统计数据,发现以下几个主要趋势:

(一)中国大宗商业地产交易成交金额在1000亿元人民币规模,而其中外资占比不到40%,成交金额在100亿元人民币规模。

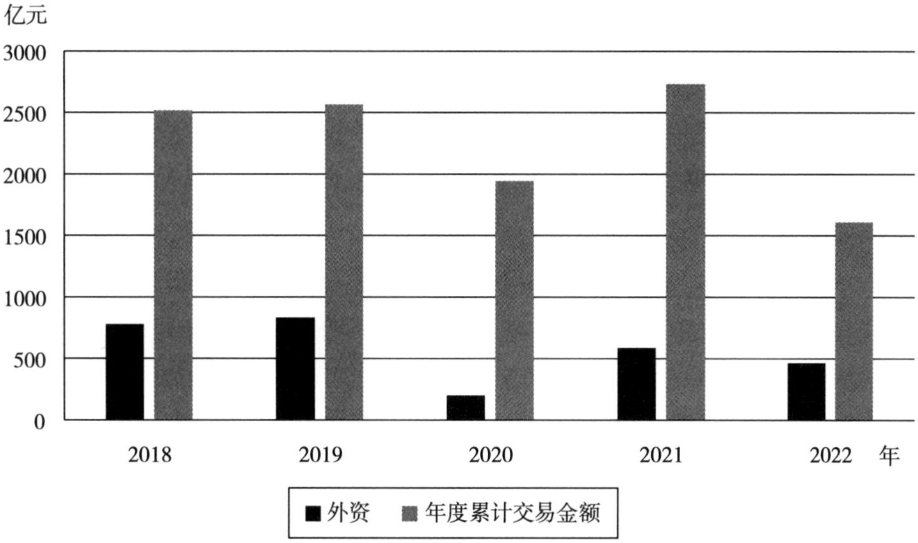

图1 2018~2022年地产大宗交易情况

注:数据来源分别为2018~2021年世邦魏理仕,2022年第一太平戴维斯。

虽然外资投资额在大宗地产交易成交总金额中的占比不多,但是集中度非常高,体现在:(1)单体交易金额较大;(2)投资机构较为集中。根据戴德梁行、世邦魏理仕、第一太平戴维斯等机构公开披露的信息,笔者选取了2018~2022年外资地产收购的典型交易,如表1所示:

表 1 2018～2022 年外资地产收购的典型交易

年份	买家	卖家	标的资产	成交金额（人民币：亿元）	物业性质
2018	凯德集团	上港集团	上海星外滩项目	128	写字楼
2018	领展	怡景集团	深圳中心城商场	65	商场
2018	凯德置地	保德信房地产基金公司	广州乐峰广场项目	33.6	商场
2019	安联不动产、首峰亚洲宏观趋势基金Ⅲ	东久中国	京融新科技中心 85% 权益	78.6	写字楼
2019	啟城投资、颢腾投资、中东家族财富基金	北京鼎固投资	北京鼎好大厦	90.2	商场、写字楼
2019	领展	新加坡 ARA	京通罗斯福广场	25.6	商场
2019	博枫资产	绿地香港	绿地黄浦滨江项目	132	商办综合体
2019	黑石集团	长甲集团	上海长泰广场	100.61	商场、写字楼
2019	黑石集团	塔博曼	西安熙地港购物中心、郑州熙地港购物中心各 50% 股权	32（含韩国 Starfield Hanam 50% 股权）	商场
2019	领展	怡景集团	新怡景商业中心	66	商场
2019	吉宝资本	大连一方	北外滩一方大厦	46	商办综合体
2019	新加坡丰树	工银国际	聚杰金融大厦 B 座	30.4	写字楼
2019	新加坡 ARA、Straits Real Estate、工银国际	信城不动产、印力集团	三林印象城	24.2	商场
2020	新加坡政府投资公司（GIC）	LG	北京 LG 双子座大厦	80	写字楼
2020	颢腾投资、GIC、AEW	国美	悦秀城	40	商场
2020	基汇资本	浙江建工	杭州欧美金融城 T6 写字楼	—	商办综合体

续表

年份	买家	卖家	标的资产	成交金额(人民币:亿元)	物业性质
2020	—	长城资管	上海长城金融大厦	31	酒店、办公
2020	凯德商用中国信托	保德信房地产基金	乐峰广场(49%股权)	19	商场
2021	铁狮门	辉盛国际管理	辉盛阁国际公寓	21	公寓
2021	领展	GIC	上海七宝万科商业广场(50%股权)	27.7	商场
2021	普洛斯	世纪华通	松江互联网数据中心(50.1%股权)	60	数据中心
2021	新加坡吉宝信托	广东蔚海	蔚海智谷数据中心	7	数据中心
2021	凯德集团	德利迅达	上海颛桥数据中心	36.6	数据中心
2021	领展	广州陛鹿物业管理	太阳新天地购物中心	32.1	商场
2021	黑石	富力集团	广州国际机场富力综合物流园70%股权	71	物流仓储
2021	博枫资产	阿布扎比投资局	上海悦荟、青岛悦荟、西安悦荟、重庆东原悦荟新新park等	89	商场
2022	易商红木(ESR)、新加坡政府投资公司(GIC)	DLJ	长三角地区物流及工业资产包	—	物流仓储
2022	Brookfield、翰同	合景、富力	上海嘉誉天荟	13	公寓
2022	凯德商用设施咨询	永嘉集团	北京博瑞大厦	20.37	写字楼
2022	友邦保险(AIA)	上实发展、MORI	上海上实中心	87	综合体
2022	凯德	铁狮门	上海尚浦领世	76.1	写字楼
2022	新加坡政府投资公司(GIC)	东久	百佳通70%股权	28	商务园区

（二）在疫情影响之下，2020 年出现了地产并购的暂时萧条期，但截至 2021 年，外资并购出现了触底反弹，仅半年的交易额就已经超过 2020 年全年的水平，且超过 2018 年、2019 年的同期水平。2022 年第四季度，随着疫情防控政策调整，外资投资占比逐步回升。

（三）外资的地产并购业态以商场、办公楼为主，但 2021 年、2022 年以来，在新基建的政策引导下，物流地产、数据中心、长租公寓等新型地产项目开始受到外资热捧。

二、外商投资中国地产的驱动因素

面对复杂的国际形势和疫情等众多政治、经济不利因素，外资对中国地产的并购热情却并未削减，主要源于以下因素：

（一）外资长期看好中国不断壮大的中产阶层的巨大消费潜力，看好中国的经济增长和需求增长

（二）中国的政策支持不断开放

习近平总书记于 2020 年 7 月 21 日在企业家座谈会上一再强调："中国开放的大门不会关闭，只会越开越大，向世界经济释放积极信号，为全球企业注入发展信心。"①

2021 年 9 月下旬，国家发改委外资司司长在发改委发布会上继续释放中国市场开放加码的信号："下一步，我们将推动加快构建更高水平开放型经济新体制，不断优化外商投资环境，支持外国投资者和外资企业在中国实现更好发展。"

2021 年 10 月 12 日，商务部发布了《"十四五"利用外资发展规划》，表明会压减外商投资准入负面清单，放宽重点领域准入门槛，持续减少市场准入限制。

2021 年 12 月 27 日，国家发改委、商务部公开发布了《外商投资准入特别管理措施（负面清单）》（2021 年版）和《自由贸易试验区外商投资准入特别管理措施（负面清单）》（2021 年版），进一步提高外资准入负面清单精准度，优化落实外资准入负面清单管理，不断扩大外商投资范围。

党的二十大报告指出："合理缩减外资准入负面清单，依法保护外商投资权

---

① 《增强信心　迎难而上——习近平总书记在企业家座谈会上的重要讲话坚定企业发展信心》，载中央人民政府网 2020 年 7 月 22 日，https://www.gov.cn/xinwen/2020-07/22/content_5529175.htm。

益，营造市场化、法治化、国际化一流营商环境。”习近平总书记于2022年12月15日的中央经济工作会议上再次强调，“要更大力度吸引和利用外资”。

（三）人民币汇率上涨趋势

2021年5月19日，在2021春季莫干山会议上，中国人民银行金融研究所所长表示，“国际化条件下央行将放弃汇率目标，人民币在中长期内将持续对美元升值”。虽然人民币短期受到诸多因素影响，走势不定。但是截至2023年1月，人民币兑美元汇率重拾涨势，曾一度升破6.77。有了这种预期，外资涌入势头将更加迅猛，其中股市、土地、房产等依旧是境外资金追逐的热点。

（四）房地产企业境内融资的渠道收紧，引发外资抄底中国地产

自2019年以来，房地产行业融资调控不断加码，①导致房企寻求境内融资困难重重，只得变卖资产降低负债率、盘活现金流、寻求纾困，这使大量境内资产被低估，也给了外资抄底的机会。

---

① 现将2019年以来地产行业的主要调控政策梳理如下：

（1）2019年5月8日，中国银保监会发布《关于开展“巩固治乱象成果促进合规建设”工作的通知》，地产的前融（取得土地证之前的融资，地价款融资）渠道受到很大限制，银行、信托都不能再以直接或变相方式为房地产企业缴纳土地出让价款提供融资；而且信托明股实债方式给不符合“432”原则的房地产企业放贷也被叫停。

（2）2020年上半年，中国银保监会下发《关于信托公司风险资产处置相关工作的通知》，开始信托两压一降。受安信信托、四川信托、华信信托等事件影响，融资类业务规模、金融同业通道规模和不良资产规模继续压降。

（3）2020年12月30日，中国证监会发布《关于加强私募投资基金监管的若干规定》，基金的股东借款比例上限被限定在实缴资本的20%，期限限定在1年以内；这里的杠杆率相比2018年《关于规范金融机构资产管理业务的指导意见》的“权益类产品的分级比例不得超过1:1”又大大收缩。

（4）从2020年下半年开始，央行和住建部推行“三道红线”，控制房企的有息负债率。标准具体为：房企剔除预收款后的资产负债率不得大于70%，房企的净负债率不得大于100%，房企的“现金短债比”小于1。

（5）2020年12月28日，中国人民银行、中国银保监会发布《关于建立银行业金融机构房地产贷款集中度管理制度的通知》，将根据银行业金融机构的资产规模、机构类型等因素，分档设定房地产贷款集中度管理要求。通知自2021年1月1日起实施。这大大限缩了银行给商业地产提供贷款的可用额度。

（6）2021年2月26日，自然资源部自然资源开发利用司负责人宣布，2021年22个重点城市要对住宅用地实行“两集中”新政。所谓“两集中”：一是集中发布出让公告，原则上发布出让公告全年不得超过3次，实际间隔时间和出让地块数量要相对均衡。二是集中组织出让活动。同批次公告出让的土地以挂牌方式交易的，应当确定共同的挂牌起止日期；以拍卖方式交易的，应当连续集中完成拍卖活动。

这22个重点城市包括北上广深4个一线城市，以及天津、重庆、南京、杭州、厦门、合肥、济南、武汉、成都、福州、郑州、无锡、苏州、沈阳、长春、宁波、青岛、长沙18个二线城市。

这使企业在行业周期间杠杆运用空间将减小，从宏观调控意义上说，有助于拉平周期、平稳运行。

综上，中国监管部门在给房地产降温，旨在抑制地产金融资本的无序扩张。如果参考美国等发达国家的经验，地产在整个国民经济的比重维持在12%[①]左右。因此，在规模限缩的情况下，地产行业仍然是国民经济的支柱产业，也依然吸纳大规模资本的进入。

（五）公募REITs的出台可能丰富外资的投资和退出渠道

2021年5月7日，沪深交易所首批9只公募房地产信托投资基金（Real Estate Investment Trusts，REITs）产品获证监会注册，5月31日开闸发售，全部产品超额认购，平均有效认购倍数超7倍。2021年11月12日，第二批公募REITs正式获批。2022年9月，首批5只公募REITs扩募正式启动。截至2023年3月20日，获批上市的公募REITs产品数量达到27只。公募REITs的推出，拓宽了外资投资中国地产的进路和退出渠道：

1. 中国证监会2020年8月6日颁布的《公开募集基础设施证券投资基金指引（试行）》第17条规定，“网下投资者为证券公司、基金管理公司、信托公司、财务公司、保险公司、合格境外机构投资者、商业银行及其理财子公司、符合规定的私募基金管理人以及其他中国证监会认可的专业机构投资者”。这说明境外投资者可以作为机构投资者参与公募REITs的投资。与私募基金投资房地产和类REITs产品相比，公募REITs投资门槛较低、流动性更高、长期投资回报稳定、派息率高，是外资分享中国基础设施类房地产项目收益的新形式。只是目前外资仅能通过合格的境外机构投资者（Qualified Foreign Institutional Investor，QFII）的形式进行投资。

比如在已发行公募REITs产品中，“中信建投国家电投新能源封闭式基础设施证券投资基金”和“中航京能光伏封闭式基础设施证券投资基金”，均有QFII参与。

2. 从另外一个角度看，2021年6月29日发布的《国家发展改革委关于进一步做好基础设施领域不动产投资信托基金（REITs）试点工作的通知》（发改投资〔2021〕958号，以下简称958号文），相比2020年7月31日颁发的《国家发展改革委办公厅关于做好基础设施领域不动产投资信托基金（REITs）试点项目申报工作的通知》（发改办投资〔2020〕586号），进一步拓宽、明确了公募REITs底层资产的

① 数据来源：B1GVL：Real estate activities（ISIC rev4），按国家分别列出国内生产总值和每个行业的产值，https://stats. oecd. org/Index. aspx? DataSetCode = SNA_TABLE1。

行业范围，除了商业、住宅、酒店项目原则上不能发行公募 REITs 之外，交通、能源、市政、环保、物流类设施、数据中心等新型基础设施、园区基础设施、保障性租赁住房，以及具有较好收益的旅游基础设施都被纳入了试点范围。2022 年 5 月 31 日，沪深交易所针对公募 REITs 新购入基础设施项目发布了业务指引，规范扩募发售等行为，促进基础设施 REITs 市场长期健康发展。

结合前述的外商投资中国地产的新趋势，由于公募 REITs 的推出，这些新型地产也可以有更好的退出路径。①

比如在已发行的公募 REITs 中，“中金普洛斯仓储物流封闭式基础设施证券投资基金”的原始权益人为 GLP China Holdings Limited（普洛斯中国控股有限公司）和第二批公募 REITs 中“国泰君安东久新经济产业园封闭式基础设施证券投资基金”的原始权益人包括 Full Regalia Limited 等境外投资者。

上述案例就是外资产业基金将其在中国投资设立的优质工业、物流地产发行公募 REITs，实现退出的案例。具有良好流动性的退出渠道也会对外资进入释放积极信号。

三、《外商投资法》的结构性影响

除了前述经济驱动因素，自 2020 年 1 月 1 日起实施的《外商投资法》从法律层面为营造平等、便利的外商投资环境奠定了基础。

《外商投资法》的重要意义在于确立了国民待遇 + 负面清单制的外资准入管理原则。不仅如此，《外商投资法》及相关配套制度还大大简化了外资新设、并购境内企业的流程。对《外商投资法》的结构性贡献简要总结如下：

（一）2020 年 1 月 1 日《外商投资法》生效实施后，在负面清单之外，商务部门的外资审批、备案程序已成为历史

自 2018 年开始，国家发改委和商务部开始联合推出全国统一版的外商投资准入特别管理措施（负面清单），每年更新一次，且不断“瘦身”；②其所载的非禁止

① 拟通过公募 REITs 退出的投资人需要考虑公募 REITs 相关政策对净回收资金使用的要求。

② 2021 年 10 月 8 日，国家发改委发布 2021 年版外商投资准入负面清单，清单上行业与 2020 年相比缩减 6 项，与 2018 年负面清单相比，准入事项缩减量超过 22.5%。参见《商务部关于印发〈“十四五”利用外资发展规划〉的通知》，载中华人民共和国商务部网，http://wzs.mofcom.gov.cn/article/wzyx/202110/20211003210174.shtml。

投资领域需要取得外资准入许可。但是,对于负面清单以外的行业,商务部门的外资审批、备案程序已成为历史;发改委的项目核准、备案虽然存续,但系基于《政府核准的投资项目目录》对内外资进行一致处理。

取而代之的是外商投资信息报告制度(外商投资信息报告制度包括初始报告、变更报告、注销报告及年度报告等),市场监管局成为外资进入首先需要完成登记、报告的部门,并将相关信息共享给商务主管部门。

(二)转让价款支付期限的限制

《关于外国投资者并购境内企业的规定》(2009 修改)(以下简称《外资并购规定》)第 16 条规定,外国投资者并购境内企业设立外商投资企业,应自外商投资企业营业执照颁发之日起 3 个月内向转让股权的股东,或出售资产的境内企业支付全部对价。在特殊情况下,先经相关部门批准,应自外商投资企业营业执照颁发之日起 6 个月内支付全部对价的 60% 以上,1 年内付清全部对价,并按实际缴付的出资比例分配收益。《对外贸易经济合作部、国家税务总局、国家工商行政管理总局、国家外汇管理局关于加强外商投资企业审批、登记、外汇及税收管理有关问题的通知》(外经贸法发〔2002〕575 号)规定:控股投资者在付清全部购买金之前,不得取得企业决策权,不得将其在企业中的权益、资产以合并报表的方式纳入该投资者的财务报表。

对此,在特别针对房地产行业的《建设部、商务部、国家发展和改革委员会、中国人民银行、国家工商行政管理总局、国家外汇管理局关于规范房地产市场外资准入和管理的意见》(建住房〔2006〕171 号,以下简称 171 号文)对支付对价还有更严格的要求:"境外投资者通过股权转让及其他方式并购境内房地产企业,或收购合资企业中方股权的,须妥善安置职工、处理银行债务、并以自有资金一次性支付全部转让金。"

前述规定并未被《外商投资法》废止。因此,在法规层面上,境外投资者在收购境内房地产项目时,应当参照前述《外资并购规定》和 171 号文的规定,一次性或在一定期限内分期支付股权转让对价。

根据我们的实践经验,上述有关限期一次性支付(或经批准可限期分笔付清)的规定已不再严格执行。但是,根据我们了解到的情况,外汇实操层面按实缴出资分配利润的规定仍然在执行。而且如果超过合理时限(虽然没有硬性规定,但

1～2年是银行可以接受的窗口期)仍未能完成对价支付,可能也会受到银行的质疑,进而影响后续的利润分配和资金回笼。

(三)跨境换股的松动空间

《外商投资法》实施后,尤其要关注跨境换股的监管动态。因为地产融资涉及的重要环节,往往是要将境内资产以一种低税负、不损失税基又少周转现金的方式"装"入境外结构,而跨境换股则为这种商业目的提供了便利途径。

在前《外商投资法》时代,根据《外资并购规定》第27条的规定,适用《外资并购规定》的跨境换股行为(或称外国投资者以股权作为支付手段并购境内公司),指境外公司的股东以其持有的境外公司股权,或者境外公司以其增发的股份,作为支付手段,购买境内公司股东的股权或者境内公司增发股份的行为。《外资并购规定》进一步规定,外国投资者以股权作为支付手段并购境内公司,应报审批部门审批,并对所涉境外公司、境内外公司的股权作出了一定的要求,其中规定外国投资者用以支付的境外公司的股权应在境外公开合法证券交易市场(柜台交易市场除外)挂牌交易(详见《外资并购规定》第28条、第29条)。

《外商投资信息报告办法》已于2020年1月1日实施,其中第9条第2款规定了外国投资者股权并购境内非外商投资企业,应在办理被并购企业变更登记时通过企业登记系统提交初始报告。

因此跨境换股可能会逐步放开,这对于外资进行非现金收购,具有重要意义。但是目前仍然缺少充足的监管规定和成功案例,来明确非上市的外国投资者是否也可以其境外股权作为支付手段来并购内资企业。这值得后续持续关注。

(四)关联并购审查已有较大回旋余地

根据《外资并购规定》第11条的规定:"境内公司、企业或自然人以其在境外合法设立或控制的公司名义并购与其有关联关系的境内的公司,应报商务部审批。当事人不得以外商投资企业境内投资或其他方式规避前述要求。"根据《外商投资准入特别管理措施(负面清单)》(2021年版)(自2022年1月1日起施行),前述"关联并购"事项为特别管理的事项,或仍需继续执行《外资并购规定》第11条所确立的商务部审批制度。

之所以关联并购引发关注,是因为地产商在寻求境外融资的过程中,尤其是在境外发行REITs的场合,需要将境内资产装入境外关联方控制的境外SPV中。

而目前在商务部门在外资准入环节“后撤”的趋势下，前述融资需求所派生的关联并购结构设计需要，也有了更多的回旋空间。

四、税务筹划

（一）股权转让环节的税务筹划

此为税务筹划最具有普适性的场景，不仅仅在并购场景中需要筹划，在投资人退出或者发行 REITs 过程中都会遇到处置底层资产较取得时有较大增值的情况，所以以净资产公允价值作为评估基础的股权价值会有很大的溢价，如何做好转让环节的税务筹划，是投资人关注的重点。通常来说，税务筹划方案可围绕以下思路开展：

（1）先分红（减资）再转股再增资，其基本原理是：境内居民企业之间的股息分配免税，①而减资超过账面净资产值的部分才需要纳税。② 所以原股东（卖方）通过分红、减资的方式取得收益免税，可以用这种方式在交割之前创造一笔目标公司对卖方的负债，再用收购资金来清偿。基本原理如图 2 所示：

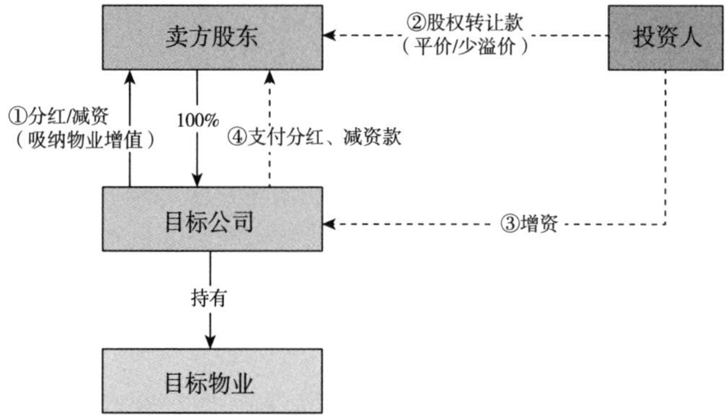

图 2 先分红（减资）再转股再增资的结构

---

① 《企业所得税法》（2018 修正）第 26 条规定，对于符合条件的居民企业之间的股息、红利等权益性投资收益以及符合条件的非营利组织的收入免征企业所得税。

② 根据《国家税务总局关于企业所得税若干问题的公告》（国家税务总局公告 2011 年第 34 号）规定，投资企业从被投资企业撤回或减少投资，其取得的资产中，相当于初始出资的部分，应确认为投资收回；相当于被投资企业累计未分配利润和累计盈余公积按减少实收资本比例计算的部分，应确认为股息所得；其余部分确认为投资资产转让所得。

所以，税筹的关键是：如何减少发行人可能需要缴纳的资本所得税？如果目标公司账面没有巨额的未分配利润，很多企业都会试图通过物业评估增值，并将增值计入资本公积来制造增量资本公积，然后再通过减资的方式将增值部分分配给现有股东。但这种做法实际上并不符合中国会计准则的规定。《企业会计准则——基本准则》(2014修改)第43条规定："企业在对会计要素进行计量时，一般应当采用历史成本，采用重置成本、可变现净值、现值、公允价值计量的，应当保证所确定的会计要素金额能够取得并可靠计量。"在一般情况下，如果不存在非货币性资产对外投资、清产核资和企业股份制改制等情形，是不能随意将现有资产重新评估并将增值计入资本公积的。即使在收并购的场合，被收购子公司的资产可以公允价值并入收购母公司的合并报表，资产的增值部分也被计入收购方的资本公积，而无法回到原股东手中。

"博时招商蛇口产业园封闭式基础设施证券投资基金"这一单公募REITs在搭建"股债结构"时，用到的税收结构，值得关注：投资性不动产的计量模式从成本计量模式调整为公允价值计量模式之后，不动产增值部分就可以调整期初留存收益，从而进入"盈余公积""未分配利润"科目，这个过程税法并不要求交税。然后再将未分配利润以宣派股息的方式分派给原股东，免税形成一笔对原股东的负债。未来投资人平价或少溢价转股，再大量增资，资产增值部分即可通过支付应付股利的方式输送给卖方即原股东。笔者认为，以上税筹思路虽然巧妙，但仍需要税务主管部门认可后才可以实施。

而且，外资入境后就很难利用前述税筹思路，因为增资的资本金结汇资金无法用来清偿"应付股利"或支付"减资款"。根据此前我们与银行经办人员的沟通，他们的理解是前述资金用途不属于目标公司的经营范围事项，不能以资本金项下的结汇资金支付。

(2)境外重组：如果目标公司开始就有境外的SPV持股公司，那么参考第(1)项的思路，就会有更多的税务筹划空间。但如果目标公司完全没有境外结构，要现搭境外结构以获得税收优惠，则几乎无法实现或者程序烦琐。

因为这其中不但涉及《外资并购规定》项下的跨境换股和设立特殊目的公司商务部审批问题，而且根据现行税则，几乎无法在不需要过桥资金且免税的情况下实现境内外的连接。根据《财政部、国家税务总局关于企业重组业务企业所得税处理若干问题的通知》(财税〔2009〕59号)，只有"居民企业以其拥有的资产或股权向其100%直接控股的非居民企业进行投资”才能实现特殊性税务处理，那就意味着原股东需要先走境外直接投资（Overseas Direct Investment，ODI）程序到境外设立一个直接控股的非居民企业，再用境内目标公司的股权向该非居民企业出资，才能完成无现金、免税的结构搭建。即使不考虑跨境换股的商务部审批问题，按照笔者的经验，实务中也较难实现“100%直接控制”的结构搭建。

（3）先增资后转股：在一些投资人需要部分增资给目标公司、部分将收购资金提供给原股东的情形下，有些投资人可能会尝试先增资后转股的方式来进行税务筹划。

先增资后转股的基本原理如下：新股东先以低价、大比例增资方式进入目标公司，新老股东再按稀释后的股权价值进行转股，实现老股东平价（低价）退出。

举例来说，如果目标公司注册资本1000万元，卖方股东持股100%，净资产公允价值2000万元。

正常转股的税负：（2000×100% －1000）×25% ＝250万元，投资人总共支付2000万元。

先增资后转股：投资人先增资1000万元持股50%，然后再转股，税负为（3000×50% －1000）×25% ＝125万元（比直接转股节税125万元），投资人总共支付1000＋1500＝2500万元。

但这种做法的风险在于，可能被税务机关认定存在增资环节的利益输送（如前例，投资人注入1000万元，如果按照净资产公允价值只能持股33.33%，但却持股50%，明显可能存在原股东向投资人的利益输送），导致原股东股权转让价格明显偏低，从而要求以核定方式认定股权转让收入，即将原股东输送的利益从其股权原始取得成本中减除，导致先增资后转股的税负与正常转股的税负无异。

（二）运营环节的“资本弱化”

除了收购环节，在资产运营环节如何合法合规地利用“资本弱化”的规则减少目标公司所得、提高资金运作效率，也是投资人需要重点考虑的结构筹划要点。其基本原理是，目标公司产生的现金流以支付股东借款利息的方式回款给境外投资者（见图2），因此达到的效果是：（1）利息能从目标公司的税前收入中扣除，按照《财政部、国家税务总局关于企业关联方利息支出税前扣除标准有关税收政策问题的通知》（财税〔2008〕121号），最大扣除比例是以不超过实收资本2倍的本金计算的不超过金融企业同期同类贷款利率的利息部分，而且因为境外股东的利息所得税率为10%，低于境内目标公司的所得税率25%，因此可以起到较好的节税效果；(2)现金流可以及时回笼，不必非要等到产生利润才汇出境外；(3)维持较少的资本金，这样少提法定资本公积，就可实现更多的可分配利润。[①]

但是在外商投资地产，甚至发行境外REITs的场景之下前述"资本弱化"的税筹方法不太常用。因为跨境的贷款结构较难搭建，很难实现资金以还本付息的方式直接从目标公司支付给境外投资者。笔者总结，主要原因有两点：

(1)房地产企业是基本不可能跨境借外债的，因此对于房企来说，图3的shareholder loan是无法结汇提供给PropCo的；

(2)就算在HoldCo和PropCo之间再加一层WFOE(wholly foreign owned enterprise)，资金从境外以资本金的形式汇入WFOE的结汇资金也很难继续以股东借款的形式发放给目标公司。

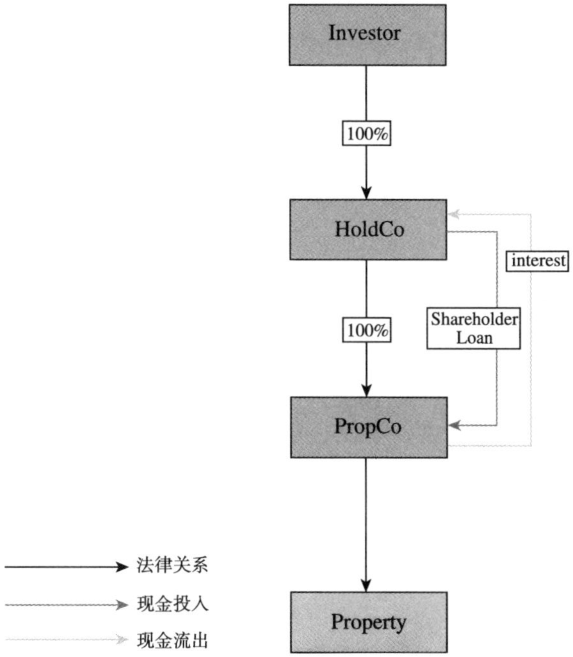

图3 资本弱化

① 《公司法》(2018修正)第166条规定，公司分配当年税后利润时，应当提取利润的10%列入公司法定公积金，但公司法定公积金累计额为公司注册资本的50%以上的，可不再提取。

但是，对于一些依托于土地而产生的新型业务，比如外商投资数据中心，还是可以考虑利用前述“资本弱化”之操作空间，来实现企业优化税务结构的效果。

接续前文所述的外商投资数据中心涉及的轻重分离之结构，对于适用可变利益实体（Variable Interest Entities，VIE）结构的轻资产板块，或可考虑利用“资本弱化”的规则合理进行税务筹划。

（1）对适用 VIE 结构的轻资产板块进行税务筹划的基本原理

在《外商投资法》时代，投注差的外债制度已经逐渐退出历史舞台，代之以《中国人民银行关于全口径跨境融资宏观审慎管理有关事宜的通知》（银发〔2017〕9号）项下的“全口径”制度，就是以净资产而非投资总额和注册资本的差额作为外债额度的衡量基准。具体公式为：$1.5\times\sum$外币跨境融资余额$\leqslant$净资产$\times$跨境融资杠杆率$\times$宏观审慎调节参数（假设借入的是 1 年期以上的外币贷款）。根据目前公布的宏观审慎调节参数，非金融企业外币融资余额目前可以是净资产的 1.67 倍。但是，2007 年 6 月 1 日之后设立的外商投资房地产企业，既无法利用“全口径”制度，也无法利用“投注差”制度借用外债。

不过，在图 4 所描述的数据中心轻重分离的结构下，除房屋、土地之外的其他 IT 设备及非 IT 设备都可以剥离至 VIE OpCo，这样 VIE OpCo 就可以摆脱“房地产企业”的定义，利用全口径的外债借用模式，将投资资金直接以外债的模式从 HK Co2 提供给 VIE OpCo。VIE OpCo 偿付的利息就可以税前扣除，而且付给境外 HK Co2 的利息税率只有 10%（即使不能被认定为“受益所有人”，无法适用 7% 的优惠税率），相对于境内企业收缴同样的利息需要缴纳的 25% 的企业所得税，还是有很大优势的。

（2）轻重分离结构筹划的实操要点

除了“资本弱化”这个考量因素之外，轻重分离的结构筹划还需考虑以下要点：

一是非房地产资产的价值有限决定外债金额的上限。

通常对于互联网数据中心（Internet Data Center，IDC）运营服务企业来说，机柜、机架等设备的价值仅会占到总资产的一部分，而土地、房屋的价值则是总资产的另一部分，所以即使把非房地产的动产设施全部剥离到 VIE OpCo，能够以外债形式投入的投资资金金额也是有限的。而收购 PropCo 的资金还是要通过股本金的方式提供给 PropCo 或者原股东。

这就决定了,境外投资者对 IDC 的原始收购资金,不可能全部是外债,而且绝大多数还是资本金。

二是境外投资者对于运营现金流的控制。

在设计交易结构时,需要重点考虑境外投资者希望以何种方式控制项目现金流。从控制安全的角度看,应该减少运营现金流在 VIE OpCo 的停留时间,使其尽快以租金的方式输送给境外投资者能够以股权方式控制的 PropCo。但是从激励运营团队的角度看,又需要保留一部分现金在 VIE OpCo,用于对运营团队的业绩激励。

因此,对于那些无法以外债还本付息形式从 VIE OpCo 返还给 HK Co2 的资金,有多少要以租金形式支付给 PropCo,有多少保留在 VIE OpCo,又是需要进一步筹划的事项。

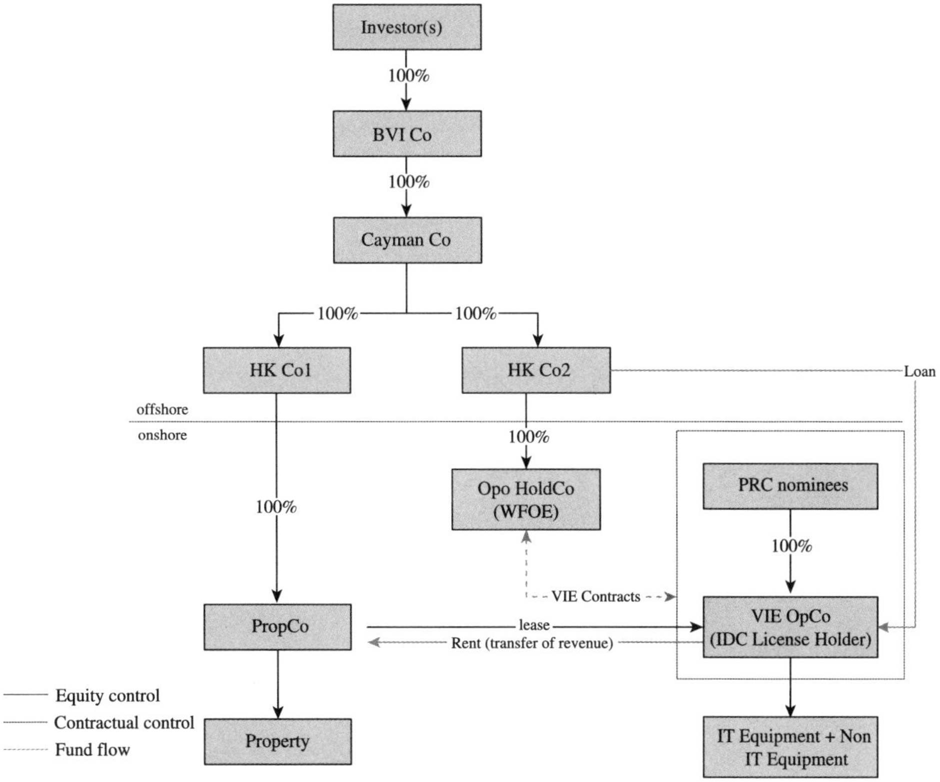

图 4 轻重分离

三是租金支付结构下的房产税筹划。

如果投资人希望以租金的方式从 PropCo 回笼投资资金，则可在该环节进行房产税筹划。基本原理是：房产税有从租和从价两种计量方式，在 PropCo 向 VIE OpCo 收取租金的模式下，可以通过设定合理的租金水平，降低 PropCo 需要缴纳的房产税。

有以下税务筹划的平衡点公式：

房产原值 ×（1 – 扣除比例）×1.2% = 年租金（不含税）×12%

当年租金（“租金临界值”）< 房产原值 ×（1 – 扣除比例）×1.2%/12% 时，从租计征就是省税的。

可以使 PropCo 和 VIE OpCo 签署租约，把年租金设定在租金临界值以下、市场租金水平以上，以此节省 PropCo 所需缴纳的房产税。

（3）在持运分离的结构下，境外投资者回笼资金、加强控制、同时优化税筹结构的可行交易方案

（a）由于 VIE OpCo 名义上由 PRC Nominee 控制，所以为了减少代理成本，投资人可选择将 VIE OpCo 需要支付的租金设定在租金临界值以下、市场租金水平以上，这样一大部分运营收入就会通过租金的方式输送给 PropCo，PropCo 再通过分红的方式给到境外投资者，让更少的运营资金沉淀在 VIE OpCo 中。

（b）充分利用 VIE OpCo 的外债额度，将部分现金收入通过还本付息的方式直接给到境外投资者，尽可能避免 VIE OpCo 的名义股东获得任何留存收益。

（c）当然，这里还要结合以下因素进行综合评估和测算：

i. 投资人需要留存部分现金流在 VIE OpCo 层面用于管理层和员工激励；

ii. 如果现金要通过 PropCo 汇出境外，只能通过分红的形式，那么这部分红利在汇出境外之前需要首先在中国境内缴纳企业所得税，这可能是外资加强现金流的同时所需要付出的成本。

（d）VIE Opco 争取高新技术企业证书，所得税率可降为 15%。

考虑到（c）项中的平衡因素，如果投资人希望把更多的现金留在 VIE OpCo 用于激励管理层或扩大资本支出，则需要促使 VIE Opco 申请高新技术企业证书，这样做的好处是：如果需要把一部分利润留在 VIE OpCo，则可以享受所得税上的优惠。

(三)清理卖方股东的现有贷款

出于前述资金使用效率和税务筹划的原因,并购交易中的卖方也通常会采用小股+大债的结构。所以在投资人进行收购的时候,通常会遇到“承债式收购”的问题,即一部分支付给卖方的价款需要以归还目标公司往来款的方式给到卖方。这在内资并购中是很常见的交易方式。

但是在外资并购境内公司的场景下,资本金结汇资金是不能用来归还目标公司欠原股东往来款的,所以必须清理这些往来款,而原股东重组也会被作为一个重要的先决条件(condition precedent)。如图5、图6、图7所示,清理的思路有以下几种:

1. 往来款转增资

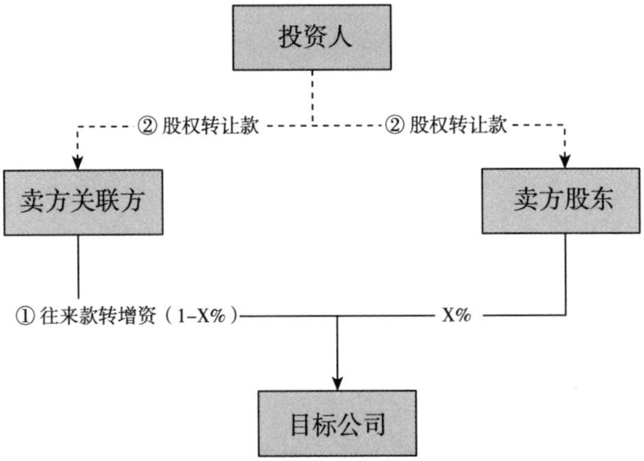

图5 以“债转股”方式清理往来款

2. 借用银行贷款偿还关联往来款

其基本原理是:资本金结汇资金虽然无法用来清偿企业间的往来款,但可清偿银行贷款。

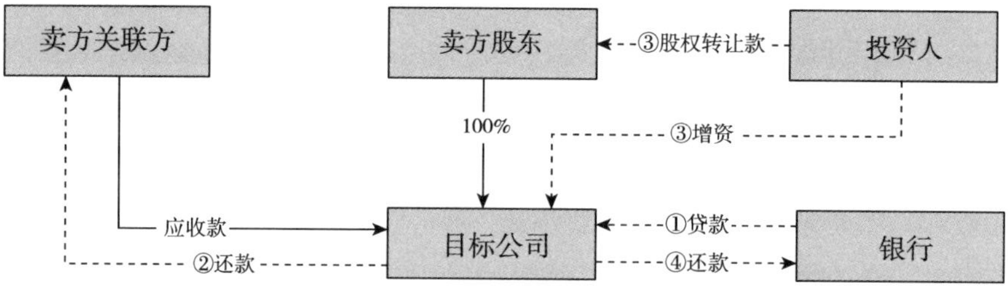

图6　以“银行贷款替换往来款”方式清理往来款

3. 先归集后清理

如果贷款人并非卖方股东，直接债转股可能会有操作难度，建议卖方股东向其他关联方借款，作为增资先注入目标公司，目标公司先以该笔资金清偿往来款，这样关联方贷款就可以统一归集到卖方股东名下，并转换为卖方股东的增资，便于未来对投资人的股权转让价款进行清理。

基本原理：根据《国家外汇管理局关于进一步促进跨境贸易投资便利化的通知》（汇发〔2019〕28 号，以下简称 28 号文）第 4 条，“取消境内资产变现账户资金结汇使用限制”的规定。因此中方股东资产变现账户收到的股权转让价款可以自由结汇，而不用再被核查后续的资金使用用途。所以区别于外商投资企业资本金结汇的后续资金使用限制，中方股东收到股转款之后就可以以此结汇资金再清偿对关联方的借款，实现资金回笼。

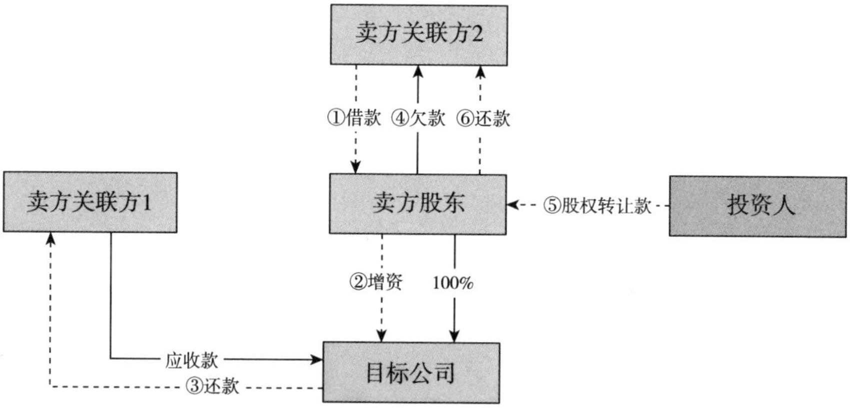

图7　以“先归集后清理”方式清理往来款

（四）理想资本结构的搭建

在《外商投资法》时代，由于投资准入制度的淡出，境外投资者有更多的空间搭建更为理想的资本结构，即小股大债的资本结构。但前提是要遵守外汇资金结汇使用及汇出的基本规则。

1. 小股大债的商业动机。如前文所述，小股大债的商业动机如下：（1）利息能抵税；（2）现金流可以及时回笼；（3）维持较少的资本金，这样少提法定资本公积，就可以实现更多的可分配利润。

2. 有望直接跨境搭建股东借款的情形。如果目标公司不直接持有物业，而是整租并进行转租的二房东，我们通过银行咨询某地外管局的结果是该等模式的目标公司有可能享受全口径制度下的外债额度，可以利用外债搭建小股大债的模式（见图8）。

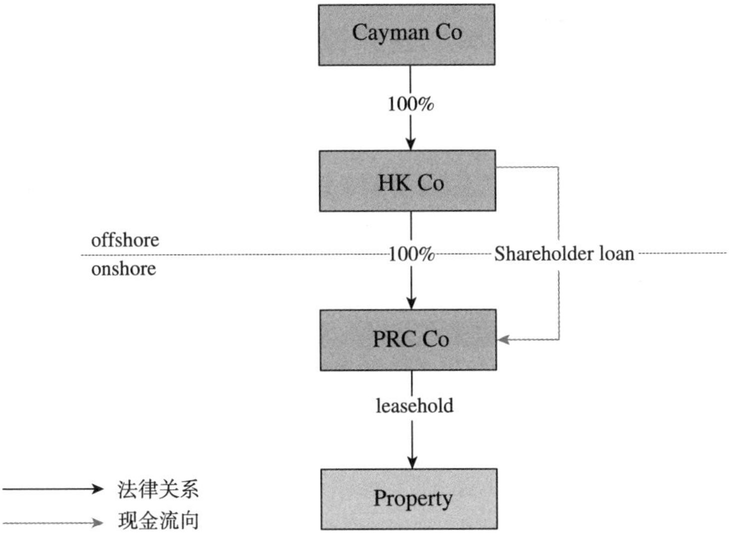

图8　租赁型物业模式项下的跨境股东借款搭建

3. 如果不是租赁型物业，而是持有型物业，那么境外股东是不能直接发放外债的，只能通过股权投资的方式让资本入境。于是退而求其次的办法是，能够在境内搭建小股大债的资本结构，提高在境内的资金使用效率。但是会遇到下列问题（见图9）：

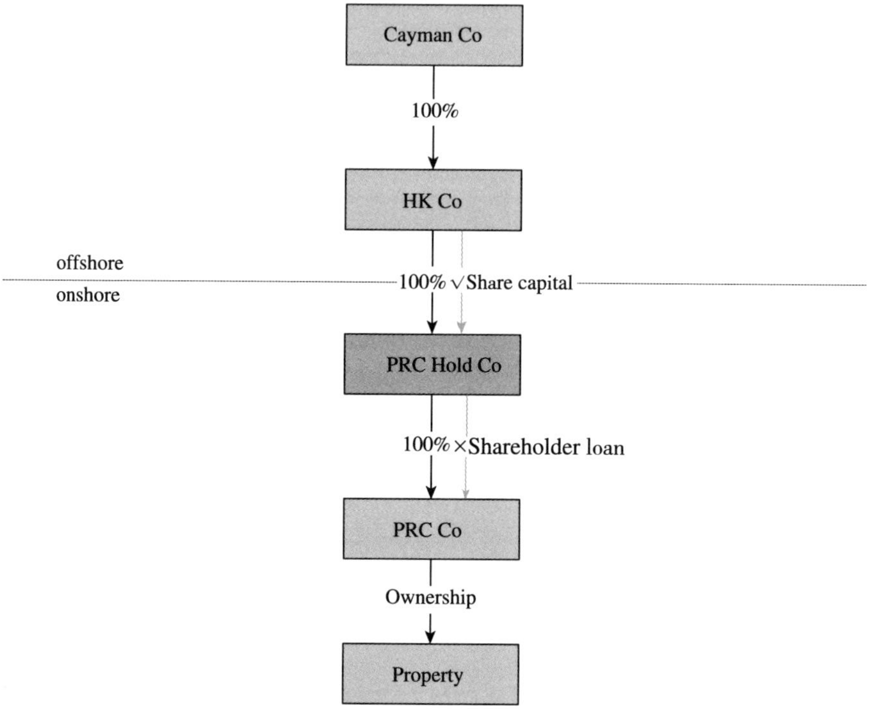

图 9　持有型物业模式项下的股东借款搭建困境

(1)PRC HoldCo 结汇后的资金不能继续往下发放股东借款

虽然 28 号文允许一般 FIE 的股本金结汇成人民币后继续用于股权投资，但仅限于股权投资，而且限于投入被投资企业的“结汇待支付账户”，这意味着被投资企业对该账户内资金的后续使用还会受到监管，并须逐笔向银行提交用途证明材料。

而实践中图 8 中的 PRC HoldCo 的结汇资金是不能直接向 PRC Co 发放股东借款的。

(2)解决方案

把 PRC HoldCo 换成一个投资性 FIE：QFLP 或外商投资性公司。实践中投资性 FIE 还会再股权投资一层企业，之后的资金使用一般就不再受监管了(见图 10)。

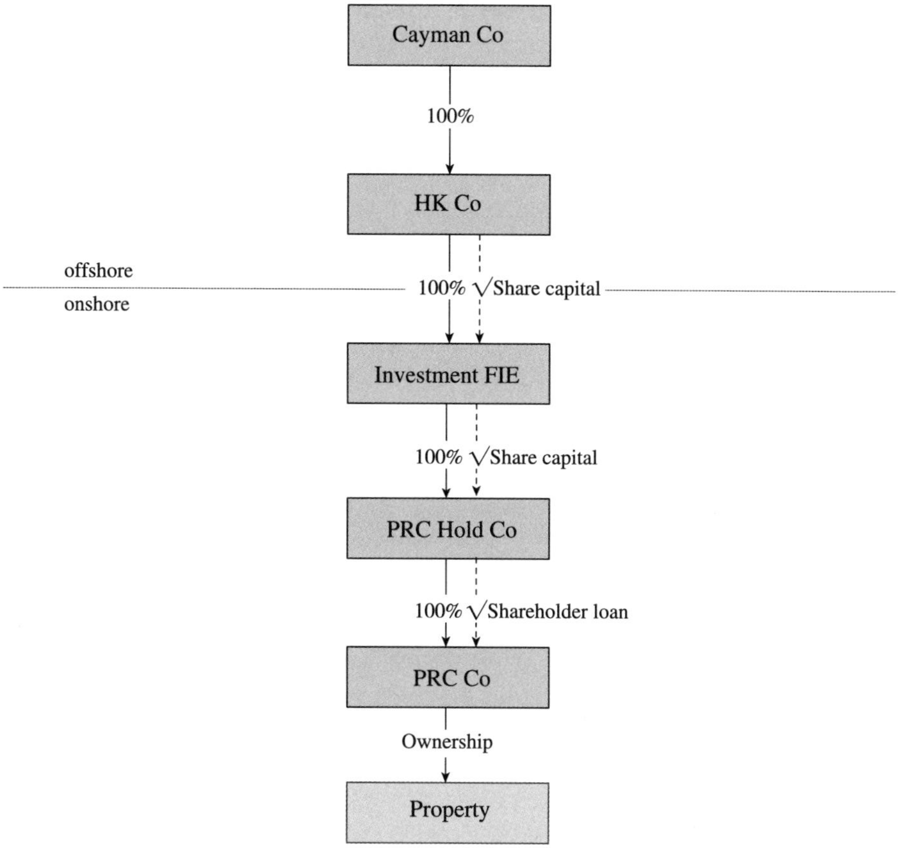

图 10　持有型物业模式项下的股东借款搭建优化方案

①上述优化方案可以解决的问题。资金后续使用的问题，QFLP 或投资性 FIE 的结汇资金后续是可以不再受银行的使用监管的，也不用再逐笔审核用途，结汇资金的后续使用问题有较大回旋空间。而且加入一层投资性 FIE 之后，前文所述的运营层面的资本弱化来实现合理节税也变成了可能。

②仍待解决的问题。资金从投资性 FIE 汇出境外的效率，除非减资、清算，否则很难在没有利润的情况下把钱从境内汇出境外。而我们知道，账面利润的产生是耗时长、需缴税的，所以会给资金的回笼造成很多障碍。

不过，针对前述仍待解决的问题，在近期某房托公司收购某金融大厦的交易中得到了显著突破，关键要点就在于，某地产在重组时利用反向吸并搭建了股东借款结构，同时境内目标公司和境外持股公司之间以有限合伙企业连接，使股东借款产生的利息可以更为快捷、便利地汇出境外。

综上，《外商投资法》的出台、《反垄断法》的修正，以及《数据安全法》《外商投资安全审查办法》和相关配套规定的出台，标志着外资地产并购监管体系的结构性变革，从少部门的强制性投资准入管理转变为多部门、多要素的自主评估和申报。这样的转变，意味着法律服务将从流程化、常规性的服务转变为更具广角和纵深的合规评估及结构筹划。我们期待与境外投资者就具体场景下的商业诉求作更为深入的探讨，以求在符合中国法律、法规的前提下，帮助境外投资者实现最佳税后投资回报率。

＊**声明**：上文涉及的税务筹划问题，最终当以税务顾问的专业意见为准；另外由于外资监管具体制度，尤其是外汇实操规则变动频繁，且各地落实程度均有差异，本文所提及的操作方法不一定具有普适性和即时性，不可全盘照搬。建议境外投资者依据个案特点，咨询律师意见，提前进行综合筹划，实现结构效率最优。

（马溦远对本文亦有贡献）

强监管时代房地产开发建设业务合规要点

吴方荣*

* 作者简介：

吴方荣，中伦律师事务所杭州办公室争议解决部合伙人，电邮为：wufangrong@ zhonglun. com。

房地产行业在高速发展多年后迎来了政府全面监管的时代,多项法规、调控政策的叠加效应,使政府各部门对房地产中扰乱市场秩序和侵害购房人权益的问题加大查处力度,各地相关部门联合开展房地产专项整治活动。尽管市场起起伏伏,但政府强监管的大背景在近期不会有改变,而且监管会更加严格,标准更加细化。

本文将结合新的监管政策和背景,对房地产领域各阶段的地产项目建设审批、竣工验收、销售宣传、交付等环节的合规要点进行重点梳理和分析,以期房地产企业重视对开发合规性的审查,关注开发建设中高发的风险纠纷领域,从而更好地顺应监管形势,更好地合规发展。

一、项目审批验收合规

房地产项目行政手续合规主要集中于前期建设审批阶段和项目竣工验收阶段。建设审批阶段主要围绕建设证照及相应手续的申请和办理等方面,房地产企业应遵守明确的法律规定,按程序申请办理。而对于项目开发建设过程中的问题,由于监管动态更新,也出现了新的动向:一是国家加大对建设领域的反腐败和反商业贿赂的监督惩罚力度;二是行政主管部门在一定程度上简化了行政审批程序,但提高了验收标准,强化了开发商主体责任,行政主管部门从重行政审批、轻过程监管逐渐发展为审批与过程监管并重的监管模式。

(一)项目前期建设

1.项目规划阶段

房地产项目前期建设阶段最为关键的环节是项目建设规划,如果缺少建设工程规划许可证,就会影响施工许可证等后续手续的申领和项目后续建设的推进;从民事的角度来说,根据《最高人民法院关于审理建设工程施工合同纠纷案件适用法律问题的解释(一)》第3条的规定,未取得建设工程规划许可证的,会存在施工合同被认定为无效的风险。而在进行建设工程规划时,往往涉及周围居民日照采光、居住环境等基本民事权利内容,在申请建设工程规划许可证过程中,房地产企业应当严格按照相关程序和要求提出行政许可申请,提交土地使用的有关证明文件、建设工程设计方案、相关部门的审核意见等材料,积极配合建设项目相关信息公示,处理投诉、参加听证会,听取相关人员意见,并接受行政部门对拟建项目的调整和回应相邻权人提出的异议,避免后续因相邻权人等纠纷影响工程规划许可证的颁发以及存续。

(1)建筑日照

建筑日照不仅关系买受人的居住质量,也密切影响周边居民的切身利益,相邻权人以建筑不符合建设规划设计标准影响居住采光等问题对开发商提起诉讼的情形实践中不在少数。房地产企业应当在设计建筑方案时严格依照住建部及地方部门最新颁布的住宅建筑日照标准进行。根据不同气候分区以及节气,区分项目类型、特殊地理位置、特点等具体的日照指标。

房地产开发企业在进行建筑施工时要注意客体建筑设计的自身合理性,对设计方案进行严格把握,进行全面的日照分析,采用最新以及最准确的测量依据和标准,按照法律规定期限和内容及时向周边居民进行公示公告,避免相邻权人及(或)购房人根据法律相关规定及(或)合同约定主张侵权或违约责任。一旦项目工程建设被认定违反相关日照规定或侵犯相邻权人的合法权益,则项目可能存在无法通过竣工验收以及被撤销建设工程规划、施工许可证的风险。

(2)容积率

容积率是影响房屋价格和居住品质的重要因素。如2018年版《城市居住区规划设计标准》第4.0.1条至第4.0.3条对居住区用地容积率、住宅用地容积率等作了明确规定。开发商在方案设计和规划审批时应重点关注。

房地产开发企业擅自提高容积率,不仅会遭受相关规范管理部门责令停止建设、限期拆除、罚款等行政处罚,还会引起群体性诉讼。例如,在原告成某、陶某、陈某等147人与被告重庆银昌房地产开发有限公司一案[①]中,原告主张被告擅自提高楼盘容积率,超建4层,增加48套住宅,导致人均实际占有公共空间缩水,居住环境和生活舒适度变差,房屋价值相对下降,要求被告赔偿损失,法院予以支持。开发商除了向业主承担违约及赔偿损失的责任外,因超容积率硬性规定还受到行政主管部门罚款的行政处罚。因此房地产开发企业应当严格遵守容积率规划要求,不轻易触碰红线,以免承担相应法律责任和后果。

2. 建设工程施工阶段

建设工程施工环节是房地产项目前期建设阶段最核心和最主要的内容。虽

---

① 参见华律网整理:《擅自提高容积率引发商品房买卖合同纠纷案》,载华律网2022年12月13日,https://www.66law.cn/laws/36176.aspx。

然根据法律及司法解释的相关规定，开发商未取得施工许可证，并不影响建设工程施工合同的效力，但是如果未取得施工许可证，不仅会面临相应的行政处罚，还可能会影响开发商办理房屋预售许可证。同时，施工单位在施工期间如果存在施工不规范等问题，将可能导致噪声污染、环境污染等方面的问题，而这些问题最终都可能影响开发商销售商品房的进程。因此，房地产开发商在按要求申请办理施工许可证后，并不意味着风险消除，在施工阶段仍有必要对施工环节和进度保持一定的控制，以确保自身利益不会受损。

(1)噪声污染

在项目建设过程中，施工噪声对周围居民会产生较大的不利影响，往往容易产生纠纷。《噪声污染防治法》就施工噪声作了原则性的规定，《建筑施工场界环境噪声排放标准》(GB 12523－2011)也对环境噪声排放限值进行了规定。各地也相应出台建筑噪声排放的相关防治管理规定，并明确将噪声纳入排污许可证的综合管理范围。例如，广东省明确规定，在城市市区内建筑施工使用机械设备，可能产生环境噪声污染的施工单位应申领噪声排放许可证。深圳市要求，确需连续施工作业的，应经批准取得环保部门施工噪声作业证明，并至少提前 24 小时在受影响区域的显著位置向周围单位和居民公布。[①]《浙江省建设项目环境保护管理办法》也规定施工单位在建设项目施工过程中，应当采取措施控制噪声等污染。

尽管根据《噪声污染防治法》的相关规定，施工噪声污染的责任主体是施工单位和建设单位，施工单位违反噪声排放标准及时间限制将会受到不同程度的罚款，以及责令停止施工及整改等行政处罚，开发商作为工程项目的建设主体同样面临被行政机关罚款及要求限期治理的压力。施工单位如果被要求责令停止施工并进行整改，则施工进度将受到严重影响进而将导致开发商面临无法按期向业主交房的违约风险，并可能发展成为群体诉讼案件。故房地产企业应当及时监督施工单位的施工作业是否符合当地的噪声管理规定，避免进度拖延影响房屋交付时间，从而引发纠纷和诉讼，造成不良影响。

---

① 2019 年 1 月 22 日，深圳市发布《关于进一步规范市政工程施工活动管理的紧急通知》，通知要求："严格执行中午(12 时至 14 时)或夜间(23 时至次日 7 时)施工噪声许可和信息公开制度，居民区、学校、写字楼等噪声敏感建筑集中区域内严禁中午或夜间进行高噪音(中午超过 70dB，夜间超过 55dB)作业。"

(2)安全文明施工

除施工噪声污染以外,在建设施工过程中,房地产开发商还应注意对施工单位的安全文明施工进行监督。施工方案设计、现场材料运输、垃圾清运、人员操作若不符合安全文明施工要求等,也会影响周边自然环境和居民生活,还会遭到相关居民的举报和投诉。一旦与周边居民发生纠葛,建设工程可能无法按照预定的进程进行,最终仍有可能导致房屋迟延交付的问题。因此,开发商同样有必要就安全文明施工对施工单位进行监督,确定工程的材料运输和储存是否严格遵循合同或管理制度要求,是否在规定时间和范围内解决材料的进场出入、堆放、交叉使用、现场卫生等工作,并及时与周围居民进行沟通协调,消除不利因素,避免侵占公共道路或陆地设施、违规堆放建筑垃圾等。

概括而言,在项目前期建设阶段,如果开发商存在违法调整规划用地性质、规划方案,擅自增加容积率,违反日照标准或楼间距标准等情形,都可能导致工程规划许可证无法办理或被撤销;开发商存在违反相关施工标准和条件等情形,也可能会导致施工许可证无法办理或被有关部门要求整改并暂停施工。一旦在规划许可证和施工许可证办理过程中发生投诉或纠纷,一方面,可能影响证件的取得,拖延工程进度;另一方面,若相邻权人提起行政诉讼要求有关部门撤销相关许可,可能会严重影响项目验收进度及交付条件的成就,最终开发商可能要承担停工返建、停止销售等巨大的经济损失,并面临买受人起诉要求承担违约责任的风险。

(二)项目建设验收阶段

房地产项目的竣工验收是工程后期的重要工作,关系到工程质量是否合格,是房屋能否后续交付使用的重要前提。若开发商违反规划条件或质量要求无法通过项目验收,不仅会面临行政处罚,更重要的是可能会拖延工程进度,增加建设成本,且因验收不合格导致交付条件不具备,将面临承担违约责任的问题,会由此带来巨大的经济损失。即使项目工程竣工验收通过,如果验收程序不规范等,后续仍存在竣工验收备案表被撤销的风险。

在验收环节还应特别注意,在规划许可证审批过程中向行政部门作出的额外承诺应该达标,例如对周围楼房进行沉降观测、设置专门的施工通道等,确保在规划验收、消防(备案)验收、竣工验收及竣工备案、土地复核验收等环节都进行风险合规把控。

1. 规划验收

建设部门的规划验收是项目竣工验收的重要前置程序。根据《城乡规划法》第45条的规定,县级以上地方人民政府城乡规划主管部门对工程进行规划核实,未经核实或经核实不符合规划条件的,建设单位不得组织竣工验收。对房地产企业而言,该环节的主要风险在于市场变化导致房地产企业调整商业决策,擅自修改已获批的设计方案,并调整减少公共配套设施;或为节约成本提升利润而改变建筑外立面色彩及材质,改建搭建阳台等;或因避让某些管线及建筑物而偏离规划批准的位置建设等。[①] 对于前述违反规划审批的行为,房地产企业应尽量予以避免,以防规划验收不能通过而造成后续工程竣工验收程序的停滞或后续业主就规划确认书提起行政诉讼,将带来更大的经济损失。

2. 消防(备案)验收

2021年4月,全国人大常委会对《消防法》作出修正。《消防法》规定由住建部门承担建设工程审验的相关工作。对于消防(备案)验收依然采用两种审查方式:国务院住房和城乡建设主管部门规定应当申请消防验收的建设工程竣工,建设单位应当向住房和城乡建设主管部门申请消防验收。除此之外的其他建设工程,建设单位在验收后应当报住房和城乡建设主管部门备案,住房和城乡建设主管部门应当进行抽查。消防(备案)验收是在正式水电接通的情形下由相关消防部门进行验收(抽检),具有专业性强、标准较为严苛等特征。根据《消防法》相关规定,依法应进行消防验收的工程,未经消防验收或者消防验收不合格的,禁止投入使用;其他建设工程经依法抽查不合格的,应当停止使用。房地产开发工程项目一般属于需要向当地住建部门进行备案接受抽查的情形。房地产开发企业作为工程消防的第一责任主体,进行消防备案的工程,开发商应当组织设计、施工、监理等单位进行消防安全质量验收并出具验收合格报告后向住建部门进行备案。该环节主要存在的问题是,房地产开发工程项目往往会因设计考虑导致消防设施竣工图纸不符合规划要求,消防产品检测不合格或不完备,以及改变规划设计造成的消防设计图纸与现状不符等,导致抽查不合格,从而被责令停止使用或停产停业并处以罚款。

---

① 参见冯雅君:《建设工程竣工规划验收存在的问题及对策》,载《发展》2017年第10期。

3. 环保验收

国务院于 2017 年修订的《建设项目环境保护管理条例》已经取消竣工环保验收行政许可，将竣工验收的主体由环保部门调整为建设单位。建设单位应当按照国务院环境保护行政主管部门规定的标准和程序，如实查验、监测、记载建设项目配套环境保护设施的建设和调试情况，编制验收监测（调查）报告并向社会公开，由环境保护主管部门通过全国建设项目竣工环境保护验收信息平台将项目环保信息予以公开，并接受监督检查。

尽管行政主管部门将环保验收许可取消，但对房地产企业自行进行验收的标准更高。房地产企业若在自行进行环保验收的过程中弄虚作假或未组织验收或未申报公开，在后续监督检查中会面临罚款、整改甚至停止建设的行政处罚，因此仍有必要严格按照规范自行组织验收。

4. 竣工验收及竣工备案

《建设工程质量管理条例》第 16 条规定，建设工程竣工验收应当具备完成建设工程设计和合同约定的各项内容，具备完整的技术档案和施工管理资料，主要建筑材料、建筑构配件和设备的进场试验报告，勘察、设计、施工、工程监理等单位分别签署的质量合格文件以及施工单位签署的工程保修书。第 58 条规定，建设单位未组织验收或验收不合格擅自交付的，处工程合同价款 2% 以上 4% 以下的罚款，造成损失的，还应承担赔偿责任。房地产建设单位在经过各专业验收及档案验收完毕，取得上述竣工相关材料后须确定验收日期并通知各施工参建单位和专项部门有关人员参加。房地产企业在竣工验收完成后应提交竣工验收备案表、建设用地规划许可证、建设工程规划许可证、建筑工程施工许可证、工程竣工报告、验收报告以及其他专项检测报告、工程质量保修书等法律规定的全部完整材料向住建部门申请竣工验收备案。

竣工验收及备案环节较为常见的问题主要是，建设单位提交的竣工验收资料不完备从而未能通过相关部门验收，或工程虽已通过验收，但在后续交付过程中购房者以竣工备案工程提交资料不完全为由，要求撤销相关部门给予的竣工验收备案行为。因此，房地产开发企业应严格按照法律和当地政策规定进行竣工验收并提交完整的竣工备案资料，防止购房者以竣工验收备案材料不齐全为由提起行政诉讼，并以行政诉讼案件结果向开发商主张违约赔偿责任。

5. 土地复核验收

土地复核验收是国土资源部门对建设项目依法用地和履行土地出让合同、划拨决定书的情况检查核验。建设工程项目只有通过土地核验，才能够顺利竣工验收，办理房屋初始登记。在验收中，行政主管部门若发现房地产开发企业擅自改变土地用途将不予登记；对于新建建设用地超容积率的，须经规划部门同意，与国土资源局补签出让合同，补缴出让金；对于超占土地面积、移位的，则按违法用地处理。

在申请土地核验前，房地产开发企业应当注意实际用地范围、土地面积、容积率、规划变更等具体内容是否符合批准文件以及土地出让合同或划拨决定书的规定，尤其是土地出让合同中约定的特别条款是否已履行到位，避免因未达到竣工日期、项目建设特殊要求等约定而需承担较重的违约责任，进而影响后续一系列的产权登记进度，造成较大的损失。

（三）开发企业管理人员行为合规问题

房地产企业除要关注项目建设审批验收等环节的项目工程合规内容外，还应关注公司管理人员行为的合规问题。房地产与建筑业作为商业贿赂的“重灾区”，在商品房项目土地出让、工程承包、交易采购、审批验收等环节中都存在因利益驱使而发生的商业贿赂行为。一旦发现房地产企业中的商业贿赂行为，行为人会受到企业内部制度的处置；构成刑事犯罪的，须移交司法部门处理，按照《反不正当竞争法》第 7 条和第 19 条的规定，经营者采用财物或者其他手段贿赂交易相对方的工作人员、受交易相对方委托办理相关事务的单位或者个人、利用职权或者影响力影响交易的单位或者个人，以谋取交易机会或者竞争优势的，由监督检查部门没收违法所得，处 10 万元以上 300 万元以下的罚款。情节严重的，吊销营业执照。若在项目交易合同中设置了禁止商业贿赂的廉洁条款或签署了相关廉洁协议，一旦发现存在商业贿赂，很可能导致合同无效、被撤销以及企业承担民事赔偿等法律责任的风险。因行业利润空间以及管理操作的特殊性，房地产行业在建设施工、采购交易、物业管理等多个环节还存在较多的职务侵占行为。若构成职务侵占罪，员工面临刑事责任的同时对企业形象也将造成重大打击。房地产企业在为防范商业贿赂和职务侵占行为制定策略时，要重点关注对交易有决定权、执行权及影响力的环节和主体，同时要根据行业特点以及收受财物方对交易的影响程度制定相应的内部核查及合规制度，防范企业资产及企业形象受损，同时避免受到法律制裁。

二、销售阶段的合规

2018年6月25日，住建部、宣传部、公安部等七部委联合下发了《关于在部分城市先行开展打击侵害群众利益违法违规行为治理房地产市场乱象专项行动的通知》（以下简称《专项行动通知》），重点打击投机炒房行为和房地产“黑中介”，治理房地产开发企业违法违规行为和虚假房地产广告。浙江省住建厅随即发布了《关于在全省开展打击侵害群众利益违法违规行为，治理房地产市场乱象专项行动的通知》，进一步明确了重点查处的房地产销售中的违法情形和查处的职能部门。北京市等也陆续发布相关整治房地产乱象及规范商品房销售行为的通知和规范。国家加大对房地产销售宣传违法行为的监督惩罚力度，房地产企业应当认真了解相关规范，避免触及政策红线。

商品房销售前，必须取得商品房预售许可证。《城市商品房预售管理办法》及《商品房销售管理办法》明确规定，未取得商品房预售许可证不得进行销售。《专项行动通知》进一步要求取得预售许可证前不得进行销售宣传。根据《最高人民法院关于审理商品房买卖合同纠纷案件适用法律若干问题的解释》（2020修正）第2条的规定，出卖人未取得商品房预售许可证明，与买受人订立的商品房预售合同，应当认定无效。预售许可证的取得关系到合同效力以及销售的合法性和规范性，房地产开发企业必须严格按照法律规定申领预售许可证并遵守政府部门对销售的监管政策。

（一）房产开发企业销售行为合规

《专项行动通知》重点强调了六种房地产开发企业在销售中的违规行为：一是在取得商品房预售许可前，以认购、认筹、预订、排号、售卡等方式向购房人收取或者变相收取定金、预订款、诚意金等费用。二是未按政府备案价格要求销售商品房，或者以附加条件限制购房人合法权利（如捆绑车位、装修）等方式，变相实行价外加价。三是一房多卖，损害购房人合法权益。四是利用合同格式条款，免除自身法定义务、加重购房人责任、排除购房人合法权利。五是限制、阻挠、拒绝购房人使用住房公积金贷款或者按揭贷款。六是未标明房源销售状态、销售价等违反明码标价规定的行为。

上述违法行为在房地产开发企业销售过程中屡见不鲜，而严格的限购限贷政策使购房首付比例提高、购房者付款能力下降，再加上不具备购房资格、个人投资需求降低等因素，购房者毁约所产生的商品房买卖合同解除纠纷也大大增加。房地产企业因资金链紧张、成本控制和利润指标等因素影响项目进度和质量，逾期交房及房屋质量纠纷的诉讼也进一步增多。因此在商品房销售项目中，房地产开发企业应重视销售行为的合规管理，严格把控，遵守相关法律政策规定，在不违法的情况下进行销售经营的开拓。

（二）销售文本合规

经备案的商品房买卖合同是房地产开发企业交易合法性的保障。[①] 相关部门制定了2014年版的商品房买卖合同预售和现售的示范文本，随后四川省、重庆市、北京市等陆续出台并实施了相应的地方商品房买卖合同示范文本。

以浙江省为例，浙江省住房和城乡建设厅以及工商行政管理局结合全省推行住宅全装修的工作，先后制定了2018版和2023版《浙江省商品房买卖合同示范文本》，上述示范文本规范全装修住宅交易必须明确建设依据、计价方式、交付条件、设计变更等。对近年来交付质量、精装修等商品房买卖纠纷等比较突出的问题进行了相应规范。对全装修住宅交付规定必须取得住宅分户空气质量检测合格报告，同时必须明确约定全装修住宅内相关设施设备的内容。在现售合同中，还增加了房屋租赁情况的约定以及房屋权利状况的约定。

在侧重保护消费者权益的情形下，工商管理部门严格要求商品房销售价格不能高于备案价格且不得以附加条件，例如通过限制购房人合法权利（如捆绑车位、装修）等方式，变相实行价外加价。在合同文本备案审查过程中，房地产主管部门针对开发商逾期交付违约责任的标准、房屋相关设施交付条件、设计规划变更违约的处理以及房屋平面图确定、装饰设备标准和补充协议附件等内容都对开发商提出了较高的义务标准和违约责任。杭州主管部门要求补充协议也应进行工商备案，否则会根据具体情况实施暂停网签、罚款或补充协议重新备案等行政处罚，已签订的补充协议也要求开发商出具“相关内容不一致的以备案合同为准”的承

① 根据《城市商品房预售管理办法》第10条以及《城市房地产开发经营管理条例》第26条的规定，商品房预售合同签订后必须向房地产开发主管部门和负责土地管理工作的部门备案。

诺,防止开发商利用合同格式条款侵害购房者合同权益。开发商未来需更加谨慎填写和设计商品房买卖合同文本和补充条款,遵守当地的政策程序规范,进而达到自身风险防控与工商管理部门备案要求的平衡。

(三)销售人员行为合规

房地产企业销售人员是与购房者进行交易的一线沟通者,其行为往往被认定为代表房地产企业。销售人员在销售过程中的行为和说辞对日后购房者是否会因企业不当销售宣传行为起诉开发商起着关键作用。一般常见的因销售人员行为产生的合同纠纷主要表现在:(1)销售人员夸大说辞,擅自承诺,描述不实等营销行为;(2)以销售部门负责人的身份擅自使用销售公章/合同章擅自作出书面承诺、为购房者加盖保证获得购房资格的书面材料,私下收取购房者购房保证金、认购金或房款;(3)违法代为办理或协助、引导客户提供虚假购房资质、征信证明等资料的不正当行为。

房地产开发企业应加强对销售人员合规行为、统一说辞的培训,制定规范的销售宣传制度和行为指南。要求销售人员严格执行商品房销售签约流程,不轻易出具书面承诺材料,谨慎准确宣传,保留书面通知,提高销售人员的法律意识和风险意识,避免后续产生纠纷,陷入被动地位。

(四)销售案场合规

销售案场是购房者获取商品房相关信息最直接且最重要的场所。销售现场的公示内容和样板房设置对销售风险的控制起到关键作用。杭州市、重庆市、辽宁省、珠海市等都出台过针对销售案场公示制度的规范通知,要求房地产开发企业应在销售现场显著位置公示企业执照及开发资质文件、商品房国有土地使用权证、建设用地规划许可证、建设工程规划许可证、建筑工程施工许可证及商品房预售许可证。珠海市还要求在销售现场对项目红线内部可能影响业主居住生活环境的各类设施、设备等影响因素进行公示。辽宁省还要求建设单位将划定的物业管理区域资料备案后在销售现场进行公示。杭州市要求经备案的在售商品房销售方案也必须在现场进行公示,在售商品房为全装修销售的,还应公开装修价格、装修预算明细以及装饰装修的主要材料和设备的品牌、产地、规格、级别、数量等。

应当注意的是,在销售现场公示的商品房买卖合同应当是经工商管理部门备案的当期合同示范文本,且需要完整公示与购房者签约的所有附件及补充协议,以免后续购房者以开发商在签订认购书前未完整出示相应的合同为由主张解除合同或要求开发商双倍返还定金。

销售现场的沙盘作为展示商品房项目整体规划布局的模型，虽未直接规定可作为合同依据，但因为沙盘模型较为具体详细，购房者会通过模型及其他广告资料来支持其主张。故对于沙盘模型，建议开发商在显著位置提醒购房者沙盘模型与实际购买房屋的差异、将沙盘未予显示的内容以及不利因素告知客户，避免对购房者造成误解产生纠纷。

样板房尤其是精装修样板房作为购房者购买商品房重要的参考依据和标准，很多地方都规定将其作为交付的标准。如浙江省规定，房地产经营者预售全装修商品房的，应当提供交付样板房。交付样板房的保留时间，自全装修商品房交付消费者之日起不少于6个月，或者自建设项目竣工验收合格之日起不少于2年。全装修商品房的展示样板房、模型、展示板以及广告对于合同订立有重大影响的，应当作为房屋装修质量的交付标准。因此房地产开发企业应当说明实际交付的商品房质量、设备及装修与样板房是否一致，避免后续买受人以交付房屋与样板房不一致为由要求解除合同或赔偿损失。

（五）销售楼书广告合规

销售楼书及广告是开发商销售商品房的重要手段，影响购房者的购买预期和购买意向。为避免房地产企业欺骗或误导购房者，广告的发布条件和内容等成为政府强监管下的合规重点对象。《广告法》提高了极限用语的处罚力度，增加了禁止性规定。2016年实施、2021年修改的《房地产广告发布规定》，对房地产企业发布广告的条件、内容、形式和范围进行了具体明确的规定。《专项行动通知》强调将虚假违法房地产广告作为整治的重点，禁止发布不实或曲解房地产政策、误导消费者市场预期的广告，禁止发布虚假房源和价格信息、未取得许可或备案的房地产项目预售、销售广告，禁止在房地产广告中承诺为购房人办理户口、就业、升学等事项，禁止在房地产广告中承诺房产升值或者投资回报等。国家市场监督管理总局及各省市都对虚假违法广告进行了专门披露和公告。目前关于广告宣传纠纷高发点主要为精装修标准及设施设备与宣传内容不符，学区配套设施的承诺与实际建设不符，地下室、庭院等与广告宣传不一致，车位宣传内容与实际不符等。鉴于房地产广告的法律风险较为零散和复杂，在此不再赘述。

买受人往往以商品房销售宣传与实际不符为由，通过群体诉讼的方式起诉开发商，要求撤销或解除合同并要求开发商承担违约赔偿责任。房地产开发企业若受到关于虚假或违法广告的处罚决定或认定，则购房者可依据该行政处罚认定结果起诉开发商欺诈或违约要求其承担民事赔偿责任。故开发商必须慎重对待广告宣传，建议将主要的宣传方案、广告内容或模板交给外部律师进行事先审核，确保房地产企业主要宣传要点真实准确，避免因设计疏漏、信息不对称、不具备广告宣传资格等因素造成广告宣传违法，遭受行政处罚，承担民事侵权责任，破坏企业信誉和良好形象。①

三、交付阶段的合规

（一）交付条件合规

《城市房地产管理法》第 27 条以及《建筑法》第 61 条均规定，房地产开发项目竣工验收合格后，方可交付使用。商品房在通知买受人收房前应当符合合同约定的交付条件，取得建设工程竣工验收备案证明文件以及房屋实测测绘报告，住宅类商品房还应取得《住宅使用说明书》和《住宅质量保证书》。浙江省还要求全装修住宅交付时必须提供住宅分户空气质量检测合格报告。由于建设施工不规范或工期紧张等，商品房交付时可能存在地基基础、主体结构问题以及如墙面开裂、管道堵塞、地板门窗翘起等其他质量问题，在进行全装修交付中还可能存在厨卫、水电、通信和燃气未予开通以及空气污染等问题。实践中买受人还会以房屋周边设施或场地设置等不符合约定为由拒绝收房，要求开发商整改等。开发商只有在前期建设阶段严格把控质量和履行合同约定，才能顺利达到交付条件。若购房者在查验房屋时提出质量问题拒绝签收房屋，则房地产开发企业应当采取与购房者协商整改、延迟交付或赔偿等方式妥善进行处理。

（二）交付流程合规

在商品房现场交付过程中，房地产企业应当根据法律规定在交房现场提供《竣工验收备案表》《住宅质量保证书》《住宅使用说明书》《房屋面积测绘报告》

---

① 例如，广告宣传资料及模型中相关数据应及时更新或载明有效期限；避免出现商品房销售广告中存在不能实际实现的违法性内容（如返本销售、售后包租、预租回报、投资零风险、买顶层送花园等承诺）。

等，确保房屋交付应当具备的文件及证明材料完整，符合法律规定。房地产开发企业应当在合同约定期限内提前以书面形式将查验房屋、办理交付手续的时间地点以及应当携带的证件材料等以书面形式通知买受人。应按照买受人预留地址合法邮寄收房通知，若买受人拒绝接收交付通知，则房地产企业应妥善保存邮寄凭证以便日后证明其已履行通知收房的义务。

根据《最高人民法院关于审理商品房买卖合同纠纷案件适用法律若干问题的解释》(2020 修正)第 8 条的规定，房屋交付使用以房屋转移占有为标志，故在钥匙交付购房者后房地产开发企业视为已将房屋交接完毕，房屋毁损、灭失的风险由买受人承担，出卖人对房屋的质量瑕疵承担保修义务。若购房者对房屋质量问题提出异议，开发商可承担保修责任。因此钥匙签收作为房地产开发企业交付的重要依据，应当明确买受人接收钥匙后的责任及风险并由买受人签字确认。含钥匙签收内容的房屋验收交接书的签署是开发商已向买受人按约履行交付义务的最终凭证。

四、其他合规要点

(一)精装修工程

随着房地产市场的不断发展和经济观念的转变，商品房住宅全装修已经成为产业发展的必然趋势。浙江省 2015 年 12 月发布《浙江省绿色建筑条例》(2020 修正)，在全国率先推行住宅全装修。[①] 此后浙江省陆续出台文件明确全装修的具体要求：[②]全装修项目装修部分需单独办理施工许可证且实行分户验收，开发商必须委托第三方专业机构进行分户室内环境检测，否则不予办理竣工验收备案手续。武汉市 2021 年发布《关于规范全装修商品住宅建设和销售管理工作的实施意见》及《关于进一步加强新建商品房销售全过程监管的通知》，要求全装修商品住宅项目在申领预售许可证时，应提交全装修商品住宅项目施工许可证，在销售楼盘内建造交付标准样板房，向购房人明确展示交房标准。杭州市和武汉市都要求在销

---

① 《浙江省绿色建筑条例》(2020 修正)规定，鼓励商品住房按照全装修成品住房的要求建设，推行以菜单式装修等方式一次装修到位，促进个性化装修和产业化装修相统一。

② 2016 年 11 月发布的《浙江省人民政府办公厅关于加快推进住宅全装修工作的指导意见》要求，各市、县中心城区范围内，出让或划拨国有土地上的新建住宅，推行全装修，实现成品交房。其他区域内的新建住宅，以及已出让或划拨国有土地上尚未交付的住宅，积极鼓励实行全装修和成品交房。

售现场公示装饰装修主要材料和设备的品牌、产地、规格、级别、数量等内容，不得出现类似“同等档次”的表述。

全装修作为商品房项目发展趋势，房地产企业应当密切关注新出台的政策规范，遵守关于装修标准、内容、施工、验收、交付等方面的规定，避免买受人因装修标准及施工质量等问题向工商部门举报或向法院起诉导致房地产企业遭受行政处罚或承担逾期交付等违约责任。一旦形成群诉事件，将对商品房销售造成重大不利影响，耽误项目进度。

（二）商品房改造

《城乡规划法》第43条规定，建设单位变更规划条件的，必须向城市、县人民政府城乡规划主管部门提出申请。变更内容不符合控制性详细规划的，城乡规划主管部门不得批准。目前房地产企业往往采用对商品房规划和设计改造的方式增加使用面积，提高销售吸引力。但该种后期改造未经行政主管部门批准，违反批准建设规模和设计结构。根据《城乡规划法》第64条的规定，建设单位会面临被县级以上地方人民政府城乡规划主管部门责令停止建设、限期改正，罚款、限期拆除以及没收违法所得等行政处罚。

房地产企业违规进行商品房改造不仅需要承担不同程度的行政处罚，更严重的是因投诉导致停工、拆除整改进而影响工程进度以及后期商品房交付、办证，将面临巨额的成本支出以及民事赔偿责任，因此开发商应当极力避免违规改造情形。

房地产领域的特殊性决定了该领域作为政府部门重点监察对象，在目前强监管形势下需要开发企业对该业务领域的合规风险进行重新审视。房地产合规业务涉及领域众多，内容庞杂，本文提出的合规要点仅为冰山一角，企业应当关注该领域的各个方面实践要点，在建设、审批、销售、宣传、交付等多个环节都应当制定相应的内部合规规则及措施，实时关注最新政策动态并聘请专业的房地产律师进行风险识别、预警、处置和合规审核，从而降低开发建设成本及管理成本，避免承担法律责任和巨额赔偿，影响企业信用和信誉。通过对合规风险良好的把控，可以降低开发管理成本，促进品牌销售，从而更好地推动开发企业健康发展以及房地产市场的有序竞争。

（姚张燕、吴晓敏对本文亦有贡献）

辨析保障性租赁住房、公租房和集体土地租赁住房

王丽娟* 徐皖蒙 阴姝伟

* 作者简介：
王丽娟，中伦律师事务所北京办公室公司业务部合伙人，电邮为：wanglijuan@zhonglun.com。

随着城镇化进程的加速和流动人口规模的扩大,进城务工人员、新就业大学生等新市民、青年人的住房困难问题日渐突出。为解决这一问题,国务院办公厅于2021年6月24日印发《关于加快发展保障性租赁住房的意见》(国办发〔2021〕22号,以下简称22号文)。该文明确提出需加快完善以公租房、保障性租赁住房和共有产权住房为主体的住房保障体系,这是第一次在国家层面明确了我国住房保障体系的顶层设计。本次明确的我国住房保障体系以三种住房为主体,分别是公租房、保障性租赁住房和共有产权住房。虽然同样是具有保障属性的租赁住房,但公租房与22号文提出的"保障性租赁住房"是两种不同类型的房屋。此外,22号文还提出"探索利用集体经营性建设用地建设保障性租赁住房",与目前已在全国多地试点的利用集体建设用地建设的租赁住房(集体土地租赁住房)有何不同呢?为此,本文以22号文为出发点,对公租房、保障性租赁住房以及集体土地租赁住房(以下统称三种房屋)的概念作简要介绍,并从建设、配租以及退出三个阶段以及政策支持方面对三种房屋的特征进行了梳理,供读者参考。

一、三种房屋概述

(一)公租房

在三种房屋中,公租房(全称公共租赁住房)出现最早。

2010年6月8日,住建部、国家发展改革委等七部委联合下发的《关于加快发展公共租赁住房的指导意见》(建保〔2010〕87号)提出,要大力发展公租房,其供应对象主要是城市中等偏下收入住房困难家庭。有条件的地区,可以将新就业职工和有稳定职业并在城市居住一定年限的外来务工人员纳入供应范围。

住建部《公共租赁住房管理办法》(自2012年7月15日起施行)规定,公租房是指"限定建设标准和租金水平,面向符合规定条件的城镇中等偏下收入住房困难家庭、新就业无房职工和在城镇稳定就业的外来务工人员出租的保障性住房"。申请公租房,应当符合以下条件:(1)在本地无住房或者住房面积低于规定标准;(2)收入、财产低于规定标准;(3)申请人为外来务工人员的,在本地稳定就业达到规定年限。归纳起来讲,申请人只有在住房条件较差、收入水平较低并且已稳定就业多年(本地户籍不受就业年限限制)的情况下方有资格申请公租房。

（二）保障性租赁住房

对于城市（尤其是人口净流入的大城市，下同）中的进城务工人员、新就业大学生等群体而言，绝大多数需要先租房居住，如果承租市场租赁住房，则个人租房的租金费用占个人可支配收入的比重（房租收入比）较高，这类群体实际上也面临住房困难问题，但该等群体或因工资收入超出了公租房的申请门槛，或因工作时间未满规定年限等，无法申请公租房。在此背景下，保障性租赁住房得以推出，正是为了解决城市中新市民、青年人等群体的住房困难问题。

根据22号文规定，保障性租赁住房以建筑面积不超过70平方米的小户型为主，租金低于同地段同品质市场租赁住房租金，准入和退出的具体条件、小户型的具体面积由城市人民政府按照保基本的原则合理确定。

22号文出台后，各地政府部门先后制定了关于在当地加快发展保障性租赁住房的实施意见或方案。例如，上海市人民政府办公厅于2021年11月9日印发了《关于加快发展本市保障性租赁住房的实施意见》（沪府办规〔2021〕12号），北京市人民政府办公厅于2022年3月17日印发了《北京市关于加快发展保障性租赁住房的实施方案》（京政办发〔2022〕9号）。现将两地关于保障性租赁住房的准入条件、退出机制、户型设计以及租金水平的规定梳理如表1所示：

表1 上海市和北京市关于保障性租赁住房的规定

	上海市	北京市
准入条件	申请保障性租赁住房，需要同时满足以下两项基本准入条件：一是在本市合法就业、在职工作；二是在本市存在住房困难，住房困难的面积标准原则上按照家庭在本市一定区域范围内人均住房建筑面积低于15平方米确定。产业园区、用人单位配套建设的保障性租赁住房，应当优先或定向供应本园区、本单位、本系统符合条件的职工	保障性租赁住房主要用于解决在本市无房或者在特定区域内无房的新市民、青年人等群体住房困难问题，重点保障城市运行服务和保障人员、新毕业大学生等群体
退出机制	租赁合同期限原则上不少于1年、不超过3年；合同到期入住对象仍符合准入条件的，经重新审核后可续租，不再符合准入条件的应当退出；面向本单位、本系统职工定向供应的保障性租赁住房，退出机制应当结合本单位、本系统住房保障管理要求制定	暂未见明确规定。我们理解，限于保障性租赁住房的准入条件限制，各区住房保障管理部门会对承租人的资格情况进行复核，不再符合准入条件的，将被要求退出

续表

	上海市	北京市
户型设计	新开工建设的保障性租赁住房,以建筑面积不超过70平方米的小户型为主,适当配置三居室等大户型;面向本单位、本系统职工定向供应的保障性租赁住房,户型标准可以结合本单位、本系统住房保障实际需求适当调整	依据市场需求,保障性租赁住房可分类设计成住宅型、宿舍型、公寓型住房,以建筑面积70平方米以下的小户型为主,适当配置多居室等其他种类户型;加快推广套内空间可变、灵活分割住宅建设,满足多子女家庭等多样化居住需求
租金水平	保障性租赁住房租赁价格由出租单位制定,报区房屋管理部门备案。面向社会供应的保障性租赁住房,租赁价格应当在同地段同品质市场租赁住房租金的九折以下;面向本园区、本单位、本系统职工定向供应的保障性租赁住房,租赁价格可进一步降低,并建立随租赁年限增加的租赁价格累进机制和管理规则。保障性租赁住房租金可以按月或按季度收取,但不得预收超过一个季度以上的租金;租赁保证金(押金)不得超过一个月租金	保障性租赁住房项目租金应当低于同地段同品质市场租赁住房租金水平,由持有运营单位评估确定后报市、区住房城乡建设(房管)部门备案。其中,利用企事业单位自有土地建设的保障性租赁住房,应在同地段同品质市场租赁住房租金的九折以下定价

从上述准入条件来看,与公租房相比,保障性租赁住房的申请条件确实更为宽松,没有在户籍、工作年限以及收入水平上设定相关限制条件。这与保障性租赁住房主要用于解决新市民、青年人等住房困难问题的原则相匹配。

(三)集体土地租赁住房

1. 利用集体建设用地建设租赁住房试点

为增加租赁住房供应,原国土资源部与住建部于2017年8月21日联合印发了《利用集体建设用地建设租赁住房试点方案》(国土资发〔2017〕100号),确定第一批在北京、上海、沈阳、南京、杭州、合肥、厦门、郑州、武汉、广州、佛山、肇庆、成都13个城市开展利用集体建设用地建设租赁住房试点。该试点方案规定,村镇集体经济组织可以自行开发运营,也可以通过联营、入股等方式建设运营集体租赁住房。项目用地应当符合城乡规划、土地利用总体规划及村土地利用规划,以存量土地为主,不得占用耕地,以满足新市民合理住房需求为主,增加住房有效供给。

2019年1月,自然资源部办公厅和住建部办公厅原则同意福州、南昌、青岛、海口、贵阳5个城市利用集体建设用地建设租赁住房试点实施方案。至此，利用集体建设用地建设租赁住房试点城市扩大到18个。

按照上述试点方案，村镇集体经济组织可以利用集体建设用地自行开发或者通过联营、入股等方式建设、运营集体租赁住房。除前述方式外，法律上允许农村集体经营性建设用地入市交易，也进一步拓宽了集体租赁住房的建设路径。自此之后，农村集体经营性建设用地可以被出让或出租给社会资本用于开发集体土地租赁住房，有效推动了集体土地租赁住房的建设。

2. 农村集体经营性建设用地的入市

2015年2月27日，全国人大常委会发布《关于授权国务院在北京市大兴区等三十三个试点县（市、区）行政区域暂时调整实施有关法律规定的决定》，授权国务院在北京市大兴区等33个县（市、区）开展农村集体经营性建设用地入市试点工作，试点期间可以暂时调整实施《土地管理法》《城市房地产管理法》中关于集体建设用地使用权不得出让等的规定。即在符合规划、用途管制和依法取得的前提下，允许存量农村集体经营性建设用地使用权出让、租赁、入股，实行与国有建设用地使用权同等入市、同权同价。

2019年修正的《土地管理法》（2020年1月1日生效）则在法律层面为集体经营性建设用地入市彻底打开了绿灯（见表2）。

表2 《土地管理法》修正前后关于集体经营性建设用地的规定

2019年修正前	2019年修正后
第63条："农民集体所有的土地的使用权不得出让、转让或者出租用于非农业建设；但是，符合土地利用总体规划并依法取得建设用地的企业，因破产、兼并等情形致使土地使用权依法发生转移的除外。"	第63条第1款："土地利用总体规划、城乡规划确定为工业、商业等经营性用途，并经依法登记的集体经营性建设用地，土地所有权人可以通过出让、出租等方式交由单位或者个人使用，并应当签订书面合同，载明土地界址、面积、动工期限、使用期限、土地用途、规划条件和双方其他权利义务。"

3. 集体土地租赁住房的供应对象

在集体土地租赁住房的供应对象、租金水平和户型等问题上，目前在国家层面未作出明确的限制性规定，《利用集体建设用地建设租赁住房试点方案》（国土资发〔2017〕100号）也仅规定集体土地租赁住房以满足新市民合理住房需求为主。因此，该等问题主要以各地方的政策为准。

以北京市为例，根据北京市规划和自然资源委员会、北京市住房和城乡建设委员会发布的《关于我市利用集体土地建设租赁住房相关政策的补充意见》（京规自发〔2018〕64 号）：“各区政府应综合考虑集体土地租赁住房项目周边就业人群、城市运行服务和保障人员及城市中低收入家庭的实际需求，以市场为导向，重点建设职工集体宿舍、公寓及成套租赁住房。”另根据北京市住房保障和住房制度改革工作领导小组办公室发布的《关于加强北京市集体土地租赁住房试点项目建设管理的暂行意见》（京住保〔2018〕14 号）：应“优先满足项目周边就业人群、公租房备案家庭以及城市运行服务和保障人员，实现产城融合、职住平衡目标。鼓励公租房备案家庭按市场价直接承租集体土地租赁住房，各区人民政府对符合条件的申请家庭加大租房补贴力度”。

二、三种房屋的具体对比

如上文所述，三种房屋的核心区别在于供应对象不同。公租房和保障性租赁住房分别供应符合规定条件的不同住房困难群体，而集体土地租赁住房的供应对象、租金水平、户型设计原则上均对接市场需求，虽然在供应对象上，有优先满足特定人群的要求，但没有住房条件、收入水平和已就业年限等因素上的限制，因此供应的对象范围更广。

此外，集体土地租赁住房还可以用作公租房和保障性租赁住房的补充房源。集体土地租赁住房可以被趸租作为公租房房源，面向公租房备案家庭配租，或由公租房备案家庭按市场价承租并依规申请政府租金补贴。另根据 22 号文，符合规定的集体土地租赁住房试点项目亦可纳入保障性租赁住房规范管理，享受国家对保障性租赁住房的专门支持政策。

三种房屋的具体对比见表 3：

表 3　三种房屋具体对比

阶段	事项	房屋类别		
		公租房	保障性租赁住房	集体土地租赁住房
建设阶段	房屋主要来源	通过新建、改建、收购、长期租赁等多种方式筹集,例如, • 在新建商品住房项目中按一定比例配建, • 趸租集体土地租赁住房等房屋, • 利用政府持有的存量住房, • 利用存量建设用地、新增建设用地建设, • 由公租房配租家庭直接承租集体土地租赁住房等房屋并提供租金补贴	• 主要利用以下土地和房屋建设和改建: △集体经营性建设用地, △企事业单位自有闲置土地, △产业园区配套用地, △闲置和低效利用的商业办公、旅馆、厂房、仓储、科研教育等非居住存量房屋, • 适当利用新供应国有建设用地建设	利用集体建设用地建设(以存量土地为主)
	建设手续	目前国家层面没有明确规定,以各地方政策为准	由市县人民政府组织有关部门联合审查建设方案,出具保障性租赁住房项目认定书后,由相关部门办理立项、用地、规划、施工、消防等手续	• 目前国家层面没有明确规定,以各地试点政策为准。 • 以北京市为例,项目申报单位拟定项目建设实施方案,在区政府审核后再由市规自委牵头相关部门审核,最后报市政府批准后实施
	户型大小	以 40 平方米左右的小户型为主,单套建筑面积控制在 60 平方米以内	以建筑面积不超过 70 平方米的小户型为主	• 目前国家层面未明确规定,以各地试点政策为准。 • 以北京市为例,成套租赁住房的户型以 90 平方米以下中小户型为主

续表

阶段	事项	房屋类别		
		公租房	保障性租赁住房	集体土地租赁住房
建设阶段	抵押融资	• 针对公租房资产(地方政府住房保障主管部门持有的、纳入城镇住房保障规划和年度计划、向符合条件的保障对象提供的住房),建设单位不得将其作为融资抵押物,地方各级住房保障主管部门不得以公租房资产进行担保。 • 企业所有的公租房能否抵押,国家层面暂无明确规定,以各地方政策或实操为准	• 建设保障性租赁住房的集体经营性建设用地使用权可以办理抵押贷款。 • 企业持有运营的保障性租赁住房具有持续稳定现金流的,可将物业抵押作为信用增进,发行住房租赁担保债券	• 目前国家层面没有明确规定,以各地试点政策为准。 • 以北京市为例,农村集体经济组织或新成立的合作企业可以履行村民(股东、社员)大会民主程序并经区政府审定同意的资产抵押等方式,在符合地方政府债务管理的前提下,向金融机构申请获得金融资本支持
	产证办理	• 目前国家层面没有明确规定,以各地方政策或实操为准。 • 以北京市为例,公租房原则上按楼栋制发产权证,也可依据申请按套制发产权证	• 目前国家层面(22号文)没有明确规定,以各地方政策或实操为准。 • 以北京市为例,保障性租赁住房项目需办理不动产登记的,不动产权利证书(包括土地使用权和房屋所有权)按项目整体核发,不予分割办理产权证书;未经批准,不得出售、转让	• 目前国家层面没有明确规定,应以各地试点政策为准。 • 以北京市为例,土地和房屋的权利证书均按项目整体核发,房屋不予分割办理单位产权证书
配租阶段	配租对象	符合条件的城镇中等偏下收入住房困难家庭、新就业无房职工和在城镇稳定就业的外来务工人员	符合条件的新市民、青年人等群体	• 有合理住房需求的新市民。 • 以北京市为例,应优先满足项目周边就业人群、公租房备案家庭以及城市运行服务和保障人员

续表

阶段	事项	房屋类别		
		公租房	保障性租赁住房	集体土地租赁住房
配租阶段	租金标准	由市、县级人民政府住房保障主管部门会同有关部门，按照略低于同地段住房市场租金水平的原则确定并报本级人民政府批准后实施	• 低于同地段同品质市场租赁住房租金。具体以各地政策为准。 • 以北京市为例，利用企事业单位自有土地建设的保障性租赁住房，应在同地段同品质市场租赁住房租金的九折以下定价	• 目前国家层面没有明确规定。 • 以北京市为例，租金水平可统筹考虑区位、配套、市场需求等因素，并参考周边市场物业水平，与房屋租赁市场接轨
	租期长短	一般不超过 5 年	• 目前国家层面（22 号文）没有明确规定，以各地政策为准。 • 以上海市为例，保障性租赁住房租赁合同期限原则上不少于 1 年、不超过 3 年；合同到期，入住对象仍符合准入条件的，经重新审核后可续租，不再符合准入条件的应当退出	• 目前国家层面没有明确规定，以各地试点政策为准。 • 以北京市为例，鼓励签订长期租赁合同，但单次租期不得超过 10 年。除承租人另有要求外，单次租期不低于 3 年
	使用限制	不允许出售。 但有的地方（如重庆①、河南②）规定，承租人在租赁满一定期限后可选择申请购买居住的公租房	不得上市销售或变相销售	不得出售或以租代售
	租赁监管	市、县人民政府建立健全公共租赁住房申请、审核、公示、轮候、配租和租后管理制度。住房保障部门要按照规定的程序严格准入审批，加强对公共租赁住房运营的监督管理，做到配租过程公开透明、配租结果公平公正	城市人民政府要建立健全住房租赁管理服务平台，加强对保障性租赁住房建设、出租和运营管理的全过程监督，强化工程质量安全监管	以北京市为例，市区住房城乡建设部门要落实监管责任，将集体土地租赁住房统一纳入全市租赁监管服务平台，加强租金监测和出租合同管理，规范出租经营

① 《重庆市人民政府关于印发重庆市公共租赁住房管理暂行办法的通知》（渝府发〔2010〕61 号）。

② 《河南省人民政府办公厅关于加强公共租赁住房管理的若干意见》（豫政办〔2015〕138 号）。

续表

阶段	事项	房屋类别		
		公租房	保障性租赁住房	集体土地租赁住房
退出阶段	投资者权益转让	“谁投资、谁所有”，投资者权益可依法转让。具体需以项目情况、各地方政策或实操为准	“谁投资、谁所有”，笔者理解，投资者权益也应当可以依法转让，但投资者不得借此规避保障性租赁住房“不得上市销售或变相销售”的限制，具体需以项目情况、各地方政策或实操为准	目前国家层面没有明确规定。笔者理解，投资者权益应当可以依法转让，但投资者不得借此规避集体土地租赁住房“不得出售”的限制，具体需以项目情况、各地方政策或实操为准
	REITs	目前国家层面没有明确规定，但各地方在积极探索公租房类 REITs 产品。例如，2020 年 11 月 18 日，北京市保障房建设投资中心取得全国首个公租房类 REITs 产品批复①	国家层面已明确将保障性租赁住房（包括各直辖市及人口净流入大城市的保障性租赁住房项目）纳入 REITs 试点行业②。 2022 年 5 月 24 日，中国证监会办公厅和国家发展改革委办公厅联合下发了《关于规范做好保障性租赁住房试点发行基础设施领域不动产投资信托基金（REITs）有关工作的通知》（证监办发〔2022〕53 号），推动保障性租赁住房 REITs 业务规范有序开展。 2022 年 8 月 31 日，红土深圳安居 REIT、中金厦门安居 REIT、华夏北京保障房 REIT 作为首批保障性租赁住房 REITs 试点项目正式上市交易	目前国家层面没有明确规定，但各地方在积极探索集体土地租赁住房类 REITs 产品。例如，2020 年 12 月 30 日，全国首单利用流转集体建设用地建设租赁住房的 REITs 挂牌

① 郭雨：《市保障房中心获公租房类 REITs 产品批复》，载首都建设网 2020 年 11 月 23 日，https://www.bdcn-media.com/a/4222.html。

② 《国家发展改革委关于进一步做好基础设施领域不动产投资信托基金（REITs）试点工作的通知》（发改投资〔2021〕958 号）。

续表

<table>
<tr><th rowspan="2">阶段</th><th rowspan="2">事项</th><th colspan="3">房屋类别</th></tr>
<tr><th>公租房</th><th>保障性租赁住房</th><th>集体土地租赁住房</th></tr>
<tr><td rowspan="3">政策支持</td><td>土地供应原则</td><td>各地要把公共租赁住房建设用地纳入年度土地供应计划，予以重点保障</td><td>提高住宅用地中保障性租赁住房用地供应比例，在编制年度住宅用地供应计划时，单列租赁住房用地计划、优先安排、应保尽保，主要安排在产业园区及周边、轨道交通站点附近和城市建设重点片区等区域探索利用集体经营性建设用地建设保障性租赁住房</td><td>以北京市为例，全市重点在中心城区周边城乡接合部及土地资源较多且有利于服务重点功能区的地带，平原多点新城靠近产业园区的地区，以及市郊铁路沿线、地铁站点、交通枢纽周边等配套相对完善区域规划布局集体土地租赁住房</td></tr>
<tr><td>政府投入</td><td>市、县人民政府要通过直接投资、资本金注入、投资补助、贷款贴息等方式，加大对公共租赁住房建设和运营的投入</td><td>中央通过现有经费渠道，对符合规定的保障性租赁住房建设任务予以补助</td><td>以北京市为例，集体经济组织自有资金，市、区住房保障专业运营机构、园区管理机构或签约租赁的企业支付租金，用于项目开发建设</td></tr>
<tr><td>税收优惠</td><td>对公共租赁住房的建设和运营给予税收优惠，具体办法由财政部、税务总局制定</td><td>综合利用税费手段，加大对发展保障性租赁住房的支持力度。对保障性租赁住房项目免收城市基础设施配套费</td><td>以北京市为例，纳入全市公共租赁住房建设筹集计划的集体土地租赁住房项目，按照国家及本市公租房政策规定运营管理的，可享受税收优惠政策</td></tr>
</table>

三、结语和展望

在上述三种房屋中，公租房和保障性租赁住房属于我国住房保障体系的组成部分，具有保障属性，租金标准低于市场标准，主要目的在于解决住房困难群体的住房需求，但二者侧重点不同，公租房主要面向城市中低收入住房困难家庭，而保障性租赁住房主要面向新市民、青年人等群体。集体土地租赁住房与前两种房屋类型不同,其租金水平可参照市场标准,对于承租人的要求和限制也相对较少,主要目的在于补充租房市场的房源,以期达到降低市场租金水平、抑制高房价、实现“租购并举”之效果。

在当前房地产销售市场强监管的态势依然延续的背景下,发展租赁住房(尤其是保障性租赁住房)得到国家层面的大力推广和支持。就保障性租赁住房而言,在建设成本上,若利用非居住存量土地和房屋进行建设,则无须补缴土地价款;在建设手续上,简化审批流程;此外还给予税收优惠、执行民用水电气价格等支持政策,并已将保障性租赁住房列入 REITs 试点行业。这对于大城市存量土地和房屋的有效利用提供了一个新路径,值得业内人士予以关注并进一步探索和研究。

(黎春霞对本文亦有贡献)

城市更新股权并购项目的法律尽职调查及风险防范

张 粒* 李依依

* 作者简介：
张粒，中伦律师事务所武汉办公室公司业务部合伙人，电邮为：zhangli@ zhonglun. com。

房地产企业参与城市更新项目主要有两种方式:其一为在城市更新项目意愿征集阶段或更早介入项目,即直接与村股份公司或被拆迁人沟通;其二为城市更新项目推进到一定阶段,房地产企业受让与村股份公司或被拆迁人已建立合作的前期平台公司的股权进入项目。实践中后者更多为房地产企业所采取,这类项目的重大风险、尽职调查核心法律问题及风险防范等,是本文讨论、分析的对象。如无特殊说明,本文所述的城市更新项目指拆除重建类城市更新项目。

一、城市更新股权并购项目的重大风险和尽职调查

除按照一般股权并购项目对项目主体的基本情况、资质情况及经营情况等进行尽职调查外,城市更新股权并购项目还应当特别关注下列重大风险和尽职调查内容:

(一)城市更新项目的实施进度和主管部门批复

城市更新项目能够顺利推进、后续开发建设可达预期目标,是投资人收购项目主体股权的初衷。若出现项目进度不可控的情形,将直接导致投资人所投入的资金占用时间变长,项目成本难以控制。因此,对城市更新项目本身的调查尤为关键。

对项目调查应当先判断其所处的阶段。一般来说,城市更新项目实施流程如下:(1)按项目所在地的申报指引制定及申报城市更新单元计划。(2)计划经政府批准后,在城市更新单元规划编制前,计划申报主体应当向主管部门申请对更新单元范围内的土地及建筑物信息进行核查、汇总。(3)编制城市更新单元规划并报主管部门审查。(4)更新单元内项目拆除范围存在多个权利主体的,可通过协议方式(如作价入股、搬迁安置、收购房产)将房地产权益移转到同一主体后形成单一主体。(5)单一主体向主管部门申请实施主体资格确认,并由主管部门与实施主体签订实施监管协议。(6)完成原建筑物拆除,办理房地产权证注销登记。(7)实施主体就拟进行开发建设的用地及地下空间向主管部门申请建设用地审批。(8)核准用地后,实施主体与主管部门签订土地使用权出让合同,并获得建设用地规划许可证。若涉及农用地转用的,应当办理转用报批手续。(9)实施主体就拟开发建设的项目办理工程规划许可、施工许可等。(10)办理房地产预售,但搬迁补偿安置方案确定用于补偿安置的房屋不得纳入预售方案和申请预售。

(11)办理项目竣工验收交付等。

基于以上介绍,尽职调查应当包含收集并核查城市更新项目已向主管部门提交或已获准的各类申报及批复文件。核实各类审批事项是否已按要求办妥,若需主管部门审核确认的,是否已获得回复意见。主管部门已作出的批复等是否设置有效期或附带条件,核实批复有效性及条件成就等事项。对于后续应当履行的行政审批手续,拟收购的项目获批是否存在实质性障碍等。

结合被调查的项目现状与各类合同约定的项目阶段的完成时间节点等,现状晚于约定完成时间的,需判断是否构成违反与村股份公司达成的合作协议,是否属于各类融资合同约定的违约情形,是否对项目的搬迁安置补偿费用有不利影响等。尤为关键的是,项目是否存在进度滞后等问题被主管部门清理的风险。目前,不少地方规定如逾期未完成土地及建筑物信息核查和单元规划报批的,或未按时间要求确认实施主体的,或未按规定办理用地出让手续等,主管部门可按程序对更新单元计划予以清理或调出。如存在此类风险,则应当深入了解防范和补救措施,及因此可能付出的成本。

除以上事项外,还应当关注土地利用总体规划、城市总体规划,以及项目所在地区域发展专项规划等,以便更好地了解、掌握城市更新单元规划的情况。

(二)城市更新单元范围内的土地及建筑物

总体上看,尽职调查内容应当包含更新单元范围内的土地及建筑物等的性质、用途、面积、年限、权利人及现状等信息。可能面临的主要问题有以下四类:

1. 无权利主体的房屋

在部分项目实施过程中,申报主体经多次信息查询、现场调查及周边走访,均无法成功联系或确定房屋合法权利主体。无权利主体的房屋长期悬而未决将影响项目的后续实施。为此,对更新单元范围内是否存在无权利主体的房屋及其应对措施应当纳入尽职调查的范围。

目前,为解决无权利主体的房屋认定问题,各地城市更新现场指挥部、办事处会通过登报或指定官网公告无主房屋的具体信息,告知合法权利主体按公告要求时限进行申报等事项,并明确如逾期未申报则将通过合法途径(《民事诉讼法》第199条)申请认定该等房屋为无主财产。若此后又出现合法权利主体,则需通过向法院申请撤销原判决的方式保护原财产所有人或者继承人的合法权益。

2. 福利房

福利房是我国计划经济时代特有的一种房屋分配方式。该种分配方式下职工单位将公房以工资性货币分配方式出售给职工,职工以标准价或成本价购买,从而对购买的房屋享有部分或全部产权。

实践中在各地城市更新项目里出现了单位在分房时并未将房产登记在职工名下,登记的权利人仍为单位。如申报主体按照房屋登记信息与单位签订搬迁安置补偿协议,虽然形式上符合规定,但实质上存在风险和争议,易招致纠纷进而影响整体搬迁工作。因此,对福利房应区分情况对待,可结合房产实际分配情况和证明资料、单位处理意见及国土、住建等部门咨询回复意见,由申报主体与职工、单位签署搬迁安置补偿协议。

3. 历史建筑保护

加强历史文化保护是城市更新行动的重要原则。城市更新行动要以内涵集约、绿色低碳发展为路径,坚持“留改拆”并举的方式。2021 年 8 月 30 日,住房和城乡建设部发布《关于在实施城市更新行动中防止大拆大建问题的通知》。该通知提出“坚持应留尽留,全力保留城市记忆”的要求:不随意迁移、拆除历史建筑和具有保护价值的老建筑;对拟实施城市更新的区域,要开展调查评估,梳理评测既有建筑状况,明确应保留保护的建筑清单,未开展调查评估、未完成历史文化街区划定和历史建筑确定工作的区域,不应实施城市更新。此外,各地方政府亦出台了关于加强优秀历史建筑保护工作的指导文件。

因此,尽职调查应当囊括历史建筑保护问题。开展调查工作应首先与当地主管部门沟通、咨询,以了解项目内区域是否被划定为历史风貌保护区而需要保留。如涉及历史风貌保护区,则应按照各地要求完成历史建筑调查评估等专项工作,否则可能影响项目的专项规划批准。

4. 合法用地比例

申报更新单元计划时,更新单元内物业权利人更新意愿、合法用地比例、建筑物建成年限等应符合规定要求。合法用地包括国有已出让(划拨)用地、城中村用地、旧屋村用地、农村城市化历史遗留违法建筑处理用地、其他已获得用地权属证明文件的用地等。合法用地比例是指拆除范围内权属清晰的合法土地面积占拆除范围用地面积的比例。不同类型的土地权属及土地性质所对应的搬迁安置补偿成本、难度均不同,亦会对后续项目实施进度产生重大不利影响。为此,应当关注项目所在地对合法用地比例要求,核查更新单元范围内的各类土地信息、现状,以及对瑕疵土地的确权处理方案或意见,并结合项目实际情况判断是否构成实质性障碍。

(三)股权转让的限制性约定

城市更新股权并购项目应当重点审核各类协议、文件关于项目主体股权转让的限制性约定。部分项目在确认实施主体时会与土地的权利主体达成特定约定或承诺,并将此作为选择实施主体的前提条件。若在具体实施过程中违背该类约定或承诺,则可能面临违约责任等风险。

对股权转让的限制主要体现在两方面:其一,直接限制,换言之作禁止性约定,明确实施主体的股权结构、控股股东或实际控制人不得发生变化等;其二,间接限制,即不限制股权转让行为本身但对相关权益的享有作限制性约定,如约定权利主体未来有权以事先约定的条件购买项目主体股权、项目物业等,此类约定可能会对投资人的预期收益产生重大不利影响,或实施主体在与主管部门等签署的协议里作出明显限制实施主体享有相关权益的承诺与保证等,该等约定对项目未来实施构成重大不确定或不利因素。

(四)项目公司股权的权利瑕疵

因城市更新股权并购项目的交易标的为股权,为此,尽职调查工作重点还应关注股权的权利瑕疵问题,如股权是否存在质押、冻结、查封等情况,现场走访项目公司的工商登记主管部门咨询前述情况并获得书面回执。

以项目公司股权存在质押为例。城市更新项目资金需求大,项目公司对外融资时,资金方一般会要求项目公司股东以其持有的股权为融资事项提供担保,且会明确要求转让股权前征得资金方的书面同意,否则无法办理股权转让的工商变更登记手续。结合工商登记主管部门办理质押状态下的股权转让手续,其一般会要求先办理解除质押的手续,而后才能进行股权转让的工商变更登记。因此,若项目公司股权存在权利瑕疵的,该事项可能会直接导致股权无法办理交割手续。

(五)搬迁补偿安置及协议签署

多个权利主体通过签订搬迁补偿安置协议形成实施主体的,协议内容应包括补偿方式、补偿金额和支付期限,回迁房屋的面积、地点和登记价格,搬迁期限、搬迁过渡方式和过渡期限，协议生效的时间和条件等。主管部门要求协议备案的，应了解已签署的协议是否符合备案标准。实践中项目可能有搬迁补偿安置协议的签署主体还不是实施主体的情况，那么待实施主体确定后应当及时完成协议或者三方补充协议的签署，明确权利义务转移等安排。此时，实施主体与权利主体重新签署协议或三方签署补充协议，需要权利主体给予配合，其可能要求提高原协议约定的搬迁费用，从而提高项目的整体成本，或提出新的搬迁条件导致项目进度延后。

审阅搬迁补偿安置协议时还应当关注协议的签署时间跨度。如跨度较大，则可能由于法规和城市更新办法或指导意见等调整，及房地产市场行情变化等，导致不同时期的搬迁补偿安置标准有较大差异。若签署在前的权利主体因签署在后的权利主体享有的补偿标准更高而提出异议或产生争议，则可能面临权利主体提出签署补充协议来提高费用的要求，或可能出现潜在纠纷。此时，应主动了解搬迁补偿安置方案历次变动情况，各时期协议调整及补充协议签署情况。

此外，搬迁补偿安置协议应当考虑为原建筑物拆除后办理房地产权证注销登记作铺垫。协议应尽量明确权利主体的义务，包括权利主体向搬迁人提交被搬迁房屋的房地产权证及出具注销登记的委托书，无房地产权证的，应提交相应产权证明及房地产权益由搬迁人承受的声明书等必要文件。或在权利主体签署协议时，便提供前述证明及签署完成委托书或声明书等文本，以保障后续工作的推进。如协议未能明确前述内容，则应当关注协议是否约定了对权利主体不履行后续配合义务时实施主体的救济措施。

（六）未能形成单一主体致使无法申请确认实施主体资格

城市更新单元内项目拆除范围里有多个权利主体是较普遍的情况，现行城市更新办法或指导意见等要求先由多个权利主体形成单一主体，以达到将房地产权益进行归集的目的。但因被搬迁人不满意搬迁补偿安置方案、相关利益人无法达成共识，或因相关利益人恶意串通故意不形成单一主体等，项目无法形成单一主体，致使项目未能实施。

因此，在法规、城市更新办法及指导意见等未突破单一主体要求的前提下，投资人介入项目时应关注形成单一主体的障碍，如搬迁谈判的难度、现有合作方的意向和诚信、项目历史遗留问题等。

(七)或有债务

以股权并购方式参与城市更新项目,具有项目审批风险小、交易内容清晰、耗时少等优势,但也存在潜在风险,如收购标的的历史债务是否真实、准确、完整,是否存在纠纷或潜在纠纷,能否得到妥善清理。同时,收购城市更新项目股权的交易价格也受到项目主体尚未了结的债权债务影响。因此,尽职调查应当审阅项目主体已签署的项目合同,签署对象包括但不限于主管部门、村股份公司、合作方、融资方等,核查事项包括但不限于核心条款、各方权利义务内容、履约现状等。另外,应当重点核实项目主体对外提供的担保。除公司内部档案外,还应走访各个登记机关逐一核实,最大限度掌握对外担保的真实情况。

(八)城市更新项目的其他财务风险

首先,城市更新项目的各阶段可能存在不同性质的资金投资或融资安排,如信托资金、私募基金、银行贷款等。因此,需要了解项目的历次融资成本,考虑置换历史融资成本高的资金安排。其次,城市更新项目可能存在成本票据不足的问题,或存在部分前期费用无法纳入项目成本核算的问题。如支付给村股份公司或前期平台公司的拆迁服务费,主要用于协调与村集体组织或村成员等被搬迁人的搬迁安置工作。最后,投资城市更新项目时,项目整体的搬迁补偿安置成本和未来需补缴的地价可能暂时无法确定;或搬迁补偿安置方案计划的用于回迁的房产面积调整,导致项目整体可售面积发生变化等。

就城市更新项目面临的财务风险,建议与财务调查同步进行、相互配合,以便后续制定风险控制措施。

(九)项目所在地政策

基于各地已实施的城市更新项目,城市更新所适用的法律规则体系包括:(1)全国人民代表大会和全国人民代表大会常务委员会制定的法律和国务院制定的行政法规。在这一层面上,与城市更新有关的规定相对原则化。如《土地管理法》《城乡规划法》。(2)省、自治区、直辖市的人民代表大会及其常务委员会制定的地方性法规,国务院各部委等制定的部门规章,及省、自治区、直辖市等的人民政府制定的地方政府规章。如《广东省旧城镇旧厂房旧村庄改造管理办法》。(3)省级人民政府或主管部门制定的意见、通知或政策等规范性文件,和市、区级的人民政府或政府主管部门制定的规范性文件。如《深圳市城市更新办法》。

现有城市更新的法律规则较为分散，且主要表现为项目所在地的各类政策和指导意见等。值得注意的是，近几年部分地区的城市更新行动首次上升到了地方人大立法层面。如2020年12月30日深圳市第六届人民代表大会常务委员会第四十六次会议表决通过的《深圳经济特区城市更新条例》（深圳市六届人大常委会公告第228号），已于2021年3月1日生效。2021年8月25日，上海市第十五届人民代表大会常务委员会第三十四次会议表决通过的《上海市城市更新条例》，已于2021年9月1日生效。2021年11月26日，辽宁省第十三届人民代表大会常务委员会第三十次会议表决通过的《辽宁省城市更新条例》，已于2022年2月1日生效。2022年1月20日，全国住房和城乡建设工作会议在北京召开，会议要求"2022年要重点抓好八个方面工作"，包括"实施城市更新行动"，将实施城市更新行动作为推动城市高质量发展的重大战略举措，并将指导各地制定和实施城市更新规划。这意味着有关城市更新的立法和政策制定将更规范化，并可能会出现更多的制度创新，从而有效推进城市更新行动。

因此，投资城市更新项目应当密切关注项目所在地的各类政策、指导意见和立法动态。一方面，从主管部门现已发布并实施的政策、意见等着手，与项目所在地主管部门访谈了解政策、指引的执行情况；另一方面，时刻关注地方人大、各级政府和主管部门的最新通知及征求意见稿等，领会城市更新行动的新要求，把握未来发展方向。

（十）小结

除上文已列举的重大风险外，城市更新股权并购项目还应当关注项目投资回报时间较长且收入来源较为单一的风险。综合以上来看，对城市更新股权并购项目开展尽职调查是十分必要的，它是整个交易最为基础和重要的环节，将为了解项目瑕疵、制定风险防范策略、设计交易方案路径及保障措施等提供更为全面的视角和依据。

同时，为了有效识别和控制以上所列举的城市更新股权并购项目可能面临的重大风险，建议可以采取的风险防范措施包括但不限于：对拟收购的项目进行充分、全面的法律、财务和税务的专项尽职调查；结合拟收购的项目现状对项目推进及收购方案潜在风险进行研究并制定解决措施；对拟收购项目的财务测算方案进行多样化分析，即充分考虑可能出现的不同情形，并测算对应情形下的财务状况；

结合拟收购项目的实施进度、财务调查结果等，制定合理的交易价款计算标准和支付方式；提前了解交易对方的诚信状况、履约情况等，并在交易合同里明确交易对方的各项义务等；事前考虑对城市更新项目股权收购完成后，是否向项目主体提供借款资金的问题，以及明确对借款资金的支付、使用与管理安排；要求交易对方为交易提供具有可行性的担保措施等。应当提前设计交易无法完成或失败时可执行的退出方案及方案实施的有效保障措施。

二、城市更新股权并购项目的交易方案设计和操作简述

基于前文所介绍的城市更新股权并购项目的重大风险和风险控制措施建议，笔者在此对该类交易的方案设计和操作要点作简要分析，具体如下：

（一）城市更新股权并购项目的交易基础

首先，基于城市更新股权并购项目的自身情况和特点，参与交易的主体并不完全一致。因此，需要梳理、明确交易的各方及其之间的关系，可能包括：(1)财务投资人和开发商；(2)项目主体原股东及其实际控制人和提供担保的第三方；(3)村股份公司、原权利主体、为项目提供资金的第三方和主管部门等。其次，交易应有明确的内容，即拟收购的项目主体股权，或者拟收购的项目主体股权及附带享有某些特定权益等。最后，与一般股权并购项目类似，基于交易的目的、调查结果及交易各方的谈判情况等，对交易的先决条件进行梳理。只有当先决条件满足或者被明确放弃，交易才能进行交割。

（二）城市更新股权并购项目交易价款的内容

城市更新股权并购项目的交易价款组成是交易应当明确的核心内容。以股权收购方式介入城市更新项目，只在项目主体股东层面发生股东变更，而项目主体的法人主体资格不发生变更，因此如无特殊约定，其债权债务一般维持原状。故交易价款应当考虑清理债务的费用和前文已提及的不实的债务、无法计入成本或成本发票不足的费用等（结合财务调查结果），在交易文件中明确相关费用的承担主体。同时，要约定交易价格调整机制确保在交易的实施过程中收购方可根据特定情况对交易价款进行调减，或要求交易对方提供补偿安排等事项。

不少城市更新股权并购项目会将交易价款进行分解，该种模式类似于房地产收购项目里的“承债式”或“股加债”收购方式，即收购方以平价收购项目主体股

权的同时向项目主体提供股东借款，项目主体以物业补偿款、拆迁款、工程款或咨询服务费用等名义将款项支付给交易对方；委托服务费所对应的服务内容为委托交易对方或其关联方为项目主体继续办理前期工作、协助完成项目立项和申报、更新单元范围内的拆迁安置及清租等各项工作。采取该种方式的优点包括：(1)可降低交易所产生的所得税费；因项目主体的大部分前期费用无法入账，其对应的账面净资产偏低，若直接转让项目主体的股权，则所得税费较高。(2)收购方向项目主体提供股东借款用于支付给交易对方的物业补偿款、拆迁款、工程款或咨询服务费用等，可解决项目主体的土地增值税和所得税税前抵扣问题。

(三)交易价款的付款方式

交易价款的付款方式主要有两种：其一直接向交易对方指定账户付款，其二向收购方与交易对方等共同设立的监管账户付款。在第二种付款方式下，收购方与交易对方等委托银行作为支付中介，对交易价款资金进行监管，在满足协议约定的条件时，银行应将监管账户的资金支付给交易对方，或者支付给各方共同指定的第三方，或者退回资金至收购方等。因城市更新股权并购项目涉及的交易价款金额较大，采取第二种付款方式能够做到专款专用，降低资金损失风险。

(四)交易价款支付的前提条件

结合项目调查情况梳理交易价款支付的前提条件，包括但不限于进入项目某一流程或程序并取得有关批复、完成项目公司股权的工商变更登记手续、项目资料的交接、项目各方履行配合协助义务、项目各方出具承诺与保证等。

(五)城市更新股权并购项目的交易担保及保障措施

1. 交易担保

交易方案中具体担保措施包括原转让方及其关联方提供保证担保、原转让方以其持有的项目公司股权(未转让部分)提供质押担保、原转让方及其关联方以其对项目公司或第三方享有的债权提供质押担保、原转让方及其关联方以其在其他项目上享有的权益提供担保等，并且明确交易文件生效条件之一是该等担保措施均已按照法律法规等规定办理了抵押、质押等登记手续。

2. 其他保障措施

可考虑在交易文件中增加回购机制，约定出现特定情形时，由原转让方以事先约定的价格回购本次交易的标的，并明确未能按约定回购时原转让方应当承担的责任。值得注意的是,回购机制实际执行时需要原转让方的积极配合,否则可能陷入僵局。

(六)项目早期合作的交易安排

关于城市更新合作开发协议效力问题。城市更新合作开发协议与房地产合作开发协议类似,涵盖了合作各方各自提供合作条件,共同投资,以获取项目经营权等基本内容。早期在处理房地产开发合同纠纷时,最高人民法院结合民事审判实践于2005年发布了《最高人民法院关于审理涉及国有土地使用权合同纠纷案件适用法律问题的解释》(2020修正),进一步明确相关审判规则,以解决不同裁判者对房地产开发合同有关案件的裁判结果不一致的问题。但城市更新作为新型房地产开发模式之一,与其有关的合作协议或合同出现纠纷时,能否按照合作开发房地产合同对待,能否直接适用前述司法解释,现有司法实践并不一致。持否定观点者认为,城市更新合作开发协议不是单纯的房地产开发合同,订立合同的法律依据包含城市更新相关法律法规,合同的内容还包括房地产开发前的事项,如计划申报、拆迁、补偿等事项。因此,当城市更新合作开发协议出现争议时,直接适用《最高人民法院关于审理涉及国有土地使用权合同纠纷案件适用法律问题的解释》等规定并不妥当,不利于维护各方的合法权益。持肯定观点者认为,目前制定城市更新业务规定的主体层级较低,不能作为判定合同效力的依据;城市更新合作开发协议约定共同投资、共享利润、共担风险,属于合作开发房地产合同。

鉴于此,综合考虑城市更新项目流程长、各环节所涉事项复杂,在签署合作开发协议后,合作主体的履约能否正常进行存在不确定性,为了保障项目的顺利推进及维护自身权益,笔者建议对于参与开发的企业而言,应合理设置协议条款,防止出现否定协议效力的内容。具体包括避免约定“一方出地、一方出资”“一方出地不承担经营风险,只收取固定回报”“一方出资不承担经营风险,只收取固定回报”等,约定各方分配实物资产的应当注意风险承担的内容。要明确设置城市更新项目的全貌,包括参与项目的城市更新法律依据、项目推进安排、审批程序、流程时间节点,以及房地产合作开发前的各方职责与权利。从而避免被认定为约定“不进行必要的审批程序即转让土地使用权无效”。同时对于城市更新合作开发协议无法穷尽的事项,各方应当另行签署其他协议予以落实。

三、结语

城市更新有利于转变城市开发建设方式,是城市治理的重要内容。我国已进入城镇化的中后期,城市发展也将进入城市更新的重要时期,当下城市建设正由大规模增量建设转为存量提质改造和增量结构调整并重。在城市规划、建设、管理上,我们过去关注目标引领,现在更关注底线约束。

因此,对于房地产企业而言,一方面,城市更新激活了房地产企业参与存量市场业务活动,为房地产企业参与城市建设、品质提升、功能完善等提供了机会;另一方面,随着城市更新行动监管日益规范和严格,房地产企业参与城市更新项目也面临着挑战。

城市更新项目风险及规避措施浅议

邓福荣　胡雪婷*

* 作者简介：

邓福荣，中伦律师事务所深圳办公室公司业务部合伙人，电邮为：dengfurong@ zhonglun. com。

胡雪婷，中伦律师事务所深圳办公室公司业务部非权益合伙人，电邮为：huxueting@ zhonglun. com。

2018 年下半年以来，房地产市场降温，而以传统的“招标、拍卖、挂牌”形式出让的土地成本依然高企，在市场销售前景不明朗的情况下，开发商对于传统招拍挂拿地方式越来越谨慎，并纷纷转向城市更新领域。资金实力雄厚或有稳定融资途径的大房地产公司，继续通过并购、合作等方式加大对城市更新项目的投资。城市更新市场正加速洗牌，项目不断集中到部分实力雄厚的开发商。

在进入城市更新项目过程中，面对复杂多变的城市更新政策体系、土地及规划问题的复杂性、项目实施的不确定性、项目风险的复合性，仅凭开发商自身的技术力量与传统的地产投拓及开发经验，尚不足以规避风险。开发商可能会因为进入一个错误的项目或项目进展迟滞加上市场环境剧烈变化，不但不能实现预期利益，甚至可能发生资金链断裂、破产重组的情况。

对此，笔者深感投资城市更新项目的风险识别及合理规避的重要性。这是法律、税务、财务、规划及咨询等各专业机构在为投资人提供城市更新项目服务时合作努力的方向。各专业机构在提供服务过程中，须从投资人的角度判断专业问题，既要规避风险，又要有利于推进项目。这些需要极高的综合专业素养与开阔的投资视野。

笔者根据多年房地产全链条法律服务经验，结合城市更新项目实施的主要节点，对开发商不同阶段拓展、获取城市更新项目的风险进行剖析，并试图提出有效的规避措施。

一、投资风险及规避措施概述

一个商业模式的风险点，与该商业模式的实质性要素相关联。城市更新的实质要素包括立项、权属核查、专项规划、搬迁补偿、实施主体确认及土地出让等，开发商获取城市更新项目，面临的风险主要体现在上述各个环节。

城市更新项目投资风险具有复合性的特征。大部分项目既有法律风险，又有财务、税务、规划等风险；既有项目本身的拆补成本高、签约难度大、立项及规划等进展不确定等风险，也有资金需求量大、融资难、资金成本高等风险，还有宏观经济形势及微观政策变化或调控等导致的市场风险，等等。

相应地，城市更新项目的风险规避措施也具有多面性、复合性、专业性。需要具备丰富经验的专业机构团队对项目进行全面、详尽的尽职调查，对项目风险进行综合、精准研判,并基于多种不同的假设条件制订全面的财务及税务测算方案,设计兼顾各方利益且能适应市场变化的交易方案,起草适合项目且具备实质操作性的交易文本,并配套全面的合同履行跟进措施等。

此外,城市更新项目投资风险具有个性化特征。没有两个风险完全相同的项目,每个城市甚至同一城市的不同区域、不同项目,风险表现都有不同。每个项目都需要制定个性化的风险规避措施,没有普适性的方案和文件可以直接套用到具体项目。

二、立项前的投资风险

(一)主要风险特点与表现

传统招拍挂式的拿地成本越来越高,成熟的城市更新项目数量也越来越少且竞争激烈。城市更新项目的价值随着项目审批手续不断推进而逐渐增加。项目立项前的市场价值,基本上与项目现状的物业价值不相上下,但项目立项完成、规划批复、实施主体确定等不同阶段,项目的价值也水涨船高。因此,越到后期拿项目,实际上溢价空间越小;且项目在启动搬迁补偿前的资金投入也大大少于搬迁补偿及之后的资金投入。多方面原因使越来越多的开发商将投资城市更新项目的节点移到项目启动立项前。

但这类前期项目,风险也非常显著,最大的特点在于不确定性。这种不确定性主要体现在立项可行性、项目推进时间、获取项目(如通过集体资产交易平台获得合作资格)、规划指标等方面,且受地方法规和政策变化及竞争因素的影响非常大。基于项目的不确定性,开发商投入前期项目的资金沉淀时间较久,甚至可能因项目进展缓慢被政府强制清理退出计划,前期投入资金成为沉没成本。此外,投资前期项目过程中业主毁约的可能性也相对较大。

具体到项目层面,单个项目与成片项目的风险也有不同。城市更新项目按规模分为单个项目和成片项目。单个城市更新项目的风险一般相对简单,改造模式也比较单一。比如广州、深圳、惠州等城市都鼓励成片连片的更新改造项目,该类项目可包含多个城市更新单元、更新项目(如笔者提供服务的大湾区某 16 平方千米自贸区内的片区城市更新项目,深圳某占地 45 万平方米的综合整治项目),由于规模大,项目历史问题往往更为复杂,土地类型及权属多样,涉及业主类型及数量众多,可能适用多种政策、多种改造模式,其规划也具有整体性、全局性,需考虑城市总体发展规划及片区规划等对项目的影响。

(二)风险规避措施建议

1. 计划与立项条件研究

各地关于城市更新项目立项(列入计划)的条件既有共通点,也有个性差异。通常条件一般包括土地面积、规划方向、现有物业的新旧程度、配套设施情况、业主更新意愿等。但具体还需要充分结合项目所在地城市更新政策、计划申报指引与规则、产业规划等因素,并与政府部门进行全面、深入沟通。

2. 项目规划研究

政府对于立项更新项目未来的规划发展方向是否符合城市发展规划,因此投资前期城市更新项目时重点考虑项目所在城市的规划体系、城市更新规划层级,以及拟立项项目的更新方向或规划用途与项目所在区域的控制性详细规划、城市更新专项规划以及各类规划控制线(如生态控制线、工业区块线等)是否冲突,如不相符,则需要详细研究规划调整的程序、审批机构及调整规划的可能性。

3. 设计适合前期项目特点的交易方案

开发商进入前期项目后,主要工作是摸底调查、推进项目立项、征集更新意愿,以及规划前期研究等,资金投入不大。考虑到能否立项及实施更新存在不确定性等情况,对于前期项目投资宜采取与业主合作或作为业主更新顾问等方式,原则上不太适合采取直接收购物业或买断业主权益等方式(但以合理成本提前收购部分合适的物业也是介入项目的有效措施之一)。如采取与业主合作模式,核心是明确合作方式、城市更新手续推进义务及费用承担、资金投入、退出合作情形及退出路径等。如作为更新顾问,重点是界定业主授权范围、顾问服务内容、服务对价及后续对项目合作的优先权等。

4. 探索防止业主毁约的多种方式

开发商在城市更新项目立项前介入后,在项目规划研究与沟通、产权核查、立项推进等方面都会投入人力、物力。但基于立项及整体实施推进的不确定性,业主可能会以项目开发迟延为由解除合同,甚至可能单方撕毁合约投向其他竞争对手。

因此,针对前期项目,交易方案设计及交易文本中,要对开发进度进行合理预估,推动项目进展方面业主的核心义务(并与业主获得对价挂钩),并约定特殊情形下可延缓重要节点的完成时限及豁免开发商的违约责任。此外还要对合同解除的条件及程序、违约责任进行明确、严格的约定,尤其是提高业主毁约的损失赔偿,比如赔偿开发商的预期利益或项目溢价,并明确计算原则或方式,以降低业主违约可能或提高竞争对手进入项目的门槛。

具体操作层面,还可考虑与业主入股合作的方式,结合项目价值及双方投入确定实际股权比例,业主部分股权先由开发商代持,在符合约定的情形下再由开发商逐步将部分股权让渡给业主,如果业主违约,则无权享有代持部分的股权。这是防止业主毁约的有效方式之一。

三、规划及设计风险

(一)主要风险特点及表现

1. 规划无法通过政府审批的风险

更新单元规划是对项目地块法定图则内容的细化和调整。单元规划要求在其法定图则框架内拟定,稍有突破将面临一系列烦琐的审批手续,而实践中开发商为了争取更大的商业利益,有时会改变法定图则的强制性内容,可能会导致项目审批无法通过。比如,开发商想提高容积率获取更高利润空间,但由于容积率受限于项目地块的法定图则,如容积率过高,则存在无法通过规划审批的风险。

2. 法规和政策变化影响规划或设计的风险

关于规划或建筑设计的规定、规则变更,会对城市更新项目的价值产生显著影响。比如深圳作为城市更新政策较为完备的大湾区城市,涉及土地、规划、地价、产业等方面的政策变化较为频繁。比如深圳市政府 2017 年出台规定禁止商办研发用房建筑设计成公寓类产品,导致之前市场上盛行的“工改工”类住宅化模式受到严格限制,影响项目的开发方向和利益测算;2018 年出台的工业区块线管理办法、城中村分区划定方案的出台等,导致大量项目停滞,或变更更新方向、改造模式。笔者所经办的深圳某工改 M0 项目中,某开发商收购项目后,由于新的建筑设计规则出台,要求研发用房套内建筑面积不得低于 300 平方米,项目无法实现原测算价值,开发商不得不选择退出项目。

3.规划分期不合理的风险

结合项目前期的摸底调查等工作,投资人可以采用规划分期等方式尽量消化一部分拆迁难的问题,防止“钉子户”因素影响项目开发进度;如果项目规划分期不合理,可能会导致整个项目延期。

比如某销售额连续几年排名全国前三的房地产公司,在其操盘的某城市更新项目编制更新单元规划时,没有考虑将“钉子户”所在的两个地块分到一期,而是分散到两期,结果因“钉子户”问题无法解决,导致两期都不能按期开发。如果申请撤销原更新单元规划重新申报规划,一方面能否通过公示存在不确定性,另一方面会引起业主不满。如果在规划分期时考虑“钉子户”事宜,则该项目可以通过分期将“钉子户”所在地块单独作为一期较后开发,以避免影响其他区域的开发。

(二)风险规避措施建议

1.委托专业规划及设计机构

开发商应委托专业的规划研究机构负责更新单元规划编制,最好是当地负责片区规划的规划设计院,在立足项目地控制性详细规划及相关专项规划的基础上,结合当地规划编制规则、容积率调整及奖励规则、公建配套设施要求等,制定符合当地城市更新发展方向和规划要求的规划研究报告。在方案设计及建筑设计方面,也应邀请专业设计机构提前介入,提高设计质量,提升物业溢价空间。

2.商业利益与政府审批之间的平衡

城市更新项目规划是开发商和政府(公共利益)之间利益博弈的环节,开发商希望更新规划能满足其商业利益最大化诉求,但规划如突破城乡规划或片区规划、城市更新专项规划等,都可能导致无法通过政府审批或增加审批难度。因此,开发商要结合多种假设条件对地块各项指标(如容积率、贡献率)进行准确评估与测算,并全面了解当地土地及规划政策,把握更新单元规划涉及调整、修改上层规划的审批程序及审批难度,以实现保障投资人商业利益与通过政府行政审批之间的平衡。

3.结合项目实际情况确定规划分期及开发时序

开发商在编制更新单元规划时,对于规模体量大的项目,可考虑“一次规划,分期实施”“先建后拆、滚动开发”等方式来减少资金压力和降低拆迁难度,结合地块现状、业主更新意愿、拆迁难度、产业布局等情况,确定规划分期及开发时序。

对于预计拆迁难度较大的地块，规划在后期实施，防止“钉子户”因素影响项目开发进度；先建成项目也有利于增强业主的信心，辅助后期项目“钉子户”的谈判工作。

四、产权核查及确权风险

（一）风险特点及表现

城市更新项目产权核查及确权是更新项目的重要环节，是确定城市更新项目业主及进行后续搬迁补偿谈判及合同签约的基础。该阶段的风险包括但不限于：

1. 土地类型多样且土地边界不清

除了土地性质存在国有土地和集体土地的区别，基于各地的发展历史，还可能存在多种土地类型。比如深圳的集体土地，还存在未征转用地、非农建设用地、留用地、征地返还用地、旧屋村用地等特殊类型的用地。此外，集体土地还可能存在承包经营、出租、以租代买等情况。国有土地上，也有划拨、出让、出租或未出让地、储备发展土地等多种类型。此外，一些城市更新项目还可能存在“三地”（零星地、边角地、插花地）以及飞地等特殊土地。

项目范围内各地块之间，以及项目地块与项目范围外相邻地块之间，还可能存在边界不清、权属争议等情况。国有土地的使用大部分是出让使用，极小部分是租用，但由于历史因素，也存在小部分边界不清的情况。

2. 因历史因素产权登记不完善或没有登记

由于房地产登记规定滞后、多次变更且衔接不完善，以及规划、建设档案管理漏洞等，大量房屋产权登记信息不完善、存在错漏等情况。此外，还有各种历史遗留问题导致无法办理产权登记的情况。

3. 有证房产但因特殊情况导致确定签约主体困难

有些房产即使有产权证，但也可能存在证载权利人死亡、离婚、继承、下落不明、无法联系、私下转让或抵债，或原业主遗失权属证明资料等情形。如果登记权利人为单位，则可能存在单位已解散或分立、合并等情形，以及房改产生的历史遗留问题。比如 20 世纪 90 年代深圳、广州等城市进行的单位房改，存在大量房改手续不彻底、房改单位已注销但未能给实际权利人办理产权登记、房改后多次转让且缺乏合法手续等问题。

4. 违法违章建筑以及其他特殊物业大量存在

城市更新项目中用地手续不完善或没有报建手续而形成的违法违章建筑大量存在，此外还有各种特殊物业，比如无证房产、无主房屋、宅基地私下转让、合作建房、租屋、侨民房屋等，不一而足。这些房产能否确权、如何确权都是产权核查及后续搬迁补偿实施过程中常常遇到的难题。

5. 产权主体复杂，多种权益重叠

单宗土地及地上建筑物可能同时存在所有权人、使用权人、用益物权人、担保权人等多种权益，且土地使用权人、建筑物所有权人和实际使用权人可能并不一致等，这些复杂情况都增加了确定物业权属主体的难度。

（二）风险规避措施建议

1. 综合采用多种方式、借助多方力量协助确权

综合采用现场踏勘、测绘查丈、访谈、查询国土及报建档案等方式，以尽量全面了解项目土地及物业情况，甚至可能需要借助公安、外交等政府部门的力量获取权利主体相关信息。此外，还可结合当地政策通过村集体、街道办出具确权证明后进行公示等方式，确定相关物业的实际权利人。

在必要情况下，可以要求业主先通过诉讼等方式完成确权。但对于有些情形的确权纠纷，法院可能会不予受理。比如对于深圳市农村城市化历史遗留违法建筑，其房屋产权性质及所有权应先由行政机关作出处理认定，否则人民法院不予受理。

2. 以促成签约为目的确定被搬迁人并建立风险预防机制

为尽快促成签约达到可确认实施主体的签约率，有些情况下使用多种手段后仍无法确定权利人的，建议开发商以促成签约为目的确定被搬迁人并与其谈判、签署搬迁补偿协议，但应在协议中约定被搬迁人对取得物业权属及物业现状等方面的全面披露义务，并约定其违反披露义务的违约责任，以及发生权属纠纷时的处理方式。

比如对于无产权登记的历史遗留问题房屋，开发商也可考虑先与实际占有、控制被搬迁房屋的主体签署搬迁补偿协议，并在协议中明确纠纷处理机制。如果补偿方式为货币，合同期限内如有其他第三方主张权利，开发商有权冻结剩余未支付补偿款而不被视为违约，并根据法院判决情况要求签约方返还补偿款等。如

果补偿方式为产权调换,还可约定作为签约主体的被搬迁房屋实际占有人对回迁房有一定年限的居住权,如约定年限内有他人主张权利,则以法院判决为依据处理回迁房,如无他人主张权利,约定年限届满后再确权至其名下等。当然,采用何种处理方式取决于被搬迁人的配合及政府的认定。

五、村集体合作风险

村集体土地参与城市更新在各地说法不同,比如城中村改造、旧村居改造、旧村庄更新等,这类项目在大湾区更新项目中占有相当大的比例,且项目占地面积一般较大、比较优质,且在地价等方面享有优惠,而村集体受限于资金、开发实力、品牌等,往往需要引入开发商进行合作,并由开发商操盘。所以村集体合作的城市更新项目对于投资人有相当的吸引力。

(一)风险特点及表现

1. 村集体土地情况的复杂性

首先,村集体的土地情况复杂,土地类型及名目多样、产权不清、历史遗留问题严重。如前文所述,深圳由于两次农村城市化征转地的特殊历史背景,形成了非常复杂的村集体实际控制的土地类型,其他大湾区城市也有征地返还用地、留用地等多种集体土地类型。且由于之前村集体土地产权登记落实不彻底等,存在土地边界不清、产权争议以及其他历史遗留问题。

其次,集体土地的违规流转、合作情况也非常复杂,包括村集体与企业或个人(村民及村民外的个人都有)之间通过合作、租赁等形式违法转让土地,村民个人非法转让宅基地、违规建房、合作建房等情形普遍存在,导致违法违章建筑泛滥难以遏制。

此外,各地政府对村集体土地历史遗留问题、违法违章建筑的处理办法各有不同,且政府在与村集体和村民等利益主体长期博弈过程中不断调整相应政策,加剧了村集体土地参与城市更新项目的复杂性。

2. 村集体决策机构及决策程序复杂

集体土地是村集体的重要资产,集体土地参与城市更新改造需依照相关法规及村集体章程履行决策、审批等程序,且各地的决策机构、决策流程、议事规则及表决要求都有不同。

决策机构方面，除了作为基层群众性自治组织的村委会决策，还涉及村集体经济组织的决策和参与。村经济组织在广东各地的表现形式多样，且不一定属于公司法规定的法人主体。比如，深圳市在城市化过程中村集体的基层群众性自治组织和集体经济组织职能分立后，集体经济组织的职能由股份合作公司继受，从而出现了村股份合作公司这一“原农村集体经济组织继受单位”，这是深圳地方立法确定的一个特殊主体，其内部决策层级包括股东大会、股东代表大会、集体资产管理委员会、董事会、监事会等，股东大会是公司的最高权力机构。而广州、佛山等地的村集体经济组织是经济联合社（经联社）。

村集体土地参与城市更新，需依照当地规定及村委会或村集体经济组织的章程规定等履行相应决策程序，但实践中会存在村集体章程不够健全、规定含混不清或章程规定与实际情况脱节等情况。且村集体一般人数众多、成员情况相对复杂，内部利益关系错综复杂，这些都加大了村集体完成内部决策的难度。

此外，实际中存在建制村与自然村的划分，自然村与建制村的土地界线不清、土地权属不清，改造项目涉及自然村或建制村土地时，涉及的决策层级和决策机构也较为复杂。

3. 集体资产交易平台公开交易，获得项目的不确定性加大

集体土地作为村集体资产的重要组成部分，引进合作方进行城市更新改造需遵循村集体资产交易的相关监管政策。目前各地基本都要求通过公开交易平台进行交易，并在公开交易后到相关监管部门审批或备案。

但大湾区各城市规定不一，对集体资产交易监管的严厉程度也不同。比如对于公开交易平台，东莞市设立市公共资源交易中心为单一主体挂牌招商的统一交易平台，而广州、深圳则可以在区级集体资产交易平台进行集体资产交易，深圳龙岗区还由深圳联交所和龙岗区国资委共同建立了龙岗国有集体产权交易中心。在监管程度上，有的地方对具体交易流程实施全程监管，有的仅要求报备交易结果，差异较大。

村集体通过公开交易平台发布合作方案或招商方案，其他竞争者的加入，将导致开发商获取项目的不确定性加大。有些意向合作方在早期即已介入并开展了部分工作，但因项目本身土地情况达不到立项要求或无法解决所有村民的搬迁补偿诉求等进展缓慢，引起村集体不满、有意撕毁合约，在公开交易的政策加持

下，这类意向合作方要保住项目的难度也会更大。

此外，政府和村集体都更青睐有实力、信誉好、社会责任感强的开发商参与村集体土地城市更新项目，为确保村集体经济利益的实现，各地村集体对有意向参与竞争的合作方提出越来越高的要求，包括但不限于资金实力、房地产资质、房地产开发经营、产业运营经验等，并提出多样化的合作条件及要求等，增加了开发商获取项目的难度。

（二）风险规避措施建议

1. 全面尽职调查了解村集体土地和物业情况

投资人要通过现场查勘、档案调取、访谈（访谈对象包括政府部门及村集体、村民等）等方式全面核实村集体土地及物业的情况，包括土地性质、土地类型及构成情况、取得方式、物业建成情况、权属证明等情况，并注意对村民合作建房、转让宅基地、历史遗留问题处理、权属争议等特殊情况进行调查核实。

2. 核查及梳理村集体资产交易涉及的决策机制，消除决策障碍

结合当地法规政策规定及村集体经济组织章程规定，梳理拟投资项目涉及哪些层级的决策，包括建制村与自然村在项目中各自占有土地情况以及权利边界，核实内部决策程序及时间，确保合作程序及决策机构合法合规，并合理进行资金安排等。

在这个过程中，需深入了解村委会或村集体经济组织的成员构成情况，尤其是了解负责人、决策层成员及其社会关系等，与其充分沟通并获得其支持、理解，以增加决策通过的概率。

3. 落实公开交易程序性及实体性要求，通过多种方式合法提前介入项目

包括明确项目所在地关于村集体资产交易的公开交易平台，梳理交易规则、交易时间、交易程序等程序性要求，以及合作准入条件、提交文件资料要求等实体性要求，确保通过合法合规的交易程序获取项目。

需要注意的是，有些地方规定了合作方提前介入项目的方式（比如，东莞的单一主体挂牌招商制度中的前期服务商，广州、深圳等地规定村集体可先依法引入意向合作方等），开发商要深入了解当地规定及操作路径，争取合法提前介入项目，通过提供前期服务、开展摸底调查等工作，获取更多的项目信息和资源，提前建立村集体与企业间的信任，从而可在项目中尽量占据较为有利的地位，甚至可

能适当参与制定合作方案、合作准入条件等，提高在后续公开交易程序中成为正式合作方的成功概率。

此外，开发商还要了解当地关于公开交易之前或之后的各种审批、备案程序及要求，包括与相关政府部门沟通落实，确保审批、备案程序合法合规、文件齐全符合要求。

六、搬迁补偿风险

搬迁补偿，是城市更新项目面临的最常见、最复杂、最难以解决的问题。除了前文提及的权属认定情况复杂，特殊物业界定权属难度大，还存在征拆成本高、谈判难度大，容易出现个别业主不同意搬迁补偿方案拒绝签约影响整个项目推进的情况等风险。此外，还可能存在权利主体委托他人签约的授权存在瑕疵、个别业主的补偿标准较高导致其他业主不满、违约条款设置不合理导致业主消极履约或向开发商提出高额赔偿等风险。

我们建议从两个层面降低搬迁补偿的风险：一是法律技术层面，即搬迁补偿方案与协议的起草与制定；二是实际操作层面，包括商业谈判、签约及履约。

（一）法律技术层面的操作建议

搬迁补偿协议一般提前拟定，再结合与业主协商谈判情况修改完善，整体上搬迁补偿协议中的补偿标准应与补偿安置方案中的一致，且各被搬迁人之间的补偿标准原则上应保持一致。

搬迁补偿协议由主协议和附件构成，主协议条款一般包括被搬迁房屋情况、补偿方式、补偿标准及具体内容、被搬迁房屋搬迁及交付、过渡期及过渡费标准、建筑物拆除及产权注销、回迁房选房及交付和办证、各方责任及义务、违约责任、解除终止、争议解决、通知、协议生效等。附件一般包括被搬迁人的身份证明文件、被搬迁房屋的权属证明资料、被搬迁人收款账户信息等。

对于搬迁补偿协议，建议重点关注：

1.结合项目情况设定特殊条款

建议在常规条款基础上，结合各项目的特殊情况，约定个性化条款，比如针对被搬迁房屋本身权属存在继承、转让等争议的情况，设定后续签约方完善确权手续的义务及纠纷处理机制。对于被搬迁房屋存在抵押、租赁等情形的，约定业主解除该等权利限制的义务及时限，除与补偿款的支付挂钩，还需明确违约后果。针对业主关注的过渡期学位等问题，结合与街道、教育部门等落实的情况进行妥善安排。此外，还可结合与业主沟通谈判情况约定停车位及广告位等权益归属、排他（限制原业主或其股东、关联方与其他主体达成合作等）等条款。

2. 周全考虑项目推进过程中需要业主配合的所有手续，在协议中"一揽子"约定，并提前签署相关文件作为协议附件

需要结合项目类型、城市更新流程规定及与政府部门沟通核实情况，梳理项目不同阶段需要业主配合的相关手续，比如产权注销手续，要求业主在签署搬迁补偿协议及提交权属证书的同时签署并提交产权注销授权文件（尽量不签署日期并约定开发商有权填写日期）；没有权属证书的，则业主除提交相应的产权证明文件，还应签署房地产权益由搬迁人承受的声明书。

3. 将更新范围内业主签约率情况与协议生效挂钩

一般而言，市场主体与更新单元内项目拆除范围权利主体签署搬迁补偿协议，须达到签约率100%后才能申请实施主体资格（部分城市对于签约率达到90%以上即可）。因此，建议可结合当地对申报实施主体前提的签约率要求设置统一的生效条件，比如签约率达到95%或100%，协议方生效；或约定，虽然合同签署即生效，但在一定期限内未能达到约定的签约率的，投资人可解除或变更协议（如变更过渡费支付标准或支付期限等）。对于个别业主不同意签约导致项目进展缓慢、无法按期开发建设及交付回迁房等情形，应合理界定违约以及考虑调整过渡期的计算等，以免在遇到特殊情况项目无法推进时给投资人带来沉重负担甚至吞噬掉项目利润。比如罗湖木头龙项目，就因个别业主不同意搬迁补偿标准拒绝签约，无法达到100%签约率，项目一拖十年，而开发商每年还需向其他业主支付过渡期安置费，至今损失数亿元。

4. 注意搬迁补偿协议履行义务先后的安排

结合项目类型及当地规定梳理项目后续推进需要完成的所有工作以及各方权利义务，并对义务履行的先后顺序进行合理安排，以保护投资人的利益。比如补偿款的支付，一般采取分期付款的方式，并将付款进度与业主的相应义务（权属核定及资料提交、房屋搬迁及交付、产权注销等）挂钩，以约束业主并推动更新项目的进展。

5. 关于违约责任和解除条款的设置

违约情形主要针对签约各方的关键性义务，业主的违约行为主要为未按期搬迁、未按期清理租户、房屋产权发生争议等，开发商的违约行为主要是迟延付款、延期交付回迁房、提前终止项目等。应根据项目实际需要，设置相应的违约责任，并合理设置相应免责情形，比如项目本身的土地瑕疵问题、政府行为、重大政策出台导致的影响，以及被搬迁人或其他第三方的协调、配合义务等。

对于搬迁补偿协议的解除情形，也应围绕签约各方的根本违约及客观情况发生重大变化、不可抗力情形等展开。比如对于被搬迁人而言，如果经法院判决或事实证明其不是合法权利人，开发商可解除搬迁补偿协议；而被搬迁人一般要求在开发商出现严重迟延付款或交付回迁房等情况下有权解约。此外，受项目情况所限导致项目确实无法通过审批或政策、市场发生重大变化导致合同确实无法履行或开发商无法实现合同目的的，应允许开发商享有解约选择权。

（二）实际操作层面的建议

1. 深入开展项目摸底排查，有针对性地采取谈判方案

开发商在正式开展搬迁补偿工作前，应深入开展摸底调查工作，了解权利主体的搬迁补偿诉求，了解可能成为"钉子户"的被搬迁人，了解其特殊情况及社会关系，为以后的搬迁补偿谈判作准备。谈判过程中注意寻找有影响力的核心业主代表，形成示范效应；此外搬迁补偿过程以签约为导向，个别权属有瑕疵的业主可先签约后补手续，但协议中约定其完善权属手续等义务，并与付款进行挂钩，并对出现权属争议情形做好预案。

对于一些特殊物业（如其他开发商或个人为锁定项目而购置的物业），可以结合业主的利益诉求，也可以考虑转化模式，比如业主以房地产入股和开发商合作设立公司，将部分业主对开发商过高的利润估算转化为共同盈利的模式。

此外，通过设置签约奖励等方式形成正向激励，设置附条件的奖励或福利使先签约人员形成共同体，对不愿意签约人员形成压力。

2. 制订合理公平的搬迁补偿方案

在通过前期摸底调查了解项目信息的基础上，开发商应当针对项目土地及房屋现状情况及被搬迁人诉求制订合理、公平、详尽、多样的搬迁补偿方案，并结合物业类型、权属情况、用途、楼龄、层高、装修使用年限等不同情况制定相应的补偿

调整机制，以应对项目可能发生的多种情况，更公平、高效解决搬迁补偿问题。

3. 尽快收回被搬迁房屋，避免二次搬迁谈判

签约时一次性收齐证件原件、复印件及产权注销授权资料，并结合项目情况科学安排接受房屋工作，既要避免过早接收房屋导致过渡期安置费用成本过高，又要防止长期不搬迁导致业主反悔，进入二次搬迁谈判。

4. 明确业主的清租等义务

城市更新项目中土地或物业存在租赁或承包经营、证载权利人与实际使用人不一致等情况非常普遍，开发商与业主签署的搬迁补偿协议中，应明确约定业主清理租户或承包方、实际使用人等义务，避免签约付款后却长时间不能实际控制和拆除物业的风险。

5. 设计单位提前介入，结合权利主体需求进行规划设计

为预防搬迁补偿纠纷，在回迁房的分配方案中，要以充分的方案设计为依据，回迁房的标准与选房尽量宽松化。我们在某城市更新项目收购案例中，遇到回迁房的设计（层高、进深等）无法满足搬迁补偿协议约定要求导致发生争议的情形，说明设计单位提前介入的重要性，极端情况下可能还需要结合部分业主的特殊要求调整建筑设计。

七、交易结构及文件风险

前文提及了开发商与业主的搬迁补偿协议文本的注意事项，本部分仅介绍收购、合作城市更新项目的交易结构及文件方面需关注的风险及应对方案。

（一）交易结构及交易文件的风险表现

交易结构是项目交易的核心，交易结构及交易方案的设计主要围绕安全、成本、时间三个方面展开。安全是指进入安全、交易安全、退出安全，符合法律规定，交易效力不被否定。成本主要是指交易价款及交易产生的总体税负及其他成本较低且具有均衡性与合理性。时间是指完成交易所需的时间能满足交易各方的要求，原则上不建议过长，避免合同履行过程中一方反悔或出现重大政策、市场变化。如果交易结构违背了上述原则，往往不能真正实现投资人的商业目的，甚至可能导致交易的失败。

交易文件是一个交易最终达成的成果体现，是商业目的的反映。交易文件应

根据各方已经达成的交易方案及交易结构，按照合理的逻辑关系展开描述并设计所有必要条款。实践中由于对商业目的理解不够深入、文件起草及项目实操经验不足、起草时间仓促、信息不对称等，可能交易文件在结构、主体设置、款项支付安排、合同履行节奏等方面存在与实际操作脱节或违约及解除条款设置不当等风险。

（二）风险规避措施建议

1. 交易主体合理设置并明确各方角色和职责

需要结合项目特点及后续实际操作确定相关交易文件的签署主体及实际履行主体。比如在开发商收购或合作城市更新项目时，可能以母公司与对方签约，但后续可能会以子公司作为项目公司实际履行相应合同义务。在此情况下也应将该项目公司作为签约主体之一。如果项目公司没有成立，则应在交易文件中，明确约定项目公司承继的合同权利义务，以及其他各方的认可和配合义务等。此外交易文件对所有签约主体的角色及职责划分应非常明确，包括相关替代履行、连带责任的设置。合同履行有赖于其他第三方完成相关工作或提供协助、配合的，需要明确合同哪方有义务促使第三方接受合同安排，以及无法实现该安排时的处理方式。

2. 关于交易款项的支付安排

首先，要明确交易款项的构成及对应的交易标的、交易范围，以及约定如果交易标的、交易范围出现变化或不符合预计状态时的交易价款调整机制。

其次，关于付款的前提条件，建议根据城市更新项目的特点，以关键节点达成或重要条件满足为支付条件，关于这些前提条件必须逐项列举、清晰界定，避免产生争议。

最后，关于付款比例，原则上也需要根据城市更新特点，评估各关键节点达成后对项目价值的影响，以及影响大小等因素确定付款比例。当然，具体的付款比例还要看各方在交易中的地位及付款方对促进交易的能力等情况。

3. 合理预估合同履行及设定违约情形及解决方案

结合尽职调查了解的项目情况及城市更新项目流程、特点，对签约后续工作开展及各方责任义务、关键节点完成时间等进行合理预估。比如项目立项、规划批复、村集体完成内部决议同意合作、实施主体确认、土地出让合同签署等，这些关键节点如何达成、主要责任方及配合方、预计进度等，对于整个项目计划至关重要，充分考虑如果任一节点不能推进的合理解决方案。如果出现不符合合同约定情形，还要考虑是否存在先后违约、混合过错、第三方原因等情形确定违约责任，以及违约情形持续存在对项目的影响。

4. 谨慎约定合同解除条款

对于城市更新项目的解约，需要非常慎重。一方面，应明确哪些情形下合同各方有权行使解除权，建议出现根本性违约，或政策重大变化等特殊情况下合同相关方才享有约定解约权。另一方面，要结合城市更新项目的特殊性以及解约时项目所处的阶段、各方已实际履行的进度等，确定合适的解约后程序。

对于拟从卖方处获取项目的开发商而言，交易文件应清晰约定卖方的所有责任及义务，并约定先后履约顺序。对于开发商所需承担的义务与责任，则需要明确约定各种免责情形，比如政府审批原因、重大政策变化、卖方的在先义务未履行、第三方行为等。如果交易价款及预期利润的测算与卖方的保证事项（如规划指标、项目进度等）有关联，则需要约定卖方保证不能满足时的违约后果，以及严重影响合同目的实现时的合同解除权及解约后退出路径及违约金计算方式。

此外，由于城市更新项目的特性，项目推进到某些阶段后，实际很难逆转，对于解约也需充分考虑解约后的路径，比如实施主体确认后一方依据合同约定享有解约权，但此时地上建筑物已经拆除、产权已经注销，实际无法恢复到交易前的状态，如何实现行使解约权一方的退出，需要全面考虑、严密论证并详细约定。

城市更新项目周期长，利益关系复杂，不确定性大，风险潜伏于各个环节。本文仅对城市更新项目实施主体确认前的几大环节的操作风险及规避措施进行粗浅分析，对于开发商获取城市更新项目的税务风险（如项目溢价、项目前期隐性支出等不能进入成本的风险）、投融资风险、退出风险、纠纷争议风险等都未提及。限于文章篇幅与笔者经验，难免有疏漏或不当之处，唯望笔者基于实操经验总结的内容能对投资人识别、防范城市更新项目风险有所裨益。

城市更新项目中投资人关注的十大问题

邓福荣　胡雪婷*

* 作者简介：

邓福荣，中伦律师事务所深圳办公室公司业务部合伙人，电邮为：dengfurong@ zhonglun. com。

胡雪婷，中伦律师事务所深圳办公室公司业务部非权益合伙人，电邮为：huxueting@ zhonglun. com。

粤港澳大湾区重点城市普遍开发程度较高，随着大湾区规划的落地及城镇化发展需求，“无地可用”的形势越来越严峻。而广东自2018年起，除基础设施和民生项目外，不再向珠三角地区直接下达新增建设用地计划指标，着力推进“三旧”改造（旧城镇、旧厂房、旧村庄）改造，即城市更新，因此城市更新将是未来珠三角各地区土地供应的主要方式。城市更新模式，将是粤港澳大湾区建设、高质量发展重要的支撑工具和路径，也是未来大湾区地产开发的主流方式。

城市更新（或称“三旧”改造）历经10年探索，已经形成了较为成熟的政策体系框架，但广东省珠三角重点城市的更新政策体系及具体规定，存在较大差异，各有特点。且城市更新参与主体众多，所涉法律关系复杂，前期投入大，开发周期长，各市场主体既面临机遇，也面临挑战。

对于投资人（既包括房地产开发商，也包括银行、信托公司、私募基金等投资机构或金融机构）而言，透过纷繁复杂的法规、政策、文件，把握城市更新项目的核心问题，对于精准判断项目可行性、识别项目重大法律风险、设计交易结构等，都至关重要。

鉴于此，笔者将结合深圳、广州、佛山、东莞等多个城市的实际项目操作经验，对城市更新项目中投资人应重点关注的问题进行梳理和提炼。

一、更新单元计划（立项）

（一）更新单元计划的意义

如果拟投资项目尚在前期阶段，投资人最关心的就是项目后续能否列入更新单元计划，因为更新单元计划首先解决项目“能不能改”的问题。

深圳初创了更新单元的做法，把更新单元作为城市更新计划、规划、建设、监管的基本单位。项目只有列入更新单元计划，才能推进后续的规划报批、确认实施主体及土地获取等工作。这个方式之后被广州、东莞等很多城市借鉴。

对于投资人而言，需要关注列入计划需要满足哪些条件、申报主体条件、申报及审批流程、政府主管部门等问题。尤其是每个城市列入更新单元计划的条件不同，因此在摸底调查阶段要结合当地规定进行项目研判，判断是否存在立项障碍、有哪些方法清除立项障碍等。

（二）深圳城市更新项目列入计划的条件

在深圳，申报主体应以相对成片的区域，在保证城市基础设施、公共服务设施相对完善的前提下，按照有关技术规范、综合考虑到路与河流等自然要素及产权边界等因素拟订城市更新单元。同时更新单元还应符合城市更新的条件，如用地面积、合法用地达到规定比例、建筑物建成年限、更新意愿、规划条件等都应符合规定标准。城市更新单元计划实行常态申报机制，由符合规定的申报主体随时申报，经审议通过的城市更新单元计划按程序公示报区城市更新局审批，经审批通过后按批次予以公告。

对于列入更新单元计划而言，最重要的是考虑城市更新范围怎么划定、划定范围内合法用地比例的问题。在划定范围的时候，还要综合考虑项目经济效益和实施难度，并结合摸底过程中了解的权利主体更新意愿、预估拆迁难度后调整更新单元范围或拆除用地范围。对于合法用地不够的问题，可以考虑通过缩小更新范围内的拆迁范围的边界、边界外延、分期等方式解决。

（三）标图建库对列入计划的影响

广州、佛山、东莞等城市的更新项目要列入计划，核心是划定更新范围、确定申报主体、更新意愿符合条件，且更新范围内地块满足标图建库要求。而标图建库的标准原则上即为广东省级的政策文件所规定的纳入“三旧”改造范围的标准，比如基本单元边界、改造前用地现状、建筑物年限与比例等符合规定。

随着广东省“三旧”改造政策不断发展，目前虽然符合入库标准仍是进行“三旧”改造的前提，但并非必须备案后才能开展“三旧”改造工作，标图建库本身的意义和作用更多地倾向于资料收集。且入库审查的事权下放，即实质审查标图建库的权限下放到地级以上市“三旧”改造主管部门，审查通过后即可开展改造项目的认定、改造方案及用地报批等工作。

因此，投资人在前期研判过程中，要全面掌握资料并实地踏勘判断项目用地现状情况、建筑物建成时间以及上盖建筑物比例等是否符合改造条件，包括走访相关规划部门了解项目地块所在地的“三旧”改造专项规划具体情况等。

二、更新单元规划

（一）规划对城市更新项目的意义

更新单元规划解决的是“怎么样改”的问题，确定城市更新单元的目标定位、更新模式、土地利用及贡献、开发建设指标、公共配套设施、分期实施等方面的内容,投资人根据项目规划情况可以对项目进行价值判断。

各地政府都非常重视通过规划达到引领或管控城市更新项目,达到产业保护、公建配套、生态控制、提升城市品质等目的。深圳创设了城市更新单元规划制度,突破宗地和产权划分做法,通过城市更新单元规划实现更大范围规划统筹。有的城市不会像深圳一样有“更新单元规划”的概念,而是将改造用地的规划纳入改造方案或实施方案,如广州、东莞、惠州等。

(二)结合规划体系、层级及管控方式等判断改造方向与规划是否相符

更新单元规划需以经批准的城市总体规划、土地利用总体规划、城市更新专项规划和控制性详细规划等规划为依据。但由于每个城市的规划体系以及更新规划层级不同,投资人需结合所在城市的规划体系及层级,判断拟投资项目的改造方向是否符合目前规划,是否涉及调整上层规划等。

以深圳为例,深圳的城市规划编制分为全市总体规划、次区域规划、分区规划、法定图则、详细蓝图五个层级。市政府已经公布实施的规划成果,包括全市总体规划、分区(组团)规划、法定图则等,均作为城市更新单元规划编制与实施的依据。城市更新规划也分层级,上层先对接全市总体规划制定全市城市更新专项规划(包括各区专项规划),往下则是更新统筹片区规划、城市更新单元规划。深圳的城市更新规划强化分区引导和管控,通过专项规划、密度分区、工业红线、城中村分类引导等实现规划管控。

因此,更新单元计划的更新方向需根据项目所在地区法定图则审批情况相应确定。此外,申报主体编制更新单元规划需与城市法定规划(总体规划、法定图则等)衔接,尤其需以批准的法定图则为依据,否则需要履行相应调规程序。经批准的城市更新单元规划效力与法定图则相同。

对于投资人而言,投资深圳城市更新项目,首先要看项目所在区域是否有法定图则,改造方向或开发意图是否与法定图则冲突,以及调整法定图则的可能性;如果项目所在地尚无法定图则覆盖,则要判断改造方向或开发意图与城市总体规划、分区规划、片区规划是否存在冲突,改造方向或开发意图是否存在落实到法定图则的可能性等。此外,还要核查项目是否符合城市各类规划控制线(比如生态控制线、蓝线、绿线、紫线、橙线以及工业区块线、航空限高等),是否涉及水源保护区等。

（三）通过规划编制及审批流程把握规划进度

投资人了解拟投资项目所在城市的规划编制及审批规定，以便于积极主动参与规划编制，把握规划进度。

首先，关于规划编制的主体，各地存在区别。大部分城市都是由项目申报主体负责编制更新单元规划或实施方案（如深圳、东莞），但也有城市是由政府组织编制，比如广州，规定对于纳入城市更新年度计划的项目，由区政府组织编制城市更新项目实施方案。

其次，各地关于规划编制及审批在城市更新流程中发生的节点不同，即使同一个城市不同辖区之间也存在区别。比如深圳原则上对于更新单元规划的申报审批是在列入计划之后进行，但大部分区实际上是可以计划和规划同时申报，甚至有的区要求计划和规划必须同时申报（比如福田、宝安区）。而惠州是由主管部门主动告知规划条件，申报主体同意后再编制改造实施方案等。

最后，各地关于规划申报及审批的流程、时间也存在较大差异。值得注意的是东莞提出简化城市规划审查审批，一方面，采用“1 + N”方案，将更新请示和原更新单元（项目）审批涉及的前期研究报告[①]、改造方案、征地报批方案、收储方案、收地方案、供地方案等若干份方案（报告）打包。另一方面，实行“一次过会，全程通行”，将审批时间缩减到 6 个月内。“1 + N”方案经市政府批准后，市相关部门凭市政府批复文件直接落实后续工作，包括完成控规调整（直接提交市规划委员会审议），大大缩减城市规划审查审批时间。

三、土地和建筑物情况

城市更新的本质涉及对土地和建筑物的改造，因此城市更新必然离不开对土地、建筑物现有状况和规划情况的核查。

（一）产权核查和确权的范围及关注要点

产权核查和确权一般要分别针对土地和建筑物进行，并注意不同城市或区域的确权依据、确权方式、确权程序等。对于土地，要核查土地性质、类型、权属、用

① 前期研究报告包含修建性详细规划的文件和图纸、控规调整论证报告、城市规划设计承诺书（加盖设计单位公章）、东莞市城乡规划管理落实安全生产责任承诺书、控制性详细规划指标入库报告等与城市更新项目（单元）规划相关的方案（报告）。

途、面积等，还要核查是否存在征转、转卖、出租、闲置以及“三地”（夹心地、边角地、插花地）情况等。对于建筑物，则要核查是否合法报建、建成时间、是否办理产权登记、证载权利主体与用途，以及实际权利主体、实际用途与证载情况是否相符，土地/物业的出租情况，使用现状情况，以及是否存在产权纠纷，违建临建规模及现状等。

此外，在对土地和建筑物核查时还要结合该城市特点关注一些特别问题。比如深圳，由于经过1992年和2004年的两次城市化转地，整批量的原农村的集体土地转为国有，实现了深圳市理论上全部土地的国有化，但征转地补偿没有完全到位，也没有进行产权的登记、确权和发证，导致相当大体量的土地名义上已是国有土地，但实际上还是被村股份合作公司实际控制和使用，并没有真正完成征转手续。因此，对深圳市尤其是涉及城中村改造时，需要重点核查土地的征转情况及非农建设用地指标情况等。

（二）土地和建筑物情况及产权核查的影响

首先，土地和建筑物的类型、功能、权属等情况影响改造模式的选择。例如，广州自2016年借鉴深圳推行城市更新后，仍沿用广东省原“三旧”改造区分方法，按改造用地性质/类型，区分为旧城镇更新、旧厂房更新、旧村庄更新，而不同的改造类型下存在不同的改造模式。比如，旧城镇的全面改造更新只能采取政府收储后公开出让的模式，但旧村庄全面改造更新除了政府征收储备，还可以村集体自主改造，或村集体与开发商合作改造。

其次，通过摸底土地和建筑物的范围、面积、数量等情况，可以预估后续拆迁量。通过对土地和建筑物的产权核查和确权工作，明确拆除用地范围内土地和建筑物的权利主体，该等权利主体有权决定是否同意拆除旧有建筑，也是后续搬迁谈判的对象及搬迁补偿安置协议的签署主体。

（三）特殊土地、物业及权利主体

确权过程中往往会遇到各种特殊产权的土地或物业，比如历史遗留问题土地和物业、违法违章临时建筑、登记错误房屋、法院裁定但未过户房屋、小产权房、合作建房、分家析产或继承、华侨房屋、军事设施、教堂、寺庙和文物古迹等，都要结合国家或当地政策判断如何确权或处理。

此外，还要考虑特殊的权利主体的影响，比如原产权登记的权利人已去世或失联的情况下如何确权及签约；权利主体为国有企业、外国企业、外商投资企业或外籍自然人等特殊情况下，对交易结构设计或交易程序等产生影响。

四、搬迁补偿

（一）关于搬迁补偿常规关注的问题

在市场主体实施的情况下，如果更新单元范围内存在多个权利主体，就可以通过房地产作价入股、搬迁补偿、收购等多种方式形成单一主体，进而由该单一主体向城市更新职能部门申请成为实施主体。在实际操作中，绝大部分都是通过搬迁补偿的方式进行。对于搬迁补偿，常规关注问题包括搬迁补偿方式（货币补偿、产权置换或两者结合）和标准、搬迁补偿协议签署情况、搬迁补偿款项支付情况、回迁房拆赔比等。

各城市对于搬迁补偿范围、方式及标准等存在一定区别，原则上没有政府指导标准，主要由市场决定。尤其是深圳的城市更新高度市场化，主要由市场主体与权利主体在借鉴同类城市更新项目市场经验的基础上自由协商确定，但也存在一些例外。比如《深圳市人民政府办公厅印发关于加强和改进城市更新实施工作暂行措施的通知》（深府办〔2016〕38 号）规定，“零散旧住宅区的住宅类合法房屋产权置换原则上按照套内面积 1:1 进行”。搬迁补偿安置的市场化为城市更新项目中市场主体与权利主体争取各自利益提供了较大的协商空间。但广州市政府针对旧村庄全面改造颁布了成本核算办法，也间接提供了搬迁补偿标准的依据，因为政府会按该核算办法倒推开发商在融资地块上的可建面积，此外开发商如果和被搬迁人约定的搬迁补偿标准超过核算办法所规定标准的部分不能算进成本，这也倒逼开发商尽量将搬迁补偿标准控制在规定成本核算标准内。

（二）搬迁补偿流程及前期准备工作的重要性

搬迁补偿安置几乎贯穿于城市更新项目的始终，其实施流程大体可分为前期准备、搬迁谈判及补偿安置三大阶段。搬迁补偿正式启动后，签约率会实质影响后续城市更新程序的推进。比如深圳要求签约率 100% 后才可以申请确认实施主体，珠海是补偿安置预协议达到签约率 90%（含本数）以上方可申报认定实施主体。

对于市场主体实施的城市更新项目，不能适用“强制征收”程序，因此主要通过市场化的方法来降低搬迁补偿难度、提高签约率。比如编制公平、合理的搬迁补偿方案，与村股份合作公司或村委会建立良好关系由其协助动员和签约，注意沟通谈判方法及把握搬迁补偿节奏，提前收购或控制一部分被搬迁房屋等。这些方法、策略的背后，实际都有赖于深入、全面开展项目前期准备工作。

前期准备工作主要包括摸底调查和权属确认，除了调查、核实土地及建筑物产权及现状、实际使用及控制人等情况，还要对被搬迁人的利益诉求（包括意向补偿方式、补偿标准、基础配套、选房要求、额外诉求等）进行摸底调查。通过摸底调查了解的权利主体诉求情况后，结合项目周边房地产市场交易行情、同类城市更新项目搬迁补偿安置的一般标准等，以及本项目的规划指标进行综合经济测算，确定补偿安置方案。对权利主体更新意愿及诉求的全面摸查，有利于投资人判断搬迁补偿难度并提前统筹安排解决方案。

（三）解决拆迁难的多种途径

结合前面摸底调查情况，投资人需要在项目立项或编制更新单元规划之前就统筹考虑是否需要通过调整更新单元范围、通过规划实施方案来解决一部分拆迁难的问题。比如尽量在项目规划方案编制过程中通过分期规划、分期实施等方式提前降低后续实施难度，即将可能存在“钉子户”的房屋所在区域规划为后期实施更新改造的片区，防止“钉子户”因素影响项目开发进度。

如果无法提前通过分期或调整更新单元等方式降低后续实施难度，有些城市还可以通过其他路径解决。比如东莞创设的单一主体挂牌招商改造模式（适用于引入市场主体改造情形）中，社会投资主体通过公开挂牌方式被确定为收购主体后，如果不能在限定收购期限内完成收购100%不动产权益，结合权益收购比例和进度等具体情况，可以申请收购期限中止、延期或城市更新单元切割；如采用前述三种救济措施后收购主体仍未能在收购期限（含延期）内完成全部不动产权益收购，则面临更新单元搁置（类似于深圳的城市更新项目被调出计划）的后果，且3年内不得再接受该更新单元申报。

五、村企合作改造

旧村庄（居）改造或城中村改造是城市更新中最主要的改造类型，也是投资人最关注的改造类型。投资人要介入这类改造，不可避免面临如何实现和村集体合作改造的问题。

（一）村企合作改造项目的重点关注问题

对于村民委员会或村集体经济组织的职责和民主管理、决策、监督等事宜，国家及广东省层面分别有《村民委员会组织法》《广东省农村集体经济组织管理规定》。但落实到城市更新改造中村企合作的层面，则主要依赖于各地制定的法规、规范性文件和政策。

对于村企合作实施更新改造，投资人主要关注村集体选择合作企业的方式、合作程序，合作企业可以介入的时点、具体准入条件，以及村集体对不同事项的决策机构、决策层级、决策流程等内容。

（二）广州旧村庄更新中的村企合作

以广州为例，关于城市更新村企合作规范从无到有，不断完善，对于合作企业介入时点逐步提前，且可以提前引入合作意向企业。

根据广州市城市更新局 2018 年 3 月公布的旧村庄城市更新流程图，合作企业介入旧村庄城市更新项目不受是否纳入城市更新年度计划的限制，可以在“基础数据经区政府核查公布后”（理论上也应当在村集体经济组织向区政府申请更新改造后）。根据广州市住建局《关于进一步规范旧村合作改造类项目选择合作企业有关事项的意见》（穗建规字〔2020〕16 号），村集体经济组织可以在基础数据调查开展之前先引入合作意向企业。

因此，投资人要介入广州村企合作项目，须尽早介入并成为意向合作企业。根据穗建规字〔2020〕16 号文，引入意向合作企业、缴纳履约金的旧村，优先纳入城市更新年度计划。此外虽然政策上没有规定村集体在后续正式引入合作企业时意向合作企业没有优先权，但结合城市更新特性，意向合作企业提前介入项目，可提前建立村集体与企业间的信任，获取更多的项目信息和资源，有利于享有先发优势及锁定项目开发权。

（三）深圳关于集体用地参与城市更新合作的特殊政策

深圳市政府 2016 年颁布“831 新政”要求各区建立综合监管平台系统，之后深圳各区针对集体用地土地使用权参与城市更新等开发和交易行为均制定了本辖区的规范性文件，集体土地参与城市更新更加规范化、公开化、市场化。

总体而言，对于集体用地参与城市更新，深圳各区均要求以招标、竞争性谈判等公开交易方式为原则，但也存在一些例外情况；对于例外情况各区存在区别。此外，各区政策在合作方引入时点、合作方资质要求等方面存在差别，比如龙岗、坪山、光明等区要求在项目取得更新单元规划批复后才正式引入合作企业。但实际上，在村股份公司通过公开交易平台正式引入合作企业或意向合作企业前，投资人已提前介入并完成大量工作、投入巨额资金，如果不符合“无须进场公开交易”的例外情形，则投资人尤为关注如何在依法合规的情况下锁定项目开发权。

深圳各区关于集体用地合作开发的流程及民主决策程序不再赘述。需要说明的是，城市更新城中村改造多个环节均涉及村股份公司决策，比如更新意愿征集、意向合作协议或合作协议签署、搬迁补偿标准和方案、历史用地处置、非农指标调整等，考虑到村股份公司内部决策程序烦琐，尽量一次开会解决多个问题，减少开会次数。

此外，深圳实际存在大村（社区一级股份合作公司，即原建制村一级）、小村（居民小组股份合作公司或社区一级股份合作分公司等，即自然村一级）的概念，结合各区政策，一般秉承以下原则：集体用地开发和交易项目既涉及大村又涉及小村集体用地的，除大村召开董事会、监事会、集体资产管理委员会（集资会）、股东代表大会外，还应召开小村股东大会或股东代表会议表决通过；只涉及小村而不涉及大村集体用地的，可以不召开大村的股东代表大会，但应召开大村董事会、监事会、集资会以及小村股东大会或股东代表会议表决通过。

六、实施主体的形成与确认

（一）实施主体形成的方式

实施主体确认是城市更新项目落实开发建设主体、进入现状建筑物拆除和后续开发建设阶段的关键环节。市场主体取得实施主体资格，意味着其达到城市更新项目用地权利主体和开发主体的资格条件，有权对城市更新范围内的建筑物及其附着物实施拆除重建。

对于市场主体单独实施的城市更新项目，更新单元内项目拆除范围存在多个权利主体的，所有权利主体通过以房地产作价入股或者加入公司、与搬迁人签订搬迁补偿安置协议、房地产被收购方收购等方式将房地产相关权益转移到单一主体（市场主体），后续以该单一主体申请确认为实施主体。但属于合作实施的城中村改造项目,单一主体还应与村股份公司签订改造合作协议,但村股份公司与市场主体合作需履行相应程序。

(二)确认实施主体的前提

对于市场主体单独实施或合作实施的城市更新项目而言,市场主体与更新单元内项目拆除范围权利主体签署搬迁补偿协议须达到签约率100%后才能申请实施主体资格,但也存在例外。比如《珠海市城中旧村更新实施细则》(珠府〔2015〕123号)规定:更新单元规划、拆迁补偿安置方案、公开交易方案等重大事项则需要获得占全体成员(股东)人数90%以上(含本数)同意方能通过。村集体经济组织应当在取得更新区域规划设计条件和设计方案批复文件后,方可开展项目实施主体的选择、确认工作。

(三)政府对实施主体的监管内容及监管方式

为保障城市更新项目的顺利实施,城市更新职能部门需要从不同层面就市场主体实施城市更新项目进行监管。监管方式包括实施主体资格审查、签订项目实施监管协议、实施主体提供监管资金、建筑物拆除清理、预售审查、规划验收审查、更新计划清理等。

深圳、广州、珠海、东莞、佛山等城市都已经建立了比较完善的实施监管制度,监管责任主体是镇政府或街道办(东莞、佛山),或城市更新职能部门(深圳、广州、珠海)。监管内容大部分在与政府相关部门签署的实施监管协议中约定。了解政府对实施主体的监管方式和监管内容,才能更好地判断项目及衡量不同阶段的资金需求。

以广州为例,城市更新项目改造实施方案批准(旧村全面改造方案生效)后3个月内,区城市更新部门应与项目改造实施主体签订监管协议,明确具体监管措施及项目改造实施主体的责任义务,并加强巡查监管,确保协议落实到位。旧村改造类(含旧村全面改造、综合整治、美丽乡村建设等)城市更新项目主要监管内容包括:村企合作开发企业引入,实施分期建设、安置签约及房屋拆迁,复建安置资金账户资金到位和使用,财政资金使用情况,安置房建设进度,公建配套设施优先建设和移交,历史文化遗产保护措施,改造过程按规定程序表决情况,改造中存在的主要问题,社会风险防范,项目投资和改造成效有关数据等。而旧厂改造类(含村级工业园)城市更新项目还要监管环境评估(含土壤环境评估)情况。

七、土地出让方式及地价

（一）城市更新项目中的土地出让方式

城市更新项目中的土地出让方式主要包括协议出让或公开出让。

城市更新项目的土地出让方式与实施模式相关。虽然各城市的实施模式有些小的区别，但大体上可分两种实施模式：政府组织改造实施，权利主体自行改造，或市场主体实施改造（单独实施①、合作实施）。在市场主体实施改造或权利主体自行改造的情况下，通过协议方式将改造用地出让给市场主体或权利主体。在政府组织改造实施模式下（比如广州旧城镇改造中的政府收储模式），政府对更新单元内的房屋依法进行征收，同时将土地使用权收回，之后通过招标、拍卖、挂牌等方式公开出让土地。

深圳在全国首创了城市更新中改造用地协议出让的模式，即深圳城市更新一二级开发联动模式。协议出让模式引发了是否违反国家关于国有土地使用权招拍挂的规定的不少议论。但深圳城市更新面对的对象、操作复杂性以及谈判难度等使实际很难以招拍挂的形式进行出让，而协议出让方式可以充分调动市场主体参与城市更新的积极性。该模式经过多年实践证明是可行且成功的，并被其他城市借鉴。但具体到每个城市，土地协议出让前实施主体应完成的工作或满足的条件存在一定差异，比如完成地上建筑物全部拆除、贡献土地移交入库等，关于实施主体未来应承担的义务则基本体现在与政府相关部门签署的实施监管协议中。

（二）地价计算方式

各城市针对实施主体取得改造用地土地使用权应缴纳或补缴的地价差异非常大，这也体现了各地政府对不同类型改造项目的支持力度和政策倾斜。投资人应结合各城市的政策规定进行测算，并注意地价政策变化的风险。

1. 深圳市地价测算规则

深圳市 2016 年通过《关于加强和改进城市更新实施工作的暂行措施》（深府办〔2016〕38 号）简化了城市更新项目地价测算规则，建立以公告基准地价标准为基础的地价测算体系，比如拆除重建类城市更新项目区分国有未出让用地、城中

---

① 如前所述，多个权利主体通过房地产作价入股、搬迁补偿、收购等方式将房地产权益转移到单一主体由该单一主体申请确认为实施主体实施。

村用地、旧屋村、国有已出让用地、村集体违法处理用地和历史处置用地等用地类型按公告基准地价确定不同的修正系数，使地价测算简单化。

但2019年10月，深圳市规划和国土资源委员会发布《深圳市地价测算规则》，并在2020年对该文件附表进行了修改，依据该文件，将土地出让、棚改项目、城市更新、土地整备等类地价的管理及测算规则统一整合到土地市场价格这一共同的基础，设定不同项目的修正系数表全面涵盖各类地价测算类型，体现了地价政策对存量土地利用的政策倾斜和支持。

这次政策变化的一个重点是，地价测算中部分情形涉及土地市场价格，而土地市场价格由自然资源行政主管部门组织市非营利性评估机构评估确定，区分住宅、商业、办公、工业等用途，采用标定地价系数修正法和剩余法（整体估价）进行评估；而标定地价成果由市自然资源主管部门组织按年度更新，定期于每年1月发布；年度更新时价格水平变化超过5%时，应上报市政府批准后发布。

因此，根据上述《深圳市地价测算规则》，城市更新项目地价测算的不确定性加大，对于投资人而言风险也相应增加。

2. 东莞“三旧”改造地价计算规则

东莞之前实施“三旧”改造，2018年开始借鉴深圳，重构城市更新管理体系，但城市更新法规体系尚未完全建立。关于地价计算目前仍沿用《东莞市“三旧”改造地价计收和分配办法（试行）》（东府〔2017〕50号）。

东府〔2017〕50号文建立了非常全面、细致的地价计算体系。比如仅针对土地使用权人自行改造，就分别针对国有划拨土地使用、国有出让土地使用权、无合法手续但有历史征收协议的用地、加工贸易转型升级企业使用的集体土地使用等四种权属类型；对于同一权属类型，又根据改造前后不同用途进一步分列，让各种各样的土地使用权人自行改造情形能找到对应的地价计收细则。如国有出让土地使用权人自行改造，就按照现批准用途、改造后用途不同分列了12款细致的规定。总体而言，土地使用权人自行改造地价按改造前后用途区片市场评估价价差乘以一定的折扣率计算。折扣系数的最小值为40%，最高值为72.05%，区片土地价值越高、改造容积率越高，系数值越高，即计收的地价越高，给予的优惠折扣越低。

考虑到东莞“三旧”改造地价计收体系比较烦琐，东莞市设立了“三旧”改造地价计收系统,便于权利主体或投资人等计算不同改造类型的地价。

八、项目获取和退出的方式

(一)项目获取的方式

1. 项目获取方式分析

对于投资人而言,获取城市更新项目包括直接申报取得、收购、合作等多种方式。但直接申报取得对投资人要求较高,需要在项目前期阶段即介入,全程参与项目的摸底调查、权属核查,以及运作申报立项、专规批复等环节,其中涉及解决前期历史遗留问题、争取非农指标落地、协调和处理村股份公司和其他权属人的关系等,大型开发商(尤其国企或上市公司)处理这些事务仍存在劣势。

因此,对于大部分投资人而言,更为常见的是通过合作或收购方式取得城市更新项目。尤其对于深圳城市更新项目,合作、收购非常普遍。深圳经过多年的城市更新,好项目基本已完成实施或进入较后期阶段,剩下难啃的硬骨头。由于特殊的政策及历史背景,不少当地中小型开发商早期凭借与村股份公司的良好关系先签署协议或完成部分工作锁定了项目部分权益;此外深圳市场上有一批专门从事城市更新项目前期运作的平台公司,通过自身优势把项目运作至相对"成熟"阶段后再转让获利。因此投资人往往需要和这些当地中小型开发商或平台公司合作或受让项目。而且随着深圳项目竞争激烈,很多外地开发商为占领市场,也会考虑在更早期(比如跟村集体签订合作开发协议,并已在集体资产交易平台和街道办备案通过)就受让项目或开展合作。

2. 获取项目过程中的尽职调查及交易方案设计

无论是城市更新项目的估值还是交易方案、风险防范,都需以全面的法律和财务尽职调查为基础。目前已经有非常多关于城市更新项目的尽职调查方法及内容等方面的文章或教程,本文不再赘述。

投资人通过调查掌握项目相关情况后,与合作方就目标项目交易条件进行沟通与谈判,明确交易方案,包括交易模式、交易价款及支付方式、支付进度;如果涉及股权合作,还需要考虑目标公司控制权及组织架构、目标项目运作与管理等。

确定交易方案后还需要落实的交易文件,交易文件应反映各方的主要商业诉求并具有可操作性。对于投资人而言,重点是确保获取项目以及保障资金安全,因此合作款项或收购价款的支付应与项目进度挂钩。应结合项目情况明确划分各方权利义务并公平分配、合理设置违约条款,任何一方以地位优势提出的不合理要求,都将对后续的项目管理造成影响,也增加了合同违约风险。对于交易文件签署时仍不确定的事项,应留有清晰、可操作的协商沟通路径。此外,从维持交易稳定性的角度看,交易文件除就各方根本违约行为,或发生项目失败或实质无法推进等情形设置解除退出条款外,原则上不宜设置过多的解除条款。

（二）项目退出的方式

对于投资人而言,如何获取项目是一个关键问题;如何顺畅地退出,也是不可忽视的重点。本文所说的退出包括项目运作成功情形下的退出及项目失败情形下的退出。

如果项目运作成功,投资人通过销售、转让、运营物业等方式获得资金回笼,也可以通过转让项目股权等方式实现退出。

如果项目失败,则情形会变得更加复杂。针对部分项目可能因无法满足立项条件,或搬迁补偿推进难等问题,目前大湾区几大城市的城市更新政策中都曾提出城市更新项目的中止和退出机制,列举如表1所示,仅供参考:

表1 大湾区几个城市的城市更新政策提出的中止和退出机制

城市	触发项目退出（调出计划）情形及退出后果
深圳	触发项目退出（调出计划）情形 1. 自城市更新计划公告之日起1年内,未完成土地及建筑物信息核查和城市更新单元规划报批的。 2. 自城市更新单元规划批准之日起2年内,项目首期未确认实施主体的。 3. 自实施主体确认之日起1年内,未办理用地出让手续的。 退出后果:调出城市更新单元计划的项目,自调出计划之日起一定期限内不得申报计划（各区规定不同）
东莞	1. 在收购期限内签约权益土地面积或人数达到70%及以上但不足100%的,针对更新单元内未收购的集体土地,且符合特定条件的,可提出收购期限中止申请; 2. 在收购期限内签约权益土地面积或人数达到80%及以上但不足100%的,收购主体可申请延期3个月; 3. 在收购期限内签约权益土地面积或人数达到90%以上,且符合特定条件的,收购主体可申请单元切割; 4. 未能在收购期限（含延期）内完成全部不动产权益收购的,市公共资源交易中心发布挂牌终止公告。更新单元清退出标图建库,除市人民政府特别批准外,原则上3年内不得接受更新单元申报

续表

城市	触发项目退出（调出计划）情形及退出后果
佛山	1. 禅城区 若合作市场主体未在2年内（按实施方案通过区人民政府审批之日起计算）与90%以上（含90%）被拆迁人签订拆迁补偿协议，视为合作市场主体根本性违约，合作终止，合作市场主体无条件退出项目，已缴纳的拆迁补偿安置保证金不予退回。同时，由镇（街道）根据项目改造方案按有关程序选取审计机构，对已签订拆迁补偿协议的补偿费用（不计利息和财务成本）进行审核，后续参与改造的企业必须无条件承担退出公司前期投入费用，将上述费用退还给退出公司。 2. 南海区 旧村居改造项目选定市场改造主体实施改造的，市场改造主体未能在4年内（按实施方案通过区政府审批之日起计算）与90%以上（含90%）被拆迁人签订拆迁补偿协议的，出让程序不予启动，市场改造主体无条件退出项目，已缴纳的履约保证金不予退回，交由镇（街道）统一处置。同时，由镇（街道）根据项目改造方案按有关程序选取审计机构，对已签订拆迁补偿协议的补偿费用（不计利息和财务成本）进行审核，后续参与改造的企业必须无条件承担上述费用。非因市场改造主体造成4年内未能达成签约数量要求的，经村集体成员代表会议表决通过并报区政府批准，签约率达成时间可延长2年
珠海	1. 城市更新项目实施主体自更新单元规划批准之日起2年内未签订土地出让协议，或者超过土地出让协议约定的开工时间1年仍未开工，申请延期未获批准的，由区城市更新部门报原批准机关撤销城市更新优惠政策，调整出城市更新年度计划和城市更新实施方案项目库；3年内不再受理该用地更新单元规划申报等事项。 2.（旧村居）如果在2年期限内与更新区域内全部产权人签订补偿安置预协议未达到签约率90%，中止项目申报受理和实施，且5年内不再受理该城中旧村更新申请
中山	1. 自改造项目纳入项目预备库之日起1年内，除直接按照控制性详细规划实施改造以外，未申报改造项目规划方案的，由镇区将该项目从项目预备库中剔除。 2. 自改造单元规划批准之日起3年内，实施主体与改造项目范围内房地产权利人签订搬迁补偿协议的比例低于占总面积的95%或占总人数的95%的，由镇区撤销该项目实施主体资格认定文件。自撤销之日起3年内不再受理该实施主体和该项目用地申报“三旧”改造有关手续。 3. 对旧城镇改造，自改造单元规划批准之日起3年内，申报主体仍未取得实施主体认定资格的，不再办理该申报主体在该改造单元内相关项目的实施主体资格认定手续

城市更新项目如果迟迟无法推进项目前期立项手续或完成规划批复、实施主体确认或土地出让手续，将可能陷入僵局，并导致被调出更新计划的结果。尤其深圳的情况更加严峻，因为目前已经囤积了大量已开展部分工作但迟迟无法纳入城市更新计划，或已纳入计划但长期不能推动的“僵尸”项目。受房地产市场及金融监管政策的影响，深圳市政府出台多项政策，部分久拖不决的项目可能最终面

临被纳入综合整治或被清出计划并进入棚改。该情形一旦发生，投资人将可能面临前期成本沉没的问题。

因此，无论是房地产开发商，还是投资、金融机构，都需要考虑不同情况下如何退出的问题，设置可操作的退出方案并辅以强有力的风控、增信担保措施。

九、融资

（一）城市更新项目各阶段都存在融资需求

城市更新前期投入大、开发周期长，对资金需求非常高，项目的运作、开发建设离不开融资。因此，在不同的阶段，可以通过哪些渠道融资，房地产开发商和金融机构可以从所投资的城市更新项目中获取什么利益，如何规避投融资风险，是所有投资人都会关注的问题。

以深圳城市更新为例，可以区分为几大阶段：(1) 早期阶段；(2) 纳入城市更新计划；(3) 更新单元规划获批；(4)实施主体确认；(5) 土地出让合同签署。每个节点都存在资金需求，但每个节点的风险不一样，不同阶段的进入，意味着不同的资金需求和投资风险；并且进入的时间节点也与资金需求、资产定位紧密相关。因此要充分结合城市更新的流程特点去设计不同的产品模式。

（二）常见投融资模式及融资渠道

投融资模式基本分为：(1)合作开发；(2) 股权；(3)债权；(4)收益权（通常是基于股权、债权、物权、项目等创设的权利）；(5)其他（包括明股实债、类优先股）。投融资模式设计的基本原则是满足合法合规的要求、商业上具备可行性且能保障顺利退出。

目前市场上最为常见的融资渠道包括银行贷款（并购贷或拆迁贷、开发贷）、信托融资（信托贷款、股权投资、混合型投资等方式）、私募基金（委托贷款、嵌套投资信托计划及其他金融产品、受让信托收益权及其他资产收益权、名股实债方式等）、资产管理公司（债务重组、资产重组、“股加债”投资等）。不同的融资渠道或融资方式，有其适用的情形及条件。尤其是在项目早期阶段或实施主体确认之前，由于不能满足监管政策要求，较难获取银行资金，融资方只能寻求更加灵活的私募基金或信托融资，但这类资金的成本也高，因为资金方要承担项目不确定性的高风险；而在城市更新项目“四证”具备之后，实施主体往往会转向融资成本更低的银行贷款。

各地对于城市更新项目的投融资有一些地方特色。比如,深圳由于拥有足够发达的房地产市场、市场化的城市更新政策、多层次的金融体系,是全国最先孕育真正的市场化城市更新基金的城市,私募基金投融资非常发达。此外,广州也在探索城市更新项目中的政府和社会资本合作项目建设模式(PPP)。

因此,对于融资方而言,要在前期即进行整体融资设计和筹划,确保整个项目获取和推进过程资金衔接顺利,还要考虑在各个融资环节和不同融资方案的协调和平衡。此外,要随时关注政府监管政策对投融资模式的影响。

十、税务筹划

城市更新过程中政府主要是通过地价和税收来调节与利益相关方收入分配。城市更新项目周期长、投入大,企业整体利润受税务影响很大。对于投资人而言,充分利用税收政策,进行合理的整体税务筹划,有效控制纳税风险,适度降低项目税负,才能实现利润最大化。

城市更新不同实施模式涉及不同的投资或交易行为;不同的交易行为涉及的税项不同,税收优惠也不同。具体到城市更新流程,在获取项目房地产权益(形成单一主体)、土地出让、开发建设、回迁安置等多个环节都涉及税费缴纳。尤其是形成单一主体阶段,如何设计交易方式,并和后续开发建设及回迁安置环节联动起来进行税务筹划,是非常关键的。

现实中最普遍的是采用开发商和权利主体签署搬迁补偿协议的方式,因为搬迁补偿目前各地政府普遍认可属于政策性搬迁的范畴,除增值税的缴纳存在地方差异外,被搬迁人需缴纳的税费最少,也即税收优惠最多。尽管如此,因搬迁补偿方式开发商无法直接对房地产权取得控制权,因此需要设置相应条件并要求被搬迁人提供产权证抵押、证照监管等措施以降低风险。

除了搬迁补偿方式,比较常见的还有直接收购物业(资产收购)或收购公司权利人的股权等方式。从税费成本角度看,实际上资产收购和股权收购各有优劣,无绝对优劣之分,虽然仅从并购的交易时点上来看,股权收购方式能节省税费,但从并购和后期开发的联动来看,资产并购可能会优于股权并购,因为资产并购价款可以进入成本,对更新改造后的土地增值税汇算清缴是有利的。实践中需要结合交易各方商业目的和实现过程中的法律障碍及税费成本等方面最终确定采用哪种交易方式。

此外,因改革开放,珠三角地区存在大量的境外投资者(尤其是港澳台投资者)或外商投资企业直接持有物业资产的情形。在该背景下,如转让方或转让方的境外母公司具备转让条件,则收购方可考虑以收购该投资企业股权或其境外母公司股权的方式完成交易,以避开增值税、土地增值税和契税的缴纳。但由于境外股权交易涉及的汇率、税务等问题较为复杂,且法规政策变化频繁,需聘请境内和境外律师团队共同进行交易方案及结构设计,以实现交易合规及税务筹划目的。

现有法律框架下我国城市更新之适切进路探讨

邓国林* 廖　乙

* 作者简介：
邓国林，中伦律师事务所成都办公室公司业务部合伙人，电邮为：dengguolin@ zhonglun. com。

随着城市功能的日趋完善和规划建设水平的提高，城市中破败及功能欠缺的老旧小区如何更新改造，成了城市发展需要面对的问题。城市更新面临权利人业权分散、诉求多样难以统一、政府管理需要针对性更新、投资者介入面临诸多不确定性等多方面的难题。在我国现有的法律框架下，投资开发主体如何在城市更新项目中以市场化方式找到更为适切的进退路径，既切实保障项目原权利人的利益实现，又能规范和优化政府行政管理机制，是笔者在本文中的重点探讨。

目前，我国的城市更新主要面临两种情形：一种是针对老旧失养、失管、失修小区，在保持基本建设面貌不变的情况下，以完善、更新、提升配套设施设备等为目的进行的综合整治类更新（也称“微改造”“改建类”）。[①] 另一种是在现有法律法规框架下，以提高土地利用效率和推进城市成片危旧改造为目的，对老旧小区予以整体拆除，并根据新的规划建设条件进行重建，由政府引导、企业市场化参与的拆除重建类城市更新（也称“全面改造”“拆旧建新”“重建类”）。[②] 本文拟探讨的，为城市国有建设用地范围内的拆除重建类城市更新。

一、投资开发主体市场化介入城市更新面临的难题

城市更新，需要完成专项计划和立项、权属核查、项目规划条件完善、分散业权人之权利整合或让与、实施主体确认、搬迁补偿、土地出让、规划设计和报建、开发建设、交付使用与权利交割等工作。这些工作环节，存在前期费用可能因项目无法正常落地或进展缓慢而损失、因原始权利人业权分散而决策拖沓或合作低效、政府对更新项目的管理在服务机制上低效混乱、金融机构对此类项目的融资缺乏投融管控经验、自身缺乏非标房开项目的投资开发经验等诸多难题。这些难题导致项目投资开发主体（以下简称市场主体）在市场化介入时，面临在项目落实、经济测算、管控措施、资源配置等方面的高度不确定性，而这些“不确定性”，本就属于投资所忌惮的要害性风险。因此，市场主体介入城市更新类项目，在投融

① 参见《国务院办公厅关于全面推进城镇老旧小区改造工作的指导意见》（国办发〔2020〕23号）、《广州市深入推进城市更新工作实施细则》（穗府办规〔2019〕5号）、《天津市人民政府办公厅关于印发天津市老旧房屋老旧小区改造提升和城市更新实施方案的通知》（津政办规〔2021〕10号）。

② 参见《广东省人民政府关于推进“三旧”改造促进节约集约用地的若干意见》（粤府〔2009〕78号）（以下简称《三旧意见》）、《深圳经济特区城市更新条例》、《成都市城市有机更新实施办法》、《成都市人民政府办公厅关于进一步推进“中优”区域城市有机更新用地支持措施的通知》。

管退上,一开始就要谨慎地意识到顶层方案的系统设计是项目的关键,需要在复杂多变的城市更新政策体系下,从法律、税务、财务及规划等各专业切入完成项目经济可行性论证和项目进退的法律方案整体设计。比普通商品房开发聚合更专业的法律和投控管理资源,是此类项目系统风险的防范关键。

在面对上述不确定性时,市场主体如何合法地取得城市更新项目的开发建设权利,让投资在现有法律框架下有保障,是需要优先解决的问题。笔者希望这样的讨论,有利于帮助市场主体找准需要定向爆破的风险点,在项目风险的辨识和决策、投资方案的系统设计和论证、过程风险的控制和管理等方面不犯或少犯错误,有利于促进各地政府在出台城市更新的管理规范时,在投资逻辑上能把握清晰的市场脉动,在行政管理上守住合规风险的底线。

二、现有的市场主体介入城市更新项目进路概览及评述

作为最早意识到城市更新急迫性和重要性的广东省,在 2009 年就开启了"三旧"改造工作。作为我国改革开放的排头兵,广东省在城市发展中的试验性质鲜明,城市发展也遗留了城中村等特殊问题。因此,广东省的"三旧"改造,在范围上一开始就跳出了国有建设用地的范畴,把农村集体所有土地范围内的旧村庄纳入更新范围。囿于篇幅,本文仅就城市规划范围内,国有建设用地所涉及的城市更新进行研判和讨论。近十几年,广东省在城市更新的实践探索中积累了丰富、成熟的经验,广州、深圳等城市,更是不断把积累的经验规范化、法制化,通过出台城市更新办法或条例等方式,引导城市更新的规范、推广和机制化,尽量消除其中的各种不确定性。目前,全国各地的城市纷纷跟进城市更新,笔者初步总结各地城市更新常见模式并从市场主体介入路径的角度切入,从合规性与适切性简单分述如下:

(一)自主更新模式

自主更新模式,是指被纳入城市更新项目范围内的业权人,以自身名义完善拟更新项目的规划、国土等重建手续,自行完成原有建筑物(含构筑物)的拆除后,并由业权人按新的规划方案进行项目的投资、建设等更新工作。[①]

---

① 参见《成都市城市有机更新实施办法》第 23 条:"市规划和自然资源主管部门根据《成都市城市有机更新专项规划》,结合城市有机更新方式制定分类地价评估政策、标准及土地使用年限。符合自主改造政策和城市规划的城市有机更新项目,改变原规划条件的,须采取'双评估'补差方式缴纳土地价款。"

为执行当下的城市规划或排除原有建筑的安全隐患，在已有的规划、国土、建管和城市房地产开发实施的法律框架下，业权人自主更新没有实质性法律障碍(但可能会在某些方面需受限于各地关于城市更新、规划管控的具体政策)。需要说明的是，这种定义下的城市更新，仍然有狭义的自主和广义的自主之分。狭义的自主是指所有的更新工作，无论项目的实际投资还是拆除重建工作，都由业权人独自完成(从实施主体的角度来看，还应包括在业权分散状况下，多个权利主体以权属转让或作价入股等方式，将不动产权益归集到其中一个权利主体名下后，由该单一权利主体实施自主更新的情形)。而广义的自主则延伸为，只要项目的投资开发主体维持业权人的身份不变，无论其以股权转让或合作开发等方式引进市场主体，都在所不问。这就是说，在自主更新模式下，市场主体依然可以找到介入城市更新项目的合法进路。

当然，在业权分散状况下，如何统一更新项目范围内全体业主的改造意愿，以及在自主改造过程中对全体业主应该享受的权利和承担的义务如何寻找一种公平可信的评价和保障机制，且在项目自主改造过程中如何嫁接专业的房地产开发管理机制，既是需要深思的问题，也为市场主体利用信托、代建代管、合作开发等机制介入这类项目提供了很大的想象空间。

(二)权属转让模式

权属转让模式，是指拟介入城市更新的市场主体，通过不动产转让方式，对被更新范围内的房屋所有权或建设用地使用权进行收购，按《民法典》规定①，在取得拟更新项目的权属后，按照城市更新规划进行投资和建设。

应当说，权属转让是一种典型的市场化模式，广州、深圳和成都等城市在出台的公共政策或地方性法规中都予以提倡，并在房屋所有权的注销、土地的并宗、土地使用权年限的补足和容积率补差等方面，出台了精细的配套性政策以确保项目的推进实施。这种模式的最大优点是在合规性上无可非议，但其实施的难点在于拟更新项目如果出现业权分散，如何保证分散的业权人对权属的统一处置。要使分散的业权人在转让上达成统一转让的意志并完成转让协议条款的设计和签署，

---

① 参见《民法典》第356条："建设用地使用权转让、互换、出资或者赠与的，附着于该土地上的建筑物、构筑物及其附属设施一并处分。"第357条："建筑物、构筑物及其附属设施转让、互换、出资或者赠与的，该建筑物、构筑物及其附属设施占用范围内的建设用地使用权一并处分。"

保证转让的可实施,需要市场主体及业主委员会有非常好的沟通和项目管理能力。在应对这一难题时,我们看到深圳市出台的《深圳经济特区城市更新条例》第25条、第36条借用了《民法典》建筑物区分所有权法律制度下有关共有和共同管理权利的表决方法,创设了一个所有权处置上具有强制转让、强制入股、强制搬迁性质的公共意志表决机制。笔者认为,该条例的这种规定,不仅没有上位法依据,而且直接侵害了不动产所有权基本法律制度中专有部分的自由处分权不受任何外来意志控制,是具有"对世权"的基本民事权利。①

(三)作价入股模式

作价入股模式,是指更新范围内的土地及房屋业权人,将不动产作价入股到一个单一主体,由该单一主体完成城市更新项目申报并申请作为实施主体,对项目范围内的原有不动产权益进行注销登记,将建设用地使用权并宗过户到实施主体名下后,由实施主体执行自行更新性质的开发,或实施主体与市场主体合作开发,或实施主体以股权转让方式将项目转让给市场主体后由市场主体实施更新性

① 参见《民法典》第271条:"业主对建筑物内的住宅、经营性用房等专有部分享有所有权,对专有部分以外的共有部分享有共有和共同管理的权利。"第272条:"业主对其建筑物专有部分享有占有、使用、收益和处分的权利。业主行使权利不得危及建筑物的安全,不得损害其他业主的合法权益。"第278条第2款:"业主共同决定事项,应当由专有部分面积占比三分之二以上的业主且人数占比三分之二以上的业主参与表决。决定前款第六项至第八项规定的事项,应当经参与表决专有部分面积四分之三以上的业主且参与表决人数四分之三以上的业主同意。决定前款其他事项,应当经参与表决专有部分面积过半数的业主且参与表决人数过半数的业主同意。"

《深圳经济特区城市更新条例》第25条:"申报拆除重建类城市更新单元计划时,拆除范围内物业权利人更新意愿应当符合下列要求:(一)用地为单一地块的,应当经全体共同共有人或者产权份额四分之三以上的按份共有人同意,建筑物区分所有权的,应当经专有部分面积占比四分之三以上的物业权利人且占总人数四分之三以上的物业权利人同意,其中旧住宅区所在地块应当经专有部分面积占比百分之九十五以上且占总人数百分之九十五以上的物业权利人同意;(二)用地包含两个或者两个以上地块的,每一地块物业权利人更新意愿应当符合前项规定,且物业权利人同意更新的面积不少于总用地面积的百分之八十;(三)用地属城中村、旧屋村或者原农村集体经济组织和原村民在城中村、旧屋村范围以外形成的建成区域的,应当经原农村集体经济组织继受单位的股东大会表决同意进行城市更新,或者符合前两项规定,经原农村集体经济组织继受单位同意。申请将旧住宅区纳入拆除重建类城市更新单元计划,自发布征集意愿公告之日起十二个月内未达到前款物业权利人更新意愿要求的,三年内不得纳入城市更新单元计划。"第36条:"旧住宅区已签订搬迁补偿协议的专有部分面积和物业权利人人数占比均不低于百分之九十五,且经区人民政府调解未能达成一致的,为了维护和增进社会公共利益,推进城市规划的实施,区人民政府可以依照法律、行政法规及本条例相关规定对未签约部分房屋实施征收……"

质的开发。[①]

作价入股方式并不能免除入股导致的印花税和契税负担，还面临土地增值税缴纳这个可能更大的成本负担。拆除重建性质的城市更新，不属于《国务院办公厅关于全面推进城镇老旧小区改造工作的指导意见》规定的可以享受税收减免政策的更新范围。因此，这类城市更新项目是否定性为房地产开发性质，将决定在作价入股时是否执行《财政部、税务总局关于继续实施企业改制重组有关土地增值税政策的公告》（财政部、税务总局公告 2021 年第 21 号）第 5 条的规定，该规定明确了房地产转移任意一方为房地产开发企业的以房地产作价入股或企业合并分立，不能免除增值税缴纳。笔者认为，除非财政部和国家税务总局将城市更新模式下的作价入股明确定性为非投资房地产开发，或作出虽属于投资房地产开发性质但可以暂免征收增值税的规定，否则城市更新中的作价入股模式，仍然难以绕过税收合规引起的土地成本剧增的难题。

至于在业权过于分散状态下进行作价入股，是否可以通过隐名出资或代表人制度规避公司法规定的股东人数限制等问题，当然也属于市场主体拟介入城市更新项目时需要面临的法律技术障碍。更难以解决的是，如何在分散业权人之间建立能够获得全面认可的公平的评价标准和机制，实现业权人对彼此不动产作价的全面认可。在实践中，业权人之间容易出现信任缺失和利益争夺等问题，致使任一业主对自己和其他股东的不动产作价提出异议，整个入股工作的推进就会在法律技术环节卡死。这是各地虽出台了类似的更新路径，却鲜有成功案例的重要原因。

（四）合作开发模式

合作开发模式，是指被更新对象，将拟更新地块的不动产装入一个自己已有的经济组织或新组建的经济组织，通过该单一经济主体寻找市场主体签订合作开发协议，对项目进行联合改造和开发。[②]

与作价入股一样，合作开发模式在合规上是毋庸置疑的，难点是在遭遇业权分散时，如何将分散的不动产权益归集至一个单一经济主体。《深圳经济特区城

---

① 参见《广东省国土资源厅关于印发深入推进“三旧”改造工作实施意见的通知》、《广州市城市更新办法》第 37 条、《深圳经济特区城市更新条例》第 28 条、《成都市城市有机更新实施办法》第 18 条。

② 参见《三旧意见》、《广州市城市更新办法》第 38 条。

市更新条例》第 28 条规定，业权人可以通过“签订搬迁补偿协议、房地产作价入股或者房地产收购等方式将房地产相关权益转移到同一主体，形成单一权利主体”。我们理解，这里的签订搬迁补偿协议应理解为和“单一权利主体”签订将来返迁的房屋互换协议，“房地产收购”为“地随房走”性质的买卖协议。相较于“房地产作价入股”，上述两种路径都有较好的实操性，其中签订搬迁补偿协议又因税收优惠最多而成为现实适用中最普遍的方式。难点在于业权分散的业主们，能够用什么合理、高效的方式通过归集了自己权利的单一主体进行合作开发过程中的管理。如果这个过程出现了管理悬空或决策拖沓，在选聘合作方和开发管理的过程中出现不履责不尽职，项目风险就会触发并凸显出来。因此，除非出现管理创新，否则这种模式只能局限于农村集体经济或其他原本单一经济体作为更新对象的项目使用。

（五）政府征收土地后出让的模式

征收出让模式，是指政府将规划范围内的被更新项目，以公共利益保护为目的进行房屋征收，并在完成征收后将被更新项目的建设用地使用权依法出让，由市场主体受让后进行改造开发建设的模式。①

征收出让模式在现有的城市更新项目中使用较少，是因很多地方政府基于合规方面的考量，都依法限制了其适用范围，并且在项目启动的审批上也更为审慎。除非出现国务院《国有土地上房屋征收与补偿条例》第 8 条第 5 项规定的“由政府依照城乡规划法有关规定组织实施的对危房集中、基础设施落后等地段进行旧城

① 参见《民法典》第 243 条第 1 款：“为了公共利益的需要，依照法律规定的权限和程序可以征收集体所有的土地和组织、个人的房屋以及其他不动产。”

《土地管理法》第 2 条第 4 款：“国家为了公共利益的需要，可以依法对土地实行征收或者征用并给予补偿。”

《成都市城市有机更新实施办法》第 18 条第 1 款：“城市有机更新涉及国有土地使用权及房屋所有权变动的，可通过协议搬迁、房屋征收、房屋买卖、资产划转、股份合作等方式依法办理不动产登记。”

《成都市人民政府办公厅关于进一步推进“中优”区域城市有机更新用地支持措施的通知》第 3 条第 3 项房屋征收与协议搬迁方式实施改造中规定，适用情形为未实施自主改造、“地随房走”整体改造，住房条件困难、经营环境恶劣、安全隐患严重、群众迫切要求搬迁、集中连片规模较大的城市更新区域。

《三旧意见》。

《广州市城市更新办法》第 15 条第 1 款：“城市更新可以由市政府工作部门或区政府及其部门作为主体，也可以由单个土地权属人作为主体，或多个土地权属人联合作为主体，综合运用政府征收、与权属人协商收购、权属人自行改造等多种改造模式。”

区改建的需要”情形，城市更新项目很难被认定为“因公共利益需要”而启动强制征收。有人认为，在城市发展过程中，当一个城市更新项目即便不符合上述条款的规定，只要有3/4或更高比例的人群产生更新意愿，就生成了一定局域的“公共利益需要”，便可套用该条例第8条第6项规定的“法律、行政法规规定的其他公共利益的需要”。笔者认为，这样的观点不符合《民法典》《土地管理法》《国有土地上房屋征收与补偿条例》的规定，是对上述法律法规的曲解。“公共利益需要”不等同于一定成员集合内大多数人的需要，目前我国并无对“公共利益需要”的外延作出明文界定的法律规定，故应当严格适用，只要不在前述法律法规明示的范围之列，均不属于“公共利益需要”，我们不能利用主观的任意解释扩大适用范围，让法律法规对物权的“强保护”轻易落空。

（六）委托代建模式

委托代建模式，是指被更新项目的业权人，以单一主体或某种特定形式的成员权集合方式（如前面述及的分散业权人将各自不动产权益，以作价入股或权属转让等方式转移到一个特殊目的公司），将更新项目委托给具备专业能力的房地产开发企业按委托合同进行融资、代建、代管、代售等，受托代建代管者按合同约定取得管理佣金和垫资利息收入，权益主体实际承担项目的盈亏责任的模式。非单一主体的各成员，按成员权之间的公共约定享有项目权利义务。①

委托代建模式需要业权人具备良好的投资管控能力，适合没有房地产开发经验但有项目投融资经验的单一主体。拟进行委托代建的城市更新项目之投资论证、资金保障、过程监管、决策效率等难题，在单一主体那里都可以找到解决方案，但在分散业权人的集合里，投、融、管、退，全是难题。

（七）政府确定（确认）项目实施主体模式

政府确定项目实施主体模式，是指在业权分散状况下，政府通过改造意愿征集等程序引导权利人接受城市更新方案后，按照城市更新规划和计划完成立项，再通过公开方式选定项目实施主体，由该实施主体与业权人签订房屋搬迁补偿协议（含货币补偿或房屋置换等方式），对原有房屋按协议进行拆迁，并在拆迁完毕后将原有业主的不动产权属予以注销登记，政府对土地进行归宗后将实施主体直

① 参见《广州市城市更新办法》第15条。

接确定(确认)为项目的土地使用权人,完善建设用地使用权出让合同签订和土地出让价款缴纳等手续后,在政府监管下完成更新项目的投资开发。①

城市更新项目,由政府确定或确认项目开发建设主体(或称实施主体),笔者认为合规性存疑。将城市建设用地使用权确定给一个主体,属于不动产物权的设立行为,根据《民法典》第 208 条,这种性质的物权设立登记,需要依照法律规定。实施主体如果没有法律依据和合同依据取得物权,就被作为非权利主体的地方人民政府确定为物权登记人,是不符合物权法意义上的法律规定的。当然,这种方式的房地产开发用地取得,也不符合《土地管理法》及《城市房地产管理法》的规定。非依照法律规定发生的征收或非原权利主体对不动产物权进行处置,政府在理论上无权对原权利人物权进行注销登记,以及向实施主体设立一个新的物权登记。各地方人民政府无论通过政策性文件还是地方性立法,径直作出类似的“确定”或“认定”,都违背了物权法定原则。

当然,原权利人可以与实施主体自愿通过协议进行不动产权转移,这种通过房屋买卖或置换发生的“地随房走”,是由实施主体在取得建设用地使用权后进行开发(而前面述及的实施主体与业权人签订房屋搬迁补偿协议的方式,并不会引起不动产权益的转移),是合法的。其中,如果实施主体用以置换的房屋是未建成的权利期待(债权),对原权利人来说,风险很大。即便像《深圳经济特区城市更新

---

① 参见《成都市城市有机更新实施办法》第 22 条:“城市有机更新涉及搬迁补偿的,可采取公开方式确定土地使用权人作为项目开发建设主体,并预先约定土地出让合同生效及解约条件,区政府(管委会)组织实施搬迁补偿后,移交土地使用权人实施开发建设。”

《北京市人民政府关于实施城市更新行动的指导意见》:“城市更新项目产权清晰的,产权单位可作为实施主体,也可以协议、作价出资(入股)等方式委托专业机构作为实施主体;产权关系复杂的,由区政府(含北京经济技术开发区管委会,下同)依法确定实施主体。确定实施主体应充分征询相关权利人或居民意见,做到公开、公平、公正。”

《深圳经济特区城市更新条例》第 40 条:“城市更新项目拆除范围内形成单一权利主体或者合作实施主体的,应当向区城市更新部门申请确认实施主体。区城市更新部门应当与实施主体签订项目实施监管协议,按照有关规定明确下列事项:(一)实施主体按照城市更新单元规划要求应当履行的无偿移交公共用地、城市基础设施和公共服务设施、创新型产业用房、公共住房等义务,以及相应接收部门;(二)实施主体按照搬迁补偿协议应当履行的义务;(三)城市更新项目实施进度安排及完成时限;(四)设立资金监管账户或者其他监管措施;(五)违约责任;(六)双方需要约定的其他事项。涉及产业项目的,实施主体还应当与区产业主管部门签订产业发展监管协议,明确监管要求,并将产业发展监管协议作为土地使用权出让合同附件。”

第 41 条:“确认实施主体后,区城市更新部门应当及时通过城市更新信息系统通知各有关部门和不动产登记机构,暂停办理涉及城市更新项目拆除范围内物业的审批、登记等事项。”

条例》那样配套有预告登记、政府协议监管、政府账户监管等风险防范措施，径直把项目的建设用地使用权先确定给实施主体，仍有违"钱货两讫"，在项目烂尾等极端情况下，原权利人仍然可能面临倾覆性的财产损失。我国的《国有土地上房屋征收与补偿条例》之所以在有政府信用担保的情况下作出"先补偿、后搬迁"的规定，是因为吸取了过往教训。

三、业权分散状况下城市更新的难题简析及解决之道

成熟的市场主体，对于房地产开发项目在"投融管退"上的每一个细节，都要十分警醒地将其纳入一个一体化的、具有确定性的系统控制过程看待。业权分散性质的更新项目，在传统的房地产开发内容上，叠加了"项目获取与搬迁补偿"这两个既超出他们已有管理认知，又触碰"高度不确定性"这一投资红线的工作内容。各地政府在城市更新过程中，出台任何不能减少或消除投资不确定性之公共政策，以及在具体的行政配套管理上不能做到尽可能标准化、效率化，都会导致制度设计与市场严重脱节的风险。针对风险，即便政府创新性地创设出很多超出现有行政管理经验的监督服务，照样力不能逮，引发令人头疼的更新项目烂尾之社会问题。综上几种城市更新中的常见模式，我们非常有必要进一步探讨市场主体在投资业权分散项目时，必须谨慎面对的法律问题。

（一）在业权分散状况下，城市更新项目权利人公共意志形成中面临的法律困惑及解决方案探讨

大多数城市更新项目，都面临业权分散问题。业权分散将大概率地演化成为市场主体收购更新范围内不动产权益的最大障碍，如果与少数权利人在拆迁补偿条件上未能达成合意，将导致项目拆迁工作停滞，甚至还可能触发市场主体丧失实施主体资格而致项目流产的危机。就业权分散项目在共有部分的使用和管理问题，我国《民法典》及相关司法解释、行政法规已有成熟规定，但这些规定不触碰专有部分所有权处置方面的业主权能。我们发现，很多城市在出台城市更新政策时，把建筑物区分所有权意义下业主决定共有和共同管理部分事务的"少数服从多数"这一强制性公共意志形成机制的法律法规规定，直接位移到业主对其专有部分的处置这一涉及所有权权能的法律问题上，试图以此突破国家强制征收制度中"公共利益"这一合法征收的根本，通过所谓的民主方式直接生成一种对业主物

权进行强行处置的制度，具体包括搬迁补偿（含货币补偿和产权调换）、权证注销、资产入股、拆除后自主改造等。我们应当认识到，所有权作为对世权，其占有、使用、收益和处置上的权能，必须完整而绝对地依附于所有权人的意志，除非我们通过法律创设了类似情形下对所有权的处置权能进行限制的规定。[①] 更何况，物权的种类和内容也只能由法律来进行规定。

笔者认为，在我国现有的法律体系下，唯一可以强制性排除所有权人对其所有权权能绝对地、完整地行使权利的，只有《民法典》第243条规定的基于公共利益需要而依照法律规定的程序和权限，被严格限制性地使用的强制征收，而其合法性也是源于《宪法》第10条的规定。城市更新项目，除非有“危房集中、基础设施落后等地段进行旧城区改建的需要”的情形，可以依照《国有土地上房屋征收与补偿条例》第8条第5项规定被认定为“因公共利益需要”外，在法律上都无法强制性排除业权分散项目的任一物业权利人自主地行使其所有权权能。因此，相关城市通过民意表决或民意表决达到一定比例后政府直接确定新的土地使用权人作为实施主体之方式，如深圳等地类似的地方立法，在进路上不具有合法性及合规性，存在违反上位法之嫌。

基于前面的分析，我们发现分散业权状况下的城市更新项目，可以被确立且具备实施条件，除了首先需要被政府规划部门依照城市管理需要纳入更新范围外，更需要分散的业权人形成全体一致的公共意志表达。如不能形成一致的公共意志表达，则只能由政府依循法定的征收程序才可以被合法地真正推进。而政府征收后出让模式的城市更新，则与常规的政府收储后再以招拍挂出让方式供应土地的房地产开发模式无异，不必纳入本文所论及的范畴进行讨论。这意味着，市场主体介入业权分散性质的城市更新项目的空间有限，统筹全体业主的意志达成一个稳定的集体合意，使其一致响应更新并签署与更新有关的买卖、搬迁补偿、作价入股或合作开发性质的协议，在复杂的利益、难控的人性博弈下，可能只是一个理论上的通道。如果不能修改法律或创新城市更新模式，我们预测，城市更新项目的土地供应，仍然会回到老路，以政府征收后出让的模式为主流。

---

① 参见《民法典》第240条：“所有权人对自己的不动产或者动产，依法享有占有、使用、收益和处分的权利。”

(二)信托模式在城市更新项目中的合理运用

1. 基本路径

城市更新项目在业权分散状况下,除了要面对统筹业主意志达成同意更新的集体合意这一难题,更难的是在项目启动后的实际执行中还要面对一群没有专业经验和管理经验并且在利益上可能彼此博弈甚至倾轧的业主。在项目推进过程中,如何透过个体的成员形成公共决策,并高效公正地执行所作出的公共决策,是业权分散的城市更新项目必须面对和解决的问题。同意更新的公共决策、对最有利的更新模式之专业判断和果敢选择、项目合作方选聘、管理方案拟定、项目进程的监督管理、公共费用的筹集和分担、项目融资等事项,必须有一套高效决策和执行的机制,否则对于专业要求高、投资额巨大、管理头绪也复杂的更新项目,本身就是灾难性的。

根据《信托法》,委托人可以基于对受托人的信任,将其财产权委托给受托人,由受托人按委托人的意愿以自己的名义,为受益人的利益或者特定目的,进行管理或者处分。在城市更新项目中,有房地产投融管退经验的信托公司可以接受委托,作为业权分散的业主之受托人,为了委托人的利益行使信托财产的管理和处分权利,或可形成市场主体介入城市更新的可行渠道。具体而言,如部分分散的业权人不愿意接受一次性货币补偿性质的房地产转让或征收时,可以将自己的房屋作为信托投资财产,发起设立集合信托,集合信托通过自主改造、作价入股、项目转让、合作开发、委托代建代管等方式完成信托事项,委托人或其指定受益人根据信托合同约定取得信托受益权(可以是“货币”,可以是“房屋”,也可以是“货币加房屋”)。具体操作路径如图1所示:

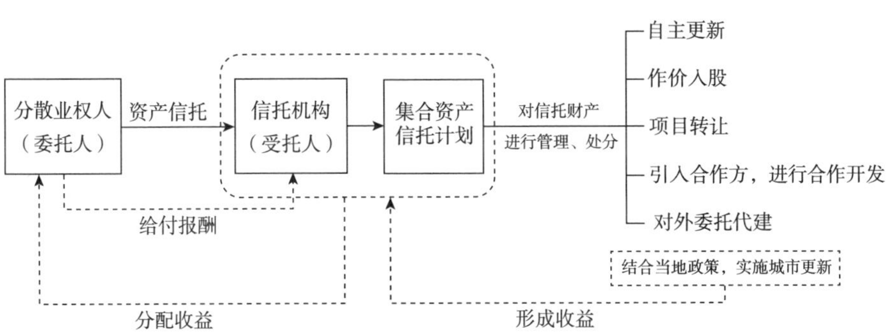

图1 城市更新项目中的信托操作路径

2. 信托模式的优势

上述信托方式,与传统的房地产项目融资信托存在本质的区别。传统的房地产信托,本质仍然是以信托作为房地产项目的一种融资渠道和方式,信托在其中起到的实质是一种融资通道的作用,与银行贷款、银行理财、资管计划、小贷公司的职能类似,也因此被市场主体看作可相互替代的融资手段。房地产融资信托的委托人和受益人是资金提供方、投资者,受托的信托财产标的是投资资金,其信托目的也是投资的保值增值,因此并不具有城市更新项目的投融管退全流程管理的内涵,之所以叫房地产信托只是因为其投资标的是房地产项目。而笔者所提出的城市更新信托,是指业权人以不动产作为信托投资财产而发起设立的集合信托,其委托人和受益人是业权人,信托事项是实现更新项目的自主改造和建设,信托目的是实现业权人的收益(货币和/或不动产)。这与传统的融资型房地产信托在委托和受益主体、信托财产标的、信托目的、利益诉求等方面均是截然不同的,因而具有一定的创新性。笔者认为,以信托模式介入城市更新,具有以下显著的优势:

首先,在一个集合信托内,因分散业权人在公共意志表达上的成员权利依法依约委托给了受托人,由受托人根据信托授权、信托目的和受益人的利益进行表达,能有效促进分散业权人形成共同意志。信托作为一种法律明确规定的委托管理模式,根据一系列的法律规定①,从目的、内容、管理过程到操作路径都有相对清晰、明确、公平的信托法律关系,弥补了前述更新项目公共决策中公平可信的评价和保障机制的缺失,消解了传统的公共事务决策过程中需要大量依靠意思自治来进行各方利益诉求表达而形成交错复杂的利益博弈困境和各方顾虑。在信托这样一个具有法律保障的可信基础之框架上,再形成进一步的利益诉求共识,就更

① 参见《信托法》第 15 条:“信托财产与委托人未设立信托的其他财产相区别。……”第 16 条第 1 款:“信托财产与属于受托人所有的财产(以下简称固有财产)相区别,不得归入受托人的固有财产或者成为固有财产的一部分。”第 25 条:“受托人应当遵守信托文件的规定,为受益人的最大利益处理信托事务。受托人管理信托财产,必须恪尽职守,履行诚实、信用、谨慎、有效管理的义务。”第 33 条:“受托人必须保存处理信托事务的完整记录。受托人应当每年定期将信托财产的管理运用、处分及收支情况,报告委托人和受益人。……”第 36 条:“受托人违反信托目的处分信托财产或者因违背管理职责、处理信托事务不当致使信托财产受到损失的,在未恢复信托财产的原状或者未予赔偿前,不得请求给付报酬。”第 37 条第 2 款:“受托人违背管理职责或者处理信托事务不当对第三人所负债务或者自己所受到的损失,以其固有财产承担。”

具有可操作性。

其次，信托模式也能弥补业权人没有“投融管退”项目管理经验的短板，通过集合信托的方式引入具有房地产开发投融管退经验的信托公司，也给予了符合条件的信托公司充分发挥主动管理的作用、真正深度参与城市更新项目的空间和机会，在目前的房地产市场调控和转型的大背景下可能拓展出一片新的业务蓝海，因此是一种双赢的模式。当然，信托模式下的受托人需要在信托法的约束下完成信托管理事项，对于受托人的管理权限、管理周期、责任划分、报酬机制等，将通过信托合同、信托管理方案等予以具体明确。

3. 信托模式与城市更新的衔接

承上分析，由于以信托模式进行城市更新属于实践中具有一定创新性的模式，也缺乏以往类似的操作经验，因此也需要提前论证其全周期各个环节中可能遇到的问题和解决方案，尤其需要注意与城市更新项目所在地当地颁布的有关城市更新具体政策相衔接。

首先，在城市更新项目引入信托机构从事管理型信托业务的情况下，需要将信托中的受托人与当地城市更新政策中的项目“实施主体”等概念相互衔接起来。政府也应积极地通过政策引导，为信托公司参与城市更新疏通政策障碍，结合信托法律体系中有关规定，在出台的城市更新相关公共政策中为信托模式的运用开放通道，不仅要解决信托机构在城市更新中所扮演的角色的合法身份问题（尤其是“信托＋自主改造”模式下实施主体的身份确认），还需要合理设计切实可行的实施结构、操作模型和支持措施，规范信托机构的选定、委托等程序，引导集合信托发起设立后与当地具体改造模式之间的顺利衔接。

其次，如果上述信托模式在实际执行中涉及项目开发资金的筹措和提供，则需注意与相关金融监管政策的衔接和配套。在现阶段房地产项目融资监管持续加码的情况下，若当地监管局将该类型信托投资定性为房地产信托，就会受到“432 条件”①（房地产开发项目四证齐全、项目资本金比例达到 30%、开发商或控

---

① 参见《中国人民银行关于进一步加强房地产信贷业务管理的通知》（银发〔2003〕121 号）、《中国银监会关于支持信托公司创新发展有关问题的通知》（银监发〔2009〕25 号）、《中国银监会办公厅关于信托公司房地产信托业务风险提示的通知》（银监办发〔2010〕343 号）、《中国银保监会关于开展“巩固治乱象成果　促进合规建设”工作的通知》（银保监发〔2019〕23 号）附件 1。

股股东资质不低于二级开发资质）这一融资红线的严格限制。因此，各地监管局也应该对城市更新类信托投资的交易结构的实质进行准确甄别，将其与信托募集资金投资传统的房地产开发区分开来，破除“432 条件”的限制。

最后，由于上述信托模式是以不动产作为信托财产，必然涉及不动产权的转移登记，可以结合现有税收政策作出特别安排或给予优惠。委托人将房屋作为信托资产委托给信托机构需要完成不动产权转移登记，信托终止后如果涉及信托资产的“归还”，同样需要进行不动产转移登记，而我国现有的不动产登记制度对信托并未作出特别安排，如信托成立阶段的信托财产委托环节和终止阶段的归还环节被认定为不动产转让，均可能面临巨额的所得税负担，这在一定程度上严重制约了以不动产作为信托财产设立信托的实践运用。面对这一难题，考虑到城市更新政策和本文所讨论的信托投资模式的特殊性，财政部和国家税务总局可以借鉴和参考我国台湾地区有关不动产信托财产登记的征税规定，区分不动产在委托人和受托人之间直接转移和不动产销售行为，从而从信托成立、信托流转和信托终止等阶段探索和制定税收优惠政策。

笔者认为，面对业权分散之城市更新项目，除了走为公共利益需要进行征收后出让的老路，信托投资模式无论是维护业权分散业主的权益，还是减轻政府的管理监督压力，以及方便市场主体介入的对接合作，都可能是适宜的。面对现阶段城镇化发展带来的旺盛需求，很多信托公司虽有心开拓，但因受到资源、专业、监管和政策空白的限制，在城市更新市场上活跃的信托公司数量并不多，大多信托公司仍观望不前。城市更新项目中的信托投资，还需要作出更加规范、适切并具有可操作性的制度设计，切实解决城市更新中的法律“瓶颈”、表决“瓶颈”、融资“瓶颈”、管理“瓶颈”等诸多难题，防止城市更新要么陷入“雷声大雨点小”的无可作为，要么陷入重回矛盾重重的政府征收老路。同时，信托公司自身也应当提前为日后开拓和深耕城市更新业务做好战略部署。信托公司需要充分了解各城市的发展战略和开发改造需求，对非标房开项目以及拆迁、规划设计、施工、销售、出租、资管等管理运营环节深入研究，以更好地研判项目的可行性、营利性并准确识别风险。

21 世纪，是一个以城市文明为发展契机的时代，未来将有 70% 左右的中国人要居住在城市，也将有更多的超大城市在中国兴起。城市更新，绝不可能是一股政策风潮，而是中国城市未来生长繁荣不得不面对的长久课题。因此，如何从国家立法、政府行政管理、百姓权益保护、企业市场化介入等维度，以谦卑和务实的态度，全方位地思考、创新、反思、构建出一套健全的长效机制，是我们需要认真对待的重要课题。笔者仅仅从投资主体市场化介入这一狭窄的视野，提供一些管见，为市场主体介入试验阶段的城市更新，从投资的角度引出更多的思考、辨识，并希望对市场主体面对具体项目时能够作出尽可能恰当的判断和选择有所裨益。

房地产行业进入存量化时代，如何理解城市更新

郝 瀚 石 易*

* 作者简介：

郝瀚，中伦律师事务所北京办公室公司业务部合伙人，电邮为：haohan@ zhonglun. com。

石易，中伦律师事务所北京办公室公司业务部合伙人，电邮为：shiyi@ zhonglun. com。

在我国经济发展由高速增长阶段进入高质量发展阶段的大背景下，城市开发建设由房地产主导的大规模增量建设，逐步转向以提升城市品质为主的存量提质改造，一些地区尤其是北上广深等一线城市，每年可供出让的主城区内建设用地资源越来越少，房地产行业进入“存量化”时代的特征越发明显。而旨在贯彻新发展理念、增强城市综合承载能力和可持续发展的城市更新，越来越成为我国城市发展的现实路径选择。

2020 年 10 月 29 日，党的十九届五中全会通过的《中共中央关于制定国民经济和社会发展第十四个五年规划和二〇三五年远景目标的建议》及 2021 年 3 月 11 日第十三届全国人民代表大会第四次会议批准的《中华人民共和国国民经济和社会发展第十四个五年规划和 2035 年远景目标纲要》，在国家层面明确提出转变城市发展方式，实施城市更新行动。2020 年 12 月以来，各地逐渐发布了与“城市更新”相关的地方性法规和规范性文件（见表 1）。

表 1　部分城市有关城市更新的文件

发布时间	发布城市	文件名称
2020 年 12 月 30 日	深圳	《深圳经济特区城市更新条例》（城市更新的首部地方性法规）
2021 年 5 月 15 日	北京	《北京市人民政府关于实施城市更新行动的指导意见》（京政发〔2021〕10 号，以下简称 10 号文）及 4 个配套实施细则①
2021 年 6 月 18 日	重庆	《重庆市城市更新管理办法》
2021 年 6 月 22 日	天津	《天津市老旧房屋老旧小区改造提升和城市更新实施方案》
2021 年 8 月 25 日	上海	《上海市城市更新条例》
2022 年 2 月 22 日	深圳	《深圳市城市更新和土地整备“十四五”规划》
2022 年 6 月 25 日	重庆	《重庆市城市更新提升“十四五”行动计划》
2022 年 11 月 25 日	北京	《北京市城市更新条例》

① 4 个配套实施细则具体包括：北京市规划和自然资源委员会、北京市住房和城乡建设委员会、北京市发展和改革委员会、北京市财政局联合发布的《关于首都功能核心区平房（院落）保护性修缮和恢复性修建工作的意见》（京规自发〔2021〕114 号）、《关于老旧小区更新改造工作的意见》（京规自发〔2021〕120 号）、《关于开展老旧厂房更新改造工作的意见》（京规自发〔2021〕139 号）及《关于开展老旧楼宇更新改造工作的意见》（京规自发〔2021〕140 号）。

尽管相较于已经开展了10多年城市更新行动的深圳来说，上海、北京、重庆、天津直辖市的城市更新政策出台较晚，但北京、重庆和天津的城市更新政策更具有全国性的风向标意义，相信随后全国各主要城市将会跟进出台各自的城市更新政策。“城市更新”将成为中国房地产行业下一步发展的焦点和主题词。

作为有别于增量开发的发展模式，以存量改造为主的城市更新被业内称为“房企第二赛道”，为房地产企业提供了新的业务增长点。本文拟从城市更新的含义、操作流程及核心关注点等方面对城市更新作简要介绍，以期对读者有所助益。

一、城市更新的含义及主要内容

关于城市更新的具体含义，国家层面和各地方没有统一的规定。北京、上海、广州、深圳、重庆及成都等地出台的规定将城市更新作如下界定（见表2）。

表2 部分城市文件对城市更新的界定

城市	文件界定
北京	10号文：“城市更新主要是指对城市建成区（规划基本实现地区）城市空间形态和城市功能的持续完善和优化调整，是小规模、渐进式、可持续的更新。” 《北京市城市更新条例》基本沿用了该定义，并具体列举了所包含的范畴：“（一）以保障老旧平房院落、危旧楼房、老旧小区等房屋安全，提升居住品质为主的居住类城市更新；（二）以推动老旧厂房、低效产业园区、老旧低效楼宇、传统商业设施等存量空间资源提质增效为主的产业类城市更新；（三）以更新改造老旧市政基础设施、公共服务设施、公共安全设施，保障安全、补足短板为主的设施类城市更新；（四）以提升绿色空间、滨水空间、慢行系统等环境品质为主的公共空间类城市更新；（五）以统筹存量资源配置、优化功能布局，实现片区可持续发展的区域综合性城市更新；（六）市人民政府确定的其他城市更新活动。”同时，《北京市城市更新条例》特别强调，本市城市更新活动不包括土地一级开发、商品住宅开发等项目
上海	《上海市城市更新条例》第2条第2款：“本条例所称城市更新，是指在本市建成区内开展持续改善城市空间形态和功能的活动，具体包括：（一）加强基础设施和公共设施建设，提高超大城市服务水平；（二）优化区域功能布局，塑造城市空间新格局；（三）提升整体居住品质，改善城市人居环境；（四）加强历史文化保护，塑造城市特色风貌；（五）市人民政府认定的其他城市更新活动。”
广州	《广州市城市更新办法》第2条第1款：“本办法所称城市更新是指由政府部门、土地权属人或者其他符合规定的主体，按照“三旧”改造政策、棚户区改造政策、危破旧房改造政策等，在城市更新规划范围内，对低效存量建设用地进行盘活利用以及对危破旧房进行整治、改善、重建、活化、提升的活动。”

续表

城市	文件界定
深圳	《深圳经济特区城市更新条例》第2条第2款："本条例所称城市更新，是指对城市建成区内具有下列情形之一的区域，根据本条例规定进行拆除重建或者综合整治的活动：(1)城市基础设施和公共服务设施急需完善；(2)环境恶劣或者存在重大安全隐患；(3)现有土地用途、建筑物使用功能或者资源、能源利用明显不符合经济社会发展要求，影响城市规划实施；(4)经市人民政府批准进行城市更新的其他情形。"
重庆	《重庆市城市更新管理办法》第2条："本办法所称城市更新，是指对我市城市建成区城市空间形态和功能进行整治提升的活动。主城都市区范围内的城市更新工作适用本办法，其他区县(自治县)城市更新工作参照本办法执行。"
成都	《成都市城市有机更新实施办法》第4条："本办法所称城市有机更新，是指对建成区城市空间形态和功能进行整治、改善、优化，从而实现房屋使用、市政设施、公建配套等全面完善，产业结构、环境品质、文化传承等全面提升的建设活动。"

虽然各地关于城市更新具体含义的表述有差异，但总体上看，城市更新主要包括：对城市规划区内旧小区、旧工业区、旧商业区、旧楼宇、旧街道、棚户区及城中村等城市空间形态和功能区，在原状基础上以整治、改善、优化或拆除重建等方式进行一定的建设。有别于以往很多城市大量进行的棚户区和城中村改造，"十四五"规划提出的城市更新行动内容更为丰富，是在完成以往的农村城镇化的基础上，进一步通过改造提升城市发展的质量。

关于城市更新的方式和类型，各地划分标准不尽相同；但总体上看，城市更新大致可以分为综合整治类和拆除重建类两大类型。综合整治类城市更新通常，是指在维持现状建设格局基本不变的前提下，采取修缮、加建、改建、扩建、局部拆建或者改变功能等一种或者多种措施，对城市现有空间形态和功能区进行整治、改善、保护、活化的活动。拆除重建类城市更新，是指通过综合整治方式难以改善或者消除现状建设格局下存在的基础设施和公共服务设施不完善、环境恶劣或者存在重大安全隐患以及与城市规划不协调等问题，需要拆除全部或者大部分原有建筑物，并按照规划进行重新建设的活动。

不同于深圳以往城市更新行动中的以拆除重建为主的更新方式，就北京市而言，根据10号文及其对应的4个配套实施细则和《北京市城市更新条例》的规定，整体上不鼓励大拆大建，城市更新以综合整治类型为主。北京市城市更新以街区为单元实施，按照街区功能定位的不同，针对不同空间业态和功能区，将城市更新分为以下八种类型（见表3）。

表3 北京市城市更新的8种类型

序号	类型	主要内容
1	首都功能核心区平房（院落）保护性修缮、恢复性修建	可以采用申请式退租、换租、房屋置换等方式，完善配套功能，改善居住环境，加强历史文化保护，恢复传统四合院基本格局；按照核心区控制性详细规划合理利用腾退房屋，建立健全平房区社会管理机制。 实施主体完成直管公房申请式退租和恢复性修建后，可以获得经营房屋的权利。推进直管公房经营预期收益等应收账款质押，鼓励金融机构向获得区人民政府批准授权的实施主体给予贷款支持。 首都功能核心区平房院落腾退空间，在满足居民共生院改造和申请式改善的基础上，允许实施主体依据控制性详细规划，利用腾退空间发展租赁住房、便民服务、商务文化服务等行业。 区属直管公房完成退租、腾退后，可以由实施主体与区人民政府授权的代持机构根据出资、添附情况，按照国有资产管理有关规定共同享有权益
2	危旧楼房和简易楼改建	建立物业权利人出资、社会筹资参与、政府支持的资金筹集模式，物业权利人可以提取住房公积金或者利用公积金贷款用于支付改建成本费用。改建项目应当不增加户数，可以利用地上、地下空间，补充部分城市功能，适度改善居住条件，可以在符合规划、满足安全要求的前提下，适当增加建筑规模作为共有产权住房或者保障性租赁住房。 对于位于重点地区和历史文化街区内的危旧楼房和简易楼，鼓励和引导物业权利人通过腾退外迁改善居住条件
3	老旧小区综合整治改造	应当开展住宅楼房抗震加固和节能综合改造，整治提升小区环境，健全物业管理和物业服务费调整长效机制，改善老旧小区居住品质。经业主依法共同决定，业主共有的设施与公共空间，可以通过改建、扩建用于补充小区便民服务设施等。 老旧住宅楼房加装电梯的，应当依法由业主表决确定。业主可以依法确定费用分摊、收益分配等事项。 街道办事处、乡镇人民政府应当健全利益协调机制，推动形成各方认可的利益平衡方案。市住房城乡建设部门应当会同有关部门，通过制定工作指引等方式加强指导。 老旧小区综合整治改造中包含售后公房的，售房单位应当进行专项维修资金补建工作，售后公房业主应当按照国家和本市有关规定续筹专项维修资金

续表

序号	类型	主要内容
4	老旧厂房更新改造	在符合街区功能定位的前提下，鼓励用于补充公共服务设施、发展高精尖产业，补齐城市功能短板。 在符合规范要求、保障安全的基础上，可以经依法批准后合理利用厂房内部空间进行加层改造
5	低效产业园区更新	应当推动传统产业转型升级，重点发展新产业、新业态，聚集创新资源、培育新兴产业，完善产业园区配套服务设施。 区人民政府应当建立产业园区分级分类认定标准，将产业类型、投资强度、产出效率、创新能力、节能环保等要求，作为产业引入的条件。区人民政府组织与物业权利人以及实施主体签订履约监管协议，明确各方权利义务
6	老旧低效楼宇更新	应当优化业态结构、完善建筑安全和使用功能、提升空间品质、提高服务水平，拓展新场景、挖掘新消费潜力、提升城市活力，提高智能化水平、满足现代商务办公需求。 对于存在建筑安全隐患或者严重抗震安全隐患，以及不符合民用建筑节能强制性标准的老旧低效楼宇，物业权利人应当及时进行更新；没有能力更新的，可以向区人民政府申请收购建筑物、退回土地。 在符合规划和安全等规定的条件下，可以在商业、商务办公建筑内安排文化、体育、教育、医疗、社会福利等功能，也可以用于宿舍型保障性租赁住房
7	市政基础设施更新改造	应当完善道路网络，补齐交通设施短板，强化轨道交通一体化建设和场站复合利用，建设和完善绿色慢行交通系统，构建连续、通畅、安全的步行与自行车道网络，促进绿色交通设施改造。推进综合管廊建设，完善市政供给体系，建立市政专业整合工作推进机制，统筹道路施工和地下管线建设，应当同步办理立项、规划和施工许可。城市更新项目涉及利用集体土地建设配套公共服务设施、道路和市政设施的，应当随同项目一并研究。 实施老旧、闲置公共服务设施更新改造的，鼓励利用存量资源改造为公共服务设施和便民服务设施，按照民生需求优化功能、丰富供给，提升公共服务设施的服务能力与品质。 实施老旧公共安全设施更新改造的，应当加强首都安全保障，提高城市韧性，提高城市应对多风险叠加能力，确保首都持续安全稳定
8	公共空间更新改造	应当统筹绿色空间、滨水空间、慢行系统、边角地、插花地、夹心地等，改善环境品质与风貌特色。实施居住类、产业类城市更新项目时，可以依法将边角地、插花地、夹心地同步纳入相关实施方案，同步组织实施。 公共空间类更新项目由项目所在地街道办事处、乡镇人民政府或者经授权的企业担任实施主体。企业可以通过提供专业化物业服务等方式运营公共空间。有关专业部门、公共服务企业予以专项支持

二、城市更新项目的一般操作流程

城市更新项目的操作流程通常包括以下几个步骤(各地规定的具体操作流程可能存在差别)(见图1)。

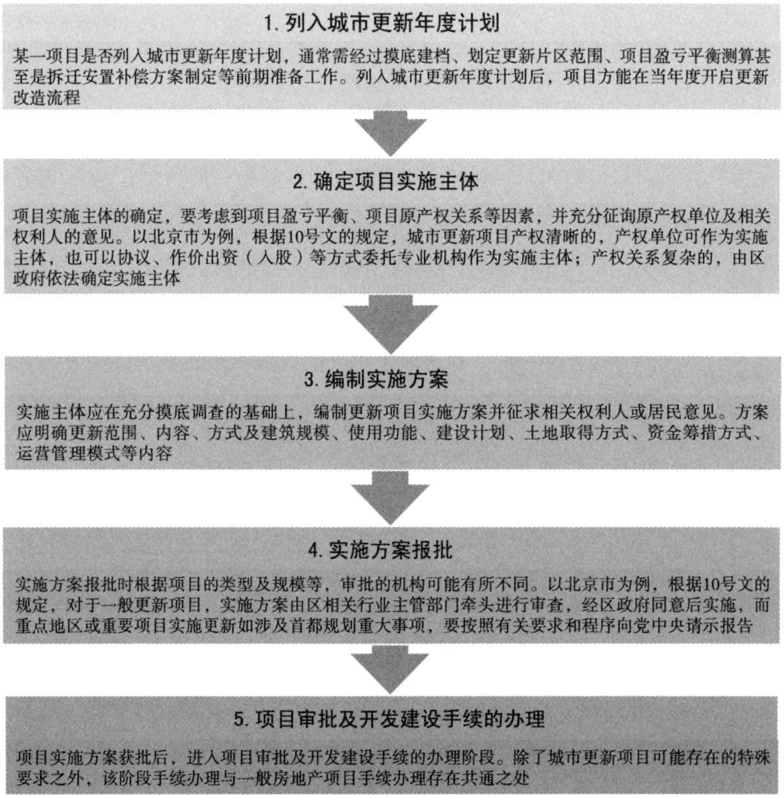

图1　城市更新项目的一般操作流程

三、城市更新项目中的核心关注点

通常,城市更新项目中的核心关注点有:

(一)实施主体的选择

从选择方式上看,原产权人在引入合作方时,可以采用招标等公开招商方式,也可以采用委托授权或协议方式,某些情况下城中村/旧村改造项目中涉及集体资产交易的，可能还需在公共资源交易中心公开进行，某一项目具体采取哪种方式需根据当地关于城市更新的规定而定。以北京市为例，根据《关于开展老旧楼宇更新改造工作的意见》的规定：鼓励原产权单位（或产权人）作为实施主体进行自主更新；如产权关系复杂，按照《民法典》规定，经参与表决专有部分面积3/4以上的业主且参与表决人数3/4以上的业主同意后，可依法授权委托产权单位（或产权人）作为实施主体；由原产权单位（或产权人）授权的运营主体，或由区政府委托的平台公司依法依规取得楼宇产权或运营权后，也可作为实施主体。再以广州市为例，根据《关于进一步规范旧村合作改造类项目选择合作企业有关事项的意见》（穗建规字〔2020〕16号）的规定，对于旧村改造类项目，村集体经济组织是合作企业选择主体，应按照公开、公平、公正的原则，通过政府公共交易平台选择有社会责任、有实力的合作企业进行旧村改造。

在实施主体的选择时机上，存在多种模式，包括：（1）项目早期（比如摸底排查阶段）实施主体即介入模式；（2）限制实施主体过早介入模式，在该模式下，实施主体仅可在项目供地后介入；（3）实施主体通过收并购方式介入模式，在该模式下，并不限制实施主体早期介入项目，新的实施主体在项目开展过程中某一阶段通过收并购方式取代旧的实施主体，进而介入项目。

（二）规划调整

1. 城市更新单元规划编制

城市更新单元规划编制，主要涉及城市更新规划与国土空间规划（城乡规划、土地利用总体规划）、控制性详细规划的关系。对此，各地有不同的规定：（1）北京市正在推进街区控制性详细规划编制，根据10号文的规定，以街区为单元实施城市更新，依据街区控制性详细规划科学编制更新地区规划综合实施方案和更新项目实施方案。（2）根据《广州市城市更新办法》的规定，城市更新中长期规划应当符合国民经济和社会发展总体规划、城乡总体规划和土地利用总体规划，城市更新片区策划方案涉及调整控制性详细规划的，应编制控制性详细规划调整论证报告，申请调整控制性详细规划。（3）根据《深圳经济特区城市更新条例》的规定，市城市更新部门应当按照全市国土空间总体规划组织编制全市城市更新专项规划，城市更新专项规划经市人民政府批准后实施，作为城市更新单元划定、城市更新单元计划制定和城市更新单元规划编制的重要依据，城市更新单元规划是城市更新项目实施的规划依据。(4)根据《重庆市城市更新管理办法》的规定,市规划自然资源局组织编制市级城市更新专项规划,确定城市更新目标、功能结构、规划布局等内容,各区政府(管委会)组织编制本辖区的城市更新专项规划,在规划中明确划分更新片区范围,并纳入辖区国土空间总体规划。

2. 规划调整方面的优惠政策

规划调整方面的优惠政策主要涉及建筑规模、规划用途和容积率等方面的内容。比如,根据北京市 10 号文的规定:对于符合规划使用性质正面清单,[①]保障居民基本生活、补齐城市短板的更新项目,可根据实际需要适当增加建筑规模,增加的建筑规模不计入街区管控总规模;在满足相关规范和安全的前提下,老旧小区现状公共服务设施配套用房可根据实际需求用于市政公用、商业、养老、文化、体育、教育等符合规划使用性质正面清单规定的用途;商业、商务办公建筑内可安排文化、体育、教育、医疗、社会福利等功能;地下空间平时可综合用于市政公用、交通、公共服务、商业、仓储等用途,战时兼顾人民防空需要。《北京市城市更新条例》进一步规定,存量建筑用途转换经批准后依法办理规划建设手续。符合正面清单和比例管控要求的,按照不改变规划用地性质和土地用途管理;符合正面清单,但是超过比例管控要求的,应当依法办理土地用途变更手续,按照不同建筑用途的建筑规模比例或者功能重要性确定主用途,按照主用途确定土地配置方式、使用年期,结合兼容用途及其建筑规模比例综合确定地价。又如,根据《深圳经济特区城市更新条例》的规定,实施主体在城市更新中承担文物、历史风貌区、历史建筑保护、修缮和活化利用,或者按规划配建城市基础设施和公共服务设施、创新型产业用房、公共住房以及增加城市公共空间等情形的,可以按规定给予容积率转移或者奖励。

(三)土地利用

城市更新项目中土地利用方面的政策主要涉及土地取得方式、土地使用年限、土地性质、土地用途和土地出让价款缴纳等方面的内容。

1. 土地取得方式

以北京市为例,根据《北京市城市更新条例》、10 号文及城市更新配套文件的

① 2018 年 3 月 17 日发布的《建设项目规划使用性质正面和负面清单》(市规划国土发〔2018〕88 号),列明了各功能区建设项目规划使用性质正面和负面清单。

规定：(1)城市更新项目可依法以划拨、出让、租赁、作价出资（入股）等方式办理用地手续。其中，符合《划拨用地目录》的，可以划拨方式供地；不符合《划拨用地目录》的，可以协议方式办理用地手续，也可结合市场主体意愿，依法采取租赁、先租后让、租让结合、作价出资（入股）等方式办理用地手续，但法律、法规以及国有建设用地划拨决定书、有偿使用合同等明确应当收回土地使用权重新出让的除外。(2)代建公共服务设施产权移交政府有关部门或单位的，以划拨方式办理用地手续。经营性设施以协议或其他有偿使用方式办理用地手续，在不改变更新项目实施方案确定的使用功能前提下，经营性服务设施建设用地使用权可依法转让或出租。

2. 土地使用年限

以广州市为例，根据《广州市城市更新办法》的规定：城市更新项目以拆除重建方式实施的，其土地使用权出让年期不超过相应用途经营性用地的最高出让年期；以改建、扩建方式实施且用途不改变的，其出让年期与原土地出让合同保持一致，涉及用途改变的，其出让年期不超过相应用途经营性用地的最高出让年期。北京市除了以划拨、出让、租赁、作价出资（入股）等方式办理相应期限供地手续外，10 号文还规定了实施 5 年过渡期政策：在符合规划且不改变用地主体的条件下，更新项目发展国家及北京市支持的新产业、新业态的，由相关行业主管部门提供证明文件，可享受按原用途、原权利类型使用土地的过渡期政策；过渡期以 5 年为限，5 年期满或转让需办理用地手续的，可按新用途、新权利类型，以协议方式办理用地手续。《北京市城市更新条例》进一步规定：在城市更新活动中，可以采用弹性年期供应方式配置国有建设用地。采取租赁方式配置的，土地使用年期最长不得超过 20 年；采取先租后让方式配置的，租让年期之和不得超过该用途土地出让法定最高年限。国有建设用地使用权剩余年期不足，确需延长的，可以依法适当延长使用年限，但是剩余年期与续期之和不得超过该用途土地出让法定最高年限。

3. 土地性质

土地性质的改变通常发生在城中村改造项目中，地块性质由集体土地变更为国有土地。以广州市为例，根据《广州市城市更新办法》的规定，旧村改造项目用地，村集体可选择保留集体土地性质或按规定转为国有土地。

4. 土地用途

在城市更新项目以规划引领原则下，土地用途改变要符合功能区定位、更新规划中关于规划用途的规定，或者依法申请调整规划用途。

5. 土地出让价款缴纳

以北京市为例，根据10号文及城市更新配套文件的规定，用地性质调整需补缴土地价款的，可分期缴纳，首次缴纳比例不低于50%，分期缴纳的最长期限不超过1年。《北京市城市更新条例》规定：因延长土地出让年限而涉及缴纳或者补缴土地价款的，应当考虑土地取得成本、公共要素贡献等因素，综合确定土地价款；采取租赁方式使用土地的，土地租金按年支付或者分期缴纳，租金标准根据前款以及地价评估规定确定。土地租金按年支付的，年租金应当按照市场租金水平定期评估后调整，时间间隔不得超过5年。

（四）资金筹措

通常，城市更新项目资金来源有：(1)市、区财政安排的城市更新改造资金及各级财政预算中可用于城市更新改造的经费；(2)国家有关城市更新改造政策性信贷资金；(3)城市更新项目地块的土地出让金收入；(4)参与城市更新市场主体投入资金；(5)金融机构金融产品融资；(6)发行地方政府债券、企业债券；(7)更新改造范围内土地、房屋权属人自筹资金；等等。

其中，城市更新项目地块的土地出让金收入作为城市更新项目资金来源的，多见于城中村/旧村改造项目中，尤其是成片改造的项目中，具体由实施主体先行提供地块一级开发资金，待地块在二级市场出让后政府将一定比例的出让金返还补偿实施主体提供的一级开发资金。

（五）原产权人补偿

城市更新项目（尤其是拆除重建类项目）中，涉及对被拆迁人的安置补偿，实践中安置补偿方式包括实物安置补偿（产权置换）、货币化安置补偿以及两者相结合的方式，具体因地区因项目而异。

早期的城市更新项目，基本以实物安置补偿为主，项目规模相对较小，且进度缓慢。随后至本轮房地产调控之前，许多地区大规模采用了货币化安置补偿的方式。相较于实物安置补偿，货币化安置补偿是提高安置效率、推进项目进度的一个重要推力。近期，对接国家“房住不炒”房地产调控政策，更强调因城施策、因地调控的方式，对于商品住房库存不足、房价上涨压力较大的地方，更多地采取实物安置补偿方式。实物安置补偿方式在一定程度上改变了“先补偿，后拆迁”的拆迁安置补偿模式，也有助于减轻实施主体的前期资金投入压力。

（六）经营性服务设施利用

在城市更新项目中，出于项目盈亏平衡等的需要，对于经营性服务设施可以采取灵活的利用方式。以北京市为例，根据10号文及城市更新配套文件的规定：一方面，利用更新改造空间按有关要求从事经营活动的，相关部门可予办理经营许可；另一方面，经营性服务设施可按所有权和经营权相分离的方式，经业主同意和区政府认定后，将经营权让渡给相关专业机构。在此方面，北京市此前已经有成熟的老旧小区改造经验，并计划大规模推广“劲松模式”①。

如前所述，城市更新作为房地产行业进入存量化时代后加快转变城市发展方式、推动城市空间结构优化和品质提升的重要方式与现实路径选择，为房地产企业及专注房地产行业的社会资本提供了“第二赛道”。但各地区基于城市发展阶段及城市现有功能形态，对城市更新项目有不同需求与要求，城市更新操作模式也在探索中，在参与城市更新项目时，房地产企业及其他社会资本既要关注法律法规及城市更新相关配套细则的规定，又要注重项目地的具体实践操作。

（杨彦威对本文亦有贡献）

① 即在2018年7月，北京劲松街道引入愿景集团进行合作，利用社会资本开展老旧小区改造的尝试。在规划、住建和房管等部门的指导下对属地老旧小区开展综合改造和提升，共同探索社区长效发展的创新模式。历时一年，“一街两园”示范区（包括劲松西街、二区小公园以及209号楼，约占劲松一、二区总面积的10%）完成改造，项目取得了圆满成功。

房地产合作开发之分地块合作开发模式的关注要点

魏志强* 李亚培

* 作者简介：
魏志强，中伦律师事务所南京办公室争议解决部合伙人，电邮为：wzqlawyer@ zhonglun. com。

在联合操盘的房地产合作开发过程中,除了针对单一地块分业务条线进行合作开发,实践中亦演变出了适用于大型综合体项目的分地块/多业态合作开发模式。本文旨在从横向房企合作角度,着重分析分地块开发项目的合作模式特征及合作协议的核心条款。

一、分地块合作开发模式的特征与交易结构

(一)分地块合作开发模式概述

股权投资型合作开发项目,即合作双方成立项目公司作为目标地块开发建设的法人主体,如果底层物业是一个优质的住宅项目,开发商更倾向于单方操盘,选择引进财务投资人进行合作,减少资金成本。如果底层物业是大型综合体项目,则更倾向于房企之间横向合作并采取联合操盘模式。联合操盘模式具体可以细分为两类:第一类为同股同权模式,双方根据股权比例承担投入义务并享有权益分配,实操中通过分别向不同业务条线委派相关负责人达到对项目开发全过程的控制。

本文重点分析的为第二类非同股同权模式,房企之间分地块合作开发,项目公司的利润分配不以双方持股比例分配,双方均对自行开发运营的地块自负盈亏。该模式中的商业地产操盘方 A 公司,通过引进住宅操盘方 B 公司以赚取住宅部分溢价款,发挥自身品牌的运营优势,实现以少部分的资产投入拉动较多的优势资源和项目收益回报的目标;住宅地产操盘方 B 公司通过与拥有优质土地资源的 A 公司合作,可以更高效地获取土地,最终使各方的商业意图均能得到满足。

(二)分地块合作开发模式的交易结构

分地块合作开发模式,或称多业态合作开发模式,交易结构如图 1 所示:

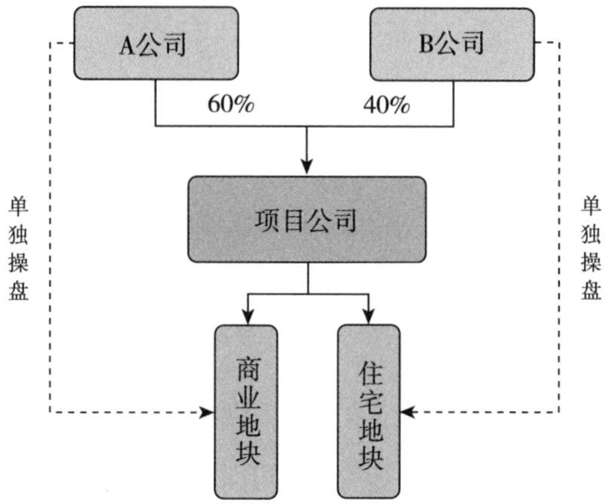

图1　分地块合作开发模式的交易结构

例如,A 公司发起设立项目公司取得目标地块后,将项目公司 40% 股权及住宅地块 100% 开发权益转让给合作方 B 公司。商业地块由 A 公司负责独立投入、操盘,独立享有收益、承担风险;住宅地块由 B 公司负责独立投入、操盘,独立享有收益、承担风险。

还有一种衍生模式为,A 公司独立操盘商业项目,住宅项目由 A 公司和 B 公司合作开发,按照权益比例投入并共享收益、共担风险,即整个项目区分为合作范围与非合作范围,此种情况的地价分摊、融资安排都更加复杂。

在分地块合作模式的具体实操过程中,通过设立两个项目部实行独立核算,住宅项目部与商业项目部均建立单独的账套进行会计核算,在项目公司处设立专门的银行账户进行资金往来,故分地块合作模式亦被称作分账套合作模式。

（三）分地块合作开发与变相的土地使用权转让的区分

共享利润、共担风险系合作开发房地产项目的基本特点,其中,合作开发项目最核心的判断要点是风险是否共担。如果交易模式改为:C 公司为土地使用权一方,作为对外法律关系承担主体,但对内以 C 公司名义成立项目部,该项目部单独建账,独立核算,项目部经营活动的一切经济与法律责任由合作方 D 公司承担;C 公司仅承担提供土地并办理相关手续的义务,但享有分得此项目固定数额的包销款的权利。《最高人民法院关于审理涉及国有土地使用权合同纠纷案件适用法律问题的解释》(2020 修正)第 21 条规定:“合作开发房地产合同约定提供土地使用权的当事人不承担经营风险,只收取固定利益的,应当认定为土地使用权转让合同。”此种交易安排违反了风险共担的基本原则，D 公司通过联合开发协议实际取得目标项目的开发受益，C 公司享有固定收益，联合开发协议存在被认定为土地使用权转让合同的风险。①

二、分地块开发合作协议的核心条款解析

分地块合作开发模式，相比将特定地块从项目公司剥离，流程简单且在前期不涉及税务筹划，但是在实际操盘过程中不可避免会存在争议，对合作开发协议及风险把控更加严格。合作开发协议系整个项目开发建设过程中的核心文件，由于分地块合作开发模式在实务中难点甚多，除了合作协议中对销售管理、印章共管、品牌使用等一般条款的约定外，应当重点关注的核心条款如下：

（一）成本分摊

土地出让金分摊条款是合作协议中最重要的条款之一，也是合作价款的计算基础。一般来说，按建筑面积分摊地价的方法仅适用于单一用途的住宅楼、办公楼，而基于假设开发法，按土地价值分摊地价，更适用于同一个土地开发项目中不同规划条件的地块价值分摊。② 土地出让合同通常会约定混合地块的商业部分总建筑面积的最大值比例，因此商业和住宅部分的计容建筑面积都可以提前测算，从而计算出土地出让金的分摊金额。

此外，对于土地出让合同约定的配建设施，包括公共开放空间、社区中心等，应计入哪一方地块的计容建筑面积及建设成本分摊比例，都应在合作协议中事先进行约定。例如，重庆托斯卡纳公司与李某某、重庆远卓置业公司合资、合作开发房地产合同纠纷一案③中，托斯卡纳公司、李某某分别持有项目公司远卓置业公司 81.18%、18.82% 的股权，并分别实际拥有该项目 81.18%、18.82% 的土地使用权，托斯卡纳公司、李某某按照各自土地使用权相对应的地块进行独立建设开发投入、独立核算、独立销售、独立承担亏损、独立享受利润。合作协议约定“涉及整个项目的生化池、二次供水设备、消防水池、消防公共设备等公共设施设备、物业

---

① 参见最高人民法院（2009）民申字第 1760 号。

② 参见高洁、袁飞：《几种常用地价分摊方法的应用体会》，载《中国房地产估价与经纪》2014 年第 5 期。

③ 参见重庆市第二中级人民法院（2020）渝 02 民初 1621 号。

管理用房屋等需双方按建筑面积比例分摊费用”，托斯卡纳公司认可上述公共设备的安装均由李某某投资完成，但主张李某某违反约定，并未在公共设备、设施采购及建设安装前申请托斯卡纳公司确认，事后提出高额的分摊费用，拒绝协助托斯卡纳公司办理案涉房屋的产权登记，要求李某某支付违约金100万元。李某某抗辩托斯卡纳公司应分摊公共设备、设施的费用等共400余万元，经多次催促拒绝支付。法院支持了李某某的抗辩，托斯卡纳公司并未主动履行支付分摊的费用，李某某及远卓置业公司有权依据合作协议的约定，拒绝托斯卡纳公司提出协助办理案涉房屋产权登记的请求。

实践中采用分地块合作开发模式的项目通常是由商业操盘方通过与当地政府采取“勾地”模式获取，签署了“招商引资协议”，该协议对项目地块的特殊开发要求均应纳入合作协议，进行权利义务的分配。

（二）公司治理

在分地块合作模式下，因双方独立操盘各自地块，为了实现公司治理上的平衡，同时也要实现公司运营的效率，有必要在合作协议中构建有层次的表决权制度。股东会议事规则可设定为，各地块经营管理事项由操盘方单方决定，例如涉及商业项目的股东会决议事项经商业操盘方股东同意后即可实施，无须住宅操盘方股东参与决策或同意，住宅操盘方有配合出具股东会决议的义务；对涉及双方共同利益的事项，例如项目公司对外投资、对外担保等，需共同决定。董事会决议规则也类似。

（三）资金筹措

各地块的资金需求均应由操盘方提供股东借款解决，在各地块单独融资情况下，双方没有互相为对方提供担保的义务。在各地块整体打包融资的情况下，应分别约定在前融和开发贷情况下各地块可分配、使用的资金比例。

（四）模拟清算退出

为了便于商业操盘方对商业项目的运营管理，在约定的模拟清算时点，通过平价回购住宅项目操盘方持有的项目公司股权，实现住宅操盘方的退出。实操中通常以住宅项目交付时间到达一定节点以及销售率（已售建筑面积占规划可售建筑面积之比）达到一定比例作为模拟清算触发条件。

考虑到税务主管部门的税费计算与模拟清算结果存在差异的情况，为避免合作双方后续因税费负担产生争议，模拟清算退出时可以将土增税清算完毕作为前提条件，并且进行税收补差的交易安排：如实际住宅项目土地楼面价低于地价分摊时测算的住宅项目楼面价，将导致计算应纳税额时允许扣除土地成本的减少，住宅操盘方因此产生的税收损失，由商业操盘方据实补偿；同理，如实际住宅项目土地楼面价高于地价分摊时测算的住宅项目楼面价，由住宅操盘方向商业操盘方据实补偿因此产生的税收利得。

为推进住房租赁试点工作，部分省市人民政府发文要求在土地供应时配建自持租赁住房，因此根据实际情况，需要提前考虑是否在项目公司中保留合作方的少部分股权；或者通过资产转让方式将商业项目的不动产权转移登记在商业操盘方的关联公司，由住宅操盘方回购商业操盘方持有的项目公司股权，实现商业操盘方的退出。无论是哪一方回购股权，可以要求相对方作出承诺，在回购完成前因相对方产生的债务或纠纷，例如追究承包商的法律责任，应当由相对方及时处理，如果给项目公司造成了损失，在利润分配时进行扣减。

(五)公司僵局

根据相关案例，公司僵局是指在公司内部治理过程中，公司因股东间或公司管理人员之间的利益冲突和矛盾，股东会或董事会矛盾激化而处于僵持状况，无法形成有效决议的一种持续状态，导致公司经营管理发生严重困难、股东利益受到重大损失。

合作双方分地块各自独立操盘，虽然避免了一般合作项目中不同公司内控制度差异导致决策效率低下的情况，例如在前文“公司治理”条款中，亦提及要求合作相对方配合出具股东会、董事会决议的义务；但是，就笔者近一年来的工作体会，因合作相对方集团存在债务危机，面临项目公司被集中管辖，金融机构可能提前抽贷、项目停滞的困境屡屡可见。在合作初期双方均有较强合作意愿时，提前在合作协议中约定好僵局定义及解决机制，例如通过强制收购股权的方式解除合作，为可能发生的僵局情况预设解决机制，形成风险闭环。

三、分地块合作开发模式下的法律风险分析

在房企接连“暴雷”的特殊环境下，因一方资金链断裂，无法继续投入资金对其操盘的地块进行开发时，对另一方操盘地块的开发会产生不利影响。例如在土

地出让合同中，通常将住宅项目的开发进度与商业项目进度挂钩，类似表述为“商业所在的所有建筑单体出正负零前，预售住宅房屋比例不得高于可售住宅总建筑面积的40%”，商业项目开发导致住宅项目开发进度延误影响预售时，极可能导致住宅操盘方错过最佳销售时机，造成资金难以回笼并且财务成本增加。

在河北保利公司与河北银湖公司等合同纠纷案①中，项目合作协议约定：“如本协议任何一方违法、违规或违反土地出让合同项下相应的义务（包括但不限于对容积率、用途、面积、开工及竣工时间、开发周期等条件的承诺，具体见相关出让合同、出让文件的内容设定），违反及/或违约方应承担相应的责任，如因此给项目公司及/或本协议他方造成损失的，应当据实赔偿。”两审法院均认为，因为国土资源管理部门并未对商业地块逾期开发给予相关处理，且原告保利公司认可住宅地块已经开发、销售完毕，保利公司亦未提交充分证据证明由于商业地块逾期开发给其造成的损失情况，故其要求旭睿公司、美银公司承担逾期开发商业地块的违约责任，不予支持。可见该条款在司法实践中裁判尺度较严格，法院需要审查土地出让合同的约定以及实际损失，并基于合作双方各自独立开发住宅地块和商业地块、互不干涉是合作各方的权利，合作各方取得收益不以对方完成开发为前提，不予支持守约方就该条款的诉求。

尽管合作双方对内是分账管理，但分立账户不能对抗查封、划扣等强制执行措施。合作双方对外是一个法人主体下的地产开发项目，项目公司对其经营过程中所负债务应承担清偿责任，即使项目公司分设多个银行账户，每个账户对应不同地块，也只是属于项目公司内部财务管理行为，项目公司内部对分设的银行账户管理和使用，没有对外公示和对抗债权人的效力，不能以此为由排除强制执行。在眉山领地公司与四川瑞与祥投资公司合同纠纷案②中，原告领地公司与被告瑞与祥投资公司约定分地块合作开发，双方均在项目公司处分别设立了自己的账户。合作期间，因被告开发的A、D地块上的酒店项目产生的配套费、新型墙体专项基金1889582元由原告的银行账户代为支付，以及销售酒店公寓产生的商品房预售合同纠纷导致原告的银行账户被法院扣划2581265.62元，法院支持了原告依据合作协议加付该笔债务总金额的10%的违约赔偿金的诉讼请求，未支持原告

① 北京市高级人民法院(2021)京民终441号。

② 四川省眉山市东坡区人民法院(2020)川1402民初4643号。

主张的贷款利息损失。在违约方丧失清偿能力的情况下，守约方往往也不愿继续对项目地块进行资金投入，最终导致整个项目停工。

四、结语

在多业态合作开发模式下，为房地产合作开发项目提供法律服务的律师，将客户的商业诉求转化为交易安排，必须防范因协议架构制定时对交易结构考虑不全面而产生理解分歧或履行纠纷的风险，本文结合司法案例对部分条款的实操性进行了进一步分析。在房企接连“暴雷”的特殊时间段，如何将停工烂尾的合作开发项目盘活，债权人与合作方实现自救，有待进一步探索。

社会资本参与粤港澳大湾区铁路 TOD 项目土地综合开发的机遇和路径

丁剑清* 张梓湘

* 作者简介：

丁剑清，中伦律师事务所广州办公室公司业务部合伙人，电邮为：dingjianqing@ zhonglun. com。

国务院2019年2月18日发布的《粤港澳大湾区发展规划纲要》明确提出，"依托以高速铁路、城际铁路和高等级公路为主体的快速交通网络与港口群和机场群，构建区域经济发展轴带，形成主要城市间高效连接的网络化空间格局"。

随着粤港澳大湾区规划的实施和便捷交通基础设施的建设，在可预见的将来，以TOD(transit - oriented - development)作为发展理念开展铁路项目土地综合开发，引领城市发展，优化城市布局，将释放出大量的土地综合开发项目。TOD模式是指以公共交通站点为中心，以5~10分钟步行路程为半径建立的社区，以便捷铁路交通为依托的城市发展模式，在这一模式下发展起来的集工作、商业、文化、教育、居住等为一体的"混合用途"的铁路项目，即为铁路TOD项目。社会资本参与大湾区TOD铁路项目的土地综合开发，既是社会资本参与大湾区建设的重要机遇，也是大湾区各市实现联动发展、迅速形成高效连接的网络化空间格局的必然要求。

一、社会资本参与TOD项目土地开发的机遇

大力发展交通枢纽，是构建大湾区区域经济带的重要环节。2017年，《国家"十三五"时期文化发展改革规划纲要》提出，建设北京、上海、广州等国际性综合交通枢纽。2020年7月30日，国家发展和改革委员会印发《关于粤港澳大湾区城际铁路建设规划的批复》(发改基础〔2020〕1238号)，根据批复，近期到2025年，大湾区铁路网络运营及在建里程达到4700千米，全面覆盖大湾区中心城市、节点城市和广州、深圳等重点都市圈；远期到2035年，大湾区铁路网络运营及在建里程达到5700千米，覆盖100%县级以上城市。近期建设项目总投资约4741亿元，资本金比例50%、计2371亿元，由广东省和项目沿线地方使用财政资金等出资，并按照市场化原则，积极吸引社会资本参与。积极推进站场综合开发，盘活资产资源，将获得的收益优先用于铁路建设运营。这一建设规划涵盖大湾区各城市的铁路建设，构建了大湾区交通枢纽建设的基本框架，为大湾区铁路TOD项目开发奠定了基础。除铁路项目外，《广州市轨道交通项目建设投融资方案(2021—2023年)》提出未来三年全市轨道交通项目67个，资金总需求达3141亿元，年均投资超1000亿元，拟通过多渠道筹集资金。无论是大湾区的新建铁路项目还是相关市级层面的城市轨道交通项目的建设规模及资金需求，都为社会资本参与TOD

项目土地综合开发提供了机遇。

（一）社会资本参与 TOD 项目土地开发的政策依据

2013 年 8 月 9 日，国务院印发《关于改革铁路投融资体制加快推进铁路建设的意见》（国发〔2013〕33 号），提出向地方政府和社会资本放开城际铁路、市域（郊）铁路、资源开发性铁路和支线铁路的所有权、经营权，鼓励社会资本投资建设铁路，建立铁路公益性、政策性运输补贴的制度安排，为社会资本进入铁路建设创造条件，支持铁路车站及线路用地综合开发等。该意见是从铁路建设的融资角度对铁路项目土地综合开发作出的原则性规定。

2014 年 7 月 29 日，国务院为落实上述国发〔2013〕33 号文的要求，进一步印发了《关于支持铁路建设实施土地综合开发的意见》（国办发〔2014〕37 号），对铁路项目综合开发用地的获取方式及对价、综合开发用地的范围、综合开发社会资本的选择等方面进行了细化规定。

2015 年 7 月 10 日，国家发展改革委等五部委印发《关于进一步鼓励和扩大社会资本投资建设铁路的实施意见》（发改基础〔2015〕1610 号），对社会资本投资建设铁路项目的方式、社会资本的遴选、土地综合开发等进行了规定。

2018 年 4 月 24 日，国家发展改革委等四部委印发《关于推进高铁站周边区域合理开发建设的指导意见》，对推进高铁车站周边区域合理开发建设提出了若干原则性的意见。

2018 年 8 月 17 日，广东省人民政府印发《关于支持铁路建设推进土地综合开发的若干政策措施》（粤府办〔2018〕36 号），在省政府层面对国办发〔2014〕37 号文的相关规定进行了细化，并对相关的用地政策进行了突破。该规定的印发可以有效促进铁路项目沿线各市政府配合铁路投资部门，落实国办发〔2014〕37 号文的相关规定，配合办理相应的综合开发用地预留。

在国办发〔2014〕37 号文的基础上，大湾区相关市近年来印发了市级层面的轨道交通综合站场的相关政策，对轨道交通场站综合体建设及周边土地开发进行了细化规定，具体如表 1 所示：

表 1 大湾区相关市针对轨道交通综合站场出台的文件

城市	文件名称	文号	印发时间
广州市	广州市轨道交通场站综合体建设及周边土地综合开发实施细则(试行)	穗府办规〔2017〕3 号	2017 年 3 月 14 日
东莞市	东莞市轨道交通站场周边土地综合开发及站场综合体建设实施细则	东府〔2018〕86 号	2018 年 7 月 18 日
佛山市	佛山市轨道交通场站及周边土地综合开发实施办法(试行)	佛府办〔2021〕8 号	2021 年 6 月 9 日

其中需要特别指出的是,广州市人民政府 2017 年 3 月 14 日印发的《广州市轨道交通场站综合体建设及周边土地综合开发实施细则(试行)》试行期 3 年,在试行期满政策失效之后,广州市在 2020 年至 2023 年未出台新的政策,但相关政策实际上在不断地酝酿当中。厚积薄发,广州市人民政府办公厅在 2023 年 3 月 23 日印发的《广州市支持统筹做地推进高质量发展工作措施》(穗府办函〔2023〕12 号),提出"做地和土地收储相分离的原则",并将越秀集团、广州建筑、广州地铁、广州城投、广州交投、珠实集团、机场建设集团等全资国资认定为做地主体,由做地主体筹集资金将"生地"作为"熟地"交由政府收储,并在支持做地补偿保障、支持做地主体融资、支持带方案招商做地模式等方面进行了规定,针对轨道交通场站综合体的特点,在"支持综合开发费共享分摊"中作出特别规定:"轨道交通场站综合体(TOD)盖板以下轨道交通设施用地综合开发费,结合综合场站用地实际,取站场立项批文时点办公用途市场评估楼面地价(容积率按我市公布的基准地价的设定值)60% 的 1/3 为计收标准,按用地面积核算。"与之相配套,广州市规划和自然资源局、广州市住房和城乡建设局发布《关于印发广州市统筹做地推进高质量发展工作方案的通知》(穗规划资源〔2023〕5 号),并在附件 2《广州市轨道交通场站综合体统筹做地推进高质量发展的实施方案》中,确立广州轨道交通场站综合体建设及周边土地开发的相关模式。

基于上述政策的支撑和引导,近几年各房地产商纷纷布局及抢滩包括"轨道 + 物业"模式的土地综合开发,目前已有一部分项目完成了转化并因其交通的巨大优势得到了市场的充分认可,随着未来城际铁路项目、城市轨道交通项目的进一步发展,土地综合开发的"轨道 + 物业"发展模式有着巨大的机遇和发展空间。

（二）社会资本参与 TOD 项目土地开发是大湾区发展的必然要求

1. 社会资本的参与可弥补大湾区各地政府投资的不足

基础设施建设需要大量资金的投入，以确保建设资金以及运营补亏可以得到保障，铁路投资部门的融资能力有限，地方政府财力有限，以往发展的传统模式是通过铁路站场的建设，带动站场周边土地价值的提升，地方政府通过土地一级开发获取土地出让收益后，通过财政资金的形式，用于铁路站场的建设及补亏。在该种模式下，铁路站场的综合开发较难进行统一规划，建设主体繁多，片区的规划可能无法得到统筹及协调发展。而将站场建设及周边土地综合开发进行捆绑招标，片区规划，统一联建，则可保证区域发展统筹及协调，实现 TOD 的发展理念。

2. 社会资本的参与可促进大湾区土地集约节约利用成效，提升土地收益

随着政策的完善，引入社会资本，通过实行铁路项目与周边一定范围内的土地进行一二级联动的综合开发，政府的铁路投资部门及社会资本通过经济测算、以合作协议形式约定双方的权利义务，再通过协议转让，或者设定条件公开转让，由双方组成的合作主体取得铁路项目及土地综合开发的权利并获取土地，利用社会资本在房地产开发全流程的丰富经验，弥补政府的铁路投资部门在房地产开发方面的经验缺陷，可以有效地提升综合开发土地、一二级土地开发的收益，用于铁路项目建设及运营补亏，从而实现政府与社会资本的共赢。

二、社会资本参与 TOD 项目土地开发的优惠政策及类型

（一）社会资本参与 TOD 项目土地开发的优惠政策

国办发〔2014〕37 号文的出台，为社会资本参与铁路项目土地综合开发提供了政策依据。从上述规定可以看出，土地综合开发捆绑铁路站场的建设，铁路建设投资主体和土地综合开发的主体可以相同，也可以不同。在此之前，广东省人民政府《关于完善珠三角城际轨道交通沿线土地综合开发机制意见的通知》（粤府函〔2012〕16 号），仅规定了交通项目红线内开发主体是该交通项目的项目业主，红线外土地开发采取“一市一公司、一地一政策”的原则，由省市联合开发，或者由沿线市负责开发，并未规定可向社会资本开放。

1. 存量划拨用地改变用途的，可以协议出让，可自行开发，也可合作开发

铁路投资部门（铁路运输企业）拥有大量的存量土地，除了主要的铁路站场、

线路用地外，还包括员工生活居住和后勤保障等其他用地，这些存量土地可在符合规划的前提下改为商业、住宅等经营性用途，不再符合《划拨用地目录》的，可以采用协议出让的方式。按照此前《招标拍卖挂牌出让国有土地使用权规范（试行）》和《协议出让国有土地使用权规范（试行）》的规定，明确应当收回划拨土地使用权的，出让时必须采取招拍挂方式。可见，国办发〔2014〕37 号文对存量铁路用地，给予了更为优惠的政策。另外，铁路投资部门在开发过程中可以采取自行开发或合作开发两种方式，即可将自有土地作价出资（入股），也可租赁或在集团公司内部进行转让。

2. 新建铁路站场与土地综合开发可同步进行

对于新建铁路项目，土地综合开发项目与铁路站场、线路工程统一联建，扣除站场用地后，单个站场综合开发用地平均规模不超过 50 公顷，少数站场综合开发用地规模不超过 100 公顷。新建铁路项目采用市场化方式供应综合开发用地，新建铁路项目未确定投资主体的，可在项目招标时，将土地综合开发权一并招标；已确定投资主体的，综合开发用地采用招拍挂方式供应，并将统一联建的铁路站场、线路工程及相关规划条件、铁路建设要求作为取得土地的前提条件，供地价格按出让时市场价格确定。

可见，铁路站场建设及土地综合开发权捆绑招标，以及统一联建铁路站场等，与此前一般采用的土地二级开发具有较大的区别。而关于新建铁路项目是否已确定投资主体，一般而言，铁路项目主管部门是省发展和改革委员会，具体进行前期工作的是负责铁路投资的省属国有企业，在省发展和改革委员会出具的铁路项目批复中，一般会指示由该省属国有企业开展前期工作，引入社会投资者，但实际操作中对于该种类型的批复是否可认定为已确定投资主体，仍存在较大的解释空间。

3. 铁路站场用地进行立体开发，分层设权，可协议出让

在铁路项目土地综合开发中，存在两个部分的用地：一部分是铁路站场用地，另一部分是铁路站场周边区域的综合开发用地。铁路站场用地为划拨土地，也被称为“铁路项目红线范围内用地”。对于铁路站场用地的立体开发，根据粤府办〔2018〕36 号文的规定，该部分用地可兼容一定比例其他功能，可以进行分层设权，并可以协议出让。“分层设立的建设用地使用权，符合《划拨用地目录》的，可

按划拨方式办理用地手续；不符合《划拨用地目录》的，可按协议方式办理有偿用地手续。铁路项目法人单位依法取得的划拨用地，因转让或改变用途不再符合《划拨用地目录》的，可按国办发〔2014〕37号文规定采取协议方式办理用地手续。”

4. TOD项目土地综合开发优先使用新增用地指标

铁路建设项目土地综合开发所需新增建设用地指标，经省级人民政府审核后，暂由自然资源部予以计划单列，同时根据粤府办〔2018〕36号文，可使用省预留指标。根据国办发〔2014〕37号文及粤府办〔2018〕36号文，铁路项目选址阶段，沿线地方政府应在以站点为重点、半径800米范围内用地实行规划控制，作为综合开发备选用地。

按照规定，相关市、县自然资源部门应与取得综合开发用地使用权的主体签订土地综合开发利用协议，明确约定铁路站场、线路工程应先于土地综合开发项目建设。取得综合开发用地的主体未按约定优先建设铁路站场、线路工程的，不得办理土地、房产手续。

（二）城市轨道TOD项目土地综合开发的广州实践

广州市在轨道交通场站综合体建设及周边土地开发方面，已有若干项目成功转化，按照场站的类型划分，TOD项目投资大致有以下三种不同类型。

1. 政府投资类

适用于不具备综合开发条件的轨道交通场站。土地供应主要采用划拨方式。对于政府投资类项目，按照政府投资管理相关规定执行，相应投资纳入轨道交通建设资金统筹解决。

2. 运营企业投资类

原则上适用于具备局部开发条件的轨道交通场站。由政府的交通投资建设主体采用统一规划、整体建设的模式，形成的国有资产委托政府交通投资建设主体代为经营，相应收益弥补轨道交通项目运营亏损。土地供应采用协议出让、公开出让等方式。对于运营企业投资类项目，可参照政府投资项目统一规划设计、整体报建，在初步设计概算阶段，明确轨道设施部分和综合开发部分投资分摊。

3. 社会投资类

适用于具备较好开发条件的站点或车辆基地，采取带轨道交通站场综合体概念方案公开出让方式。对于社会投资类项目，鼓励政府交通投资建设主体与社会

资本合作投资建设,也可由社会投资主体单独投资建设,由社会投资主体单独投资建设的,可采取两种方式:

(1)由社会投资主体一并投资建设轨道交通设施,承担投资开发成本。

(2)由社会投资主体统一建设,在初步设计概算阶段明确轨道设施部分和综合开发部分投资分摊,轨道交通投资建设主体承担轨道交通设施建设费用。

在上述政策背景下,广州市在某 TOD 车辆段上盖地块公开出让条件中,明确"竞买人具有 10 年以上地铁线网建设、运营、管理经验,且该竞买人(或其全资子公司)须具有地铁上盖物业(位于地铁站点主体结构正上方,且结构相连的物业)开发经验",而轨道交通投资企业在符合上述要求并中标后,在后续则通过增资扩股的方式引入房地产开发商进行合作开发。

当然,广州市关于轨道交通的土地综合开发,仅涉及广州市内的城市轨道,与跨市的铁路 TOD 项目土地综合开发相比,在政策依据上、各市利益协调上有所区别,而广州关于轨道交通土地综合开发的实践样本,可推进大湾区以及广东省内铁路 TOD 项目土地综合开发的政策创新。从目前的政策来看,东莞市现行的土地综合开发模式与广州市基本一致,显然是大湾区各城市相互学习借鉴的表现之一。

三、社会资本参与 TOD 项目土地开发的具体路径分析

(一)社会资本参与 TOD 项目土地开发的形式

社会资本参与铁路 TOD 建设的方式包括了独资、合资、政府和社会资本合作(PPP)、股权转让、股权置换等,按照规定,地方引进社会资本的实施机构应是省级人民政府授权的相关部门、事业单位等机构。根据已有项目的实践,合作方式主要包括合资及政府和社会资本合作两种形式。铁路投资部门倾向于与社会资本采用同股同权的直接股权合作模式,但社会资本出于项目投资数额大、不确定性大等原因,大多倾向于采用政府和社会资本合作的方式,与铁路投资部门进行合作。

1. 合作投资建设形式

对于铁路项目而言,该种形式一般是铁路投资部门已经获得了省发展和改革委员会关于主导铁路综合开发的批复,因此按照国办发〔2014〕37 号文,属于"新建铁路项目已确定投资主体但未确定土地综合开发权"的模式,综合开发用地采用招拍挂形式供应。铁路投资部门倾向于在铁路项目可研批复之前,采用周期较

短的竞争性磋商的形式,引入社会资本作为创始股东,与地方政府指定的出资人代表组建项目公司,并由项目公司参与后期综合开发土地的摘牌,通过设定条件,由该项目公司取得综合开发用地。如无法在创始股东阶段引入社会资本,则在后期采用增资扩股等形式,引入社会资本。对于轨道交通项目而言,无论是广州市还是东莞市,均鼓励轨道交通投资建设主体与社会资本投资合作,并通过合理约定收益分享方式实现社会资本的收益预期。同时,如果是社会资本单独投资建设,则需要明确轨道设施部分和综合开发部分的投资分摊。

2. 政府和社会资本合作形式

在国办发〔2014〕37 号文出台后,由复星集团等社会资本联合体中标了"杭绍台铁路 PPP 项目",占股 51%,中国铁路总公司占股 15%,浙江省政府占股 13.6%,绍兴和台州市政府占股 20.4%。中标条件是:回报机制是"使用者付费 + 可行性缺口补贴",可行性缺口补贴总额 68 亿元,合作期限共 34 年(建设期 4 年,运营期 30 年)。这是第一个由民营企业控股的高铁 PPP 项目。在这种模式下,铁路投资部门、地方政府、社会资本按照线路的经济测算,测算相应的可行性缺口补贴金额,相对应地推进土地综合开发,以土地综合开发的收益作为可行性缺口补贴的来源,可以降低政府的补贴经济压力,也可确保社会资本的收益。

对于经济测算不确定性大的项目,PPP 形式对于社会资本而言风险较小,可以获得固定的回报。但需要注意的是,在分配的设计上,对于超出可行性缺口补贴的土地综合开发收益,一般由政府方获得,但社会资本亦可争取更有利的收益分配机制。

(二)社会资本参与 TOD 项目土地开发的具体路径

按照国办发〔2014〕37 号文及粤府办〔2018〕36 号文确立的土地综合开发模式,新建铁路项目已确定投资主体但未确定土地综合开发权的,综合开发用地采用招标拍卖挂牌方式供应,并将统一联建的铁路站场、线路工程及相关规划条件、铁路建设要求作为取得土地的前提条件。而在广州市层面的轨道交通项目土地供应的实践中,也明确土地综合开发的规划要求和轨道交通建设要求一并纳入土地供应的前提条件。因此,按照这一模式,社会资本方必须与铁路及轨道交通投资建设主体进行合作,并在对铁路站场、线路工程等进行建设的同时,对 TOD 项目土地实施开发。因此,社会资本参与 TOD 项目土地开发的具体路径,就是如何与铁路及轨道交通投资建设主体进行合作的路径。具体如下：

1. 前期磋商

社会资本参与铁路项目土地综合开发，首先是获得相关铁路项目土地综合开发项目参与权，按照规定，引进社会资本的实施机构应是省级人民政府授权的相关部门、事业单位等机构。如前所述，一般而言，铁路项目主管部门是省发展和改革委员会，具体进行铁路项目前期工作的是负责铁路投资的省属国有企业；负责轨道交通项目前期工作的则是相关的市级轨道交通投资建设主体。在引入社会资本的初期，政府前期工作一般会接洽多个社会资本方并进行沟通，了解社会资本方参与相关项目的经验、项目诉求等，并通过内部集体讨论决策，就具体项目选定合适的社会资本合作方，或者就相关项目签订“一揽子”的战略合作协议。

2. 经济测算及协商确定合作的具体模式

按照社会资本参与铁路建设的方式包括了独资、合资、政府和社会资本合作、股权转让等，具体采用何种合作模式，是社会资本方与铁路投资部门在进行经济测算基础上的博弈，铁路投资部门及市级轨道交通投资建设主体的利益立足点是确保站场的建设资金及运营补亏资金可以得到保障，社会资本的立足点是争取站场配套的综合开发用地的数量、规划条件等可以覆盖其投入成本并取得理想的投资回报率。在这个博弈过程中，双方需要按照各自的投入及诉求，反推并测算出其所需的综合开发用地的数量、规划条件，并以此作为与铁路项目站场所在的地方政府进行磋商的依据，签订综合开发协议。因此，在该过程中，社会资本需要参与铁路投资部门与铁路项目站场所在的地方政府关于签订综合开发协议的磋商过程，且务必在与铁路投资部门的合作协议中约定综合开发协议签订前得到社会资本的同意。

3. 签订相关合作合同

按照规定，铁路项目土地综合开发引入社会资本，需要通过公开选定合作的社会资本方，但在前期磋商后，社会资本方与铁路投资部门可签订意向合作协议、战略合作协议等文本，初步约定双方的合作模式、权利义务分配、工作推进等。条件成熟后，双方签订正式的合作协议，并通过设定条件，公开选定该社会资本方作为合作方。

（三）社会资本参与 TOD 项目土地开发的前景

1. 综合开发的落地，需要多个部门的配合及探索

实施铁路项目土地综合开发，占用土地范围大，站场周围的用地保障、规划调

整是重点，需要自省至市、自铁路项目投资部门至国土规划部门的配合及协调。目前国家层面的规定主要是国办发〔2014〕37 号文及发改基础〔2015〕1610 号文，广东省在 2018 年铁路投资部门的建议及推动下，在上述规定的基础上进行了细化及突破，出台粤府办〔2018〕36 号文，规定了可使用省预留指标，站场分层设权用地可采用协议方式转让等。随着政策的完善，各相关部门配合铁路项目投资部门的责任明确，将有利于用地、规划的落实。

2. 铁路投资部门与地方政府的博弈

铁路项目站场的选址、用地规模的确定，不一定与地方政府对该地方发展的规划、区域定位相符，在这种情况下，地方政府可能会存在不配合的情况，但粤府办〔2018〕36 号文对各地方政府用地预留、配合规划调整等均进行了明确，以及大湾区规划纲要的确定，将有利于推动地方政府配合铁路投资部门供应综合开发用地，确保社会资本对综合开发用地诉求的实现。

3. 风险与机遇共存

根据粤府办〔2018〕36 号文，适用该文的铁路项目包括国铁干线，城际、市域、市郊、疏港铁路等和修建复线、铁路改造等，该等铁路投资量大、投资周期长，不确定性大，社会资本进入的风险比较高，对于社会资本而言是比较大的考验；但社会资本可获得成片用地的开发，以及享受用地优惠政策，对社会资本而言也具有较强的吸引力。相较于铁路项目，市级的轨道交通项目的土地综合开发的投资量、投资周期等更短，不确定性相对较小、政策更加明确；但相对应地，开发权的竞争也更加激烈。同时，随着广州支持统筹做地相关政策的落地，未来 TOD 项目开发的相关模式将会出现新的调整变化，也给社会资本参与 TOD 项目开发带来一定的不确定性。

传统的铁路站场周边项目开发实践，主要是以政府投资建设提升站场周边土地价值后，通过土地的公开招拍挂获取土地收益的模式，社会资本参与的成本高，且缺乏主动性。相比之下，社会资本参与 TOD 项目土地开发模式，虽然面临投资金额及不确定性较大等困难，但社会资本参与的程度深，具有可获得成片用地的开发、享受用地优惠政策、交通便利等优势，在土地资源日渐紧张的背景下，综合开发兼顾交通与土地的节约集约利用，未来具有广阔的发展前景。

一文读懂集体土地入市的实践操作

乔文骏　周喆豪　吴　轶*

*作者简介：

乔文骏，中伦律师事务所上海办公室资本市场部合伙人，电邮为：anthonyqiao@ zhonglun. com。

周喆豪，中伦律师事务所上海办公室资本市场部合伙人，电邮为：zhouzhehao@ zhonglun. com。

吴轶，中伦律师事务所上海办公室资本市场部非权益合伙人，电邮为：edwardwu@ zhonglun. com。

2019 年 8 月 26 日，第十三届全国人大常委会第十二次会议表决通过《关于修改〈中华人民共和国土地管理法〉、〈中华人民共和国城市房地产管理法〉的决定》，修正后的两部法律自 2020 年 1 月 1 日起施行。总体而言，本次修正在总结此前全国范围内 33 个试点区域农村土地制度改革经验的基础上，将党中央的有关决策和试点成功经验上升为法律。其中，允许集体经营性建设用地入市可以说是此次《土地管理法》修正的最大亮点之一，其从根本上扫除了原有集体建设用地需要依法转为国有土地后才可作为经营性建设用地入市出让的法律障碍。

具体而言，新《土地管理法》删除了从事非农业建设必须使用国有土地或者征为国有的原集体土地的规定，增加规定了集体经营性建设用地在满足一定条件的情况下，可以通过出让、出租等方式交由农村集体经济组织以外的单位或个人直接使用，同时使用者在取得集体经营性建设用地之后还可以通过转让、互换、出资或抵押等方式进行再次转让或融资。此外，由于《土地管理法》的上述调整，立法者也对《城市房地产管理法》关于城市规划区内的集体土地必须先征收为国有后才能出让的规定一并作出了修改，并于 2021 年公布了《土地管理法实施条例》。

根据新《土地管理法》与《土地管理法实施条例》，集体经营性建设用地的出租，集体建设用地使用权的出让及其最高年限、转让、互换、出资、赠与、抵押等，参照同类用途的国有建设用地执行，具体细则办法将由国务院制定。2019 年修正前，农村土地制度改革已有的 33 个试点地区已经从法规和实践的角度进行了有益探索，[①]《土地管理法实施条例》体现了对试点经验的借鉴。因此，本文在此次修正的《土地管理法》《城市房地产管理法》及此前全国 33 个试点区域改革政策和实践经验的基础之上抛砖引玉，针对集体经营性建设用地入市可能涉及的模式、条件、流程等重要问题予以讨论。

一、集体建设用地和集体经营性建设用地的概念划分

根据相关法律法规所确定的原则，从土地用途的角度看，农村集体建设用地可以分为三大类：宅基地、公益性公共设施用地和经营性用地（见图 1）。集体经营性建设用地仅作为集体建设用地的一种，不能与集体建设用地混同。应当注意

① 我们此前已从实践和司法规定的角度对 33 个试点地区农村土地制度改革的实践经验进行了全面的总结和分析，本文后附了一些具有代表性地区的实践经验汇总，供参阅。

的是,本次《土地管理法》修正针对允许入市的地块仅限于集体经营性建设用地,并没有放开宅基地以及集体所有的公益性公共设施用地全面入市的路径。

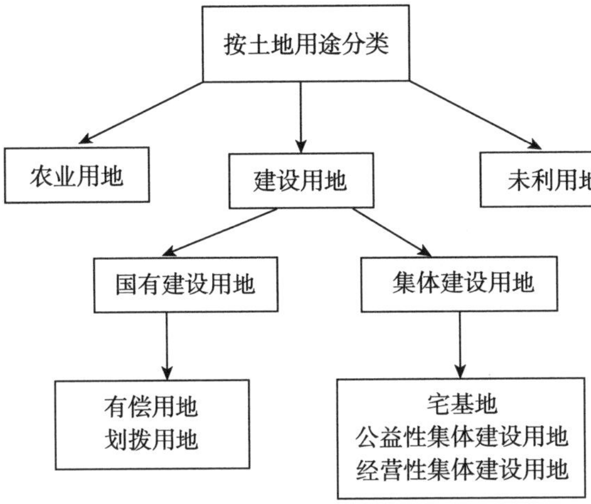

图1　农村集体建设用地的种类

《中共中央关于推进农村改革发展若干重大问题的决定》将"农村集体经营性建设用地"这一概念表述为:"在土地利用规划确定的城镇建设用地范围外,经批准占用农村集体土地建设非公益性项目,允许农民依法通过多种方式参与开发经营并保障农民合法权益。逐步建立城乡统一的建设用地市场,对依法取得的农村集体经营性建设用地,必须通过统一有形的土地市场、以公开规范的方式转让土地使用权,在符合规划的前提下与国有土地享有平等权益。"本次修正的《土地管理法》将"集体经营性建设用地"正式写入法律,既排除了宅基地的直接入市(但是,我们认为,现有的法律表述允许宅基地和集体公益性建设用地在农民自愿前提下,依法通过有偿收回转变为集体经营性建设用地入市),也再次强调了集体所有建设用地入市不能用于自有自用住宅用途这一原则。

二、集体土地流转与集体经营性建设用地入市的概念划分

值得注意的是,在本次《土地管理法》修正之前经常提及的"集体土地流转"概念,应当与本次修正所提出的集体经营性建设用地入市有所区别。集体土地流转是一个较广义的概念,除了包含集体经营性建设用地入市,还包括了宅基地流

转与集体土地经营权的转让、转包和互换等多种流转模式。而集体经营性建设用地入市限于符合一定前置程序和条件的情况下，土地所有权人可以通过出让、出租等方式将集体经营性建设用地交由单位或者个人使用，不再需要先征收为国有后才能出让。

三、集体经营性建设用地入市的主体——“谁来入市”

（一）土地所有权人

毋庸置疑，入市的法定主体是集体经营性建设用地的所有权人。根据相关法律法规所确立的原则，集体经营性建设用地的所有权主要存在三种情形，分别为乡镇农民集体所有、村农民集体所有及村民小组农民集体所有；相对应的入市主体即为乡镇农民集体、村农民集体和村民小组农民集体。

为保障农民集体对集体经营性建设用地的合法权益，本次《土地管理法》的修正特别强调了集体经营性建设用地在入市前须取得本集体经济组织成员的村民会议 2/3 以上成员或者 2/3 以上村民代表的同意。因此，如何确定相关的决策流程，如何通过制度设计切实保障农民成员的知情权、参与权和表决权就变得至关重要。

以北京市大兴区、天津市蓟州区等试点地区的经验为例，多数试点地区都明确了：土地属于镇农民集体所有的，由镇农村集体经济组织具体代表集体行使所有权；属于村集体农民集体所有的，由村集体经济组织具体代表集体行使所有权；属于村内两个以上农村集体经济组织的，由村内各该农村集体经济组织具体代表集体行使所有权。并且入市程序基本都要求到会成员占应到会成员的 2/3 以上，且通过人数达到应到会成员的 2/3 以上方有效；集体经营性建设用地属镇乡集体经济组织的，入市事项须经镇乡党政层面决定。

（二）土地使用权人

新修正的《土地管理法》也明确了对于已经入市的集体经营性建设用地，允许其使用权人以转让、互换、出资、赠与或者抵押等方式再次入市流转。因此，对于该等再次入市的模式而言，其入市主体即为已经取得集体经营性建设用地使用权的人。

四、集体经营性建设用地入市的前置条件和用途管制——“哪些地允许入市”

（一）集体经营性建设用地入市的前置条件

根据本次修正的《土地管理法》，拟通过出让、出租等方式入市的集体经营性建设用地须至少满足以下前置条件：

1. 拟入市的土地应当是经过土地利用总体规划、城乡规划所确定为工业、商业等经营性用途（我们理解亦包括仓储物流、办公、租赁用房等用途），且需要在每年的土地利用年度计划中作出安排。具体而言，针对用途不符合上述规定的集体土地，要实现入市的目的，必须遵循《土地管理法》及《城乡规划法》等关于规划修改的规定（包括通过评估、听证等流程，且经原审批机关批准通过），在完成相关规划修改之后，方能改变土地用途，在取得用地规划条件之后入市。而自 2019 年起，全国范围内已开始推行建立“多规合一”的国土空间规划体系，各地不再新编和报批主体功能区规划、土地利用总体规划、城镇体系规划、城市（镇）总体规划；已批准的规划期至 2020 年后的省级国土规划、城镇体系规划、主体功能区规划，城市（镇）总体规划要将既有规划成果融入新编制的同级国土空间规划中。因此，在新《土地管理法》于 2020 年 1 月 1 日实施后，拟入市集体经营性建设用地的用途将主要参照新编制的国土空间规划（或在国土空间规划未重新编制的情况下参照原有的相关规划依据）。

2. 拟入市的集体经营性建设用地应经依法登记。在 2011 年《关于加快推进农村集体土地确权登记发证工作的通知》颁布后，对集体土地的登记发证工作已经在逐步推进之中。但是，应当看到的是，受全国各地条件的限制，农村集体土地确权登记发证工作总体滞后，有的地区登记发证率还很低，已颁证的农村集体土地所有权大部分只确权登记到行政村农民集体一级，没有确认到每一个具有所有权的农民集体。因此，对于拟入市的集体经营性建设用地而言，需要尽快完成不动产登记发证工作。

3. 拟入市的集体经营性建设用地通过出让、出租等方式交由单位或者个人使用，应当签订书面合同。合同中应当载明土地界址、面积、动工期限、使用期限、土地用途、规划条件和双方其他权利义务。

4.集体经营性建设用地出让、出租等,应当经本集体经济组织成员的村民会议2/3以上成员或者2/3以上村民代表的同意。正如我们此前所分析的,会议组织形式和议事程序都有待进一步明确和细化。

(二)集体经营性建设用地入市的用途管制

虽然新《土地管理法》仅允许工业、商业等经营性用途的集体经营性建设用地入市,并未明确涉及住宅类用途,但我们相信其势必会对我国目前土地供给情况带来影响。特别是对于工业厂房项目、仓储物流项目、商业及办公楼等项目,相应的土地供应模式有所拓宽,部分开发商可就其拟开发建设业态的内在商业需要选择集体经营性建设用地替代国有土地,不仅可以适当降低拿地成本,在一定程度上也可缓解目前部分用途土地供给紧缺的现状。

此外,在本次《土地管理法》修正前,原国土资源部会同住建部于2017年8月确定了首批13个城市试点开展利用集体建设用地建设租赁住房。自然资源部、住房和城乡建设部亦于2019年年初联合公布《关于福州等5个城市利用集体建设用地建设租赁住房试点实施方案意见的函》,原则同意福州、南昌、青岛、海口、贵阳5个城市利用集体建设用地建设租赁住房试点实施方案。因此,我们认为集体经营性建设用地入市用作租赁住房用途这一操作在现有的政策框架下依然会延续,相信全国范围内的有关配套规定也会尽快出台。

五、集体经营性建设用地入市的具体程序——“如何入市”

(一)定价方式

《中共中央关于全面深化改革若干重大问题的决定》提出,在符合规划和用途管制前提下,允许农村集体经营性建设用地出让、租赁、入股,实行与国有土地同等入市、同权同价。而此前很多试点地区均提出了与国有建设用地“同等入市、同权同价”的原则。因此,我们相信今后集体经营性建设用地入市将会参照同等用途和地理位置的国有土地相应定价。不过,对协议出让的条件以及在协议出让的情况下,是否可以在基准地价的基础上浮动,仍有待进一步明确和细化。比如,佛山市南海区就规定:“原则上不得低于基准地价(基准租金)的70%;因特殊原因低于70%的,需要提供相应证明材料。”

(二)交易平台

此前多个试点地区均明确农村集体经营性建设用地须和国有土地一样,通过当地公开的土地交易中心、公共资源交易中心等平台入市交易，成交后相关的成交确认书、合同应经相关的国土资源部门书面鉴证盖章或备案。《土地管理法实施条例》规定：县级以上人民政府自然资源主管部门应当加强信息化建设，建立统一的国土空间基础信息平台，实行土地管理全流程信息化管理，对土地利用状况进行动态监测，与发展改革、住房和城乡建设等有关部门建立土地管理信息共享机制，依法公开土地管理信息。因此，结合集体经营性建设用地入市的契机，各地均采取与国有建设用地使用同一平台交易入市或者搭建独立的集体经营性建设用地入市交易平台，这样可以有效避免集体建设用地自发、无序流转，从而进一步避免集体和农民的利益受到损害。

（三）入市方式

依照此前广西、重庆、四川等试点经验，农村集体经营性建设用地出让方式均参照国有建设用地的出让方式，经营性用地以及同一宗地有两个以上意向用地者的均应当以招标、拍卖或者挂牌方式公开。而新《土地管理法》和《土地管理法实施条例》也提出了集体建设用地使用权的出让参照同类用途的国有建设用地执行，即以招标、拍卖、挂牌或者协议等方式进行入市。此外，采取出租、抵押等方式入市的，我们理解也应当充分考虑采取协议方式的客观必要性。

（四）后续处分方式

根据本次修正的《土地管理法》，通过出让等方式取得的集体经营性建设用地使用权可以转让、互换、出资、赠与或者抵押，但法律、行政法规另有规定或者土地所有权人、土地使用权人签订的书面合同另有约定的除外。因此，在参与入市交易之时，投资人应充分注意合同对于集体经营性建设用地使用权后续处置的约定，以及对于使用权人自身资质的约定。

六、收益分配——“入市收益归谁”

毋庸置疑，集体经营性建设用地入市后会带来巨大收益，收益如何分配关系到“农民利益不受损”这项法律原则和底线。集体经营性建设用地入市的收益分配应当主要注意理顺三个层次的关系，即“国家与集体怎么分、不同集体怎么分以及集体与个体之间怎么分”。根据我们对此前33个试点区域操作模式的汇总，很多地方都提出了土地增值收益调节金的模式，也就是说在“谁所有、谁收益”的原则下,政府根据其此前公共基础的投入征收一定比例的土地增值收益调节金(可根据土地用途、地理区域等设定不同比例),其后再由集体经济组织留存一定比例(根据不同类型的集体经济组织制定不同的留存比例),剩余部分在农村集体经济成员之间公平分配。而在土地增值税法同步改革的情况下,是否采取税费结合的方式仍有待相关部门的进一步明确。

七、“小产权房”问题

关于普遍关注的农民集体以外的个人或单位购买小产权房问题,新《土地管理法》未直接提及。我们理解,就商办类的小产权房而言,有希望按新《土地管理法》通过合法程序转为合法;但是住宅小产权房还是无法转正,购买合同本身的法律效力也存在一定瑕疵。

整体而言,此次《土地管理法》的修正,在集体经营性建设用地入市等方面取得重大突破,对促进农业生产、实现农民生活的持续改善、维护社会和谐稳定、促进资源永续利用和农业可持续发展有着重要意义。我们注意到,2019 年《中共中央、国务院关于建立健全城乡融合发展体制机制和政策体系的意见》提出了“建立集体经营性建设用地入市制度”,并对一些入市制度所涉及的具体内容进行了阐述。我们理解,针对该等意见提出的改革方向,仍有一些问题亟待解决,例如,如何推进集体经营性建设用地使用权和地上建筑物所有权房地一体、分割转让?是否允许就地入市或异地调整入市?如何推动城中村、城边村、村级工业园等可连片开发区域土地入市?如何将废弃的集体公益性用地转化为集体经营性建设用地?相关入市制度的法律法规及配套规定仍有进一步调整的空间。

如前所述,我们以此前 33 个试点区域改革经验以及本次修正的《土地管理法》及《城市房地产管理法》为基础,对于集体经营性建设用地入市实践可能涉及的主要问题予以探讨和展望,相信在国家相关部门出台相应的规定后,会对值得重点关注的问题进一步明确和细化。希望通过集体经营性建设用地入市,在全国各地以“乡村综合体”等形式为载体探索出丰富的新产业业态,从文化旅游、亲子度假、运动、养老健康、餐饮等多个方面为房地产企业及投资者转变经营模式、拓展开发市场提供新的机遇。

附表:有代表性的几个试点地区历史上主要集体经营性建设用地入市实践经验总结①

试点地区	整体特点	历史上的主要经验成果
浙江省德清县	农村集体经营性建设用地的全国首宗入市和首笔抵押,部分试点经验已被自然资源部吸纳	1. 村级经济组织全面完成股份制改革。 2. 乡镇集体土地由乡镇资产经营公司等全资下属公司或其代理人实施入市,村集体由村股份经济合作社实施入市,村民小组可委托村股份经济合作社等代理人实施入市。 3. 全县存量集体经营性建设用地梳理登记。 4. 与国有土地统一纳入县公共资源交易中心管理。 5. 与国有土地"同权同价"。 6. 城乡统一的建设用地基准地价和租金体系。 7. 城乡统一的交易规则。 8. 城乡统一的登记管理
北京市大兴区	镇级统筹模式,允许与国企共同联合开发集体租赁住房,建立土地增值收益调节金制度	1. 可用于符合首都功能定位的商业、旅游、服务业等二、三产业,可用于发展养老产业。 2. 镇域内各村集体经济组织以入股的方式成立具有独立法人资格的镇级土地股份合作社或联营公司,按各自持股参与分配集体经营性建设用地入市土地增值收益。 3. 集体经营性建设用地与国有建设用地"同等入市、同权同价"。 4. 农村集体经济组织以土地使用权入股、联营的方式,与国有企业联合开发建设;但前提是集体经济组织在新成立企业的持股比例不得低于51%,且应有保底分红收益。 5. 集体租赁住房可作为公租房房源,面向公租房备案家庭或用于产业园区配套公租房。 6. 集体土地公租房土地使用权证按项目整体核发,房屋所有权证按幢核发,均不予分割办理单元产权证

① 主要针对试点区域历史上曾经已颁布的规定予以整理,考虑到试点期限以及新修订土地管理法的出台,各地相关规定可能存在失效、续期,更新的可能。

续表

试点地区	整体特点	历史上的主要经验成果
上海市松江区	与国有建设用地使用权"同权、同价",建立建设项目竣工土地复核验收工作制度	1. 允许工矿仓储、商服等经营性用途。 2. 集体经营性建设用地可由集体土地所有权人自行或委托土地储备机构实施前期开发,达到土地供应条件。 3. 实行与国有建设用地同等入市制度,在全市统一的土地交易市场内进行。 4. 出让合同报松江区规划土地局备案。 5. 与国有建设用地使用权"同地、同权、同价、同责",协议出让最低价不得低于出让地块所在级别基准地价的 70%。 6. 基准地价修正体系。 7. 工业用地产业项目类和研发总部产业项目类建设用地使用权不得整体或分割转让;建设用地使用权人出资比例结构、项目公司股权结构不得改变,确需改变,应事先经出让人同意。 8. 营利性教育、医疗、养老等设施用地应由受让人整体持有,不得分割转让;确需要整体转让的,应事先经出让人和协调机构同意,或由出让人按照出让合同约定的价格和方式优先回购
天津市蓟州区	规定了收益部分的村集体提留比例	1. 入市程序要求到会成员占应到会成员的 2/3 以上,且通过人数达到应到会成员的 2/3 以上方有效;集体经营性建设用地属镇乡集体经济组织的,入市事项须经镇乡党政联席会议或镇乡长办公会议集体研究决定。 2. 入市须通过天津土地交易中心,合同经区国土资源分局鉴证。 3. 用地入市收益,归农村集体经济组织所有,属村内其他集体经济组织入市的,应将不低于净收益的 10% 作为村集体提留,归村集体所有,用于村内基础设施、公益福利事业支出;其余可在该集体经济组织成员之间公平分配
广东省佛山市南海区	广东省整体起步早,制度体系较为完备,规定细致,可操作性强,有独立的交易中心和集体土地前期整备中心,经认定为产业载体项目的允许分割登记	1. 允许出让、租赁、作价出资(入股)、转让、出租和抵押。 2. 宅基地、农用地不得入市。 3. 区人民政府批准农村集体经营性建设用地年度供应计划。 4. 出让、租赁的原则上需要在交易中心公开交易,交易中心为合同鉴证。 5. 公开出让、租赁的起始价(起始租金)、协议出让价(协议租金)或作价出资(入股)价格,原则上不得低于农村集体经营性建设用地基准地价(基准租金)的 70%。 6. 提出产业载体项目,出让农村集体经营性建设用地以商服、工矿仓储用途进行开发,竣工验收后,经认定为产业载体项目的,可按审定的房屋基本单元进行分割登记、分拆销售。 7. 公共设施用地预留满足城乡公共基础设施和公共服务设施的用地需求

续表

试点地区	整体特点	历史上的主要经验成果
安徽省金寨县、重庆市大足区	异地调整入市	农村零星、分散的集体经营性建设用地,允许在一定条件下异地调整入市
山西省泽州县	历史违法集体建设用地可退地补办占地手续后入市	1. 对存在违法用地行为的农村集体经营性建设用地,应缴纳罚款并退回土地,申请县人民政府补办占地手续,补办使用权人为代表其所有权的农民集体经济组织,用途为经营性建设用地; 2. 取得用地批复后可依据相关规定入市

赴港上市:占有、使用集体土地上盖之生产经营场所的物业权利瑕疵之披露要求及相关处理

赖继红　陈晋赓*　兰天阳　任　钰

* 作者简介:

赖继红,中伦律师事务所深圳办公室资本市场部合伙人,电邮为:laijihong@ zhonglun. com。

陈晋赓,中伦律师事务所深圳办公室资本市场部合伙人,电邮为:chenjingeng@ zhonglun. com。

随着我国香港联合交易所有限公司（以下简称联交所）对非房地产和基建公司的持有物业权利证书要求的改变，拟赴港上市的内地企业已不需要在上市前取得全部物业的所有权证书，只要按照要求进行瑕疵披露即可。对于存在权利瑕疵且无法补办不动产登记并取得权利证明的物业，以及无法在递交A1申请资料前取得权利证明的物业，发行人亦可以通过对权利瑕疵及其对权利瑕疵的补救方式进行披露来满足联交所对发行人持有物业的要求。

一、联交所对拟赴港上市公司物业权利瑕疵的披露要求及物业权利瑕疵产生的原因

（一）联交所对非房地产公司和基建工程公司的物业权利瑕疵披露要求

联交所2013年7月更新的《香港交易所指引信》（HKEx－GL19－10）（以下简称《指引信》），总结了对赴港上市的企业之生产经营所使用的物业状况之披露要求。《指引信》第3条提供了“有关中国内地物业业权证书的指引”，除房地产公司和基建工程公司外，其他业务类型的公司（不论注册地点在何地）均不需要持有中国物业的业权证书，但需要在上市文件中“披露其欠缺中国物业业权证书对业务的风险”。

《指引信》第4条载明了“有关物业业权存在瑕疵的中国内地及香港物业的披露指引”，即前述非物业和基建工程类的公司需要在其递交给联交所的文件中披露：“（i）物业业权存在瑕疵的原因、该业权有瑕疵的物业用途及申请人可能须承担的最高法律责任涉及的金额；（ii）董事对业权存在瑕疵的物业个别或集体而言，对申请人的业务是否有关键影响意见及理据；（iii）未取得房屋所有权证或未按有关地方规则及规例进行竣工检查的房屋的安全状况；（iv）法律顾问对业权问题会否妨碍物业被购入、出售或被银行接纳为抵押品的意见及理据；（v）物业业权若没有问题，申请人须支付的土地成本/租金有何差异（或适当的否定声明）；（vi）申请人已采取或将采取的补救行动（或不采取补救行动的原因）、要取得欠缺的证书/许可证有否任何法律障碍，及申请人预计何时可取到这些文件；及（vii）迁徙/拆卸的预计时间成本以及收入损失及其他相关损失（如有）连同理据，以及可能进行的迁徙/拆卸工程将如何影响申请人的业务及财政状况。”

从联交所近3年上市的内地企业的招股书披露或预披露来看，有相当一部分非房地产开发类和非基建类企业均披露了物业业权瑕疵的状况，现整理参考案例

如表 1 所示：

表 1 近 3 年在联交所上市的内地企业披露的业权瑕疵

	所属行业	所披露的物业业权相关瑕疵	处理措施
HK6913 中国华南职业教育集团有限公司	职业教育	岭南职业技术学院和岭南现代技师学院租赁的位于广州新塘和杨箕两地的建筑物因历史遗留问题并未依法取得建造建筑物的有关手续，属于违法建筑，可能会被主管部门下令回收或拆除。上述建筑亦无法办理房屋所有权证。前述两所学校与建筑物业主签订的租赁协议效力待定	经咨询广州市规划和自然资源局黄埔分局有关人员，确认该地块已规划用作教育用地，且黄埔分局并无收回或拆除地块上建筑物的计划，华南职业教育集团将继续使用上述建筑。董事亦知悉上述瑕疵并在公司内部制定相应内控制度
HK1455 科利实业控股集团有限公司	家电制造	于 20 世纪 90 年代承租了深圳市宝安区公明镇将石村石围经济合作社所有的集体建设用地，并在所租赁的土地上兴建了 15 栋楼用作工厂、仓库、员工宿舍及办公楼，但由于石围经济合作社没有科利实业所租赁地块的产权证明，因此科利实业对其所租赁土地的使用权存在瑕疵，且其兴建的 15 栋楼亦因无土地使用权证明相关材料而无法办理建设工程规划许可证和建设工程施工许可证，属于违法建筑	科利实业经与城市规划主管部门沟通后，确认 15 栋建筑所在位置不会严重影响城市规划。科利实业对 15 栋建筑中的 11 栋符合深圳市人民代表大会常务委员会于 2019 年 10 月 31 日修正的《深圳经济特区处理历史遗留生产经营性违法建筑若干规定》（以下简称《违法建筑若干规定》）中“历史遗留建筑”资格，截至招股书披露之日科利实业已经开始办理 11 栋中 6 栋较为重要（生产主楼、生产车间及员工宿舍）且面积较大的建筑的相关产权手续，对剩余 5 栋总面积不足 800 平方米且对公司生产经营影响较小的建筑通过访谈，主管部门确定了上述建筑被拆除的风险较小。其余 4 栋不符合“历史遗留建筑”资格的建筑，科利实业与主管部门沟通后得到答复，只要该建筑符合安全规定，被有关部门勒令拆除的可能性极低，因此科利实业对 4 栋建筑进行了安全评估，确认上述 4 栋建筑可以安全地使用，同时将逐渐把该 4 栋建筑承担的生产职能转移至附近其他不会构成科利实业使用权缺陷的建筑。科利实业董事会进行评估后，决定若上述建筑被有关部门强制拆除，将把整个深圳工厂搬迁至其在惠州已经签订预租赁合同的生产厂房，以保证公司生产经营不会中断

续表

	所属行业	所披露的物业业权相关瑕疵	处理措施
HK1412 隽思集团控股有限公司	纸品制造印刷	集团位于东莞市樟木头镇张罗村东山工业区收购的工厂(主要生产基地)有若干楼宇未能取得建筑工程施工许可证、建设工程规划许可证及/竣工验收备案凭证	已根据《东莞市已建房屋补办〈房地产权证〉实施细则(修订)的通知》着手申请补办房地产权证,并预备将相关业务转移至鹤山工厂
HK8646 中国红光控股有限公司	玻璃制品生产	集团向揭阳市榕城区仙桥镇斗门经济联合社租赁的地块未取得集体建设用地使用权证,且地块上的 C 至 H 栋建筑物(非核心生产区域)未取得房地产权证	经过有关政府部门审查,未发现 C 至 H 栋建筑曾受到任何关于业权或安全状况的行政处罚,经过揭阳市公安消防支队榕城区大队和第三方建筑安全评估机构确认,上述建筑符合安全规定,可以正常使用。 公司已和揭阳市国土资源局、揭阳市城乡规划局确认 C 至 H 栋建筑不会被拆除。 公司亦制订了相应的搬迁计划

从上述案例可以看出,传统制造业或者民办教育企业往往会出现业权瑕疵的问题。前述企业由于用地面积较大,往往出于成本的考虑会将主要生产经营场所建造于土地价格较低的乡村地区或城乡接合部。由上述案例可见,在实践中企业主要通过以下两种方式取得占有、使用集体土地上盖之生产经营场所的权利:通过租赁的方式取得集体土地后在目标地块上建造厂房,或者租赁集体土地上盖之建筑物。基于我国法律对于农村集体土地流转制度的设定,企业通过上述两种方式取得的权利均存在瑕疵。

(二)集体建设用地上盖建筑物用作企业生产经营场所的瑕疵及由此产生的潜在法律风险

1. 以租赁的方式取得集体用地使用权后建造生产经营场所的瑕疵

2004 年《土地管理法》不仅从土地所有权属的角度明确了国家和集体两个土地所有权主体,而且从土地用途的角度将土地区分农用地、建设用地和未利用地。随着我国经济体制改革的不断深入,全国人大常委会于 2019 年对《土地管理法》第 63 条进行了修正,首次允许集体建设用地出让、出租,并将可出租的集体建设用地归纳为"集体经营性建设用地",具体规定如下:"土地利用总体规划、城乡规划确定为工业、商业等经营性用途,并经依法登记的集体经营性建设用地,土地所有权人可以通过出让、出租等方式交由单位或者个人使用,并应当签订书面合同,载明土地界址、面积、动工期限、使用期限、土地用途、规划条件和双方其他权利义务。前款规定的集体经营性建设用地出让、出租等,应当经本集体经济组织成员的村民会议三分之二以上成员或者三分之二以上村民代表的同意……"

由上述规定可见,企业若想取得完整的集体建设用地使用权并于其上建造生产经营场所,需要满足下列条件:(1)该地块的土地利用规划为工业、商业等经营性用途;(2)该地块已完成首次不动产权利登记;(3)租赁、出让双方签订书面合同并载明法律规定的内容;(4)目标地块所有权属集体经济组织成员的村民会议2/3以上成员或者2/3以上村民代表同意目标地块的出让或出租。

上述条件只要有一项不满足,企业与村集体签署的土地使用权租赁合同或出让合同可能会被认定为无效。由于历史上农村土地管理制度变更较为频繁、各地基层部门对农村建设用地权籍调查不足以及农民自身产权意识薄弱等,存在大量未完成不动产权登记的集体建设用地,这一问题亦是我国城市化进程中的"历史遗留问题"。企业在受让或租赁目标地块的情况下可能由于生产需求的紧迫性等对地块规划情况与登记情况疏于审查,导致权利瑕疵。

而2019年修正前的《土地管理法》第63条原则上禁止了农民集体所有的土地的使用权用于非农业建设的出让、转让或者出租,仅允许符合土地利用总体规划并依法取得建设用地的企业因破产、兼并等情形取得农民集体所有的土地的使用权,故在此期间签订的集体土地租赁或出让合同的效力均存在瑕疵。在企业取得的土地使用权有瑕疵的前提下,企业在相关地块上建造的建筑物亦难根据《建筑工程施工许可管理办法》第4条规定取得建设工程施工许可证。此外,根据2008年1月1日起施行的《城乡规划法》及其历次修正可知,集体经营性建设用地并未纳入城乡规划范围,[①]用地规划的不确定性也增加了企业在相关地块上建造的建筑物被视为存在业权瑕疵的风险。

2. 租赁集体建设用地上盖建筑物的瑕疵

对于企业租赁农民集体所有土地上的建筑物的行为,《最高人民法院关于审理

---

① 参见《城乡规划法》第18条、第41条,历次修正并未对上述条款进行变更。

城镇房屋租赁合同纠纷案件具体应用法律若干问题的解释》第 1 条第 2 款和第 2 条分别规定："乡、村庄规划区内的房屋租赁合同纠纷案件，可以参照本解释处理。但法律另有规定的，适用其规定。""出租人就未取得建设工程规划许可证或者未按照建设工程规划许可证的规定建设的房屋，与承租人订立的租赁合同无效。但在一审法庭辩论终结前取得建设工程规划许可证或者经主管部门批准建设的，人民法院应当认定有效。"在集体经营性建设用地并未纳入城乡规划范围的前提下，只有在经主管部门批准建设的情况下，集体建设用地上的建筑物之租赁合同才能被认定为有效。

从目前的司法实践来看，由于集体建设用地上盖建筑物很难取得建设工程规划许可证或者经主管部门批准，鲜有前述租赁合同被认定为有效的情形。如在叶某与邓某、吴某、博罗县合亿实业有限公司合同纠纷案①中，一审法院查明当事人试图通过向博罗县人民政府提出对博罗园洲镇整治"两违"专项工作办公室发出《责令限期整改违法建设、违法用地告知书》这一行政行为进行行政复议的方式取得主管部门对本案租赁合同的标的建筑的建设批准，但截至一审法庭辩论终结前，原、被告及第三人均未提供证据证明案涉土地上的建筑物为"已经取得建设工程规划许可证或者经主管部门批准建设的"。

3. 企业作为建设单位在集体建设用地上盖建筑可能带来的合规风险

在企业于集体建设用地上作为建设单位建造建筑的情形下，由于前述业权瑕疵，企业无法按照相关法律法规取得建造建筑所需的相关行政许可，企业作为建设单位可能因欠缺相关的报建等审批文件受到表 2 中一种或数种行政处罚：

表 2　建设单位因欠缺审批文件可能面临行政处罚

存在风险的原因	可能面临的行政处罚及法律依据
未取得建设工程施工许可证	《建筑工程施工许可管理办法》第 12 条：由有管辖权的发证机关责令停止施工，限期改正，对建设单位处工程合同价款 1% 以上 2% 以下罚款。 第 15 条：给予单位罚款处罚的，对单位直接负责的主管人员和其他直接责任人员处单位罚款数额 5% 以上 10% 以下罚款，单位及相关责任人受到处罚的，作为不良行为记录予以通报。 《建设工程质量管理条例》(2019 修订)第 57 条：建设单位未取得施工许可证或者开工报告未经批准，擅自施工的，责令停止施工，限期改正，处工程合同价款 1% 以上 2% 以下的罚款

① 广东省惠州市中级人民法院(2020)粤 13 民终 6020 号。

续表

存在风险的原因	可能面临的行政处罚及法律依据
未取得建设工程规划许可证	《城乡规划法》第 64 条：未取得建设工程规划许可证或者未按照建设工程规划许可证的规定进行建设的，由县级以上地方人民政府城乡规划主管部门责令停止建设；尚可采取改正措施消除对规划实施的影响的，限期改正，处建设工程造价 5% 以上 10% 以下的罚款；无法采取改正措施消除影响的，限期拆除，不能拆除的，没收实物或者违法收入，可以并处建设工程造价 10% 以下的罚款
未完成竣工验收及向有关部门报送递交相关材料	《城乡规划法》第 67 条：未在建设工程竣工验收后 6 个月内向城乡规划主管部门报送有关竣工验收资料的，由所在地城市、县人民政府城乡规划主管部门责令限期补报；逾期不补报的，处 1 万元以上 5 万元以下的罚款。 《建设工程质量管理条例》第 56 条：未按照国家规定将竣工验收报告、有关认可文件或者准许使用文件报送备案的，责令改正，处 20 万元以上 50 万元以下的罚款。第 58 条：未组织竣工验收，擅自交付使用的，处工程合同价款 2% 以上 4% 以下的罚款；造成损失的，依法承担赔偿责任。第 59 条：建设工程竣工验收后未向建设行政主管部门或者其他有关部门移交建设项目档案的，责令改正，处 1 万元以上 10 万元以下的罚款
未完成消防验收	建设单位违反有关消防法规、国家工程建设消防技术标准，造成危害后果的，除依法给予行政处罚或者追究刑事责任外，还应当依法承担民事赔偿责任
未编制环境影响评价文件	建设单位未依法报批建设项目环境影响报告书、报告表擅自开工建设的，由县级以上生态环境主管部门责令停止建设，根据违法情节和危害后果，处建设项目总投资额 1% 以上 5% 以下的罚款，并可以责令恢复原状；对建设单位直接负责的主管人员和其他直接责任人员，依法给予行政处分

二、集体用地上盖建筑物用作企业生产经营场所的权利瑕疵补正方式

（一）权利瑕疵补正的法律依据

如上所述，自 2019 年以来，《土地管理法》及相关配套法规为企业补正其所占有、使用之集体土地上建造的生产经营场所的物业权利瑕疵提供了正式的法律依据。《不动产登记暂行条例实施细则》第 45 条规定："申请集体建设用地使用权及建筑物、构筑物所有权首次登记的，申请人应当根据不同情况，提交下列材料：（一）有批准权的人民政府批准用地的文件等土地权属来源材料；（二）建设工程符合规划的材料；（三）权籍调查表、宗地图、房屋平面图以及宗地界址点坐标等有

关不动产界址、面积等材料;(四)建设工程已竣工的材料;(五)其他必要材料。集体建设用地使用权首次登记完成后,申请人申请建筑物、构筑物所有权首次登记的,应当提交享有集体建设用地使用权的不动产权属证书。”

此处可以将权属证书的取得分为两种情况:取得集体建设用地使用权证书和取得集体建设用地上建筑物、构筑物的不动产权证书。

1. 集体建设用地使用权证书取得所需材料

根据《不动产登记暂行条例实施细则》第 45 条第 1 款第 1 项和第 3 项,申请集体建设用地使用权首次登记的需提交“有批准权的人民政府批准用地的文件等土地权属来源材料”和“权籍调查表、宗地图、房屋平面图以及宗地界址点坐标等有关不动产界址、面积等材料”。实践中这两种材料的取得往往要取决于当地政府是否对相关地块的权属授予下发过文件证明以及是否组织过权籍调查。

2. 相应地块上建筑物、构筑物取得不动产权证书

《不动产登记暂行条例实施细则》第 45 条针对建筑物所有权首次登记主要包括以下三个部分(在已经提供土地证明材料的基础上):建设工程符合规划的材料、建设工程已经竣工的材料和其他必要材料。以上材料主要涉及表 3 的许可证照:

表 3　建设工程登记涉及的主要证照

证明事项	许可项目
建设工程符合规划的材料	建设工程施工许可证
	建设工程规划许可证
建设工程已经竣工的材料	竣工验收报告等竣工验收确认资料
其他必要材料	消防验收
	环境影响评价文件

(二)地方政府对于违法建筑的治理——以深圳市为例

实践中地方政府往往会出于促进土地流转规范性的目的来促使相关权利人进行集体建设用地使用权及建筑物、构筑物所有权首次登记。以深圳市为例,2009 年 5 月 27 日,深圳市人大常委会颁布《深圳市人民代表大会常务委员会关于农村城市化历史遗留违法建筑的处理决定》(2019 年 8 月 29 日修正,以下简称

《违法建筑处理决定》)。2001 年 12 月 19 日,深圳市人大常委会颁布了《违法建筑若干规定》(2019 年 10 月 31 日修正)。《违法建筑处理决定》和《违法建筑若干规定》对"历史遗留违法建筑"进行了定义,并要求违法建筑普查工作应当在《违法建筑处理决定》实施之日起 1 年内完成,违法建筑物当事人在规定期限内(违法建筑普查工作完成时)向相关部门进行申报。《违法建筑处理决定》和《违法建筑若干规定》说明了建筑规划和自然资源部门为违法建筑问题处理的主管部门,另有住房建设部门、消防救援机构参与处理。另根据违法建筑的用途和具体情况不同,违法建筑问题的处理也可能涉及与生态环境、文化广电旅游体育、卫生健康、市场监管、人口和房屋综合管理及其他有关部门的沟通。

根据《违法建筑处理决定》和《违法建筑若干规定》,有关部门无法为存在表 4 中三种情况的建筑物办理不动产所有权首次登记:

表 4　无法办理首次登记的情况

后果	情　　形	依据
不予确认产权	(1)占用道路、广场、绿地、高压供电走廊和压占地下管线或者其他严重影响城市规划又不能采取改正措施的;(2)占用农业保护区用地的;(3)占用一级水源保护区用地的;(4)非法占用国家所有的土地或者原农村用地红线外其他土地的	《违法建筑若干规定》
依法予以拆除	(1)存在严重安全隐患,又不能整改消除的;(2)非法占用已完成征、转地补偿手续的国有土地,严重影响城市规划,又不能采取措施加以改正的;(3)占用基本农田的;(4)占用一级水源保护区用地的;(5)占用公共道路、广场、绿地、高压供电走廊、公共设施和公益项目用地,压占地下管线或者其他严重影响城市规划,又不能采取措施加以改正的;(6)其他依法应当拆除的情形	《违法建筑处理决定》
依法没收	(1)非法占用已完成征、转地补偿手续的国有土地,建筑物使用功能不违反城市规划,或者违反城市规划但是可以采取改正措施加以利用的;(2)超过区人民政府批准复工用地范围的工业及配套类违法建筑;(3)其他依法应当没收的情形	《违法建筑处理决定》

如不存在前述三种情况,违法建筑行为人在得到相关主管部门同意并缴纳罚款后,可以申请补办征地手续和补签土地使用权出让合同,并由规划和自然资源部门确认产权。需要注意的是,办理不动产登记时需要提交建设工程质量检测机构出具的检测合格的证明文件和消防安全证明文件。

从上述规范性文件内容来看,深圳市符合《违法建筑处理决定》和《违法建筑若干规定》的未办理不动产登记的集体建设用地及其地上的建筑物,在按期完成申报并提交规定材料后,即可获得集体建设用地使用权证明或不动产所有权证明。但若目标建筑不符合上述文件办理不动产登记的情形,抑或企业错过了申报期限(违法建筑普查工作开展期间,具体以各地政府下发的文件为准),在现有情况下仍可能无法取得不动产所有权证明。即使建筑物满足地方政府准予办理不动产首次权利登记的相关条件,办理流程也要耗费相当长的一段时间,很可能无法在企业向联交所递交 A1 上市申请表格时消除业权瑕疵。在这种情况下,企业需要采取其他措施消除业权瑕疵,并于申请材料中予以披露。

三、上市准备过程中对于物业权利瑕疵的相关处理

从上述规范性文件和招股书披露可以看出,对于非基建类和房地产公司的企业正在使用的建筑物的业权瑕疵问题有以下三种解决路径:

1. 若目标建筑物可以在上市申请材料递交之前完成不动产权利首次登记,则有关业权瑕疵可被视为修正。

2. 若目标建筑物在上市申请前无法完成首次登记的流程并取得证书,但已经确认可以获得证书的,需要将取得证书的流程披露。另外,为了减小对公司业务的影响,董事会亦应着手制定对原有业权瑕疵建筑的替代计划,如租赁工业用途性质的、已经取得权属证书的建筑物或者以招拍挂方式取得工业用途的国有建设用地使用权。

3. 若目标建筑物在未来一定时间内无法根据现有规范性文件完成不动产首次登记取得不动产权利证书,则需要和有关部门确认目标建筑是否有被有关部门强制拆除或没收的风险,寻找可替代上述违法建筑的生产经营场地并尽快制订搬迁计划。

此外,若发行人为正在使用的建筑物之建设单位的,还应当对其可能面临的行政处罚风险进行评估,看是否可能对上市造成重大不利影响,并及时补缴相应罚款。

具体而言,在上市申请前无法完成不动产权利首次登记并无法在上市申请前取得不动产权利证书的,发行人可结合自身实际情况遵循以下路径解决,并在招股书中对解决方式、方法和过程进行披露(以说明相关瑕疵或风险对发行人持续

生产经营不存在重大不利影响)：

(一)确认建筑物是否可继续使用

在确认所在地块的土地性质为建设用地后，发行人应当与当地住建主管部门确认该建筑是否满足继续使用的安全要求。发行人可以对建筑进行安全评估，编制安全评估报告；发行人还应对建筑内的消防设施进行检查，和消防主管部门确认建筑符合消防安全标准，可以继续使用。对于存在安全隐患的建筑，发行人无论是从对建筑物使用权完整角度还是从安全生产的角度考虑，都应该尽快搬离该建筑。此外，若企业为目标建筑的建设单位，还应承担因未履行取得建设工程施工许可证、建设工程规划许可证等相关义务导致的法律责任，及时补缴(或计提)相应罚款。

在确认目标建筑符合安全使用标准后，发行人还应当与住建部门沟通目标建筑是否可能被拆除或没收。根据我们的经验，为满足联交所的审核要求，上述沟通原则上应采取实名现场访谈相关主管部门有具体相应权限、可作出相关确认的工作人员的方式，并由发行人之中国法律顾问主导，保荐人之中国法律顾问参与，访谈过程中应注意对上市相关信息保密。

(二)确认地块未来规划

发行人应和业权瑕疵建筑物所在地负责城乡规划的有关部门确认目标地块的土地性质以及在未来一定期间的规划，即该地块是否且在将来相当长的一段时间内被规划为工业用途的建设用地；若该地块当下存在占用了耕地、水源保护区用地、公共道路、广场、绿地、高压供电走廊、公共设施和公益项目用地，以及压占地下管线或者其他严重影响城市规划等非建设用地性质的地块的情况，应当确认该地块的未来规划是否会发生变化。若目标建筑所占地块在未来相当长的一段时间非规划为工业用途的建设用地，则该情形属于2019年《城乡规划法》第65条规定的发行人“在乡、村庄规划区内未依法取得乡村建设规划许可证或者未按照乡村建设规划许可证的规定进行建设”。该行为将由乡、镇人民政府责令停止建设、限期改正；由于建筑已经处于投入使用状态，发行人无法对此进行改正，则有可能被有关部门责令拆除。因此，发行人应当立即开始寻找替代生产经营场所并计划搬离原址。

发行人可指派中国法律顾问对所在地自然资源部门和土地管理部门(如规划

和自然资源局)进行访谈,在访谈过程中应当注意对公司主体上市计划进行保密,从企业可否持续正常进行生产经营活动的角度进行提问。在与相关部门沟通的过程中,发行人应当提供一定的资料或凭证证明其已在该地块和目标建筑内进行了长期的正常生产经营活动,并表明愿意依法承担相应行政法律责任(如补缴相应罚款)。

需要注意的是,在确认建筑物是否可持续使用及确认地块未来规划时可能会因不同地区行政执法差异导致主管部门业务之间存在交叉等问题,建议发行人及其中国法律顾问在与有关部门沟通前应准备好建筑物的安全评估报告以及能证明发行人最早在该地块上合法开展生产经营活动的相关证明文件(如土地/房屋租赁合同、工商登记文件等)。同时,若发行人作为建设单位,还应该在与相关部门的访谈中确定发行人是否存在因违反相关城乡规划、城市管理及建设施工等方面的法律法规而遭受行政处罚的情况,如有,则应进一步确定该处罚引起的后果,比如按规定需对发行人处以罚款的,是否仅缴纳罚款即可消除对发行人经营的不利影响。发行人应当尽量在递交 A1 申请表格前履行行政处罚导致的相关义务。为了保险起见,发行人最好可以取得相关部门开具的、有针对性的无违法违规证明或者书面确认函并在招股书中披露。

(三)寻找替代性生产经营场所及制定内控制度

若已确定短期内无法取得不动产权利证明以排除业权瑕疵,尤其是相关瑕疵物业所属的区域并未被规划为工业用途的建设用地之情况下,发行人应当尽快制订搬迁计划,并将主要生产经营场所尽快地迁移至已经取得权属证书的建筑物中,以向联交所说明相关物业权利瑕疵对企业的生产经营不存在重大不利影响。参考已上市公司的招股书披露,发行人在寻找替代性经营场所时应主要考虑以下几个因素:首先,发行人须综合考虑搬迁距离、建筑物功能、搬迁成本和时间成本等因素选择备用地址;其次,由于搬迁不会立刻发生,发行人可以与替代经营场所合法出租人签订预租赁协议,确保能够按约定日期入住。

发行人还应就业权瑕疵制定相应的内控制度,建立起完备的内部制度以确保公司在日后的经营活动中不会存在业权瑕疵的问题。内控制度应当贯穿公司租赁、购买房屋或土地使用权的整个流程,对目标建筑物和土地使用权的合法性进行尽职调查,以确保在公司完成上市后不会再次出现对公司的经营状况产生不利影响的业权瑕疵。

此外,对于将赴港上市纳入未来发展计划的制造业企业,在选择新的生产经营场所时,亦应注重对于业权瑕疵的排除和预防:选择租赁集体建设用地或其地上建筑物的,应当查验出租人是否具有相应的房地产权证明,若出租人不能提供相应证明,可参照本文中业权瑕疵之解决方案,聘请中国法律顾问对目标物业进行尽职调查,以应对或进一步处理有可能存在的相关业权瑕疵。

未来社区项目在浙江的创新与实践

吴方荣* 张若晴

*作者简介：
吴方荣，中伦律师事务所杭州办公室争议解决部合伙人，电邮为：wufangrong@zhonglun.com。

数年前，浙江省率先提出建设未来社区试点，并在浙江省建设共同富裕示范区的政策指引下，未来社区试点在政策和实践层面迅速落实。经过数年的实践，未来社区试点建设已经有了系列经验。作为浙江省首批未来社区项目的部分项目法律服务方，笔者见证了未来社区理论及实操的萌芽、发展及日臻成熟。本文拟基于浙江省未来社区相关政策及实践，从法律实务视角简要解析浙江省如何打造未来社区试点项目。

一、未来社区试点的政策依据

2019 年 3 月，浙江省人民政府发布《浙江省未来社区建设试点工作方案》（浙政发〔2019〕8 号），该试点工作方案明确了未来社区建设试点目标定位、任务要求、措施保障，为下一步全面开展未来社区建设试点指明了方向。2019 年 11 月，浙江省人民政府办公厅发布了《浙江省人民政府办公厅关于高质量加快推进未来社区试点建设工作的意见》（浙政办发〔2019〕60 号），提出创新突破政策供给、充分挖掘政策潜力，确保试点项目高性价比落地。2020 年 6 月，浙江省发展改革委发布《浙江省未来社区试点建设管理办法（试行）》（浙发改基综〔2020〕195 号），对未来社区试点建设流程、工期及责任等进行了规定。2021 年 12 月，浙江省城乡风貌整治提升（未来社区建设）工作专班办公室发布了《关于开展 2021 年度浙江省城镇未来社区验收工作的通知》，对未来社区验收工作进行了规定。2023 年 1 月，浙江省人民政府办公厅发布了《关于全域推进未来社区建设的指导意见》，对全域推进未来社区建设提出了总体要求、明确了主要任务及保障措施。以上文件及其他相关配套文件的出台快速推进浙江省未来社区的落实和发展。截至 2021 年年底，浙江省已颁布七批次共 796 个未来社区试点。

二、未来社区建设理念、创建类型及场景系统

未来社区是围绕社区全生活链服务需求，以人本化、生态化、数字化为价值导向的新型城市功能单元。

（一）未来社区建设理念——“139”总体架构

《浙江省未来社区建设试点工作方案》提及未来社区建设的“139”总体框架：“1”即 1 个中心——以人民对美好生活向往为中心；“3”即 3 大价值体系——“人

本化、生态化、数字化”三维价值;“9”即9大未来场景——以未来邻里、教育、健康、创业、建筑、交通、低碳、服务和治理九大场景创新的集成系统。

“139”建设理念的内核是“以人为本”,遵循“人的需求—人的体验—人的感受”的闭环逻辑实现体系构建。一是基于“人的需求”,设置九大场景系统。从生活方式、社会关系、人居环境三个维度,可展开为人的生活需求、人的社交需求和人的安居需求三种类型。二是立足“人的体验”,设定三大基本原则,即“人本化、生态化、数字化”。人的需求满足,需要通过亲身体验来转化为感受,人的体验正是最终成效实现的中枢环节。三是立足“人的感受”,实现一个中心目标。未来社区的建设目标,是以人民对美好生活的向往为中心,最终以广大群众在社区中的归属感、舒适感、未来感作为衡量标准。①

（二）未来社区创建类型

根据浙江省发展改革委及省住建厅发布的《关于开展2021年度未来社区创建的通知》,未来社区创建类型主要为整合提升类、全拆重建类、拆改结合类、规划新建类和全域类五大类。

1. 整合提升类。针对整体建筑质量与环境品质较好,但离“美好家园”要求还有差距的存量社区,开展整合提升类创建。

2. 全拆重建类。针对2000年以前建成、普遍采用多孔板建材、存在较大安全隐患的住宅小区,开展全拆重建类创建。

3. 拆改结合类。针对存在质量安全隐患的老旧小区与建筑环境品质较好的住宅小区混杂的社区,开展拆改结合类创建。

4. 规划新建类。依托省重大发展平台,优先在人口集聚潜力大、公共交通便捷、地上地下空间复合开发禀赋好的城市发展核心区中,开展规划新建类创建。

5. 全域类。在条件成熟的相对独立城市区域或主要平台范围,全域响应未来社区建设理念、标准和模式,开展全域类创建。

在浙江省发布的《关于公布2021年未来社区创建名单的通知》(浙江省第三批未来社区试点)中,有整合提升类试点40个,拆除重建类试点17个,拆改结合类试点27个,规划新建类试点4个,全域类试点2个。

---

① 参见宋维尔、方虹旻、杨淑丽:《基于“139”理念的浙江未来社区建设模式研究》,载《建设科技》2020年第23期。

浙江省公布的第四批及第五批未来社区创建名单中将未来社区创建类型分为新建类和旧改类，其中第四批未来社区中新建类30个、旧改类101个，第五批未来社区中新建类13个、旧改类173个。

浙江省公布的第六批及第七批未来社区创建名单中明确将未来社区创建类型分为引领型和普惠型推进，其中第六批未来社区中引领型112个、普惠型204个，第七批未来社区中引领型106个、普惠型374个。

（三）九大场景系统

"未来邻里、教育、健康、创业、建筑、交通、低碳、服务和治理"九大场景系统作为"139"总体架构的核心载体，应当在未来社区建设方案中作为具体详细的指标进行落实。在浙江省发展改革委及省建设厅下发的《浙江省未来社区创建评价指标体系（试行）》中，设置了33项围绕九大场景落实的具体详尽的建设指标。每项指标分约束性和引导性两类。全拆重建类、规划新建类，以及拆改结合类中新建部分需要充分响应约束性指标要求，整合提升类和拆改结合类中保留部分积极响应33项指标内容，全域类参考该指标体系执行。

例如，未来邻里指标要求配置不小于600平方米的社区礼堂；未来教育指标要求配置不小于1000平方米的功能复合型社区幸福学堂，满足多龄段需求；未来健康指标要求15分钟步行圈内配置健身场馆、球类场地等场所设施，5分钟步行圈配置室内、室外健身点并且慢跑绿道应当成网成环；未来创业指标要求配建不小于300平方米的社区双创空间；未来建筑场景要求落实TOD导向（以公共交通为导向，transit oriented development），实现开发强度梯级分布、空间功能复合利用、地上地下综合开发；未来低碳场景要求建设"光伏建筑一体化+储能"的供电系统；未来服务场景要求引入优质生活服务供应商，发展社区商业O2O模式。

三、未来社区建设主要政策支持

《浙江省人民政府办公厅关于高质量加快推进未来社区试点建设工作的意见》提及了诸多对于未来社区试点建设意见，要求各地大力发扬基层首创精神，确保未来社区试点项目高标准高质量落地，其中对于未来社区建设空间、资金及服务集成的主要政策如下：

（一）鼓励未来社区试点集约高效利用空间

允许试点项目的公共立体绿化合理计入绿地率，鼓励和扶持建立社区农业等立体绿化综合利用机制，推行绿色建筑。支持试点项目合理确定防灾安全通道、架空空间和公共开敞空间不计费容积率。支持试点项目空中花园阳台的绿化部分不计入住宅建筑面积和容积率。对符合条件的土地高效复合利用试点项目，纳入存量盘活挂钩机制管理，按规定配比新增建设用地计划指标。

（二）对未来社区加大资金保障力度及畅通金融支持渠道

除国家和省另有规定外，改造更新类试点项目对应土地出让收益，剔除上缴国家部分，其余全部用于支持试点项目建设，保障资金总体平衡，切实提升财政资金使用绩效。按照市场化可持续原则，综合运用宏观审慎管理，采用窗口指导和再贷款、再贴现等货币政策工具，引导银行业金融机构给予信贷支持。积极引入开发性、政策性金融机构资金，参与未来社区试点建设。引导基金、保险资金、上市公司资金及其他社会资金参与未来社区试点项目管理运营，试点项目建设盈余资金按一定比例纳入社区运营基金。鼓励给予试点社区实施主体房屋预售、按揭贷款等政策支持。

（三）鼓励未来社区创新服务集成供给

创新试点项目社区业态和生活服务供给，通过预留规划布点、推动模式革新、促进资源下沉等方式，优先配置文化教育等优质公共服务资源。完善社区居民 24 小时生活服务供给，一般按每百户不少于 80 平方米标准落实社区配套用房面积比例，鼓励邻里中心一站式集约配置服务空间。支持成立或引进连锁机构进行社区相关服务标准化管理，优化运营机制，有关公共设施可通过产权移交、授权委托等方式，由政府部门和专业机构统一维护管理。鼓励采取特许经营权等方式，积极引进社区综合能源资源供应商，创新应用装配式超低能耗建筑，加快探索形成产业联盟支撑的可持续建设运营模式。

此外，未来社区试点可按照不同项目建设单位（用地主体）赋码形成若干个政府投资或企业投资的工程建设项目，鼓励各工程建设项目按有关政策积极向上争取专项要素支持。

四、未来社区建设推进具体流程及措施

根据《浙江省未来社区试点建设管理办法（试行）》，浙江未来社区试点由县（市、区）政府或设区市政府派出的开发区（新区）管委会自愿申报并提交申报表、

申报方案等材料，经设区市政府同意后由市发展改革委上报省发展改革委。浙江未来社区试点创建的总体流程如图1所示：

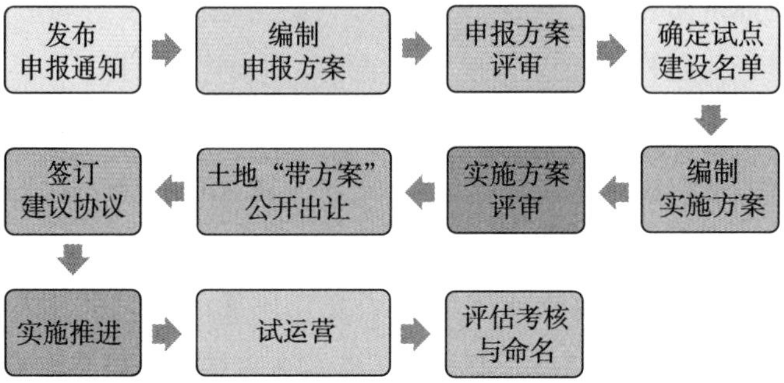

图1　浙江未来社区试点创建的总体流程①

（一）拿地：土地“带方案”公开出让

未来社区“带方案”公开出让合同由《国有建设用地使用权出让合同》《建设运营协议》和相关未来社区实施方案组成。其中《建设运营协议》是针对未来社区建设运营特殊的协议约定；未来社区实施方案通常包括未来社区建筑设计方案和运营方案，方案内容包括九大场景具体实现方案，并明确落实各项场景约束性指标要求的场景联合体供应商或相关责任主体，受让人在土地竞拍后，需要按具体方案实施本工程，确保未来社区试点项目得以深入贯彻“139”理念。

以浙江省首个“带方案”整体公开出让的未来社区丽水莲都灵山社区为例，与一般合约相比，最大的区别在于以附件形式增加未来社区履约监管协议。协议明确约束了土地受让方须按照评审通过的“丽水莲都灵山未来社区实施方案”投资、建设并运营灵山社区的细则，对项目建设进度、质量安全、场景落地、委托配建、运营验收等方面设置了相应要求，明确违约责任并进行风险提示说明，有力确保未来社区“139”理念落地，切实强化土地受让方履约力度。

（二）推进：项目工期要求及动态监管

未来社区试点的工期要求较为严格，应于名单公布后一年内全面开工建设，未能按期全面开工建设的，降格为培育对象，给予一年整改期，整改期内全面开工

① 参见《未来社区试点创建流程有哪些？实施过程如何监管？这个〈办法〉告诉你》，载微信公众号“潮州发改”2020年6月8日，https://mp.weixin.qq.com/s/14N703VYlLj7wafW5IqYBg。

建设后重新列入试点建设名单，仍未全面开工建设的，从试点建设名单中予以取消或除名。

在项目建设过程中，浙江省发展改革委会同省级有关部门依托数字化平台对试点建设实行动态管理，进行实时监测，开展督导工作，同时鼓励各管理、设计、施工、运营及第三方机构积极参与并配合试点建设动态数据的搜集、汇总、分析工作，共享动态跟踪评价结果。

（三）评估：竣工后试运营并评估考核

在完成竣工验收、交付使用并试运营3个月后，由县（市、区）政府或设区市政府派出的开发区（新区）管委会向省发展改革委提出试点建设工作评估考核申请。若考核不通过，则存在评估考核部门要求整改且存在依据所签订的土地出让及系列合同主张建设主体的违约责任的风险。

五、未来社区落地场景展现

自2019年首批未来社区试点颁布以来，未来社区试点建设均在有条不紊地推进中，笔者从以下四个方面选取已经落地的未来社区试点，展示在个例中未来社区的“139”理念是如何落实的。

（一）未来社区建筑不仅造漂亮房子，还要九大场景落地

未来社区试点建筑不仅造漂亮的房子，而且通过设计规划将九大场景融汇在建筑之中。以衢州礼贤未来社区为例，其规划设计了约5米抬高盖板设计，围绕TOD核心功能，让城市穿越建筑，盖板以下置入mini－TOD，串联起商业、邻里、健康、创业、教育等场景功能，盖板之上配置了地景花园，从而实现盖上人车分流。在如丽水莲都灵山未来社区试点中，设置了空中花园阳台，做到空中花园阳台入户，并且把“支持试点项目空中花园阳台的绿化部分不计入住宅面积和容积率”写入地块出让相关协议中。

（二）物业公司不仅提供物业服务，还是综合运营服务平台

浙江省发展改革委印发的《浙江省未来社区试点建设管理办法（试行）》提出，未来社区应当在基本物业“零收费”前提下，明晰运营期财务收支方案，分析预计收益，确保全周期资金平衡。基本物业“零收费”非常考验开发商及物业运营公司的运营能力。传统的物业公司在未来社区项目中需要转型升级为生活服务平

台公司。以规划新建的钱塘新区云帆社区为例，社区建成后开发商需要自持双创空间（办公）、九大场景空间、服务式公寓等系列资产，这意味着建设利润有很大一部分将会被固化在这些自持的空间资产里。这些自持空间场地对外出租的租金将是开发商开展未来社区运营服务的首要收入来源。

（三）社区不仅是居住区域，还要具有复合功能区域

未来社区可以成为创新创业基地。以杭州杨柳郡未来社区为例，杨柳郡社区创设了生活合伙人制度，杨柳郡社区有很多年轻人，因此运营商结合社区用房建立了创业工坊，对想要创业的人群进行指导、投资（运营方和居民投资）；并通过未来社区工作委员会和未来社区基金会建立长效运营的机制。

（四）社区体验不仅更加舒适，还要高度智能

未来社区致力于数字转型，通过对居民的数据管理，建立数字治理平台，精准发现需求、点对点提供服务，让居民生活更加智能化。衢州市柯城区的余东乡村未来社区建设项目广泛借鉴国内外建设经验，构筑了富有余东特色的一体化智能化大数据平台——“乡村大脑”，运用“整体智治”的理念，集合村庄、村业、村民完整的信息，打通了各平台管理数据，为余东乡村未来社区的智能化发展打下坚实基础。

六、未来社区项目对于法律服务的创新要求与挑战

正如上文所述，未来社区与传统的住宅建设项目在建设理念、建设思路及建设方式上存在较大差异。基于笔者团队在服务未来社区项目上所积累的经验，提出如下注意要点：

第一，未来社区项目实现了意识创新和场景创新。意识和场景的创新，交织了更为复杂的法律应用场景，由此产生的法律关系更为立体和多维，对法律服务提供者提出了更高的要求和挑战，要求法律服务团队对项目的理解更加深刻，并提升法律服务的及时性和创新性。如关于空中阳台绿化权属及管理问题的法律界定、盖板下空间的法律性质、物业服务合同的设置、物业维修基金的存管和使用等问题均需要进行深入研究及论证。

第二，未来社区项目杂糅了住宅特性和社区公共服务特性。法律服务团队基于对未来社区项目的宏观理解，把握住宅特性并考虑未来社区独特的公共服务特

性,综合运用项目开发和公共服务等多方面规定给予审慎建议。

第三,未来社区项目混合了建设合规和数据合规等多项合规要求。由于数字化管理是未来社区项目的显著优势,其中对于相关数据的采集、处理、使用方面均应当进行合规处理。法律服务团队在注重项目建设合规同时应着重关注项目数据合规方面的提升。

七、结语

作为浙江建设共同富裕示范区的重要一环,未来社区致力于打造浙江省共同富裕现代化基本单元,在政策与实践上均有较为广泛的发展空间。但因推行时间不长,还有更多细节关键点需要探索、尝试、总结、推广。目前,浙江以外的诸多省份也开始进行类似未来社区的制度和实践探索。我们相信,假以时日,未来社区模式会代表社区协调开发、共创共治共享、和谐居住创业的项目建设新方向。

依托集体建设用地，拓展养老地产投资新路径

丁剑清* 冯立文

*作者简介：

丁剑清，中伦律师事务所广州办公室公司业务部合伙人，电邮为：dingjianqing@ zhonglun. com。

随着中国老龄化社会的加速到来，养老产业的需求日益增加，作为产业依托之一的养老地产更被视为极具潜力的“巨型市场”。在城市规划区内国有建设用地价格连年增长、偏远郊区又难以满足社区养老需求的背景下，养老地产前期投资较大、需长期持有及运营，导致传统的“房地产开发销售 + 养老服务”的模式难以在城市范围内铺开。面对这一民生难题，国务院办公厅 2019 年 4 月 16 日颁布的《关于推进养老服务发展的意见》（国办发〔2019〕5 号）提出“鼓励各地探索利用集体建设用地发展养老服务设施”。由此可见，将用地成本相对较低、区域位置较好的集体建设用地用于发展养老地产，可有效地为养老产业打通“堵点”，消除“痛点”。

广州市养老地产的市场潜力巨大，[①]集体建设用地开发和流转政策成熟，[②]加之国家法律层面对于集体建设用地流转逐步松绑，[③]为投资人利用集体建设用地发展养老地产提供了政策基础。从实践情况来看，广州市在依托集体建设用地拓展养老地产投资方面，充分发挥了“先行先试”“改革排头兵”的优势，对各种模式进行了大胆探索实践。在中共中央、国务院发布的《粤港澳大湾区发展规划纲要》多次提及支持港澳投资者投资兴办养老产业的背景下，广州市养老地产内生的发展需求与外部政策的有机结合，将使其成为投资人投资开发养老地产的一片热土。为此，本文拟结合广州的实践，就利用集体建设用地拓展营利性养老地产的具体模式进行探讨。

一、利用集体建设用地开发营利性养老地产的模式

（一）自行开发的模式

1. 法律关系

在此模式下，投资人根据 2005 年《广东省集体建设用地使用权流转管理办

① 据第七次全国人口普查，广州市常住老年人口 213.1 万，老龄化率 11.41%，养老市场潜力巨大。

② 广州市是国内最早的一批放宽集体建设用地使用权流转限制的试点城市，突破了“城乡二元制”的束缚，对于集体建设用地使用权流转适用的是《广州市农村集体资产交易管理办法》（广州市人民政府令第 119 号）及各区依此制定的实施细则。

③ 2020 年 1 月施行的《土地管理法》（2019 修正）删去了原第 43 条关于进行建设必须使用国有土地或征为国有的原集体土地的规定，以及原第 63 条关于农民集体土地使用权不得出让、转让或出租用于非农业建设的规定，这意味着符合规定的集体经营性建设用地可以不用经过征收为国家所有，直接进入建设用地市场。

法》（以下简称《广东省集体建设用地流转办法》）的相关规定，在保持集体土地所有权不变的情况下，受让或承租一定年限内的集体建设用地使用权，并在出让、出租的年限内独立地建设及运营养老地产，出让、出租的最高年限不得超过同类用途国有土地使用权出让的最高年限。

2. 模式特点

（1）集体决策、公开流转。根据《广东省集体建设用地流转办法》第 7 条、《广州市农村集体资产交易管理办法》第 11 条的规定，集体建设用地用于营利性养老地产建设的，应先由集体经济组织采取重大事项集体决议的方式，形成同意流转的书面证明材料，经公示后在土地所在的区一级农村资产交易服务机构或市公共资源交易中心进行公开出让。投资人竞得集体建设用地使用权后，作为受让人签订书面合同缴交土地出让金及税费。

（2）地价相对低廉。《广东省集体建设用地流转办法》第 27 条规定，市、县人民政府土地行政主管部门应当制定本行政区域集体建设用地使用权的基准地价，但广州市至今尚未制定和公布集体建设用地的基准地价，而代之以国有土地使用权的基准地价作为衡量标准。具体可参考《广州市集体建设用地流转办法》第 23 条规定，即集体建设用地使用权的出让价格不得低于同区域、同类别国有土地使用权基准地价的 30%。

（3）可进行整体转让、转租。投资人通过出让、出租的方式取得集体建设用地使用权后，在受让、租赁的年限内可将其对外转让。同时，用于经营养老产业的地块在转让时有一定的税费优惠，如《广州市人民政府关于加快养老服务业综合改革的实施意见》（穗府〔2015〕27 号）明确，"养老机构在资产重组过程中涉及的不动产、土地使用权转让，不征收增值税和营业税"。

（4）不得开发住宅房地产。这是目前利用集体土地开发养老地产方面不可逾越的红线，无论是养老设施用地的政策，还是集体用地的相关规定，均明确禁止开发住宅房地产。如《广东省集体建设用地流转办法》第 5 条规定："通过出让、转让和出租方式取得的集体建设用地不得用于商品房地产开发建设和住宅建设。"《广州市人民政府关于加快养老服务业综合改革的实施意见》（穗府〔2015〕27 号）则重申："严禁将养老设施建设用地违规改变用途、容积率等土地使用条件用于房地产开发。"这导致此模式下投资人无法通过传统的物业销售的方式进行开发经营，除对外转让外，更多的是通过自持物业并以物业出租、发放会籍等方式对集体土地上开发的养老地产进行经营。

（二）集体经济组织委托建设和运营的模式

1. 法律关系

在此模式下，集体经济组织提供项目用地，开发企业提供开发资金，以集体经济组织名义进行养老地产的开发建设。由于项目用地主体是集体经济组织，投资人一般作为项目的代建方及运营方介入，与集体经济组织形成了如下关系：

（1）委托建设的关系。由投资人以集体经济组织的名义投入资金，办理相关的规划报建、施工、竣工验收等建设手续。

（2）委托运营的关系。投资人受集体经济组织的委托在项目建成后进行管理运营，收取经营收益。

2. 模式特点

（1）成本较低，法律关系清晰。在此种模式下，投资人无须缴纳出让金或租金等使用土地的费用，通过代建协议取得养老项目的开发建设权，通过委托管理协议取得养老项目的经营权，而前期投入的建设成本及运营过程中的运营成本都可在项目运营的收益分配中予以扣除和折抵，以较低的成本实现了投资人开发建设及运营的商业目的。

（2）投资相对缺乏保障。由于养老项目地块的土地使用权未发生流转，且养老项目也是以集体经济组织的名义建设，建筑物所有权均归集体经济组织名下，投资人仅可通过与集体经济组织签订的委托代建协议以及委托运营协议享有相应的合同权利，并未取得诸如股权、土地使用权等实质性的财产权益，投资的保障相对不足。为此，投资人在项目开发建设及运营期间，可要求集体经济组织以其名下的集体建设用地使用权提供抵押担保，保证委托代建协议及委托运营协议的顺利履行。值得注意的是，根据《广东省集体建设用地流转办法》第 7 条的规定，出让、出租和抵押集体建设用地使用权，须经本集体经济组织成员的村民会议 2/3 以上成员或者 2/3 以上村民代表的同意。因此，投资人在确定投资养老项目签订相应的合作协议时就应充分考虑此等抵押担保的安排，确保集体经济组织办理完成抵押登记的相关程序。

（3）集体经济组织的决策缓慢。与投资人直接进行合作的对象为村集体经济组织,为确保相关事项符合法定和约定程序,很多需要村集体经济组织决策的事项或签署的文件,均需要经过股东村民大会/村民代表大会的决议,可能会造成相关事项进度缓慢。

(4)项目周期影响合同稳定性。一般而言,养老项目有着长期持有和运营的特点,项目周期为15~20年,在如此长的项目运营周期内,双方的管理人员将会不止一次地发生更迭,如果利益分配不平衡,也将影响相关合同履行的稳定性。

3. 模式在政策层面的应用

根据2017年8月21日颁发的《利用集体建设用地建设租赁住房试点方案》,利用集体建设用地建设租赁住房未来将成为拓展集体土地用途的一种有效途径,村镇集体经济组织除了可以自行开发运营,还可以通过联营、入股等方式建设运营集体租赁住房。广州作为全国13个试点城市之一,制定了《广州市利用集体建设用地建设租赁住房试点实施方案》(以下简称《广州市试点方案》),这是值得投资人关注的可应用于养老项目的集体用地政策。但笔者也注意到,《广州市试点方案》并未提及集体经济组织利用"联营、入股"的方式建设运营集体租赁住房。在该方案中,租赁住房的建设模式是,在集体经济组织申报试点项目获得政府批复后,由集体经济组织通过公开招标引入投资人(需要具备租赁企业资质)作为租赁住房建设运营主体,项目竣工后整体确权登记在集体经济组织名下,由投资人进行后续的运营。

(三)设立合资公司实施建设运营的模式

1. 法律关系

在这一模式下,集体经济组织与投资人共同设立项目公司,以集体建设用地作价出资至项目公司,集体建设用地登记到项目公司名下后,以项目公司的名义对养老项目进行开发。投资人与项目公司之间形成投资关系。

2. 模式特点

(1)以集体建设用地作价入股视为出让。根据《广东省集体建设用地流转办法》第12条的规定,以集体建设用地使用权作价入股(出资),与他人合作、联营等形式共同兴办企业的,视同集体建设用地使用权出让。因此,集体经济组织将集体建设用地作价入股至项目公司名下的,需要按集体建设用地出让的相关手续,经评估、公示后进行公开出让。

(2)投资人与集体经济组织之间形成稳定的投资关系。在此模式中，项目公司是养老项目的用地主体以及开发主体，投资人与集体经济组织作为项目公司的股东，双方的投资比例、权利义务、利益分配等均可以通过公司治理架构予以完整体现，相比前述的松散的委托代建及委托经营开发模式中投资人的利益仅能通过合同予以保护的情况，此模式无疑能够更充分地体现投资人的投资权利以及保护投资人的投资利益。

二、实践中的难点与对策

(一)集体用地使用权流转过程中的不确定性及其应对措施

集体建设用地使用权流转要依法经过公开程序，由此给项目投资带来较大的不确定性。投资人如何顺利完成这“惊险的一跃”、对留用地政策的熟练运用以及项目前期的介入是关键所在。为此我们提供如下解决思路，供投资人参考：

1. 活用“货币加物业”等留用地政策

留用地是指国家征收农村集体土地后，按实际征收土地面积的一定比例，作为征地安置另行安排给被征地农村集体经济组织用于发展生产的建设用地。广州的留用地指标一般是被征收土地面积的10% ~15%，且被征地的农村集体经济组织大多选择实物留地的方式。

自2009年起，广东省和广州市两级政府先后颁布了多项留用地管理的相关规定，各区政府也根据各区的实际情况，制定相应的实施细则。广州市南沙区作为港珠澳大湾区的核心支点区域，随着10多年来的大开发、大建设，各集体经济组织掌握了大量的留用地，急需投入开发建设。为促进该等留用地的集约节约利用，南沙区国土部门因地制宜，于2012年发布《关于在我区试行货币加物业兑现村留用地工作指导意见》(穗国房南开〔2012〕127号)，创造性地提出了“在我区条件成熟的村可试行货币加物业方式兑现留用地，作为实物留地的有效补充”的“货币加物业”政策。具体而言，就是政府对留用地进行收储后以招拍挂形式公开出让，在扣除政府垫付资金后，将出让所得的土地出让金全部返还给村集体经济组织，其中一部分存入村集体公共账户，其余部分用于村集体购买或置换土地附属物业。

这一“货币加物业”政策可与养老地产相结合：投资人一方面通过公开出让方

式,取得商住用地的开发经营权;另一方面通过为村集体经济组织配建商业物业并返租的方式,将配建物业作为发展养老产业的经营平台。其优势非常明显:一是经过政府的征收和出让后,该等留用地已转为商住用途的国有建设用地,产权清晰,可以分割,且对投资人的掣肘较少,项目可统一建设和管理。二是村集体经济组织可通过留用地出让合同,明确未来拟购入的属于村集体经济组织所有的物业的具体面积、位置、用途价格等,其利益可以得到有效保障。三是村集体经济组织购得或置换物业产权明确由投资人承租,用于养老产业,投资人和村集体经济组织的利益将紧密捆绑,互利共赢。综上,投资人如能提前介入,活用该等"货币加物业"的留用地政策设计出让的条件和方式,应可有效提高竞得土地使用权的成功率。

2. 以提供养老项目策划服务为契机实现提前介入

根据《广州市农村集体资产交易管理办法》的规定,作为村集体"三资"(资金、资产、资源)之一的集体建设用地使用权需要在各区、镇街的公共资源交易站,按相关规则进行公开交易,项目信息公告时将列明报名人的资格要求。对此,投资人可在与集体经济组织充分沟通的前提下,为集体经济组织提供养老项目的策划服务,在用地规划、建筑设计等方面,引入医养结合、康复保健等概念,并结合投资人自身的优势,做好配建康养机构的推荐等。这一方面为村集体经济组织量身打造一套完备的养老项目规划蓝图;另一方面在客观上起到了设置防火墙的作用,最大限度地防止项目落空。但同时要注意设定该等资格要求的合规性及合理性,避免违反关于投标公平性的禁止性规定,影响竞投结果的有效性。

(二)用地年限和项目期限的错配及应对措施

从养老设施的供地政策来看,国家鼓励投资人通过租赁方式建设运营营利性养老地产。但养老地产一般为重资产运营的项目,建设成本等前期投入大,又不允许分割销售,成本回收的周期很长,需要投资人对项目进行持续经营。《民法典》第705条第1款规定:"租赁期限不得超过二十年。超过二十年的,超过部分无效。"故租赁集体建设用地开发建设的养老项目,不得不面临租赁期限届满后的续期问题,不利于投资人的稳定经营。因此,建议投资人在租赁集体建设用地开发养老项目时充分考虑这一风险,如在合规的前提下,设置优先续租的条款,或在签订租赁协议的同时,与村集体组织签订合作协议、委托运营协议等文件,加入相应的保障条款，以期提高期满续租的成功率，保证养老项目的可持续性。

三、结语

随着我国逐渐步入老龄化阶段，养老这一民生难题将不断涌现。对于经济发达、医疗水平较高的粤港澳大湾区而言，包括养老地产在内的养老产业大有可为。投资人可乘集体建设用地流转以及养老产业的优惠政策的东风，通过受让或承租集体建设用地使用权、委托建设和运营、设立合资公司等各种模式，充分利用集体建设用地位置好、成本低的优势，拓展养老地产项目，推进养老地产的发展。

房地产合作纠纷分类解析及裁判要旨研究

吴方荣* 张若晴 李铃妹

*作者简介：
吴方荣，中伦律师事务所杭州办公室争议解决部合伙人，电邮为：wufangrong@zhonglun.com。

房地产市场风险高发，项目合作开发作为分担风险、“抱团取暖”的措施，在行业内非常普遍。但考虑到目前房地产市场面临着下行压力，现实条件无法充分满足合作各方的利益诉求，矛盾就会显现，纠纷由此激增。在房地产市场当前形势下，这几年积累的合作纠纷到了爆发期，资源不足导致合作各方通过谈判解决纠纷的筹码和余地不足，此类纠纷案件大幅增长。

为研究此类案件的裁判规律，笔者进行了一定范围的案例检索和研究，检索的时间范围是 2021 年 1 月至 2022 年 6 月已审结上网的房地产合作纠纷，审级范围是最高人民法院和各高级人民法院审结的案件。经筛选并去除重复案例后共得案例 229 件，作为本文案例研究的素材。

一、案件概括分析

（一）审理法院分布

在本次检索结果中，案件审理法院集中分布于最高人民法院；而除山东、河南、新疆、陕西等高级人民法院审理案件在 10 件以上，其余高级人民法院审理此类案件均在 10 件以下（见图 1）。

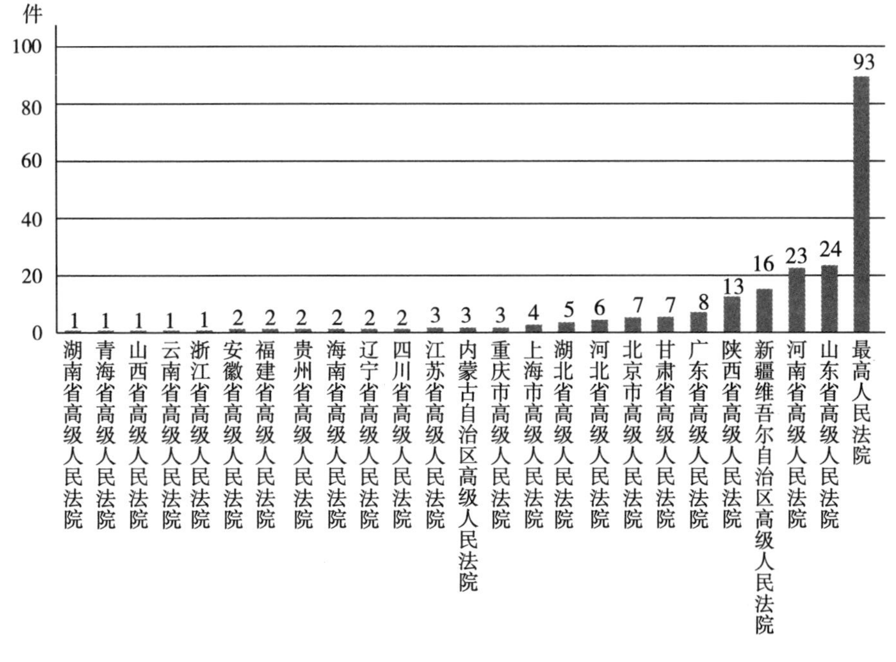

图 1　检索案件审理法院分布

（二）案由

此类纠纷案由分布十分集中。此次统计样本的229件案例中，案由为“合资、合作开发房地产纠纷”的案件高达216件，占比为94.32%；案由为“合同纠纷”的案件有6件（见图2和图3）。

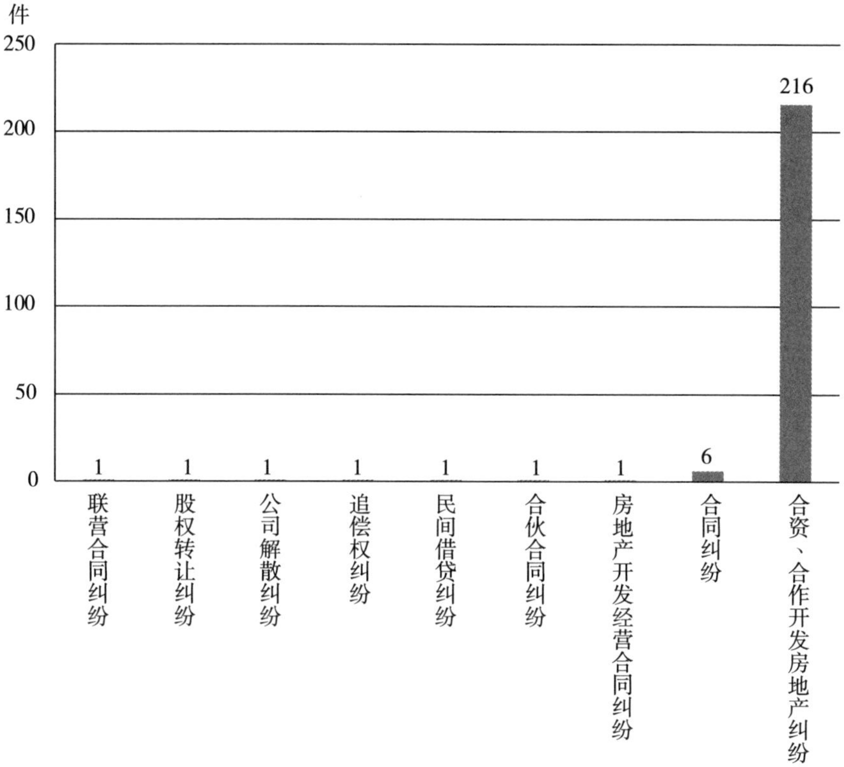

图2 案由数量

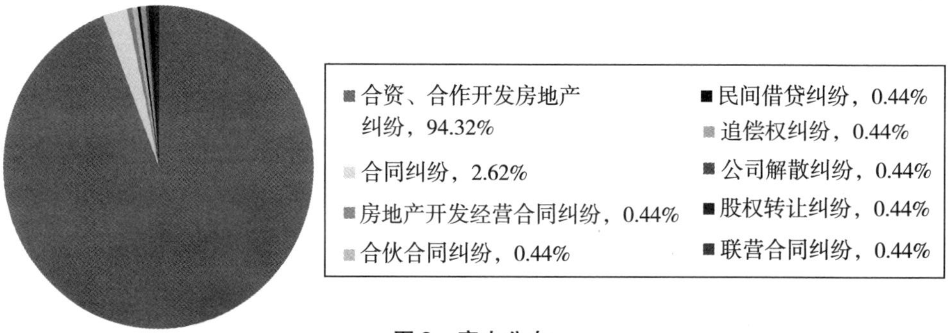

图3 案由分布

(三)案件审结程序

在笔者所检索到的案例中,通过再审程序审结的案件数量最多,共有 142 件,占全部案件数量的 62%;二审审结案件数量次之,共有 84 件,占比 37%;一审审结案件数量最少,共 3 件(见图 4)。上述数据反映出此类案件处理和审理程序的复杂性。

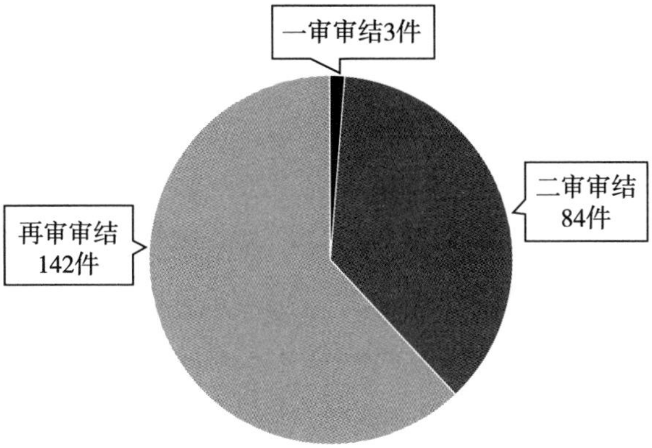

图 4 案件审结程序

(四)案件裁判结果

1. 二审阶段裁判结果

进入二审程序的 84 件案件中,二审法院裁判驳回上诉、维持原判/裁定的案件数量最多,共 38 件;直接予以改判的案件数量次之,共 23 件;法院裁判发回重审和指令再审的案件分别有 20 件和 2 件;法院裁定驳回起诉的案件有 1 件(见图 5)。

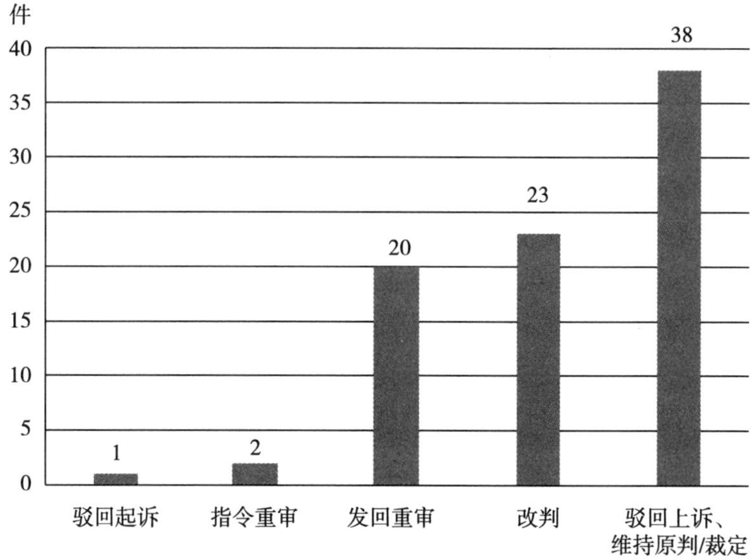

图5　二审裁判结果

2. 再审阶段裁判结果

进入再审程序的142件案件中，法院主要裁判结果（见图6）。其中，法院裁判驳回再审申请的案件数量最多，总数为113件；提审、指令再审和改判的案件分别有12件、10件、5件；法院裁判发回重审的案件数量最少，共2件。

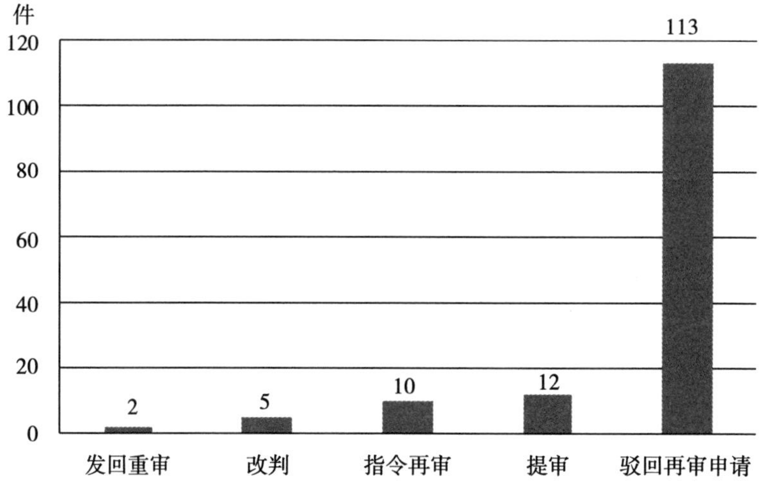

图6　再审裁判结果

（五）案件标的额

本文将原告诉请标的额划分为以下五个区间：100 万元以下、100 万 ~ 500 万元、500 万 ~ 1000 万元、1000 万 ~ 5000 万元、5000 万元以上。在 157 件涉房地产合作开发纠纷的案件中，通过数据比较分析，笔者观察到，标的额 5000 万元以上的案件数量最多，共 66 件，占比 42%；标的额 1000 万 ~ 5000 万元的案件数量次之，共 57 件，占比 36%（见图 7 和图 8）。

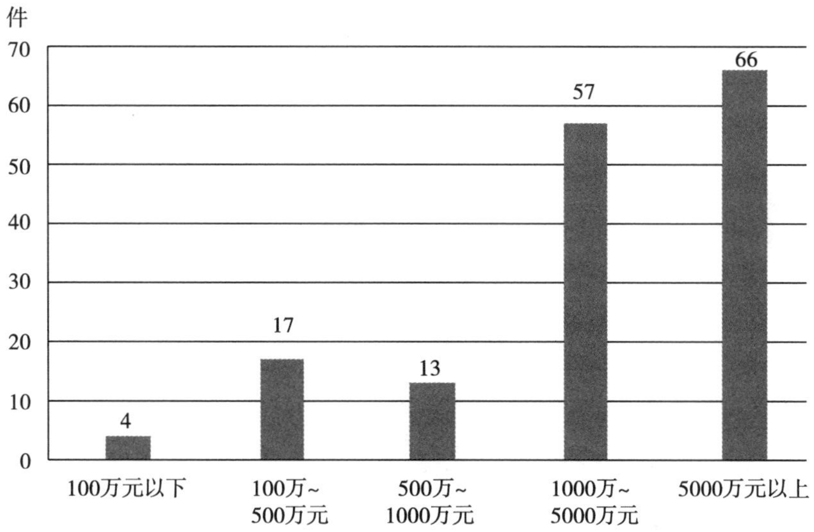

图 7　案件标的额分布

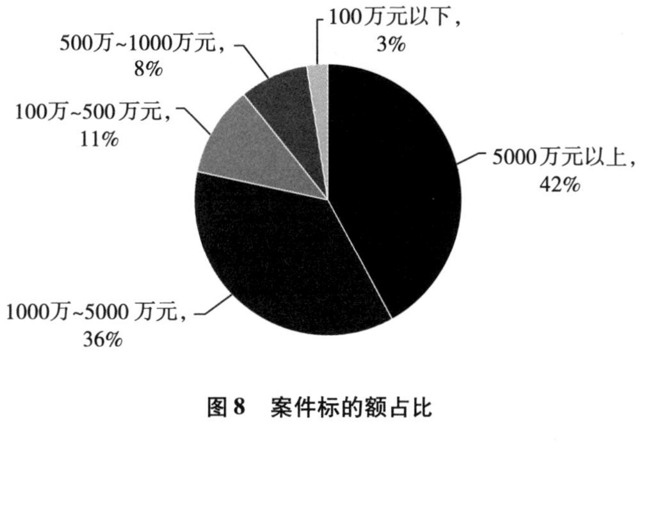

图 8　案件标的额占比

此类案件的裁判结果和标的额分布体现了标的较大、案情复杂、结果不确定等特点,对于当事人及其代理律师均是不小的挑战。

(六)涉及纠纷类型

根据各纠纷涉及的具体时点、表现形式和争议点的差异,笔者将房地产合作开发纠纷主要细分为以下六类情形:(1)项目利润分配纠纷;(2)开发中的项目违约或僵局;(3)项目开发建设成本分摊争议;(4)项目退出纠纷;(5)不履行(逾期履行)出资/投资义务;(6)合作缔约阶段违约。在纳入检索分类的142件案件中,涉及项目利润分配纠纷的案件数量最多,有62件,占六类纠纷的44%。因项目开发过程中的违约或僵局产生纠纷的案件有36件,占六类纠纷的25%。另外,项目开发建设成本分摊争议、项目退出纠纷也是房地产合作开发中的多发纠纷。这两类纠纷案件均为14件,各占10%(如图9所示)。

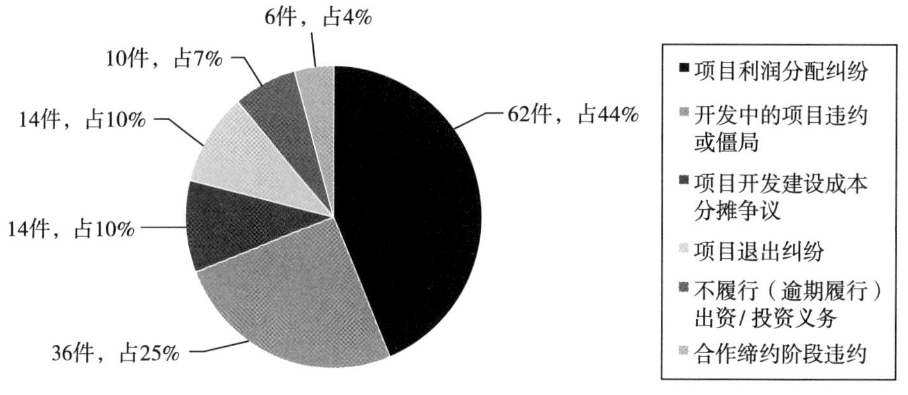

图9 各类纠纷数量及占比

说明:因部分案件涉及纠纷不止一类或部分裁判文书未全面显示相关案件事实,部分案件标的总额无法统计、难以总结其所属纠纷类型,案件标的额总数及各类纠纷数量总和与实际统计案件总量不完全一致。

二、高发纠纷表现形式和裁判要旨

(一)项目利润分配纠纷

1. 表现形式

项目利润分配类纠纷的主要表现形式为,合作一方诉请对方要求及时分配合作项目利润。分配的方式包括直接分配资金或分配房产,项目利润已转化为项目公司股份收益的,则要求对项目公司股份收益予以分配。此类纠纷的主要争议焦点有:案涉项目是否符合项目利润分配条件以及如满足分配条件,项目利润数额、分配比例应如何确定。

2. 裁判要旨

(1)关于项目利润分配条件

①在项目未竣工或项目的成本核算未完成的情况下,各方实际投资数额无法固定,项目债务也无法最终确定,项目是否存在利润不确定,应视为项目利润分配条件未成就。

②建设项目未取得基础项目审批手续的(如未取得建设工程规划许可证),不予支持项目利润分配的诉请。

裁判依据为《最高人民法院关于审理涉及国有土地使用权合同纠纷案件适用法律问题的解释》第 16 条第 1 款:“在下列情形下,合作开发房地产合同的当事人请求分配房地产项目利益的,不予受理;已经受理的,驳回起诉:(一)依法需经批准的房地产建设项目未经有批准权的人民政府主管部门批准;(二)房地产建设项目未取得建设工程规划许可证;(三)擅自变更建设工程规划。”

③合作双方不得约定直接分配商品房预售款项。

商品房预售款是指购房人依照商品房预售合同的约定预先支付给开发商的款项,该款项专门用作该商品房建设,若合作一方在案涉合作项目未最终完工、审计、清算并认定是否有利润的情况下,直接将购房人缴纳的预售款作为利润进行分配而不用于本项目建设,可能导致项目无法继续建设而形成“烂尾楼”,最终侵害购房人的合法权益。故法院不支持双方直接通过分配房屋预售款的方式取回成本并获取利润的约定内容。

④已转化为项目公司股份收益的,不得要求分配,而应通过项目公司清算的方式分配。

投资权益已转化为项目公司股份收益的,根据《公司法》股东不得抽逃出资的规定,一方作为项目公司的股东,不得要求直接收回该部分投资权益,只能在项目公司清算后按比例分配剩余财产。

⑤若项目未售房产无销售许可证而暂不具备销售条件,剩余土地也未开发,

应理解为该项目的未售房产与未开发土地未产生利润，因此不予支持要求利润分配的诉请。

(2)关于项目利润分配数额

①对于实际上已无法交付的房产(如另行出售或被抵押)，将按比例折价补偿；折价补偿的金额可以房产市场评估价格为依据。

②市场价值难以固定时，法院判决分配比例，但可在执行过程中以执行部门评估确定具体价值后按判决比例予以分配。

(3)关于项目利润分配比例

以实际投资金额作为分配比例的计算依据。在项目合作协议中，虽然双方就合作开发房产的面积分配、投资比例等事宜事先进行了约定，但在协议的履行过程中，一方未依约足额支付投资款，根据《最高人民法院关于审理涉及国有土地使用权合同纠纷案件适用法律问题的解释》第 19 条，“合作开发房地产合同约定仅以投资数额确定利润分配比例，当事人未足额交纳出资的，按照当事人的实际投资比例分配利润”，一般将实际投资占案涉项目投资比例作为利润分配的依据。

3. 项目实操参考

(1)在合作开发协议中应对利润分配相关内容进行明确、细化约定

①明确约定利润分配具体细节：利润分配在实务中较容易产生争议，合作开发各方应在合作开发协议中明确约定利润分配的具体操作，以免后期由于各方意见不一致发生争议。

②对于利润分配的时点：以销售进度达到的节点作为利润分配时点的，应明确销售额包含的空间(地上及/或地下)、销售额是不是含税金额、如对具体销售业态有要求则应当明确约定具体销售业态的销售情况；以其他开发进度达到的节点作为利润分配时点的，应相应明确符合该分配节点的标志。

③对于利润分配的比例：应明确具体分配比例或届时确定分配比例的依据。

④对于利润分配的方式：分配房屋的，建议详细约定分配方式，即是以房屋不动产所有权转让方式还是以合作各方相应持有项目公司股权方式分配以及各方可分得的具体对应房屋；依据房屋价值以现金方式进行分配的，建议明确约定房屋价值的确定方式(若依据评估意见，则建议明确评估机构的选定、评估方式的确认；若依据市场价值，则相应明确市场价值的确认方式及确认主体)；不应直接约

定对销售款项进行分配。

(2)在履约过程中采取相应措施供后续纠纷中主张权利所用

①在项目开发建设过程中,应注意保留项目开发所涉各类文件证明,根据项目开发建设进度和销售状况及时对案涉项目进行开发成本核算、对外债务清算、销售利润审计等事项,并留存相应数据,作为届时诉请要求分配项目利润的依据。

②对于实际上已无法交付的房产,或对房产分配有争议等难以确定房屋价值情形的,可及时向法院申请对案涉房产价格评估鉴定。

(二)开发中的项目违约或僵局

1. 表现形式

开发中的违约或僵局纠纷,主要表现为项目开发建设已经启动,但因合作方不履行合同义务或因国家政策变更、不可抗力等导致项目停工/停滞等僵局状况(项目无法推进)。实践中可能导致项目违约或僵局的情形主要有如下几种:项目规划调整、项目土地性质变更、未按时缴纳土地出让金、土地被征收、项目资金短缺等。

在项目违约或僵局产生纠纷的案件中,合作方通常诉请法院判决解除合同或终止合同以达成退出项目合作的目的,并要求返还项目开发过程中已投入资金,或诉请共同承担已产生的项目开发建设成本以及违约责任等。

2. 裁判要旨

(1)对于非项目合作方导致项目无法推进,合作协议不能履行的,法院将综合考虑一方的实际损失及合作实际情况、投入的资金、对方的过错程度以及对方公司付款情况等因素,并兼顾公平原则,计算违约金。

(2)对于因合作方违约(如未办理项目审批手续)导致项目无法推进的,如能证明已实际投入资金的,法院一般支持返还已投入资金;但对于违约金部分,如当事人主张违约金过高,要求适当减少的,法院以实际损失为基础,兼顾合同的履行情况、当事人的过错程度以及预期利益等综合因素,根据公平原则和诚实信用原则予以衡量,酌情调减。

3. 项目实操参考

(1)合作开发协议应明确以下两点:①明确合作开发过程中应当履行的具体事项、履行主体及履行期限;②明确约定开发过程中无法推进的表现形式及发生无法继续履行情况后违约方应当承担的违约责任的计算方式和支付方式,以使守约方在提出主张时有具体依据并可以相应减轻举证义务。

(2)守约方应当及时固定损失证据(如已投入项目资金流水及相关凭证、与履约相关往来函件等),并及时主张权利。

(三)项目开发建设成本分摊争议

1. 表现形式

项目开发建设成本分摊争议一般体现为:在项目开发建设过程中,一方为项目开发建设投入了相应资金,如项目建设工程施工费用、人员工资、测绘费等与项目相关的支出,诉请对方共同分摊已支出的项目开发建设资金。

2. 裁判要旨

经审计单位审计确认、已实际支出的与案涉项目工程相关的各类项目建设费用,法院认为应予以分摊;无法确认与案涉项目工程相关的支出,不予认定。分摊的比例依照双方协商确认或按照法院认定的投资比例确定。

3. 项目实操参考

(1)在项目尽职调查中,应当对项目开发已经发生的成本进行全面梳理,可作为协议附件供各方确认。

(2)在合作开发协议中应明确:①新进合作方应当要求原项目股东方承诺除各方确认已发生成本之外,不存在其他已经发生的成本,如有,则应当由原股东方相应承担;②合作各方应当对后续项目开发建设成本的承担主体、方式及违约责任等进行明确约定。

(3)在合作开发过程中,应注意留存实际支出的各类成本凭证、支出事由等,必要时应及时对已支出项目开发成本进行审计核算。

(四)项目退出纠纷

1. 表现形式

项目退出纠纷表现为,非因房地产开发完成导致合作关系的终止,实践中通常由合作方协议解除合作关系,退出项目合作。因一方不履行解除协议或违反项目退出后的承诺事项,另一方提起诉讼,要求对方根据解除协议的相关约定履行相关义务或承诺。

2. 裁判要旨

(1)协议解除项目合作关系,退出项目合作后,合作一方对另一方作出的书面承诺,如未因违反法律、行政法规的强制性规定而无效,则对双方具有约束力。

(2)双方之间的债权债务应严格按承诺书中的约定履行。若一方作出了退还原告投资款的承诺,且该承诺书中退还投资款的数额、退还期限、利息及未按期退还投资款的违约责任约定明确,权利义务关系明晰的,则法院一般予以支持。

3. 项目实操参考

在协商解除合作关系时,各方应形成书面的解除协议,对于合作关系终止后的权利义务以及不履行解除协议时的违约责任予以明确。

(五)不履行(逾期履行)出资/投资义务

1. 表现形式

因不履行(逾期履行)出资/投资义务引起的纠纷一般表现为,具有履行出资/投资义务的一方,未按合同约定履行相应的出资/投资义务。当一方不履行出资/投资义务产生纠纷时,另一方可能要求对方履行出资/投资义务并承担逾期付款违约责任,或要求解除合作关系,并承担违约责任。

2. 裁判要旨

(1)对要求继续履行出资/投资义务的案件,在合同有约定的情况下,未达到合同约定的付款条件的,法院将不予支持要求履行出资义务的诉请。

(2)若协议未明确约定出资时间、金额等,且在诉讼中无法提出证据证明应履行出资义务方应出资款项及少出资款项等事实,法院将不予支持以未履行出资义务为由要求对方承担违约责任的诉请。

(3)没有明确约定未履行出资/投资义务时的违约责任,不能适用约定解除合同。如履行出资义务方未及时出资数额较少,其过错尚不能导致合同无法继续履行的,将不予适用法定解除相关规定,已发出解除合同的通知无效。

(4)如双方明确约定合作一方未依约履行出资义务时的违约责任,另一方催告并在延展期后明确未放弃追究违约责任的,另一方仍享有追究违约责任的权利。

3. 项目实操参考

(1)对于出资方

①在项目尽职调查过程中,对于合作开发项目情况进行详尽调查并摸排实际影响开发的重大因素。

②在合作开发协议中，将可能会对项目开发进度产生影响的必要事项列为出资前提条件且出资方应当有权对是否符合出资前提进行确认，在符合出资前提的情况下，出资方具有出资义务；明确约定出资前提的履行期限，即在一定期限内，出资前提条件仍未达成，出资方有权解除协议并追究违约方的违约责任；且应当明确出资方对出资前提条件的豁免不视为对相应权利的放弃。

③融资方在出资前提的履行期限届满时仍未达成出资前提条件的，则出资方应当及时留存相应证据以证明融资方导致未能达成出资前提条件，并及时与融资方磋商，磋商不成的，应及时通过司法途径主张融资方的违约责任。

(2)对于融资方

①在合作开发协议中应当要求在前提条件符合的情况下，融资方有权要求出资方履行出资义务，否则融资方有权解除合同或采取其他救济措施且出资方应当承担违约责任。

②在符合出资条件时，应注意及时督促出资方及时履约，并注意以书面形式留存相应催告记录。若双方就付款时间、付款额度等任何有关出资内容有变更，应以书面形式作出约定；并明确各种就付款时间、数额的变更不应视为对另一方逾期出资违约责任的免除事由。

(六)合作缔约阶段违约

1. 表现形式

合作缔约阶段违约类案件主要发生在合作方缔约阶段，即尚未正式建立合资/合作开发关系或已签订合作开发框架协议但项目工程建设尚未启动，因前期未能取得项目建设用地使用权等导致项目无法启动，形成违约或项目无法落地状况。在此类案件中，主要诉请大多为要求解除合作开发框架协议，返还已投入的投资款(如有)，并承担违约责任。

2. 裁判要旨

双方已在前期合作开发框架协议中明确将某一特定条件作为双方开展合作开发的前提，并将该条件的达成作为合作一方合同义务的，如该条件最终未成就且能证明该方违约事实的，合作关系解除，并由该义务方承担违约责任。

3. 项目实操参考

(1)在项目尽职调查中，合作各方应对地块情况进行详尽调查，详尽了解并相应梳理地块得以顺利开发的前提条件。

(2)在合作开发框架协议中,明确约定合作开发的前提条件(包括但不限于地块得以顺利开发的前提),并具体约定该前提条件的落实时间及落实主体。同时,应对前提条件无法达成的处理措施及违约责任进行明确约定。

综上,房地产项目的合作开发贯穿项目开发始终。合作各方应在尽职调查阶段对拟合作开发项目进行全面尽职调查,梳理可能影响项目开发的重大障碍;在协议起草及谈判阶段结合项目实际情况、商业诉求、公司治理等多种要素确定合作方式、管理方式、成本分摊方式、利润分配方式、责任承担方式等;在协议落地及履行阶段各方依照协议进行履行。

房地产合作开发项目通常金额较大、合作程度深、合作时间长,若开发过程中产生障碍,则各方交易及合作易形成纠纷。建议企业在项目合作开发的各个阶段,保存与合作方之间沟通往来的邮件、书面函件等可留存的记录;尤其应重点关注合作开发过程中的资金往来凭证并注意资金往来事由;涉及项目开发成本分配与项目利润分配时,应注意根据项目开发建设进度、销售状况等及时对项目成本、对外债务、销售款额进行核算、审计,以便进入诉讼阶段后作为主张自身权益、要求对方承担相应责任的依据。

鉴于房地产合作纠纷类案件纠纷类型多样化、复杂化,在合作各方产生相关争议的前期阶段,当事方即应邀请专业人员及时介入,以妥善应对后续复杂的协商及争议处理过程。

当房屋租赁遇上抵押和查封

康　铧[*]　唐　晶

[*]作者简介：
康铧，中伦律师事务所北京办公室争议解决部合伙人，电邮为：kanghua@ zhonglun. com。

在房屋租赁过程中，有时会遇到房屋被抵押或者被查封的情况，如出现这种情况，是否会对承租人的租赁权产生影响，抵押和查封究竟能否“破”租赁？本文拟就此问题进行分析，并探究相关主体权利救济之有效路径。

一、能否“破”租赁的认定标准

（一）抵押权 VS 租赁权

1. 先租赁后抵押

《民法典》第405条规定：“抵押权设立前，抵押财产已经出租并转移占有的，原租赁关系不受该抵押权的影响。”2022年发布的江苏省高级人民法院《执行异议及执行异议之诉案件办理工作指引（三）》[①]第2条第2款明确，承租人在租赁物被抵押之前已经与被执行人签订了合法有效的租赁合同，并已按约支付租金，且实际占有使用租赁物，抵押权人申请拍卖该租赁物，承租人要求阻止交付的，应予支持。

2. 先抵押后租赁

根据《最高人民法院关于审理城镇房屋租赁合同纠纷案件具体应用法律若干问题的解释》第14条，租赁房屋在承租人按照租赁合同占有期限内发生所有权变动，承租人请求房屋受让人继续履行原租赁合同的，人民法院应予支持。但租赁房屋在出租前已设立抵押权，因抵押权人实现抵押权发生所有权变动的除外。江苏省高级人民法院《执行异议及执行异议之诉案件办理工作指引（三）》第1条明确，承租人基于不动产被抵押之后与被执行人订立的租赁合同提出执行异议的，承租人请求在租赁期内停止对执行标的的处置或者阻止向受让人移交占有该不动产的，不予支持。

由上述规定可见，“租赁＋实际占有”的时间与抵押权设立的时间先后是判断租赁能否对抗抵押权的重要依据。如抵押权设立在先，则租赁权不得对抗；如抵押权设立在后，则租赁权能够对抗。

（二）查封 VS 租赁权

1. 先租赁后查封

《最高人民法院关于人民法院办理执行异议和复议案件若干问题的规定》第

---

① 部分高级人民法院就相关问题出台了相应的指导意见，此处仅以江苏省高级人民法院为例。下同。

31 条第 1 款规定:“承租人请求在租赁期内阻止向受让人移交占有被执行的不动产,在人民法院查封之前已签订合法有效的书面租赁合同并占有使用该不动产的,人民法院应予支持。”即如“租赁 + 实际占有”在房屋被查封之前,则承租人的承租权可以对抗出租人的债权人,无须腾退房屋。

2. 先查封后租赁

根据《最高人民法院关于审理城镇房屋租赁合同纠纷案件具体应用法律若干问题的解释》第 14 条,房屋在出租前已被人民法院依法查封的,承租人请求房屋受让人继续履行原租赁合同的,人民法院不予支持。《最高人民法院关于人民法院民事执行中查封、扣押、冻结财产的规定》第 24 条第 1 款和第 2 款规定:“被执行人就已经查封、扣押、冻结的财产所作的移转、设定权利负担或者其他有碍执行的行为,不得对抗申请执行人。第三人未经人民法院准许占有查封、扣押、冻结的财产或者实施其他有碍执行的行为的,人民法院可以依据申请执行人的申请或者依职权解除其占有或者排除其妨害。”

由上述规定可见,如承租人在房屋被查封后承租,则无权请求受让人继续履行原租赁合同,如因房屋出租有碍执行行为,法院可依申请或依职权要求承租人腾退。但需要说明的是,即便已被查封的房屋未经人民法院准许又另行出租,房屋租赁合同并不当然无效,只是不得对抗申请执行人。对承租人依据租赁合同占有的房屋,人民法院可以解除其占有,但不应当在裁定中直接认定租赁合同无效或解除租赁合同。①

(三)占有时间点是关键

从部分高级人民法院出台的相关意见来看,在司法实践中,人民法院认定租赁可以对抗抵押或查封应同时符合以下条件:②一是在人民法院查封之前或者在抵押登记之前,承租人已基于租赁之目的签订合法有效的书面租赁合同;二是在人民法院查封之前或者在抵押登记之前,承租人已合法占有使用房屋;三是已按

---

① 参见《最高人民法院关于人民法院能否在执行程序中以被执行人擅自出租查封房产为由认定该租赁合同无效或解除该租赁合同的答复》(〔2009〕执他字第 7 号)。

② 参见《海南省高级人民法院关于审理执行异议之诉纠纷案件的裁判指引(试行)》第 11 条,《山东高院民一庭关于审理执行异议之诉案件若干问题的解答》第 4 条,《江西省高级人民法院关于执行异议之诉案件的审理指南》第 34 条、第 35 条,江苏省高级人民法院《执行异议及执行异议之诉案件办理工作指引(三)》第 1 条、第 2 条。

照合理方式支付租金。

因租赁合同的真实签订时间难以确定，为遏制被执行人与承租人通过虚假租赁规避执行行为，保护债权人合法权益，相关规定明确，在对房屋进行执行时，如承租人主张租赁权，关键在于实际“占有”的时间点。例如，《江苏省高级人民法院执行局关于执行不动产时承租人主张租赁权的若干问题解答》明确，无论被执行人与承租人订立的租赁合同在申请执行人设立抵押权、法院查封之前或之后，只要承租人在申请执行人设立抵押权、法院查封之后占有使用该不动产的，法院应根据申请执行人的申请或依职权裁定除去租赁关系后拍卖该不动产。

此外，占有必须由承租人实际占有。江苏省高级人民法院认为，承租人占有使用不动产主要是指承租人(包括次承租人)已支付租金且对该不动产已经用于生活、生产、经营，已进行装修或以其他方式行使对租赁物的实际控制权。承租人以已向被执行人支付全部租金、以该不动产使用权抵债、已向房产管理部门登记备案、以在该不动产所在地为新设公司营业地址为由主张租赁权，请求法院带租拍卖或拍卖后阻止向受让人移交占有的，而该不动产仍为被执行人或其他人占有使用的，不属于承租人占有使用的情形。①

二、特殊情形下的权利较量

从当前关于租赁权是否受抵押和查封之影响的上述规定可见，抵押和查封能否“破”租赁的关键在于抵押设立和查封的时间是否早于承租人“租赁 + 实际占有”的时间。一般而言，如抵押权设立和查封的时间在前，则可破租赁；如抵押权设立和查封的时间在后，则不可“破”租赁。但现实生活中的情形往往比较复杂，有时会出现转租或者承租人和出租人主体变更的情况，在涉及新的主体加入时，如仅将时间点的先后作为判断的依据，有可能会出现认定错误。故在一些特殊情形下，租赁能否被“破”，应首先判断租赁权的权利来源，然后再从时间上来判断先后。

(一)转租情况下次承租人的承租权

如果出租人与承租人签订房屋租赁合同且承租人实际占有房屋的时间在查

---

① 参见《江苏省高级人民法院执行局关于执行不动产时承租人主张租赁权的若干问题解答》第3条、江苏省高级人民法院《执行异议及执行异议之诉案件办理工作指引(三)》第4条。

封或抵押权设立之前，但承租人与次承租人的转租合同签订在查封或抵押权设立之后，在此种情况下，次承租人的承租权能否对抗查封和抵押权（见图1）？

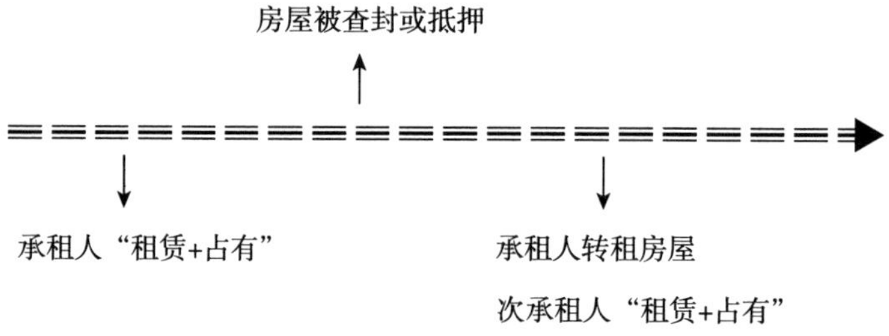

图1　转租情形

笔者认为，因次承租人的承租权来源于承租人，只要承租人能够转租且其承租权能够对抗查封和抵押权，次承租人的承租权就不会受到查封和抵押的影响。也就是说，即便次承租人的“租赁＋占有”的时间在查封和抵押权设立之后，但只要承租人的“租赁＋占有”在查封和抵押权设立之前，因承租人可以对抗查封和抵押权，在债权人无权要求承租人腾退的情况下，承租人和出租人之间的房屋租赁合同便可以继续履行。因而，只要出租人同意承租人转租，次承租人就在租期内承接了承租人的承租权，并不会受到查封和抵押的影响。简言之，次承租人的承租权能否对抗查封和抵押，关键还是看承租人“租赁＋占有”的时间点。

经笔者检索，最高人民法院在（2017）最高法民终338号案件中处理过此类纠纷。该案中，出租人跨世纪公司将案涉房屋出租给了大富豪公司，大富豪公司又将案涉房屋转租给了吉大一院。案涉房屋在出租给大富豪公司之后、大富豪公司转租给吉大一院之前被法院查封并设定了抵押（见图2）。

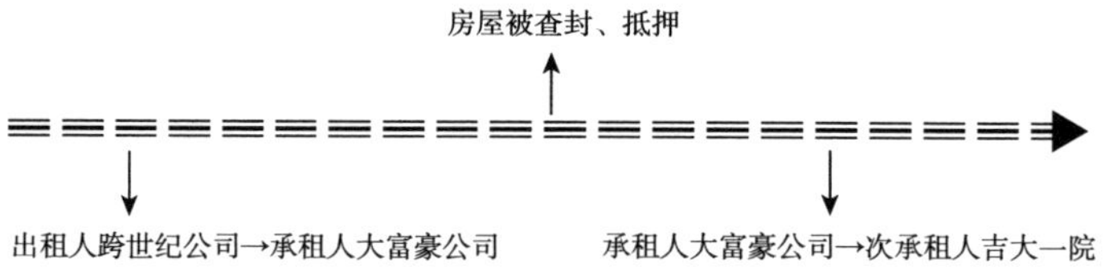

图2　三公司之间的转租

最高人民法院在该案判决书中认定：“本案中，一方面，大富豪公司与跨世纪公司之间的租赁合同订立在法院查封之前，大富豪公司与吉大一院之间的转租合同虽订立在法院查封之后，即涉案房屋在大富豪公司与吉大一院签订《房屋租赁合同》时，虽已因案外人赵某申请执行案件而被法院依法查封，但吉大一院在其租赁期限内承接了大富豪公司的承租权，该承租行为并未增加申请执行人实现债权的负担，大富豪公司与吉大一院之间的《房屋租赁合同》不应因签订在涉案房屋被法院查封之后而被认定为无效。另一方面，涉案房屋在大富豪公司与吉大一院签订《房屋租赁合同》时，已经由房屋所有权人跨世纪公司抵押给宽城支行，且因宽城支行依据法院生效判决申请执行而被查封。但跨世纪公司在与宽城支行签订抵押合同之前，已经与大富豪公司签订了出租合同，故跨世纪公司与大富豪公司之间的原租赁关系不受宽城支行抵押权的影响，大富豪公司仍可继续承租本案涉案房屋，在跨世纪公司同意的前提下，大富豪公司有权就涉案房屋进行转租。吉大一院对涉案房屋的租赁期限没有超出大富豪公司租赁期限，吉大一院在其租期内承接了大富豪公司的承租权，并不受抵押权的影响。"[①]

（二）承租人发生变更后新承租人的承租权

在房屋租赁合同签订后，也可能会出现承租人主体变更的情况。如果原房屋租赁合同签订在查封或抵押权设立之前，但承租人主体变更发生在查封或抵押权设立之后（见图3），就新的承租人能否以其承租权来对抗查封和抵押权的问题，笔者认为应当分两种情况进行分析：

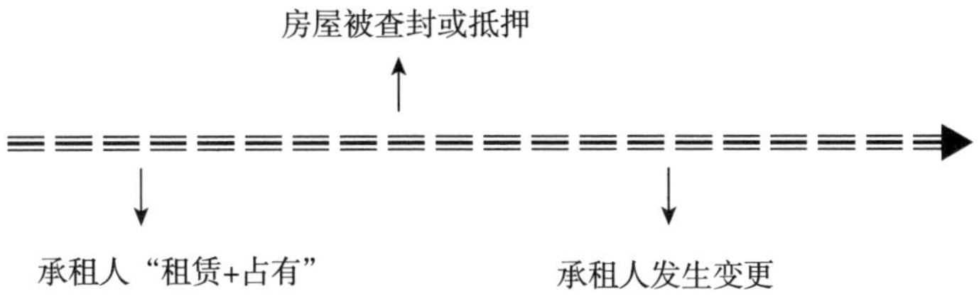

图3　承租人发生变更

一是"解除＋重新签约"的情况。在承租人发生变更时，如出租人和原承租人签订了解除房屋租赁合同的相关协议，而后又与新的承租人签订了房屋租赁合同，那么新的承租人所签订的合同应被视为一个新的房屋租赁关系，与此前原承租人的房屋租赁合同关系没有关联。在此情况下，如果新的房屋租赁合同签订在

① 参见最高人民法院（2017）最高法民终338号。

查封或抵押权设立之后，将无法进行对抗。

二是“合同的权利和义务一并转让”的情况。如出租人、原承租人和新的承租人仅签订了关于房屋租赁合同的承租人变更协议，笔者认为属于原承租人将房屋租赁合同项下的合同权利和义务进行了一并转让，在承租人变更后，新的承租人直接承继了原承租人的合同权利义务，房屋租赁合同仍应继续履行。此时“租赁 + 占有”的时间点仍应以原承租人取得承租权的时间节点进行判断。

就此情况，笔者检索到天津市第二中级人民法院(2021)津02执异169号案件。该案租赁合同签订于2009年11月，案涉房产查封于2016年2月，承租人主体变更发生于2017年7月，在债权人执行案涉房产时新的承租人提出执行异议。法院最终依据《最高人民法院关于人民法院办理执行异议和复议案件若干问题的规定》第31条之规定，裁定新的承租人的异议成立，准许新的承租人在租赁期内不向买受人移交案涉房产。①

（三）出租人发生变更后承租人的承租权

在房屋租赁的过程中，如出现出租人变更（见图4），亦需要首先判断新的房屋租赁合同的权利来源，继而再判断这种承租权是否可以对抗查封和抵押权。

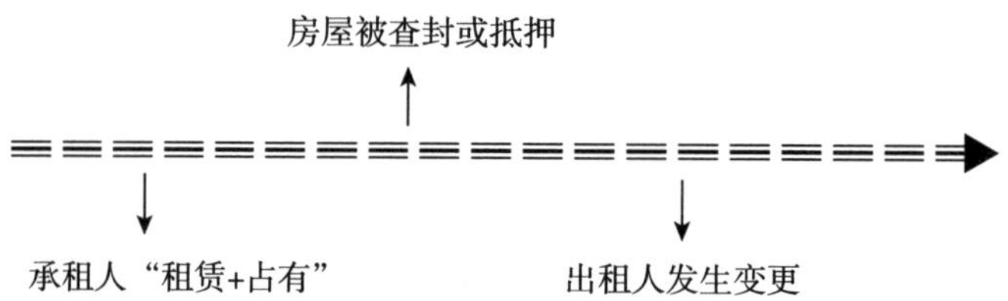

图4 出租人发生变更

实践中，笔者曾遇到此类情况，即产权人甲将房屋出租给乙，乙实际占有房屋后，甲将房屋抵押给了某银行。后甲因商业运作方面的需要，拟将房屋先出租给丙，再由丙出租给乙。暂且不论甲“一房二租”的问题，如乙同意与丙签订租赁合同，则意味着乙与甲之间原有的租赁关系已经解除，乙的承租权即来源于丙的转租权。但因丙取得承租权在抵押权之后，一旦抵押权人要求实现抵押权，乙作为

① 参见天津市第二中级人民法院(2021)津02执异169号。

次承租人就存在腾退的风险。

三、承租人与债权人的救济路径

当租赁与查封和抵押相遇,债权人又拟就承租房屋实现优先受偿权或债务的清偿,承租人和债权人的对抗便主要集中于执行程序中。在执行程序中,承租人如何让租赁合同继续履行、债权人又如何争取最大限度地实现债权,笔者认为,主要的救济路径如下。

(一)承租人的救济路径

一是证明实际占有在先。是否占有在先是租赁能否对抗查封和抵押的关键,故一旦进入执行程序,承租人可提供房屋被查封或抵押之前形成的租金收取凭证、物业服务合同、交房证明、水电费及物业费缴纳凭证、已根据租赁用途进行装修、以租赁房屋作为住所地的营业执照且至今未变更住所地等其他足以证明已经实际交接或占有房屋的证据。

二是要求阻止交付。承租人如在所租赁房屋设立抵押权、法院查封之前已签订书面租赁合同并占有使用房屋,债权人申请拍卖该房屋,因租赁权设立在先,租赁权得以对抗抵押和查封,此时承租人有权要求阻止向受让人移交占有房屋。承租人可向执行法院提出执行异议,法院将依据《民事诉讼法》第 234 条有关执行标的异议的规定进行审查。

三是申请"带租拍卖"。即便在承租权能够对抗抵押和查封的情况下,承租人也仅可以要求阻止交付房屋,但不得要求停止对执行标的即房屋的处置。[①] 承租人可提出"带租拍卖",并可对除去租赁关系的拍卖提出执行异议,法院对该异议将依据《民事诉讼法》第 234 条进行处理。

四是争取取得申请执行人出具的有利书面文件。如房屋在设立抵押权、法院查封之后才租赁占有的,但申请执行人能够书面同意"带租拍卖"的,法院应裁定在租赁期内"带租拍卖"。故在承租人处于被动地位时,承租人可与申请执行人进行必要的沟通,争取对具体的"带租拍卖"执行方案达成合意。

五是优先购买权不受影响。无论法院采取"带租拍卖"还是"去租拍卖",承

---

① 参见江苏省高级人民法院《执行异议及执行异议之诉案件办理工作指引(三)》第 2 条第 1 款。

租人在同等条件下的优先购买权均不受影响。在“去租拍卖”的情况下，仅是承租人的租赁权不能对抗强制执行，但优先购买权仍然受法律保护。

（二）债权人的救济路径

一是查证是否存在虚假租赁。承租人虽在所承租房屋抵押权设立、法院查封之前订立租赁合同并占有使用房屋，但债权人有证据证明，被执行人与承租人之间恶意串通，以明显不合理的低价租赁，或伪造交付租金证据的，应按照《最高人民法院关于人民法院办理执行异议和复议案件若干问题的规定》第 31 条第 2 款之规定，对承租人提出的阻止移交占有房屋的请求，不予支持。故作为申请执行人，应注意查找承租人是否存在虚假租赁的相关证据。例如，承租人和被执行人伪造、变造租赁合同；倒签租赁合同时间；伪造实际占有使用房屋的证据；承租人系被执行人的近亲属或关联企业，租赁关系与其他证据或事实相互矛盾。对于租赁期限在 5 年以上的租约，更应着重提供证据证明存在租金支付明显违反常理、名为租赁实为借贷、租赁房屋并未实际占有使用等其他违反商业习惯或商业常理的情形。①

二是申请“去租拍卖”。“带租拍卖”势必会对房产的评估拍卖价格产生较大影响，不利于债权的顺利实现。在查封和抵押能“破”租赁的情况下，如法院“带租拍卖”，债权人可提出应除去租赁关系，对“带租拍卖”提出执行异议，法院对该异议应依据《民事诉讼法》第 232 条有关执行行为异议的规定进行处理。

四、相关建议

只有未雨绸缪，防患于未然，才能有效地控制风险。在交易的过程中，建议各主体把工作做在前面。

一是对抵押权人而言，抵押权人在设立抵押权时如发现房屋之上存在在先的租赁，建议抵押权人要求债务人再提供其他额外的担保，以避免“带租拍卖”时因价格过低导致债权清偿受限。

二是对承租人而言，如房屋在租赁前存在查封或抵押，那么承租人将面临于租赁期内无法使用房屋的风险，且一旦房屋租赁被“破”而解除，如双方无约定，承

① 参见江苏省高级人民法院《执行异议及执行异议之诉案件办理工作指引（三）》第 3 条、第 4 条。

租人可获赔偿则主要视双方的过错程度来综合认定。判断承租人是否具有过错的重点在于承租人是否尽到了必要的注意义务,①故在租赁房屋之前,尤其是在租赁经营性的商业用房前,承租人一定要进行尽职调查,要求出租人提供不动产登记信息及产权证,以确定房屋是否处于查封和抵押的状态。为进一步避免风险,建议承租人在调查后,无论是否发现房屋存在查封或抵押,均力争在合同中明确约定,如因房屋存在查封或抵押而致使承租人无法使用房屋,出租人应如何承担合同解除的违约责任。如承租人在签订租赁合同时发现房屋存在查封或抵押,亦可争取与债权人协商,争取由债权人出具有关"如为实现债权拍卖房屋,亦不影响租赁合同履行"的相关书面承诺。

三是对出租人而言,如房屋在租赁前存在查封或抵押,一旦租赁被"破",出租人即应承担相应的违约责任。作为出租人,不应特意隐瞒租赁房屋存在查封或抵押的客观情况,避免承担过重违约责任的最佳方式即力争在租赁合同中对合同解除后的双方责任进行明确划分,尽可能降低因违约而需承担的违约责任,或对赔偿损失的具体范围进行限缩。但违约责任具体如何约定的关键还在于出租人和承租人之间的博弈。

---

① 参见上海市第二中级人民法院(2016)沪02民终7110号。该案二审上海市第二中级人民法院认定,承租人的过错在于签约时未尽审慎义务,相较出租人的过错,承租人显然属于次要责任。

商品房消费者超级优先权刍议

——简评最高人民法院法释〔2023〕1号

徐韬峰* 陈 晨 颜 辉

* 作者简介：

徐韬峰，中伦律师事务所上海办公室争议解决部合伙人，电邮为：xutaofeng@ zhonglun. com。

2023年4月20日，最高人民法院（以下简称最高院）发布《最高人民法院关于商品房消费者权利保护问题的批复》（法释〔2023〕1号，以下简称1号批复）。1号批复的新鲜出炉引发了热议，有网友评论该司法解释创设了商品房消费者“超级优先权”，是一柄对抗烂尾楼的“尚方宝剑”。自2021年开始，在“房住不炒”和“三条红线”政策背景以及新冠疫情的叠加影响下，不少房地产开发企业在资金端和销售端均遇到困难，引发债务危机并严重影响在建楼盘交付进度。为保障民生，全国各地均出台了相应的“保交楼”政策①。在该等背景下，商品房消费者在何种程度上享有所谓“超级优先权”，本文拟根据1号批复并结合司法实践，探讨商品房消费者超级优先权的适用条件和法律效果。

一、商品房消费者超级优先权规则的演变

1号批复虽然于2023年4月20日起才施行，但商品房消费者的优先保护顺位在司法实践中已有20余年历史。早在2002年，为保障商品房消费者的合法权益，最高院曾在《关于建设工程价款优先受偿权问题的批复》（法释〔2002〕16号，现已失效，以下简称16号批复）中提出商品房消费者超级优先权 > 建设工程价款优先受偿权 > 抵押权 > 其他债权的权利保护顺位，我们初步梳理了商品房消费者优先权规则的20余年来的司法沿袭，以供参考（见表1）：

表1　商品房消费者优先权相关法律法规整理

序号	文件名称	条文内容	要点
1	《最高人民法院关于建设工程价款优先受偿权问题的批复》（法释〔2002〕16号，现已失效，2002年6月27日至2021年1月1日之间有效）	一、人民法院在审理房地产纠纷案件和办理执行案件中，应当依照《中华人民共和国合同法》第二百八十六条的规定，认定建筑工程的承包人的优先受偿权优于抵押权和其他债权。 二、消费者交付购买商品房的全部或者大部分款项后，承包人就该商品房享有的工程价款优先受偿权不得对抗买受人……	交付购买商品房的全部或者大部分款项后的消费者权利 > 建筑工程的承包人的优先受偿权 > 抵押权 > 其他债权

① 如河南省出台《关于全面推行新建商品房“交房即交证”的实施意见》和《郑州市房地产纾困基金设立运作方案》、浙江省出台《关于开展我省房地产企业与金融机构对接需求调研的通知》、山西省长治市发布《长治市促进房地产业良性循环和健康发展实施意见（试行）》、湖南省长沙市公布《关于进一步加强商品房预售资金监管的通知》等。

续表

序号	文件名称	条文内容	要点
2	《最高人民法院执行工作办公室关于〈最高人民法院关于建设工程价款优先受偿权问题的批复〉中有关消费者权利应优先保护的规定应如何理解的答复》(〔2005〕执他字第16号)	《最高人民法院关于建设工程价款优先受偿权问题的批复》(法释〔2002〕16号)第二条关于已交付购买商品房的全部或者大部分款项的消费者权利应优先保护的规定,是为了保护个人消费者的居住权而设置的,即购房应是直接用于满足其生活居住需要,而不是用于经营,不应作扩大解释	16号批复适用的前提为购房应直接用于满足其生活居住需要,而不是用于经营
3	《最高人民法院针对山东省高级人民法院就处置济南彩石山庄房屋买卖合同纠纷案请示的答复》(〔2014〕执他字第23、24号)	……二、基于《批复》保护处于弱势地位的房屋买受人的精神,对于《批复》第二条"承包人的工程价款优先受偿权不得对抗买受人"的规定,应当理解为既不得对抗买受人在房屋建成情况下的房屋交付请求权,也不得对抗买受人在房屋未建成等情况下的购房款返还请求权……在破产程序中,《批复》关于优先保护商品房买受人权利的规定也应予以适用……	商品房消费者超级优先权包括房屋交付请求权和购房款返还请求权,两者的区分点在于房屋是否已建成 16号批复也适用于破产程序
4	《最高人民法院关于人民法院办理执行异议和复议案件若干问题的规定》(以下简称《执行异议和复议规定》)	第二十九条　金钱债权执行中,买受人对登记在被执行的房地产开发企业名下的商品房提出异议,符合下列情形且其权利能够排除执行的,人民法院应予支持: (一)在人民法院查封之前已签订合法有效的书面买卖合同; (二)所购商品房系用于居住且买受人名下无其他用于居住的房屋; (三)已支付的价款超过合同约定总价款的百分之五十	执行异议中,符合左述三个要件的商品房买受人可以排除强制执行
5	《全国法院民商事审判工作会议纪要》(法〔2019〕254号)	125.【案外人系商品房消费者】实践中,商品房消费者向房地产开发企业购买商品房,往往没有及时办理房地产过户手续。房地产开发企业因欠债而被强制执行,人民法院在对尚登记在房地产开发企业名下但已出卖给消费者的商品房采取执行措施时,商品房消费者往往会提出执行异议,以排除强制执行。对此,《最高人民法院关于人民法院办理执行异议和复议案件若干	商品房消费者的认定标准为《执行异议和复议规定》第29条规定的三个要件,并对其中的"买受人名下无其他用于居住的房屋"和"已支付的价款超过合同

续表

序号	文件名称	条文内容	要点
		问题的规定》第29条规定……人民法院在审理执行异议之诉案件时,可参照适用此条款。 ……“买受人名下无其他用于居住的房屋”,可以理解为在案涉房屋同一设区的市或者县级市范围内商品房消费者名下没有用于居住的房屋。商品房消费者名下虽然已有1套房屋,但购买的房屋在面积上仍然属于满足基本居住需要的,可以理解为符合该规定的精神。 对于其中“已支付的价款超过合同约定总价款的百分之五十”如何理解,审判实践中掌握的标准也不一致。如果商品房消费者支付的价款接近于百分之五十,且已按照合同约定将剩余价款支付给申请执行人或者按照人民法院的要求交付执行的,可以理解为符合该规定的精神。 126.【商品房消费者的权利与抵押权的关系】根据《最高人民法院关于建设工程价款优先受偿权问题的批复》第1条、第2条的规定,交付全部或者大部分款项的商品房消费者的权利优先于抵押权人的抵押权,故抵押权人申请执行登记在房地产开发企业名下但已销售给消费者的商品房,消费者提出执行异议的,人民法院依法予以支持。但应当特别注意的是,此情况是针对实践中存在的商品房预售不规范现象为保护消费者生存权而作出的例外规定,必须严格把握条件,避免扩大范围,以免动摇抵押权具有优先性的基本原则。因此,这里的商品房消费者应当仅限于符合本纪要第125条规定的商品房消费者。买受人不是本纪要第125条规定的商品房消费者,而是一般的房屋买卖合同的买受人,不适用上述处理规则	约定总价款的百分之五十”进行了解释

经由20余年司法实践的发展,商品房消费者超级优先权规则已经初步形成,具体如下:

1. 内涵

商品房消费者超级优先权包括房屋交付请求权和购房款返还请求权，两者的区分点在于房屋是否已建成。

2. 构成要件

(1)在人民法院查封之前已签订合法有效的书面买卖合同。

(2)所购商品房系用于居住且买受人名下无其他用于居住的房屋。

(3)已支付的价款超过合同约定总价款的50%。

关于“买受人名下无其他用于居住的房屋”，可以理解为在案涉房屋同一设区的市或者县级市范围内商品房消费者名下没有用于居住的房屋，或者商品房消费者名下虽然已有1套房屋，但购买的房屋在面积上仍然属于满足基本居住需要的情形。

关于“已支付的价款超过合同约定总价款的百分之五十”，是指商品房消费者支付的价款超过合同约定总价款的50%或者虽未超过但接近50%，且已按照合同约定将剩余价款支付给申请执行人或者按照人民法院的要求交付执行的情形。

3. 法律效果

商品房消费者超级优先权 > 建设工程价款优先受偿权 > 抵押权 > 其他债权，上述权利保护顺位不仅限于执行程序，还适用于破产程序。

二、1号批复项下的商品房消费者超级优先权规则

(一)1号批复与原16号批复项下的规则对比(见表2)

表2　1号批复与16号批复规则对比

项目	16号批复	1号批复	备注
内涵	包括房屋交付请求权和购房款返还请求权，两者的区分点在于房屋是否已建成	包括房屋交付请求权和购房款返还请求权，两者的区分点在于是否属于“房屋不能交付且无实际交付可能”的情形	“房屋不能交付且无实际交付可能”的具体解读见下文

续表

项目	16号批复	1号批复	备注
构成要件	(1)在人民法院查封之前已签订合法有效的书面买卖合同; (2)所购商品房系用于居住且买受人名下无其他用于居住的房屋; (3)已支付的价款超过合同约定总价款的50%	(1)商品房消费者购买房屋; (2)以居住为目的; (3)在一审法庭辩论终结前已支付全部价款	适用标准略有放宽,具体解读见下文
法律效果	商品房消费者超级优先权>建设工程价款优先受偿权>抵押权>其他债权	—	

(二)商品房消费者超级优先权规则的具体解读

1. 是否需要签订合法有效的书面买卖合同

(1)只签署认购书可能不满足要求

我们理解,认购书通常是为了锁定具体房屋而签订的预约合同,并非正式的商品房买卖合同,仅签署认购书的购房者可能会无法享有商品房消费者超级优先权。

但是,根据《最高人民法院关于审理商品房买卖合同纠纷案件适用法律若干问题的解释》(2020修正)第5条①的规定,符合一定条件的认购书,将被认定为商品房买卖合同,进而该等购房者即使只签署认购书的也可以享有商品房消费者超级优先权。

(2)只签署商品房预售/现售合同基本满足要求

我们理解,商品房预售/现售合同均属于正式的商品房买卖合同,如购房者与开发商已经签订商品房预售/现售合同,在满足其他要件的情况下,不存在享有商品房消费者超级优先权的法律障碍。

但是,根据《最高人民法院关于审理商品房买卖合同纠纷案件适用法律若干

① 《最高人民法院关于审理商品房买卖合同纠纷案件适用法律若干问题的解释》(2020修正)第5条:“商品房的认购、订购、预订等协议具备《商品房销售管理办法》第十六条规定的商品房买卖合同的主要内容,并且出卖人已经按照约定收受购房款的,该协议应当认定为商品房买卖合同。”

问题的解释》(2020 修正)第 2 条[①]的规定,如开发商在起诉前仍未取得商品房预售许可证明,则商品房预售合同存在被认定为无效的风险,不满足“合法有效”的要件,购房者可能将无法享有商品房消费者超级优先权。

(3)未办理商品房买卖合同备案或网签也满足要求

根据《最高人民法院关于审理商品房买卖合同纠纷案件适用法律若干问题的解释》(2020 修正)第 6 条[②]的规定,除另有约定外,商品房预售合同不因未办理登记备案手续而无效。

我们理解,商品房买卖合同备案或网签属于行政管理手段,不影响商品房消费者超级优先权的认定。

(4)未办理预告登记也满足要求

根据《民法典》第 221 条[③]的规定,我们理解,预告登记的目的主要在于保障购房者未来实现对房屋的所有权,未办理预告登记不影响商品房消费者超级优先权的认定。

2. 如何理解“以居住为目的”

(1)经营型房屋(商铺)[④]通常不属于“以居住为目的”

我们理解购买的房屋需系为了满足家庭日常基本居住需要,购房者购买商铺

---

① 《最高人民法院关于审理商品房买卖合同纠纷案件适用法律若干问题的解释》(2020 修正)第 2 条:“出卖人未取得商品房预售许可证明,与买受人订立的商品房预售合同,应当认定无效,但是在起诉前取得商品房预售许可证明的,可以认定有效。”

② 《最高人民法院关于审理商品房买卖合同纠纷案件适用法律若干问题的解释》(2020 修正)第 6 条:“当事人以商品房预售合同未按照法律、行政法规规定办理登记备案手续为由,请求确认合同无效的,不予支持。当事人约定以办理登记备案手续为商品房预售合同生效条件的,从其约定,但当事人一方已经履行主要义务,对方接受的除外。”

③ 《民法典》第 221 条:“当事人签订买卖房屋的协议或者签订其他不动产物权的协议,为保障将来实现物权,按照约定可以向登记机构申请预告登记。预告登记后,未经预告登记的权利人同意,处分该不动产的,不发生物权效力。预告登记后,债权消灭或者自能够进行不动产登记之日起九十日内未申请登记的,预告登记失效。”

④ 我们注意到,除经营型房屋(商铺)外,已有司法判例(如(2020)最高法民终 1096 号)认为购买豪华型房屋(别墅)也不属于“以居住为目的”,豪华型房屋(别墅)是否属于“以居住为目的”,仍待司法实践进一步检验。

等经营型房屋[如(2017)最高法民申3088号[1]案件]通常不属于“以居住为目的”。需要注意的是,房产的性质并不是唯一的判断标准,还应当结合其是否有居住功能进行综合评价,如在(2016)皖民终689号[2]案件中,购房者虽购买商铺,但该商铺承载了家人的生存保障功能,也被认定为属于“以居住为目的”。

(2)商住房、酒店式公寓、公寓式酒店通常属于“以居住为目的”

如前所述,我们认为,不能仅简单地依据房屋的不动产登记属性来认定是否以居住为目的,而应结合房屋的实际使用功能综合判断。在(2018)最高法民终545号[3]案中,最高院认为“所购商品房系用于居住”应当作宽泛理解,不管是单纯的居住房还是商住两用住房,只要是有居住功能的,即应视为用于居住的房屋。

---

① 最高人民法院(2017)最高法民申3088号民事裁定书载明:……对于川惠公司主张其依据《批复》享有优先受偿权的问题,本院认为,《批复》对交付购买商品房全部或者大部分款项的消费者予以优先保护是基于生存利益大于经营利益的社会政策原则,为保护消费者的居住权而设置的特殊规定,在适用中应对其范围予以严格限制,不宜做扩大解释。消费者购房应是为了满足生活居住需要,而非用于经营或其他原因。本案中……川惠公司购买的案涉房产性质为商铺,并非为了居住所需,并无获得优先保护的特殊利益,其主张优先于其他债权人个别清偿,依据不足。

② 安徽省高级人民法院(2016)皖民终689号民事判决书载明:本院认为……原审法院在审查购房合同、购房性质及房款支付情况的基础上,确认侯某华对于瀛东投资公司享有破产优先债权108791元。吕某上诉称因该房屋为商铺,具有投资经营属性,购房债权不享有优先权。侯某华系农村居民,农村土地流转后,失业在家,无固定收入来源。案涉房屋是集其全部积蓄购买,面积仅13.1平方米。该房屋价值及预期的经营收益承载了侯某华及其家人的生存保障功能。原审法院根据《最高人民法院关于建设工程价款优先受偿权问题的批复》的相关规定及破产法优先保护生存利益的司法精神,确认侯某华对瀛东投资公司的108791元购房债权为优先债权,并无不当。吕某的上诉理由不能成立,本院不予支持。

③ 最高人民法院(2018)最高法民终545号民事判决书载明:本院认为,《执行异议和复议的规定》第29条系针对房屋消费者物权期待权的保护条件所作的规定,该条规定的“所购商品房系用于居住”应当作宽泛理解,不管是单纯的居住房还是商住两用住房,只要是有居住功能的,即应视为用于居住的房屋;……本案中,案涉房屋系商品住宅,具有居住功能,符合“所购商品房系用于居住”的要求。虽然案涉房屋目前被出租,但不能以此否定该房屋系用于居住的房屋性质。……故一审认定张某所购案涉房屋系用于居住且其名下无其他用于居住的房屋,并无不当。

（3）以房抵债不属于"以居住为目的"

在以房抵债案件［如（2021）最高法民申969号[①]］中，即使基础债权债务关系真实合法，且以房抵债协议被认定为有效，由于以房抵债受让人签署相关房屋买卖合同的目的是抵债而非居住，其也不应享有商品房消费者超级优先权。

（4）让与担保不属于"以居住为目的"

在让与担保案件［如（2017）最高法民终940号[②]］中，即使让与担保合同及主债权债务关系均真实有效，其目的也仅在于为主债权提供担保而非用于居住，担保权人不应享有商品房消费者超级优先权。

---

① 最高人民法院（2021）最高法民申969号民事裁定书载明：……二、关于朱某林的债权是否优先于普通债权受偿问题。根据《最高人民法院关于建设工程价款优先受偿权问题的批复》第2条、《执行异议和复议规定》第29条的规定，消费性购房者应是以生活居住为目的的购房人。本案中，张某峰与祥泰公司之前存在借贷关系，在祥泰公司无力偿还其借款的情况下，经张某峰与祥泰公司协商，祥泰公司同意以4套房屋出售给张某峰，1套房屋出售给朱某林的方式，抵顶之前的债务，为此分别与二人签订《房屋定购协议》。《房屋定购协议》虽然约定朱某林应在合同签订时向祥泰公司全额缴纳房款，但朱某林并未按照合同约定向祥泰公司支付购房款，而是以祥泰公司欠张某峰借款本息抵顶案涉购房款。综合本案事实，祥泰公司与张某峰之间的借款行为、与朱某林之间的以房抵债行为、房屋买卖行为，相互关联、密不可分，其实质是实现以物抵债的交易目的，朱某林签订《房屋定购协议》的目的并非用于居住。因此，原审法院驳回其要求在破产程序中优先于普通债权受偿的诉讼请求，并无不当。

② 最高人民法院（2017）最高法民终940号民事判决书载明：……陈某康诉堡业公司、广业控股公司房屋买卖合同纠纷案件中，浙江省杭州市中级人民法院已作出（2015）浙杭民终字第2775号、第2776号、第2777号、第2778号、第2779号判决，并已生效。该生效判决认定，陈某康、广业钢铁公司、广业控股公司、金某根签订的《投资协议书》名为投资，但约定固定投资回报，实为民间借贷法律关系。2012年1月8日签订的五份《房屋转让合同》实质系为陈某康与广业钢铁公司的借款提供还款担保。堡业公司、广业控股公司在该案的答辩意见及调查陈述中亦认可《房屋转让合同》实际是为借款提供担保，并非真实房屋买卖关系。……本案中，在以《房屋买卖合同》方式提供担保情况下，买卖合同中的房屋作为担保标的物，但并未实际让渡房屋所有权，而是让渡物权期待权，依据上述规定，在债务人不能履行还款义务时，债权人也不能直接转移所有权，而是要进行清算，即对担保房屋进行拍卖折价后从价款中受偿。

(5)假按揭不属于"以居住为目的"

在假按揭案件①中,购房者支付的首付款以及偿还贷款利息的资金均源于开发商,其目的在于套取贷款而非购买房屋用于居住,不应享有商品房消费者超级优先权。

3. 是否需要买受人名下无其他用于居住的房屋

根据最高院的相关文件精神及相关司法实践案例,商品房消费者超级优先权是基于对购房者生存和居住权利的特殊考量,而对"物权优先于债权""债权平等保护"原则的例外规定,因此,我们理解,商品房消费者超级优先权仍应满足"买受人名下无其他用于居住的房屋"的条件。但对于"名下"应作扩大解释,其共同居住的配偶、未成年子女名下的住房,通常已可以满足居住需求,也应纳入房屋套数计算。

4. 已支付的价款比例

(1)支付形式是否应包括银行贷款

我们理解,支付形式应包括按揭贷款方式在内,原因在于,按揭贷款系购房者以自身名义向银行借款并由银行代为支付剩余房款,实质上全部款项均由购房人支付,但在返还价款阶段,应区别对待购房者自身支出及银行贷款,具体解读见下文。

(2)是否达到法定支付比例将影响法律效果

根据1号批复及《执行异议和复议规定》第29条的规定,我们理解,如商品房购房消费者支付价款未超过50%,其执行异议将被驳回,但其可提起执行异议之诉并以在一审法庭辩论终结前补齐购房款的方式,获得商品房消费者超级优先权。

---

① 江苏省高级人民法院(2020)苏民终964号民事判决书载明:……三、案涉《商品房买卖合同》属无效合同。马某宏、马某元与亚盟公司签订《商品房买卖合同》,其并未实际支付购房款,买卖商品房也非双方真实的意思表示,双方为套用银行贷款作出虚伪表示,系相互通谋,达到为亚盟公司融资的目的。故一审法院依据《中华人民共和国民法总则》第146条规定的"行为人与相对人以虚假的意思表示实施的民事法律行为无效",认定双方以虚假意思表示签订合同的行为无效,案涉《商品房买卖合同》属无效合同,并无不当。马某宏、马某元主张确认合同有效及判令亚盟公司继续履行合同的诉讼请求,应不予支持。……至于马某宏、马某元因帮助亚盟公司向中信银行借款所形成的债务即自2016年5月始代为偿还的贷款部分(含未到期贷款)可向亚盟公司管理人申报破产债权,债权性质及具体金额由管理人审核后报债权人会议决定,不在本案审理范围内。

5. 如何理解“房屋不能交付且无实际交付可能”

根据《城市房地产开发经营管理条例》(2020 修订)第 17 条①的规定,“房地产开发项目竣工,依照《建设工程质量管理条例》的规定验收合格后,方可交付使用”。我们理解,商品房竣工并经验收合格后即基本满足交付的要求,“房屋不能交付”可以理解为商品房现阶段尚未竣工并经验收合格。

即使商品房现阶段尚未竣工并经验收合格,但房地产开发企业如仍有续建至竣工验收的计划和资金,或者有政府“保交楼”政策的支持,则我们理解原则上应认定为具有“实际交付可能”。

需要注意的是,一般情况下(如能交付但严重迟延交付的情形),购房者应积极主张房屋交付请求权(而非价款返还请求权),如其直接以开发商违约为由解除购房合同,其价款返还请求权将可能无法获得优待。只有在“房屋不能交付且无实际交付可能”的情形下,购房者主张的房屋价款返还请求权才能优先于建设工程价款优先受偿权、抵押权及其他债权。

6. 购房贷款本金及利息的返还不具有优先权

根据《最高人民法院关于审理商品房买卖合同纠纷案件适用法律若干问题的解释》(2020 修正)第 21 条②和相关司法实践案例[如(2019)最高法民再 245 号③],如因开发商未按期交付房屋,购房者可一并解除房屋买卖合同、借款合同及抵押合同,由开发商将收取的购房贷款本金及利息退还给银行,购房者无须对剩

---

① 《城市房地产开发经营管理条例》(2020 年 11 月修订)第 17 条:“房地产开发项目竣工,依照《建设工程质量管理条例》的规定验收合格后,方可交付使用。”

② 《最高人民法院关于审理商品房买卖合同纠纷案件适用法律若干问题的解释》(2020 修正)第 21 条第 2 款:“商品房买卖合同被确认无效或者被撤销、解除后,商品房担保贷款合同也被解除的,出卖人应当将收受的购房贷款和购房款的本金及利息分别返还担保权人和买受人。”

③ 最高人民法院(2019)最高法民再 245 号民事判决书载明:第一,关于案涉《借款合同》解除后的贷款返还责任主体问题。……本案中,因越州公司未按照约定期限交付房屋,致使案涉《商品房预售合同》解除,《借款合同》《抵押合同》因合同目的无法实现亦被解除。根据前述规定,应由出卖人越州公司将收取的购房贷款本金及利息返还建行青海分行,王某诚等三人不负有返还义务。……第三,关于商品房按揭贷款商业模式下各方当事人权利义务关系问题。本案涉及商品房买卖合同和商品房担保贷款合同双重法律关系。……但本案中,因越州公司不能交付房屋而致使合同解除,导致合同约定的各方权利义务严重失衡。……若按合同约定的权利义务关系处理,则在王某诚等三人对合同解除无过错的情况下,仍要求其对剩余贷款承担还款责任,明显不合理地加重了其负担,各方权利义务失衡,有违公平原则。因此,审理案件时,必须充分考虑商品房按揭贷款商业模式下各合同之间的密切联系和各方权利义务关系的平衡问题,避免因强调单个合同的相对性而造成三方权利义务的失衡。

余贷款承担还款责任。假设具有优先权的价款范围包括购房贷款本金及利息，则将使得具有抵押权的银行优先于建设工程价款优先权和其他抵押权人，与其他法律规定相冲突。

三、结语

在原16号批复已于2021年失效的背景下，1号批复的出台对于重新填补商品房消费者超级优先权的司法保护空白有着重要意义，有效解决了房地产开发企业债务危机带来的民生问题，也在一定程度上起到了恢复购房者信心从而稳定房地产市场的积极作用。但是，我们也要认识到，为推动房地产市场长期健康稳定发展，还需要完善以资金监管和强制保险机制为核心的商品房预售制度。同时，我们也提请读者注意，相关立法和司法实践赋予商品房消费者超级优先保护的初衷在于保护其最基础的生存权，其在宽松化解释的趋势下仍有较为严格的适用标准，某些具体适用边界条件仍有待司法实践的进一步检验。

CHAPTER 02

城市基础设施建设

公募 REITs 扩募新购入基础设施项目之制度刍议及实操分享

刘洪蛟　魏轶东*　施　峰

* 作者简介：

刘洪蛟，中伦律师事务所深圳办公室资本市场部合伙人，电邮为：liuhongjiao@zhonglun.com。

魏轶东，中伦律师事务所北京办公室公司业务部合伙人，电邮为：weiyidong@zhonglun.com。

截至2023年4月,已有27单公募REITs产品成功发行,合计市值超过900多亿元人民币。从境外成熟REITs市场经验看,在REITs资产首发趋于饱和后,REITs扩募并购是整个市场持续发展壮大的重要途径。就一项REITs产品而言,REITs真正的长久生命力在于能否持续扩募并购,通过不断吸纳优质资产组合,持续发力,做大做强,成为一个主动管理、有所作为的有机生命体,类似上市公司的再融资、并购,而非一个仅具有静态生命周期的金融资管产品。据公开报道信息,截至2022年9月29日,证监会和沪深交易所已经受理了首批REITs当中5只REITs的基金变更注册和新购入基础设施项目的申请,其中4只REITs扩募份额已于2023年6月16日上市。

本文基于国家发展和改革委员会(以下简称发改委)、证监会规定[包括《中国证监会、国家发展改革委关于推进基础设施领域不动产投资信托基金(REITs)试点相关工作的通知》(证监发〔2020〕40号)、《国家发展改革委关于进一步做好基础设施领域不动产投资信托基金(REITs)试点工作的通知》(发改投资〔2021〕958号)、《国家发展改革委办公厅关于做好基础设施领域不动产投资信托基金(REITs)新购入项目申报推荐有关工作的通知》(发改办投资〔2022〕617号)及沪深交易所关于REITs扩募并新购入基础设施项目的相关规则指引[《中国证监会关于进一步推进基础设施领域不动产投资信托基金(REITs)常态化发行相关工作的通知》、《国家发展改革委关于规范高效做好基础设施领域不动产投资信托基金(REITs)项目申报推荐工作的通知》(发改投资〔2023〕236号)]等,并结合笔者REITs实务经验,对如何操作REITs扩募并购进行总结探讨交流。

一、关于REITs扩募并购条件规定及评述

(一)相关规定

根据《上海证券交易所公开募集基础设施证券投资基金(REITs)规则适用指引第3号——新购入基础设施项目(试行)》和《深圳证券交易所公开募集基础设施证券投资基金业务指引第3号——新购入基础设施项目(试行)》(以下简称3号指引),REITs扩募可用于并购新的基础设施项目,也可以用于REITs原有基础

设施项目重大改造等非购入资产的开支。①

3 号指引对拟扩募并购的 REITs 主要原则性要求及条件如表 1 所示：

表 1　扩募并购 REITs 的主要原则性要求

原则性要求	具体条件
REITs 并购需满足原则性要求	1. 符合国家重大战略、发展规划、产业政策、投资管理法规、反垄断等法律法规的规定。 2. 不会导致基础设施基金不符合基金上市条件。 3. 拟购入的基础设施项目原则上与基础设施基金当前持有基础设施项目为同一类型。 4. 有利于基础设施基金形成或者保持良好的基础设施项目投资组合，不损害基金份额持有人合法权益。 5. 有利于基础设施基金提升持续运作水平，提升综合竞争力和吸引力。 6. 拟购入基础设施项目涉及扩募份额导致基础设施基金持有人结构发生重大变化的，相关变化不影响基金保持健全有效的治理结构。 7. 拟购入基础设施项目涉及主要参与机构发生变化的，相关变化不会对基础设施基金当前持有的基础设施项目运营产生不利影响
REITs 自身需满足的主要条件	1. 基础设施基金投资运作稳健，上市之日至提交基金变更注册申请之日原则上满 12 个月，运营业绩良好，治理结构健全，不存在运营管理混乱、内部控制和风险管理制度无法得到有效执行、财务状况恶化等重大经营风险。 2. 持有的基础设施项目运营状况良好，现金流稳定，不存在对持续经营有重大不利影响的情形。 3. 会计基础工作规范，最近 1 年财务报表的编制和披露符合企业会计准则或者相关信息披露规则的规定，最近 1 年财务会计报告未被出具否定意见或者无法表示意见的审计报告；最近 1 年财务会计报告被出具保留意见审计报告的，保留意见所涉及事项对基金的重大不利影响已经消除。 4. 证监会和交易所规定的其他条件

① 如《上海证券交易所公开募集基础设施证券投资基金（REITs）规则适用指引第 3 号——新购入基础设施项目（试行）》第 55 条规定，“基础设施基金存续期间扩募用于基础设施项目重大改造等非购入基础设施项目的，应当参照本指引第三章相关要求履行本所基础设施基金产品变更、基础设施资产支持证券相关申请确认程序，并参照适用本指引第五章相关规定”。

续表

原则性要求	具体条件
REITs 基金管理人、基金托管人、持有份额不低于 20% 的第一大基础设施基金持有人等主体需满足的主要条件	1. 基金管理人具备与拟购入基础设施项目相适应的专业胜任能力与风险控制安排。 2. 基金管理人最近 2 年内没有因重大违法违规行为受到行政处罚或者刑事处罚，最近 12 个月未受到重大行政监管措施。 3. 基金管理人最近 12 个月内未受到证券交易所公开谴责，不存在其他重大失信行为。 4. 基金管理人现任相关主要负责人员不存在最近 2 年受到中国证监会行政处罚，或者最近 1 年受到证券交易所公开谴责，或者因涉嫌犯罪正在被司法机关立案侦查或者涉嫌违法违规被中国证监会立案调查的情形。 5. 基金管理人不存在擅自改变基础设施基金前次募集资金用途未作纠正的情形。 6. 基金管理人、持有份额不低于 20% 的第一大基础设施基金持有人最近 1 年不存在未履行向本基金投资者作出的公开承诺的情形。 7. 基金管理人、持有份额不低于 20% 的第一大基础设施基金持有人最近 3 年不存在严重损害基础设施基金利益、投资者合法权益、社会公共利益的重大违法行为。 8. 中国证监会和交易所规定的其他条件

除此之外，《国家发展改革委关于进一步做好基础设施领域不动产投资信托基金（REITs）试点工作的通知》（发改投资〔2021〕958 号）、《国家发展改革委办公厅关于做好基础设施领域不动产投资信托基金（REITs）新购入项目申报推荐有关工作的通知》（发改办投资〔2022〕617 号）及沪深交易所指引规则等相关规定对拟扩募并购的 REITs 拟购入的基础设施项目及其原始权益人也提出了与 REITs 首次发售标准一样的要求，①具体包括（如表 2 所示）：

① 《国家发展改革委办公厅关于做好基础设施领域不动产投资信托基金（REITs）新购入项目申报推荐有关工作的通知》（发改办投资〔2022〕617 号）允许适当简化，包括：新购入项目的不动产评估净值根据项目实际情况合理确定，不再参照首次发行时原则上不低于 10 亿元的相关要求执行。新购入项目时，项目发起人（原始权益人）的可扩募能力等情况，可不在申报材料中提供。

表 2　扩募并购 REITs 的基础设施项目及其原始权益人要求

原则性要求	具体条件
拟购入基础设施项目要求	1. 基础设施项目权属清晰、资产范围明确，发起人（原始权益人）依法合规拥有项目所有权、特许经营权或运营收费权，相关股东已协商一致同意转让。 2. 项目运营时间原则上不低于 3 年。 3. 现金流持续稳定且来源合理分散，投资回报良好，近 3 年内总体保持盈利或经营性净现金流为正。预计未来 3 年净现金流分派率（预计年度可分配现金流/目标不动产评估净值）原则上不低于 4%。[《国家发展改革委关于规范高效做好基础设施领域不动产投资信托基金（REITs）项目申报推荐工作的通知》（发改投资〔2023〕236 号）已经调整为：特许经营权、经营收益权类项目，基金存续期内部收益率（IRR）原则上不低于 5%；非特许经营权、经营收益权类项目，预计未来 3 年每年净现金流分派率原则上不低于 3.8%。] 4. 基础设施运营管理机构具备丰富的同类项目运营管理经验，配备充足的运营管理人员，公司治理与财务状况良好，具有持续经营能力。 5. 发起人（原始权益人）、基金管理人、基础设施运营管理机构近 3 年在投资建设、生产运营、金融监管、工商、税务等方面无重大违法违规记录，项目运营期间未出现安全、质量、环保等方面的重大问题
原始权益人认购 REITs 基金份额及限售期要求	基础设施项目原始权益人或其同一控制下的关联方参与基础设施基金份额战略配售的比例合计不得低于本次基金份额发售数量的 20%，其中基金份额发售总量的 20% 持有期自上市之日起不少于 60 个月，超过 20% 部分持有期自上市之日起不少于 36 个月，基金份额持有期间不允许质押
原始权益人净回收资金循环再投资要求	发改办投资〔2022〕617 号要求：切实加强对新购入项目回收资金的监管督促。引导项目发起人（原始权益人）将回收资金以资本金注入等方式投入基础设施补短板等重点领域新项目建设，确保新项目符合国家重大战略、发展规划、产业政策等要求[《国家发展改革委关于规范高效做好基础设施领域不动产投资信托基金（REITs）项目申报推荐工作的通知》（发改投资〔2023〕236 号）规定：REITs 净回收资金（扣除用于偿还相关债务、缴纳税费、按规则参与战略配售等资金后的回收资金）应主要用于在建项目、前期工作成熟的新项目（含新建项目、改扩建项目）；其中，不超过 30% 的净回收资金可用于盘活存量资产项目，不超过 10% 的净回收资金可用于已上市基础设施项目的小股东退出或补充发起人（原始权益人）流动资金等。]

（二）评述

由上述可见，现有规则体系下扩募并新购入基础设施项目具有以下特点：

首先，相比首发 REITs 基金尚未设立的情况，扩募并新购入基础设施项目时，基金管理人、中介机构需要对照3号指引,对基金层面、新购入基础设施项目层面原则性条件的满足情况逐一核查并发表意见。

其次,3号指引要求“拟购入的基础设施项目原则上与基础设施基金当前持有基础设施项目为同一类型”,首批扩募的5只REITs新购入基础设施项目的资产类型和首发资产的类型(见表3),尚不存在突破原则性要求的情形。

表3 REITs申报扩募并购资产类型

REIT名称	首发资产类型	扩募并购资产类型
博时蛇口产园	产业园	产业园
红土盐田港	仓储物流	仓储物流
富国首创水务	水务资产	水务资产
华安张江光大	产业园	产业园
中金普洛斯	仓储物流	仓储物流

在后续实践中,有待监管层就购入非同一资产类型等例外情形或特别安排加以明确、规范,进一步便利REITs做好投资组合,以对冲风险、提升收益。

此外,新购入基础设施项目并非只认资产而不认主体,其原始权益人仍需满足法定门槛要求,且原始权益人需强制性参与REITs扩募份额的战略配售,原始权益人净回收资金需要如同REITs首发一样承诺再投资,该等要求较为严格。随着REITs市场的进一步发展,市场中可能会出现越来越多的REITs扩募并购非首发资产原始权益人标的资产的情形,该等标的资产的出售方可能更多考虑出售变现、交易简便,若监管层能结合实际情况探索在审核程序、主体要求及资金循环投资限制要求等方面进行适当程度的优化调整,将可能进一步调动市场主体广泛寻找及高效并购潜在资产的积极性,更大限度发挥REITs盘活存量资产的能力。

二、REITs扩募并购及发售程序规定及评述

(一)相关规定

根据3号指引,REITs扩募并购程序主要如表4所示:

表 4 REITs 扩募并购程序

主要阶段	具体程序
基金管理人内部决策前准备阶段	1. 计划方案准备。 2. 与交易对方磋商交易。 3. 组织全面尽职调查，获取外部专业机构报告、意见（含财务顾问、会计师、评估师、律师报告及意见）
通过基金管理人内部决策及申请阶段	1. 通过基金管理人内部决策。 2. 临时公告。 3. 进展公告。 4. 提交发改委及证监会审核产品变更注册、交易所审核产品变更确认。 5. 重大节点事件公告。 6. 通过证监会、交易所变更注册确认后
证监会、交易所产品变更注册后阶段	1. 召开持有人大会通知（对于基础设施项目交易金额超过基金净资产20%的或者涉及扩募安排的，需持有人大会批准）。 2. 持有人大会召开日（现场开会时）或计票日（通讯开会时）停牌、复牌。 3. 持有人大会决议公告。 4. 实施交易方案。 5. 扩募发售程序相关公告（如有扩募份额）。 6. 扩募发售。 7. 申请扩募发售份额上市及公告。 8. 交易实施情况报告书

（二）评述

3 号指引一方面引入了 RETIs 首发程序中发改委、证监会、交易所的审核程序，另一方面借鉴参照上市公司再融资及并购等相关规则。需要特别注意的是，沪深交易所规则下 REITs 扩募新购入基础设施项目与上市公司再融资及并购有以下几点主要不同：

首先，审核环节仍然引入了发改委审核及推荐程序，确保被并购资产及其原始权益人也是符合要求的，原始权益人需要对净回收资金的用途进行循环再投资的承诺，该项并购交易并非简单地由原始权益人将手中资产予以市场变现行为。

其次，上市公司再融资程序中申报顺序是公司董事会、股东大会审议通过后再提交证监会审核，而 REITs 扩募程序中是先通过基金管理人内部决策、发改委审核及证监会与交易所审核，再去召开持有人大会审议。理论上，即便扩募并购在先通过了发改委、证监会、交易所的审核，但持有人大会的召开及审议结果仍可能存在不通过的风险(从市场已申报的扩募并购案例招募说明书看,均披露了该等风险);后期基金份额持有人大会召开失败或不予通过审议的,无疑是无效耗费审核资源,程序有待优化。

最后,上市公司重大资产并购中收购关联方资产的,采取收益现值法、假设开发法等基于未来收益预期的方法对拟购买资产进行评估或者估值并作为定价参考依据的,交易对方应当与上市公司就相关资产实际盈利数不足利润预测数的情况签订明确可行的补偿协议。而 REITs 并购关联方资产并未被要求必须与交易对方签署业绩对赌及补偿协议,待关注监管层后续是否要求进一步完善强化投资者保护的相关制度安排,如借鉴上市公司重大资产并购中就标的资产以收益法评估的设置业绩补偿要求的做法,避免不当关联交易定价损害 REITs 投资者利益。

三、REITs 扩募新购入基础设施项目推进实操经验分享

如前文所述,根据沪深交易所相关规则,REITs 扩募新购入基础设施项目在许多方面和 REITs 首发及上市公司发行股份购买资产等类似。根据我们的经验,实务操作中需要特别注意:

首先,REITs 基金管理人做好信息保密工作,采取必要且充分的保密措施,制定严格有效的保密制度,限定相关敏感信息的知悉范围,避免引发 REITs 二级市场价格不正当波动。

其次,严把资产关,参照首发标准选择资产及原始权益人,并提前做好拟购入基础资产及原始权益人等尽职调查、交易洽谈,以及拟申报发改委、证监会、交易所等监管机构相关文件、顾问报告、中介机构意见书等准备工作。基金管理人应当聘请符合法律法规规定的律师事务所、评估机构、会计师事务所等专业机构就新购入基础设施项目出具意见。这些工作都必须提前做,以便基于该等报告、意见形成内部决策。根据沪深交易所相关规则,基金管理人在作出拟购入基础设施项目决定前履行必要内部决策程序,并于作出拟购入基础设施项目决定后两日内披露临时公告,同时披露新购入基础设施项目的决定、产品变更草案、扩募方案等。

再次,对于以扩募方式购入基础设施项目的,需要结合 REITs 份额持有人比例分布以及拟购入资产评估价值及预计原始权益人认购扩募份额比例来设计最

终所有份额持有人占比,避免构成复杂的REITs份额权益收购。根据沪深交易所规则,因基础设施基金扩募,投资者及其一致行动人拥有权益的基金份额比例达到《上海证券交易所公开募集基础设施证券投资基金(REITs)业务办法(试行)》或《深圳证券交易所公开募集基础设施证券投资基金业务办法(试行)》规定的收购及权益变动标准的,应当按照沪深交易所基础设施基金业务办法相关规定履行相应的程序和义务(份额达10% ~30%需要编制简式权益变动报告,达30% ~50%需要编制详式权益变动报告,达50%以上增持按照要约收购程序披露)。

最后,鉴于REITs新购入基础设施项目事宜通常构成基金持有人大会表决的重大收购,根据《公开募集基础设施证券投资基金指引(试行)》等规定,基金份额持有人与表决事项存在关联关系的,应当回避表决,其所持份额不计入有表决权的基金份额总数,因此,需要在履行保密义务的前提下提前做好充分的交易论证、对基金财务与治理结构等影响分析及披露工作,确保在购入资产的原始权益人关联方回避表决的情况下,能赢得其他份额持有人认可交易的公允及对REITs的正向促进效果并获得赞成票,关乎新购入基础设施项目的成败。

经过两年多的探索,我国REITs试点立法及实践已经取得了可喜的进步。《国家发展改革委关于规范高效做好基础设施领域不动产投资信托基金(REITs)项目申报推荐工作的通知》(发改投资〔2023〕236号)和《中国证监会关于进一步推进基础设施领域不动产投资信托基金(REITs)常态化发行相关工作的通知》强调,把关REITs项目的质量、提高申报效率,是我国REITs监管标准化、常态化、精细化过程中的又一重大举措。期待在日益丰富的市场实践基础上,REITs扩募制度将在以下方面持续优化,引导REITs市场进一步持续发展壮大:简化REITs推荐程序,适当放宽REITs扩募并购非关联方的主体条件、要求;进一步放宽并购非关联方资产情形下对标的资产原始权益人认购REITs基金份额的要求、健全退出机制;适度允许扩募并购非同一类型资产;完善扩募程序等。

(黄伟凤对本文亦有贡献)

REITs 项目标的基础设施合规性瑕疵补救方案的法律实证分析

王霁虹　汤宏伟*　董永豪

*作者简介：

王霁虹，中伦律师事务所北京办公室公司业务部合伙人，电邮为：wangjihong@ zhonglun. com。

汤宏伟，中伦律师事务所北京办公室公司业务部非权益合伙人，电邮为：tanghongwei@ zhonglun. com。

2020 年 4 月 24 日发布的《中国证监会、国家发展改革委关于推进基础设施领域不动产投资信托基金(REITs)试点相关工作的通知》开启了中国基础设施 REITs 的第一步。但截至 2021 年年底,被称作“资产上市”(IPO)的基础设施公募 REITs 项目并没有达到市场的预期,仅有 15 家向交易所完成了公募 REITs 项目的申报,其中 11 家完成发行(上海证券交易所 6 家、深圳证券交易所 5 家)。

笔者团队长期深耕于基础设施投融资领域的全过程,且正为多个拟申报公募 REITs 试点的项目提供法律服务,对该市场具有较深的理解。持有基础设施项目的企业通常为重资产企业,而 REITs 作为盘活存量资产、化解存量债务的有效工具,对该类企业有非常大的吸引力。同时,REITs 产品长期、持续、稳定的收益和公开市场的高度流通性在目前的“低利率”时代吸引着大量稳健型的投资者。考虑到很多 REITs 项目标的基础设施都是从固定资产投资项目演变而来,基于诸多历史原因,该等项目或多或少都会在项目基本建设程序和资产权属方面存在一些完备性、规范性方面的瑕疵,成为申报公募 REITs 项目的法律障碍。如何消除此类障碍、有效补救 REITs 项目标的基础设施的合规性瑕疵,从而既能符合法律法规的规定,满足监管部门的要求,保障公众投资者的利益,又能推动那些“瑕不掩瑜”的优质基础资产进入资本市场,是整个 REITs 项目申报和发行环节最需要优先解决的问题。“他山之石,可以攻玉。”笔者以已发行的 11 家 REITs 产品为样本,就其中的标的基础设施合规性瑕疵事项及补救方案进行梳理和归纳,并结合自身服务 REITs 项目的实践经验和理解,总结如下。

一、已上市发行的 REITs 项目标的基础设施常见的合规性瑕疵事项及补救方案

经初步梳理,11 家上市发行的 REITs 产品中,标的基础设施涵盖的合规性瑕疵事项主要包括:未取得土地使用权的问题,未办理房屋所有权权属登记的问题,未取得建设用地规划许可和建设工程规划许可的问题,未进行节能评估和审查的问题,未进行水土保持、环保、消防等专项验收的问题,土地实际用途与规划用途不一致的问题,房屋租赁合同未备案的问题,以及项目存在行政处罚的问题等。

(一)未取得土地使用权的问题

目前已上市发行的 REITs 项目存在此类问题的全部为特许经营项目或 PPP

项目。由于此类项目转入 REITs 的底层资产实质上是特许经营权或经营收益权，而非项目所有权，国家发展和改革委员会（以下简称发改委）也并未要求此类项目一定要取得土地使用权。2021 年 6 月 29 日发布的《国家发展改革委关于进一步做好基础设施领域不动产投资信托基金（REITs）试点工作的通知》（发改投资〔2021〕958 号，以下简称 958 号文）对 PPP（含特许经营）类项目中项目公司拥有土地使用权的项目和未拥有土地使用权的项目分别提出了两种不同的“土地使用依法合规”的要求，[①]“对项目公司不拥有土地使用权的项目。应说明土地使用权拥有人取得土地使用权的具体方式、出让（转让）方和取得时间等相关情况，土地使用权拥有人与项目公司之间的关系，以及说明项目公司使用土地的具体方式、使用成本、使用期限和剩余使用年限，分析使用成本的合理性，并提供相关证明材料”。

因此，严格地讲，PPP（含特许经营）类项目中项目公司未取得土地使用权，但只要能够证明项目公司在特许经营期限内能够合法地使用项目用地，即可以符合监管机构的审核要求。例如，已上市发行的富国首创水务 REIT 的深圳项目用地，其土地使用权归深圳市水务局所有，由深圳市水务局根据特许经营协议的约定无偿交给深圳首创水务有限责任公司（以下简称深圳首创）使用，深圳首创根据特许经营协议使用项目用地依法合规。广河高速 REIT 与此类似，但又有所不同，虽然同为特许经营类项目，但原特许权人广州市高速公路有限公司（以下简称市高公司）是拟取得土地使用权（已取得建设用地批复）而尚未取得，土地使用权的权利人在物权的法律意义上尚未明确。为补救此项瑕疵，由原始权益人广州交通投资集团有限公司与市高公司出具承诺函承诺：“市高公司未取得单独的用地批准书、划拨决定书等用地文件不影响市高公司就广河高速（广州段）项目享有的特许经营权及项目占用范围内土地的使用权，市高公司尚未就上述事宜收到相关行政处罚或监管措施。”此外，广州市规划和自然资源局出具函件证明：“对新设广州交投广河高速公路有限公司（以下简称广河项目公司）在特许经营期内合法使用广河

---

① 958 号文对项目公司拥有土地使用权的 PPP（含特许经营）类项目“土地使用依法合规”的要求是：发起人（原始权益人）和基金管理人应就土地使用权作出包含以下内容的承诺：项目估值中不含项目使用土地的土地使用权市场价值，基金存续期间不转移项目涉及土地的使用权（政府相关部门另有要求的除外），基金清算时或特许经营权等相关权利到期时将按照特许经营权等协议约定以及政府相关部门的要求处理相关土地使用权。

高速划拨土地无异议,未办理土地使用权证书不影响广河项目公司对广河高速项目享有的收费公路权益。”上述补救方案,尤其是主管部门出具的证明函件,达到了确保广河项目公司在特许经营期限内能够合法使用项目用地的目的,最终该补救方案得到审核机构的认可。

（二）未办理房屋所有权权属登记的问题

在 REITs 基础资产中,尤其是在房屋建筑物作为自用的生产经营配套设施的项目中,存在部分房屋建筑物未办理权属登记的情况,也有部分已上市发行的 REITs 项目存在此类问题,采用的补救方案基本一致。

首先,通过法律分析论证,证明权利人作为土地使用权人通过合法建设的方式取得地上房屋建筑物的所有权。其背后的法律依据是《民法典》第 352 条,该条规定:“建设用地使用权人建造的建筑物、构筑物及其附属设施的所有权属于建设用地使用权人,但是有相反证据证明的除外。”同时,该条所述的“建造”结合《民法典》第 231 条①的规定,应理解为“合法建造”。但如何确定“合法建造”的标准,法律法规并未明确,各 REITs 项目中法律分析论证的尺度也存在差别。有些以房屋建筑物完成竣工验收为理据,有些以取得主管机关审批同意的设计文件、取得投资建设的相关批准文件为理据。笔者理解,在严格意义上,“合法建造”的标准是指房屋建筑物已基本满足办理权属登记的法定条件,根据《不动产登记操作规范(试行)》第 9.1.3 条②的规定,主要包括取得土地使用权、建设工程规划许可并完成竣工验收。如果从宽理解,“合法建造”的标准需要至少达到房屋建筑物不会被认定为“违法建筑”而可能被责令拆除的状态。因为拆除房屋的事实行为自行为成就时就发生了消灭物权的效力,房屋建筑物所有权也就不存在了。而根据现有法律法规的规定,被主管机关认定为“违法建筑”而责令拆除主要是违反用地规划、用地批准和建设工程规划的法律后果。由于《民法典》第 352 条的适用前提是

① 《民法典》第 231 条:“因合法建造、拆除房屋等事实行为设立或者消灭物权的,自事实行为成就时发生效力。”

② 《不动产登记操作规范(试行)》第 9.1.3 条:“申请国有建设用地使用权及房屋所有权首次登记,提交的材料包括:1. 不动产登记申请书;2. 申请人身份证明;3. 不动产权属证书或者土地权属来源材料;4. 建设工程符合规划的材料;5. 房屋已经竣工的材料;6. 房地产调查或者测绘报告;7. 建筑物区分所有的,确认建筑区划内属于业主共有的道路、绿地、其他公共场所、公用设施和物业服务用房等材料;8. 相关税费缴纳凭证;9. 法律、行政法规以及《实施细则》规定的其他材料。”

权利人已经取得建设用地使用权，基本不存在违反建设用地规划、用地批准的情况，而违反建设工程规划，包括未取得建设工程规划许可证或者未按照建设工程规划许可证的规定进行建设，根据《城乡规划法》第64条①的规定可能被主管机关责令限期拆除，当然责令限期拆除仅是本条规定项下行政处罚的或有项之一。因此，对于未取得建设工程规划许可或尚未完成规划核验的房屋建筑物，建议应以取得规划主管部门对房屋建筑物符合工程规划的证明文件，作为论证其满足“合法建造”的标准，即土地使用权人通过合法建造的行为取得地上房屋建筑物的所有权。

其次，指出未办理权属登记的房屋建筑物一直处在合法使用和权利无争议的事实状态。对存在房屋建筑物未办理权属登记的REITs项目，大部分论证了这一权属瑕疵并未导致任何处罚、未被采取任何行政监管措施、未被提出异议或权利主张，房屋建筑物不存在任何纠纷或潜在纠纷。

最后，通过原始权益人出具承诺函的方式保障公众投资者利益。原始权益人承诺的内容通常包括将持续积极协助项目公司、基金管理人与相关主管部门沟通协商，尽快补办或在承诺期限内补办房屋所有权证书；以及在公募基金成立后，项目公司如因未办理房屋建筑物权属登记而被相关部门处罚等情形给项目、基金财产带来的损失由原始权益人承担。

笔者提示，目前已上市发行的REITs项目中存在未办理房屋所有权证书问题的项目都不涉及资产重组，而仅在项目公司股权层面进行了股权转让，相关不动产仍在项目公司名下。而对于涉及资产重组的REITs项目，由于需要办理不动产产权（包括土地使用权及地上建筑物所有权）的转移登记，对此类未取得房屋所有权这一权属瑕疵的法律补救方案，将更为复杂。

（三）未取得建设用地规划许可和建设工程规划许可的问题

由于我国建设项目规划许可的法律法规存在变迁，1990年4月1日，《城市规划法》生效并取代了《城市规划条例》；2008年1月1日，《城乡规划法》生效并取代了《城市规划法》。根据958号文的要求：“项目投资管理手续的合法合规性，应

① 《城乡规划法》第64条规定：“未取得建设工程规划许可证或者未按照建设工程规划许可证的规定进行建设的，由县级以上地方人民政府城乡规划主管部门责令停止建设；尚可采取改正措施消除对规划实施的影响的，限期改正，处建设工程造价百分之五以上百分之十以下的罚款；无法采取改正措施消除影响的，限期拆除，不能拆除的，没收实物或者违法收入，可以并处建设工程造价百分之十以下的罚款。”

以办理时的法律法规、规章制度、国家政策等为判定依据。项目无需办理上述手续的,应说明有关情况,并提供证明材料。”因此,首先需要确定的是 REITs 项目标的基础设施根据建设时适用的法律规定是否需要办理建设用地规划许可和建设工程规划许可。华夏越秀高速 REIT 项目就采用了这种方式,得出了“汉孝高速主线路不涉及城市规划区,不需要办理建设用地规划许可或建设工程规划许可”的结论。但由于城市规划的不断变迁,回溯项目建设时的城市规划以判断项目是否涉及城市规划区,尤其对于穿越多个城市的线状工程而言,工作量极大,且单靠律师或财务顾问对此进行判断也超越了他们的专业范围,华夏越秀高速 REIT 通过与规划主管部门访谈了解以及规划主管部门出具函件确认的方式得出了上述结论。其次,对于那些应取得建设用地规划许可和建设工程规划许可而尚未取得的项目而言,最为有效的方式还是取得规划主管部门的认可意见,如富国首创水务 REIT 采用的即此种处理方式。①

(四)未进行节能评估和审查的问题

根据《节约能源法》的相关规定,我国针对固定资产投资项目实施节能评估和审查制度:不符合强制性节能标准的项目,建设单位不得开工建设;已经建成的,不得投入生产、使用。在已上市发行的 REITs 项目中,对于标的基础设施未进行节能评估和审查这一问题的法律分析论证都是基于项目立项时国家尚未建立固定资产投资项目节能评估和审查制度进行的,但对于我国何时确定了节能评估和审查制度,却有不同的观点。有的认为是 2006 年 8 月 6 日生效的《国务院关于加强节能工作的决定》确定的,有的认为是 2010 年 11 月 1 日生效的《固定资产投资项目节能评估和审查暂行办法》(已失效)确定的。实际上,1998 年 1 月 1 日生效的《节约能源法》第 12 条规定:“固定资产投资工程项目的可行性研究报告,应当包括合理用能的专题论证。固定资产投资工程项目的设计和建设,应当遵守合理用能标准和节能设计规范。达不到合理用能标准和节能设计规范要求的项目,依法审批的机关不得批准建设;项目建成后,达不到合理用能标准和节能设计规范要求的,不予验

① 公明水厂缺乏建设用地规划许可证、建设工程规划许可证、建筑工程施工许可证,系相关土地资产根据特许经营协议划转至深圳市水务局的过程中的历史遗留问题造成政府审批程序延误,进而影响了建设阶段相关证照的办理。深圳市水务局针对该等事项于 2020 年 8 月 14 日特出具《深圳市水务局关于福永、燕川、公明水质净化厂有关报建手续办理情况的说明函》,说明上述缺失的文件及手续正在办理中。

收。”也就是说，1998 年《节约能源法》已经确定了节能评估和节能验收的制度，但其并没有把节能评估及审查单独作为一项固定资产投资项目的行政许可，而是要求在项目可行性研究报告中对合理用能进行论证即可。直到 2010 年《固定资产投资项目节能评估和审查暂行办法》生效后，固定资产投资项目的节能评估及审查才在真正意义上成为一项固定资产投资项目建设前需要单独取得的行政许可。

（五）其他合规性瑕疵问题

在已上市发行的 REITs 项目标的基础设施中，还存在诸如未进行水土保持、环保、消防等专项验收的问题，土地实际用途与规划用途不一致的问题，房屋租赁合同未备案的问题，以及项目存在行政处罚的问题等。此类问题基本上都遵循着以下解决思路：(1)如实披露事实情况及可能的法律后果；(2)对于可以在申报前整改的问题，立即整改，如调整土地实际用途，与规划用途保持一致，缴纳行政处罚的罚款等；(3)沟通行政主管机关出具说明或证明，以表明对相关瑕疵事项的监管态度；(4)论证、说明相关瑕疵事项未受到行政处罚、未被采取监管措施或未被要求补办手续；(5)论证、说明相关瑕疵事项不会对基础设施项目运营产生重大不利影响；(6)由原始权益人出具承诺函，承诺积极整改或补办相关手续，承诺对因瑕疵事项给项目公司和基金造成的损失承担兜底责任。

二、对 REITs 项目标的基础设施合规性瑕疵事项的整体解决建议

（一）以适用法律为基本依据，充分核实标的基础设施项目建设时的法律规定及建设手续

很多 REITs 项目标的基础设施存续时间较长，往往是多年前，甚至十几年、几十年前已经建成的项目。对于该类项目要系统汇总项目建设时期所适用的法律规定，并以这些法律法规为基本依据，详细梳理、核查标的基础设施项目的各类建设手续。鉴于我国对建设项目实行档案管理制度，建设时间比较久远的项目，如果发行人未能提供所需要的建设手续资料，可以尝试前往项目所在地的档案馆查找相关资料。

（二）结合项目运营现状，充分论证、披露标的基础设施项目合规性瑕疵事项对项目运营的影响

REITs 产品发行完成后，投资者获取投资收益的根本还是标的基础设施项目

的运营收益。因此,项目的合规性瑕疵事项不能对项目持续稳定运营产生重大不利影响。若标的基础设施项目的资产权属和建设手续存在一些合规性瑕疵,需要重点依据法律法规的规定并结合项目运营现状,充分论证、披露该等瑕疵事项对项目运营可能造成的风险。

(三)与政府主管部门深入沟通,争取政府主管部门的支持

标的基础设施项目的建设手续涉及政府主管部门的众多审批或备案,对于存在建设手续瑕疵的建设项目,如能够采取补救措施,补办相关手续,或取得政府主管部门追认的证明文件将是对瑕疵事项不会影响项目正常运营的极大背书,对于解决瑕疵问题,取得国家发改委、证监会等审核机构的认可,也具有关键性的作用。

2021 年 12 月 29 日发布的《国家发展改革委办公厅关于加快推进基础设施领域不动产投资信托基金(REITs)有关工作的通知》(发改办投资〔2021〕1048 号),要求各省市发改委要加强与政府主管部门的沟通,帮助 REITs 项目解决建设手续、产权证书、特许经营授权、国有资产转让等各类问题。2023 年 3 月 1 日,为进一步推动不动产投资信托基金(REITs)的申报推荐工作,《国家发展改革委关于规范高效做好基础设施领域不动产投资信托基金(REITs)项目申报推荐工作的通知》(发改投资〔2023〕236 号)出台,要求各地方发改委要与中国证监会当地派出机构、沪深证券交易所,以及本地区行业管理、自然资源、生态环境、住房城乡建设等部门加强沟通配合,共同协调解决项目前期培育阶段遇到的重点难点问题,尽可能缩短项目培育周期。要在依法合规的前提下,积极落实项目盘活条件,重点围绕投资管理手续完善、产权证书办理、土地使用合规、资产转让条件确认等,协调有关方面对项目发行基础设施 REITs 予以支持。笔者相信,在国家发改委协调各地政府主管部门大力推动 REITs 项目发行的大背景下,将有更多的项目可以得到地方政府主管部门更有力的支持,从而解决基础设施项目常见的合规性瑕疵问题。

(四)原始权益人承担兜底责任,保证项目公司及公众投资者利益

REITs 项目中原始权益人将通过转让项目权益获得收益,对于 REITs 项目发行过程的合规性瑕疵问题,若原始权益人能够对项目公司及基金承担可能损失的兜底责任,将会对基金产品产生较强的增信效果,也更容易取得审核部门的认可。

中国版公募REITs刚刚起步，这是在中国现有法律法规和税收政策框架内的创造性设计；初来乍到，势必有许多需要与我们现行法律现状、基础设施现状、资本市场现状等诸多方面进行磨合的地方，道阻且长，但我们相信前方必有光亮。

中国产业园基础设施公募 REITs 的法律重点问题

许　苇* 张　翔

* 作者简介：

许苇，中伦律师事务所北京办公室私募基金与资管部合伙人，电邮为：weixu@ zhonglun. com。

自2020年4月国家发改委和中国证监会联合推出基础设施领域不动产投资信托基金(以下简称公募REITs)试点开始,截至2023年5月,市场上已成功发行了共27单公募REITs,其中涉及产业园区资产的项目包括博时招商蛇口产业园封闭式基础设施证券投资基金、华安张江光大园封闭式基础设施证券投资基金、东吴苏州工业园区产业园封闭式基础设施证券投资基金和建信中关村产业园封闭式基础设施证券投资基金等共7单,将近占公募REITs的1/4,由此可见,产业园区资产是公募REITs的重要资产类型。

鉴于中国产业园区存在明显的政策导向,相比传统基础设施项目、房地产项目存在特殊性,结合过去一段时间国家发改委、中国证监会、证券交易所等相关监管机构陆续出台的公募REITs相关配套业务规则,本文将对产业园区的发展概况和试点范围、产业园区资产的合规性、转让限制和解除、产业园区资产重组等方面的法律重点问题进行分析。

一、产业园区的发展概况和试点范围

(一)产业园区的发展概况

1979年,中国首个工业区——深圳蛇口工业区投入开发运营。1988年5月,经国务院批准,北京市中关村科技园区作为中国第一个国家级高新技术产业开发区正式成立。经过40余年发展,产业园区已经成为区域经济发展、产业调整和升级的重要空间聚集形式,担负着聚集创新资源、培育新兴产业、推动城市化建设等一系列的重要使命。进入21世纪,随着国家发改委产业结构调整政策、战略性新兴产业指导目录、创新用地意见等方针性文件的陆续发布,各地紧跟国家政策,纷纷以开发区或工业园区为载体,加紧建设各种不同类型的产业园区。截至2018年,根据《中国开发区审核公告目录》(2018年版)国家级和省级开发区已达到2543家,相比2006年增加了975家。2019年,国家发改委发布《关于加快推进战略性新兴产业产业集群建设有关工作的通知》(发改高技〔2019〕1473号),在全国范围内确定了首批66个战略性新兴产业集群,覆盖领域包括信息技术、高端装备、新材料、生物医药、节能环保,形成“链式整合、园区支撑、集群带动、协同发展”的新格局。

(二)产业园区的试点范围

《国家发展改革委办公厅关于做好基础设施领域不动产投资信托基金(RE-

ITs)试点项目申报工作的通知》(发改办投资〔2020〕586 号,以下简称 586 号文)和《国家发展改革委关于进一步做好基础设施领域不动产投资信托基金(REITs)试点工作的通知》(发改投资〔2021〕958 号,以下简称 958 号文)对产业园区项目的试点范围有以下明确要求(见表 1):

表 1 国家对产业园区项目的试点范围要求

审查方面	试点要求
园区资格	位于自由贸易试验区、国家级新区、战略性新兴产业集群[以国家发改委公布名单为准,根据《关于加快推进战略性新兴产业产业集群建设有关工作的通知》(发改高技〔2019〕1473 号)国家发改委确定了首批 66 个战略性新兴产业集群,国家级与省级开发区以《中国开发区审核公告目录》(2018 年版)为准,含国务院批准设立的 552 家开发区,省级政府批准设立的 1991 家开发区]范围内
园区业态	业态为研发平台、工业厂房、创业孵化器、产业加速器、产业发展服务平台等园区基础设施
用地性质	项目用地性质原则上应为非商业、非住宅用地,租赁住房用地以及为保障项目正常运转而无法分割的办公用房、员工宿舍等少数配套设施用地除外

(三)产业园区的管理政策概况

1. 国家重点政策

为实施创新驱动发展战略,国家层面就产业园区的发展已出台了《国家高新技术产业开发区管理暂行办法》(国科发火字〔1996〕061 号)、《关于加速国家高新技术产业开发区发展的若干意见》(国科发火字〔1999〕302 号)、《科学技术部关于进一步支持国家高新技术产业开发区发展的决定》(国科发火字〔2002〕32 号)、《关于促进国家高新技术产业开发区进一步发展增强自主创新能力的若干意见》(国科发高字〔2007〕152 号)、《国家高新技术产业开发区创新驱动战略提升行动实施方案》(国科发火〔2013〕388 号)、《关于促进国家高新技术产业开发区高质量发展的若干意见》(国发〔2020〕7 号)等相关政策。该等政策重点对产业园区提升自主创新能力(包括集聚创新资源、吸引创新人才、技术成果转化等)、激发企业活力(包括支持高新技术企业发展、培育科技型中小企业、科技创新创业服务支持等)、开放创新(包括管理体制改革、优化营商环境、加强金融服务等)等方面进行了规定并提供政策指导。旨在深化改革、优化发展环境,依托产业园区创新驱动载体功能,着力培育高新技术企业,从而促进高新技术产业发展。

2. 地方园区管理政策

国家层面的政策以鼓励、政策优惠、简政放权、优化管理为主基调,内容较为宏观,各地方在具体实施过程中会结合当地实际情况出台配套细则。以与北京市中关村科技园区有关的地方政策《中关村国家自主创新示范区条例》为例,其重点对创新创业主体、科技研发、成果转化和知识产权、人才资源、科技金融、土地利用、政府服务和管理、核心区建设等方面进行了较为具体的规定。《上海市促进张江高科技园区发展的若干规定》和《上海市推进科技创新中心建设条例》侧重于对管理机构、企业的设立、项目审批、规划和工程建设管理、重点扶持的产业、企业和项目的认定、发证、政策优惠、中介服务、知识产权保护等方面进行规范。《苏南国家自主创新示范区条例》,作为主要针对苏州工业园区发展的地方政策,重点体现了对规划与建设、创新创业、产业技术研究开发机构、人才资源、投融资服务、开放合作、服务与管理等方面的认定与支持。与深圳蛇口工业区有关的地方政策《中国(广东)自由贸易试验区条例》和《深圳经济特区前海蛇口自由贸易试验片区条例》则将重心放在了管理体制、投资开放、贸易自由化、金融开放与创新、监管与服务等方面的规定等。前述政策因地制宜,均有效地促进了地方产业园区的运作和发展。

(四)产业园区的管理机构——园区管理委员会

在产业园区项目中,园区管理委员会作为产业园区的管理机构,一般属于地方政府的派出机构,负责对产业园区内项目立项投资备案、规划、资产转让等进行管理。例如,对深圳蛇口工业区而言,中国(广东)自由贸易试验区深圳前海蛇口片区管委会作为深圳市政府的派出机构,可以设立具有行政管理职能的工作部门,对外履行相关职责。对北京市中关村科技园区而言,北京市政府设立的中关村科技园区管委会对园区整体发展规划、空间规划、产业布局、项目准入标准等重要业务实行统一指导,同时各区政府分别设立的分园区管委会(如海淀园管委会、朝阳园管委会、昌平园管委会等)负责实际执行区政府授权范围内的行政职权。对上海张江高新区而言,上海市张江高新技术产业开发区管理委员会(上海市张江原高科技园区管理委员会)作为上海市政府及浦东新区政府的派出机构,负责园区内投资项目、基本建设项目的审批。对苏州工业园区而言,苏州工业园区管委会作为苏州市政府派出机构,其行政层级相当于区政府,设有独立的行政管理部门，具有制定行政规范性文件的资格。

在公募 REITs 项目中，往往涉及针对土地使用权、建筑物所有权、公司股权方面的转让行为。由于各地产业园区对该等资产转让一般具有特殊的政策限制，在公募 REITs 项目开展之初，我们建议相关主体就此与园区管委会等对应主管部门进行充分的访谈与沟通，以确保资产转让的限制（如涉及）可以得到相应解除。

二、产业园区公募 REITs 项目的法律关注要点

（一）产业园区资产的合规性关注要点

1. 合规性审查关注点

区别于传统基础设施项目（如公路、铁路等），产业园区的底层资产主要体现为产业园区内的土地使用权及房屋建筑物，因此相关合规性要求与一般房地产项目类似。对于合规性的审查，大致可以分为三个阶段（见表 2）：

表 2　不同项目阶段合规性审查关注点

项目阶段	合规性审查关注点
前期阶段	立项审批、核准或备案手续等
建设阶段	规划、用地、环评、施工许可手续等
验收阶段	工程整体验收手续、专项验收手续（包括规划、环评、消防、节能、人防等）

2. 合规性方面重点关注问题

在合规性审查中，基于产业园区资产的特殊性，存在一些重点问题需要予以特别关注，具体如下：

（1）国家级科技企业孵化器资质问题

在以高新技术产业为主要定位的产业园区中，往往存在专门对初创科技企业进行孵化的孵化器。孵化器的主要功能是围绕科技企业的成长需求，提供创业场地、共享设施、技术服务、咨询服务、投资融资、创业辅导、资源对接等服务，降低创业成本，提高创业存活率，促进企业成长。如公司取得国家级科技企业孵化器资质，可以享有相应的政策优惠。在国家级科技企业孵化器的标准认定上，科技部发布的《科技企业孵化器管理办法》（国科发区〔2018〕300 号）（以下简称《孵化器管理办法》）第 6 条规定，国家级科技企业孵化器可自主支配的孵化场地面积应不

低于10000平方米，其中在孵企业使用面积（含公共服务面积）占75%以上且孵化器累计毕业企业应达到20家以上。

如在公募REITs项目中，考虑将原始权益人现有的国家级科技企业孵化器作为入池资产剥离到新设的项目公司，可能存在以下两个方面的问题：一方面，在剥离孵化器资产后，原持有孵化器资产的公司可能因不再满足《孵化器管理办法》关于可自主支配的孵化场地面积的要求而丧失享有政策优惠的资格；另一方面，在项目公司取得孵化器资产后，由于《孵化器管理办法》对申请国家级科技企业孵化器资质的要求较高，在短时间内无法满足，项目公司无法取得国家级科技企业孵化器资质，存在无法满足586号文第17条第4项①和958号文附件《基础设施领域不动产投资信托基金（REITs）试点项目申报要求》关于"试点项目已取得依据相关法律法规应办理的其他必要手续的要求"的风险。

（2）产业园区物业的规划用途问题

作为产业集群地，产业园区中的土地与建筑用途会根据相关政府对该产业园的定位与规划而具有明显且具体的倾向性，如以高新科技为产业定位的北京市中关村科技园区、上海张江高新区和苏州工业园区，按园区不同侧重进一步细分高新科技领域，包括云计算、物联网、生物医药、金融科技、新能源等，以及以投资贸易为定位的深圳蛇口工业区。由此产生的结果是，侧重科技定位的产业园内土地的规划用途通常为工业、研发、科教、科研、教育等，而以投资贸易为定位的产业园内的土地性质还可能包含商业用途。在公募REITs项目中，586号文和958号文对开展试点的产业园区资产的项目性质、土地用途、配套设施用地等方面均有明确的规定，因此在试点项目初期，应首先根据前述规定对拟入池的产业园区资产进行审查和筛选，确保以符合要求的产业园区资产开展项目。

此外，由于物业集中位于产业园区内，管理相对封闭，为了满足在产业园区物业工作的人员的生活需要，产业园区物业内往往存在相应的商业配套（如餐厅等），但产业园区物业的规划用途往往是科研用途或者工业用途。因此，在审查产业园区物业的相关规划材料中，应当重点关注规划用途中是否包括了餐厅等配套

① 586号文第17条第4项：依据相关法律法规必须办理的其他重要许可手续（例如，有关项目应按照《固定资产投资项目节能审查办法》要求进行节能审查；涉及经营增值电信业务的数据中心项目应取得增值电信业务经营许可）。

用途，如果商业配套不在规划用途范围内，或超出许可的配套建筑面积比例，则存在物业的实际用途与规划用途不一致的问题。对此，根据《城市房地产管理法》等相关规定，不排除物业所有权人可能因不按照规划用途使用物业而受到相关行政主管部门的行政处罚或法律法规规定的其他监管措施的风险。

（二）产业园区资产的转让限制和解除

针对产业园区资产的可转让性，可以从以下两个层面分析：第一个层面是规则层面对相关资产的转让限制；第二个层面是相关资产涉及的手续文件以及合同所载明的资产转让限制。

1. 规则层面的转让限制

（1）地方法规对产业园区资产转让限制的规定

产业园区资产可能存在转让受限的资产范围包括土地使用权、建筑物所有权、公司股权、经营权等。各个地区对所管理的产业园区资产的转让限制规定不尽相同，下文以北京、上海、苏州、深圳为例，结合相关规定对相关产业园区资产转让限制的规定进行归纳总结。

首先是针对产业项目的限制性规定，即限制的对象是有特定用途的资产（通常为工业项目或研发项目）。其中，根据资产性质的不同又可以分为两类，即直接转让土地及其上建筑物，或通过转让持有土地及地上建筑物的公司股权间接达成转让目的。对于该类限制，各地的规定不尽相同：北京产业园区内的研发、工业项目（包括土地、房屋与股权）转让需要经过园区管委会①的审批，如转让方为园区开发企业还需要经过北京市人民政府②审批；上海 2016 年后的新增工业用地、房

---

① 《关于进一步完善已建成研发、工业项目转让管理有关问题的通知》（京建发〔2019〕216 号）第 2 条：国务院、市政府批准设立的开发区、产业园区内的研发、工业项目，由所在园区的园区管理部门负责审核。其他研发、工业项目，由区政府确定行业主管部门负责审核。

② 《北京市人民政府关于加快科技创新构建高精尖经济结构用地政策的意见（试行）》（京政发〔2017〕39 号）第 2 条第 2 款第 2 段：经市、区政府授权，园区开发企业可依法使用园区产业用地，向入园企业出租，但不得转让；也可以建设并持有产业用房及其各项配套服务用房，出租给入园企业，但不得整体或分割销售，不得转让公司股权。《中关村国家自主创新示范区条例》第 52 条第 2 款：示范区内原以协议出让方式取得的国有土地使用权不得擅自转让、改变用途；确需转让的，须报请市人民政府批准，土地所在地的区人民政府根据国家有关规定享有优先购买权。

屋及其对应股权转让则往往需要经出让土地使用权的行政主管部门[①]同意;深圳的协议出让的高新技术项目用地转让需要由深圳市规划和自然资源部门[②]批准。

其次是针对受让方的限制性规定,即限制的对象是受让资产的主体。对受让方进行限制的方式分为两类:一类为政府部门享有对土地的优先购买权,另一类为政府主管部门对受让方进行审核,两类方式根据具体项目可能存在重叠。前一类情形的例子包括:北京中关村国家自主创新示范区内土地所在地的区政府对园区内土地使用权转让享有优先购买权[③],苏州工业园区土地储备中心对园区内土地使用权转让享有优先购买权[④],以及深圳市政府及其指定部门对整体转让的工业楼宇及配套用房享有优先购买权[⑤];后一类情形包括北京开发区、产业园区内的产业项目[⑥]、苏

---

① 《关于加强本市工业用地出让管理的若干规定》(府办〔2016〕23 号)第 15 条:在国有建设用地使用权出让合同中,应当包括以下土地使用条件,同时应当对受让人的违约责任做出约定……(一)工业用地产业项目类和研发总部产业项目类 1. 建设用地使用权不得整体或分割转让。2. 宗地上的房屋不得分幢、分层、分套转让。3. 建设用地使用权人出资比例结构、项目公司股权结构改变的,应当事先经出让人同意。4. 土地房屋整体转让的,需经出让人同意,也可按照出让合同约定由出让人或园区管理机构优先收购。采取土地房屋整体转让的,应当纳入全市统一土地交易市场实施。(二)工业用地标准厂房类 1. 建设用地使用权不得整体或分割转让。2. 宗地上的房屋不得分幢、分层、分套转让,可出租。3. 建设用地使用权人出资比例结构、项目公司股权结构改变的,应当事先经出让人同意。4. 土地房屋整体转让的,需经出让人同意,也可按照出让合同约定由出让人或园区管理机构优先收购。采取土地房屋整体转让的,应当纳入全市统一土地交易市场实施。

② 《深圳经济特区土地使用权出让条例》(2021 修正)第 39 条:以协议方式出让土地使用权的范围:(一)高新技术项目用地……

第 44 条:依照本条例第 39 条第 1 款第 1 项规定减收土地使用权出让金取得土地使用权的,土地使用者将用地出租、转让,以及以土地使用权与他人合资、合作建设的,应当报经市规划和自然资源部门批准,重新签订出让合同……

③ 《中关村国家自主创新示范区条例》第 52 条第 2 款:示范区内原以协议出让方式取得的国有土地使用权不得擅自转让、改变用途;确需转让的,须报请市人民政府批准,土地所在地的区人民政府根据国家有关规定享有优先购买权。

④ 《苏州工业园区国有土地收购实施办法》(苏园管规字〔2013〕3 号)第 5 条:土地收购范围:……(二)土地使用权转让时,储备中心可以优先收购……

⑤ 《深圳市工业楼宇及配套用房转让管理办法》(深府办规〔2020〕2 号)第 13 条:按照本办法规定仅能以宗地为单位整体转让的工业楼宇及配套用房或者独立工业配套宿舍用地进行整体转让的,自用地批准文件生效之日或者土地使用权出让合同签订之日起不满 15 年进行整体转让的,政府及其指定部门在同等条件下享有优先购买权。

⑥ 《关于进一步明确已建成产业项目买受人审核有关问题的通知》(京建发〔2019〕217 号)第 1 条:国务院、市政府批准设立的开发区、产业园区内的产业项目,由所在园区的园区管理部门负责审核。其他产业项目,由区政府确定行业主管部门负责审核。

州工业项目用地[①]以及深圳一级工业用地管理线内土地[②]。若前述双重限制均适用,则需要同时满足:对应政府部门放弃优先购买权,且受让方经过主管部门审核方可受让产业园区资产的要求。

(2)园区管委会等主管部门在实践中的限制性要求

由于产业园区项目用地一般为科研用地、工业用地等特殊用地,加之产业园区常伴有特殊的政策要求,因此建议与园区管委会等对应主管部门进行充分的访谈与沟通,了解主管部门在实践中的限制性要求。即使相关法律法规或项目文件没有明确关于资产转让的前置审批要求,也不排除主管部门在实践中仍存在如股权转让需要履行批准程序等具体主管要求的可能。

(3)国家发改委对以产业园区资产开展基础设施 REITs 试点的进一步要求

在 958 号文中,国家发改委对产业园试点项目在资产转让方面提出了两点要求:第一,以划拨方式取得土地使用权的,须取得土地所在地的市(县)人民政府或自然资源行政主管部门对项目以 100% 股权转让方式发行基础设施 REITs 的无异议函(以下简称股权转让无异议函),以协议出让方式取得土地使用权的,须取得原土地出让合同签署机构(或按现行规定承担相应职责的机构)的股权转让无异议函;第二,如相关规定或协议对项目公司名下的土地使用权、项目公司股权、特许经营权、经营收益权、建筑物及构筑物等转让或相关资产处置存在任何限定条件、特殊规定约定的,应取得相关有权部门的股权转让无异议函。由此可见,国家发改委对于资产转让限制实行审慎的穿透式监管思路,即便在试点项目中仅涉及公司股权转让,不涉及对底层资产(如土地使用权、房屋等建筑物所有权)的重组和权属变更,只要底层资产涉及划拨用地、协议出让用地等特殊用地情形或者底层资产存在转让限制,便需要取得相关有权机构的同意(适用于底层资产存在转让限制)和股权转让无异议函。

---

① 《苏州市工业项目用地公开交易暂行办法》(苏府〔2007〕84 号)第 21 条:受让人取得工业用地使用权后,可以依法转让……出让文件和《出让合同》须明确转让工业用地使用权应当符合以下条件:……(三)新受让人必须符合原出让文件中限定的竞买资格,并经土地行政主管部门和发改或经贸系统投资管理部门审核同意……

② 《深圳市工业区块线管理办法》(深府规〔2018〕14 号)第 23 条:一级线内工业用地的转让或地上工业楼宇分割转让,受让方应当是从事制造业的生产、研发、设计等环节的工业企业或生产性服务业企业,并有 3 年以上合法纳税记录(或投资方有合法纳税记录),由各区指定部门或机构对受让方条件进行审核并出具意见。

2. 项目手续文件以及合同所载明的资产转让限制

在产业园区资产涉及的各类项目手续文件中，包括但不限于立项审批、核准或备案文件、土地使用权出让合同/划拨决定等，可能存在关于相关资产转让的限制性要求。此外，在产业园区资产涉及的各类合同中，包括但不限于贷款合同、服务合同等，也可能相关资产转让存在需要取得合同相对方同意等限制性约定。因此，在尽职调查过程中，应当对产业园区资产涉及的各类项目手续文件以及各类合同的内容予以关注。如存在相关转让限制，则需要根据上述958号文的规定取得相关有权机构的同意和股权转让无异议函。

（三）对产业园区试点项目的其他法律关注要点

除上述内容外，对产业园区试点项目的其他法律关注要点及主要包括以下内容（见表3）：

表3　对产业园区试点项目的其他法律关注要点及主要内容

法律关注要点	主要内容
土地合规性	土地使用权的获取方式、土地出让金的缴纳情况
国有资产转让安排	国有资产转让要求、是否可豁免进场交易
税收安排	相关税收的应缴纳情况及拟缴纳安排
REITs 设立方案	资产重组方案（如有）、项目公司股债结构方案
运营管理安排	运营管理机构的权责利和奖惩机制

三、产业园区公募 REITs 项目的法律重点及节点问题

（一）重组方案

如在基础设施 REITs 项目中，持有拟入池基础设施项目的公司同时涉及其他资产、负债等，则需要考虑将该等基础设施项目剥离到单独的项目公司中，再将项目公司股权转让给基础设施 REITs 项下相关载体，剥离方式包括出资、分立等法律形式。在重组方案中，税务筹划通常是整体安排最重要的考虑因素，具体的重组细节往往根据相应的税收政策逐一对应设计。例如，根据《国家税务总局关于纳税人资产重组有关增值税问题的公告》（国家税务总局公告2011年第13号）的规定，“纳税人在资产重组过程中，通过合并、分立、出售、置换等方式，将全部或者

部分实物资产以及与其相关联的债权、负债和劳动力一并转让给其他单位和个人,不属于增值税的征税范围,其中涉及的货物转让,不征收增值税”。因此可以考虑资产、负债与人员一并转移的重组安排以合理避免缴纳增值税。下文笔者以出资形式的重组方案为例,就资产、负债与人员的转让的法律关注要点进行分析。

1. 资产转移

拟入池资产一般体现为土地使用权及房屋所有权,对此存在以下三种可能的资产转移法律方案:

(1)无偿划转

无偿划转是指原始权益人直接将拟入池资产无偿划转进项目公司。根据《企业国有产权无偿划转管理暂行办法》(国资发产权〔2005〕239 号)第 2 条①和《企业国有产权无偿划转工作指引》(国资发产权〔2009〕25 号)第 2 条②的规定,无偿划转只有在划入方和划出方都是国有独资企业的情形下才能操作。根据 2022 年 5 月颁布的《关于企业国有资产交易流转有关事项的通知》(国资发产权规〔2022〕39 号),国有控股、实际控制企业内部实施重组整合,经国家出资企业批准,可比照国有产权无偿划转管理相关规定划转所持企业产权。由于项目公司一般是原始权益人新设并全资持有的公司,因此该等方案下需要审查原始权益人是否为国有独资企业或国有控股、实际控制企业。

(2)设立出资

设立出资是指原始权益人以拟入池资产直接出资设立项目公司。根据《公司法》第 27 条③的规定,土地使用权等可以用货币估价并可以依法转让的非货币财产作价出资。

---

① 《企业国有产权无偿划转管理暂行办法》(国资发产权〔2005〕239 号)第 2 条第 1 款:本办法所称企业国有产权无偿划转,是指企业国有产权在政府机构、事业单位、国有独资企业、国有独资公司之间的无偿转移。

② 《企业国有产权无偿划转工作指引》(国资发产权〔2009〕25 号)第 2 条第 1 款:国有独资企业、国有独资公司、国有事业单位投资设立的一人有限责任公司及其再投资设立的一人有限责任公司(以下统称国有一人公司),可以作为划入方(划出方)。

③ 《公司法》第 27 条:股东可以用货币出资,也可以用实物、知识产权、土地使用权等可以用货币估价并可以依法转让的非货币财产作价出资;但是,法律、行政法规规定不得作为出资的财产除外。对作为出资的非货币财产应当评估作价,核实财产,不得高估或者低估作价。法律、行政法规对评估作价有规定的,从其规定。

(3)设立后增资

设立后增资是指原始权益人先以小额资金出资设立项目公司,然后以拟入池资产对项目公司进行增资。根据《财政部、税务总局关于继续支持企业、事业单位改制重组有关契税政策的通知》(财税〔2018〕17 号)第 6 条的规定,同一投资主体内部所属企业之间土地、房屋权属的划转,包括母公司与其全资子公司之间,免征契税。母公司以土地、房屋权属向其全资子公司增资,视同划转,免征契税。因此,如采用设立后增资而非设立出资的方式,可以合理避免缴纳契税。

2. 负债转移

根据《民法典》第 551 条①的规定,债务转移要取得相关债权人同意,因此在实际操作中就相应的债务转移一般需要签署债务转移协议。自签署的相应协议约定的条件满足之日起,相应的债务由原始权益人转移给项目公司,由项目公司作为债务人承担对该等债务的清偿责任。但该方案应注意所转移的负债与资产的关联性和商业合理性以控制可能存在的潜在法律风险。

3. 人员转移

在人员转移中,原始权益人需要将与其建立劳动关系的员工的劳动关系变更至项目公司名下,由项目公司与该等员工建立新的劳动关系(在产业园项目中,因不涉及持牌所必需的专业、技术人员,一般仅涉及必要的维持项目公司运营所必需的相关人员)。原始权益人需要终止与拟转移员工的劳动合同,并且原始权益人需要协调该等员工与项目公司于原劳动合同终止之日签署新劳动合同,之后原始权益人和项目公司需要按照国家有关法律法规和有权主管机构要求在履行必要的程序后对该等员工办理各项相关的转移手续(如社保关系等)。

(二)重组涉及的基础设施项目的租赁合同变更

1. 租赁关系改造

在重组过程中,通常涉及对基础设施项目的原租赁关系的改造。在基础设施项目的所有权转移至项目公司名下前,原始权益人与承租人签署了相应的基础设施项目的租赁合同。在基础设施项目的所有权转移至项目公司名下后,根据《民

---

① 《民法典》第 551 条:债务人将债务的全部或者部分转移给第三人的,应当经债权人同意。债务人或者第三人可以催告债权人在合理期限内予以同意,债权人未作表示的,视为不同意。

法典》第725条[①]和《最高人民法院关于审理城镇房屋租赁合同纠纷案件具体应用法律若干问题的解释》(法释〔2020〕17号)第14条[②]的规定,基础设施项目的租赁合同的出租人发生变更,由项目公司作为新的出租人继续履行原租赁合同,因此由项目公司承继了原始权益人在原租赁合同项下作为出租人的权利和义务。对此,一般需要由原始权益人、项目公司与承租人签署相应租赁合同的变更协议,对项目公司承继原始权益人在原租赁合同项下作为出租人的权利和义务的相关安排予以明确。需要特别注意的是,由于项目公司所承继的权利包括在原租赁合同项下作为出租人收取并持续持有预收租金及租赁保证金的权利,因此就合规的角度而言,原始权益人需要将其已收取并持有的预收租金及租赁保证金转移交付给项目公司。

2. 过渡期的相关安排

在租赁关系改造的过程中,从办理完基础设施项目的不动产转移登记之日到相应的租赁合同变更协议完成签署之日可能存在时间差,就这段时间(过渡期)的相关安排需要进行特别约定。在过渡期内,由于租赁合同的变更协议尚未签署完毕,承租人仍可能向原始权益人而非项目公司支付应付租金及其他款项。对此,建议约定在过渡期内项目公司委托原始权益人代表项目公司继续履行已签署的相应租赁合同并代为收取相应的租金及其他款项,并将所收取的租金及其他款项及时转付至项目公司的指定账户。在相应的租赁合同变更协议完成签署,过渡期结束,相应的租金及其他款项的支付根据租赁合同变更协议的约定执行。

四、结语

中国版公募REITs于基础设施领域先行开展试点,对于规模庞大的产业园区行业是一件意义重大的投融资机制创新。在公募REITs项目的申报过程中,需要

① 《民法典》第725条:租赁物在承租人按照租赁合同占有期限内发生所有权变动的,不影响租赁合同的效力。

② 《最高人民法院关于审理城镇房屋租赁合同纠纷案件具体应用法律若干问题的解释》(法释〔2020〕17号)第14条:"租赁房屋在承租人按照租赁合同占有期限内发生所有权变动,承租人请求房屋受让人继续履行原租赁合同的,人民法院应予支持。但租赁房屋具有下列情形或者当事人另有约定的除外:(一)房屋在出租前已设立抵押权,因抵押权人实现抵押权发生所有权变动的;(二)房屋在出租前已被人民法院依法查封的。"

重视尽职调查的工作，特别需要关注产业园区资产在合规性、转让限制和解除等方面的要求，并且需要对交易架构、资产重组、治理机制等方面可能涉及的问题进行尽早沟通并形成相应的解决方案，以保障项目的顺利推进。

扩容商业消费基础设施，优化申报标准和流程

——公募REITs新规要点解读

魏轶东　刘洪蛟*　施　峰　吴佳宝
储灿林　马苑怡　陈宇轩　张　曼
徐志豪　谢　茜

*作者简介：
魏轶东，中伦律师事务所北京办公室公司业务部合伙人，电邮为：weiyidong@zhonglun.com。
刘洪蛟，中伦律师事务所深圳办公室资本市场部合伙人，电邮为：liuhongjiao@zhonglun.com。

2023 年 3 月 24 日，国家发展和改革委员会（以下简称国家发改委）和中国证券监督管理委员会（以下简称证监会）发布了《关于规范高效做好基础设施领域不动产投资信托基金（REITs）项目申报推荐工作的通知》（发改投资〔2023〕236 号，以下简称 236 号文）和《关于进一步推进基础设施领域不动产投资信托基金（REITs）常态化发行相关工作的通知》（以下简称《常态化发行的通知》，与 236 号文合称新通知）。新通知旨在把关不动产投资信托基金（Real Eastate Investment Trusts，REITs）项目的质量，提高申报效率，是我国 REITs 监管标准化、常态化、精细化过程中的又一重大举措。

本文将结合业务实践，对比此前国家发改委和证监会出台的相关规则（包括 958 号文①、617 号文②、19 号文③、40 号文④等规则，合称为此前规定），从前期培育、发行条件、申报推荐流程、专家和专业机构、回收资金使用、运营管理、市场化建设等方面进行深度解读，以供交流参考。

一、准备先行：认真做好项目前期培育

（一）充分认识前期培育工作的重要性

关于项目的前期培育工作，新通知与此前规定的对比如表 1 所示：

表 1 新通知与此前规定关于项目前期培育的对比

新通知	此前规定
“基础设施 REITs 项目的前期培育，包括梳理筛选资产、制定产品方案、完善合规手续、解决难点问题等工作。切实做好项目前期培育，对于加强项目储备、保障项目合规、提升资产质量、促进稳健运营、提高推荐效率具有重要意义。各地方发展改革委要高度重视基础设施 REITs 项目前期培育工作，帮助和指导发起人（原始权益人）、基金管理人等共同做好项目培育，推动项目尽快具备申报条件，并及时向我委反映共性问题和解决建议。”	958 号文等未对项目前期培育作出规定。 958 号文规定：“（四）加强项目储备管理。及时梳理汇总本地区基础设施 REITs 试点项目，将符合条件的项目分类纳入全国基础设施 REITs 试点项目库，做到应入尽入，未纳入项目库的项目不得申报参与试点。督促有关方面适时更新项目信息，动态掌握入库项目进展，及时剔除不符合要求的项目，切实保障入库项目质量。”

① 国家发改委《关于进一步做好基础设施领域不动产投资信托基金（REITs）试点工作的通知》（发改投资〔2021〕958 号）。

② 国家发改委办公厅《关于做好基础设施领域不动产投资信托基金（REITs）新购入项目申报推荐有关工作的通知》（发改办投资〔2022〕617 号）。

③ 国务院办公厅《关于进一步盘活存量资产扩大有效投资的意见》（国办发〔2022〕19 号 ）。

④ 证监会、国家发改委《关于推进基础设施领域不动产投资信托基金（REITs）试点相关工作的通知》（证监发〔2020〕40 号）。

评述：

236 号文首次提出了“前期培育”的概念，相较于 958 号文对相对成熟的底层资产进行的“储备”，236 号文的提法更侧重于对尚待成熟的底层资产进行“培育”。

基础设施 REITs 项目在资产规模、运营稳定性及投资回报率、底层资产合规性手续及底层资产可转让性等方面存在较高的要求。对于部分优质但处于成长期的项目而言，前期培育能够帮助项目更好地对接 REITs 发行标准，打通“投、融、管、退”的项目大循环。

前期辅导属于 REITs 常态化发行的重要创新，通过对拟申报基础设施 REITs 的项目进行前期培育，发起人可以在主管部门及中介机构的辅导下，制订产品方案、完善项目的合规性手续资料，明确项目转让限制的处理路径，成熟化项目的运营管理，解决重点难点问题，尽快推动项目具备申报条件，加快项目的发行进度。

（二）确保申报材料真实客观

关于申报材料的真实客观，新通知与此前规定的对比如表 2 所示：

表 2　新通知与此前规定关于申报材料的真实客观的对比

新通知	此前规定
“发起人（原始权益人）要按照《国家发展改革委关于进一步做好基础设施领域不动产投资信托基金（REITs）试点工作的通知》（发改投资〔2021〕958 号）、《国家发展改革委办公厅关于做好基础设施领域不动产投资信托基金（REITs）新购入项目申报推荐有关工作的通知》（发改办投资〔2022〕617 号）、本通知及项目申报格式文本的要求，认真准备项目申报材料，真实、全面、客观反映项目情况，不得弄虚作假、避重就轻、违规包装。要如实提供项目历史收益数据，全面分析可能影响项目收益的各项因素，客观预测项目未来收益水平。如发起人（原始权益人）、基金管理人等未真实、全面、客观反映项目情况，故意瞒报漏报甚至弄虚作假的，我委将视情节轻重，采取提醒谈话、暂停受理等方式予以处理，并提请有关部门依法予以惩戒。”	958 号文规定：“（七）规范编制申报材料。督促指导项目原始权益人、基金管理人、资产支持证券管理人、律师事务所、会计师事务所、资产评估机构等有关方面，严格落实本通知规定，按照统一的申报要求，认真编制项目申报材料。项目申报材料应真实、完整、有效，不得存在虚假记载、误导性陈述、重大遗漏等情况。”

评述：

在 958 号文对申报材料“不得存在虚假记载、误导性陈述、重大遗漏等情况”

的要求的基础上，236 号文进一步明确了对申报材料真实、全面、客观的要求，重点提出申报材料不得“避重就轻，违规包装”。此外，236 号文新增对上述违规行为的处理机制，即“采取提醒谈话、暂停受理等方式予以处理，并提请有关部门依法予以惩戒”。

相关处理机制的明确进一步压实了原始权益人、管理人及各方机构的责任，进一步促使项目申报材料真实反映项目情况，确保拟发行的项目符合相关规定的要求，保护投资者利益。

（三）组织做好部门协调

关于部门协调，新通知与此前规定的对比如表 3 所示：

表 3　新通知与此前规定关于部门协调的对比

新通知	此前规定
“各地方发展改革委要与中国证监会当地派出机构、沪深证券交易所，以及本地区行业管理、自然资源、生态环境、住房城乡建设等部门加强沟通配合，共同协调解决项目前期培育阶段遇到的重点难点问题，尽可能缩短项目培育周期。要按照国办发〔2022〕19 号文件的要求，在依法合规的前提下，积极落实项目盘活条件，重点围绕投资管理手续完善、产权证书办理、土地使用合规、资产转让条件确认等，协调有关方面对项目发行基础设施 REITs 予以支持。”	958 号文规定：“（五）推动落实项目条件。对纳入项目库的意向项目，要结合发展需要和项目情况，推动做好相关准备工作。对储备项目，要及时掌握项目进展，与中国证监会当地派出机构、沪深证券交易所、有关行业管理部门、有关行政审批部门等加强沟通，依法依规办理相关手续，帮助落实发行基础设施 REITs 的各项条件。”

评述：

在部门协调方面，236 号文对 958 号文中的“有关行业管理部门”及有关部门可以协调办理的“相关手续”作了进一步明确。其中，有关行业管理部门明确包括地区行业管理、自然资源、生态环境、住房城乡建设等部门；相关手续的办理包括投资管理手续完善、产权证书办理、土地使用合规、资产转让条件确认等。

根据 958 号文对项目底层资产的投资管理手续的要求，拟申报基础设施 REITs 的项目应具备的合规性文件主要包括项目立项文件、用地规划及工程规划文件、与项目土地取得有关的文件、施工许可文件、项目综合及专项竣工验收文件、外商投资有关手续及根据项目类型应取得的其他重要手续。前述合规性文件对应的主管部门主要包括 236 号文中明确的地区行业管理、自然资源、生态环境、住房城乡建设等部门。

实践中，项目取得或建设过程中，可能存在部分合规性文件的缺失的情况。基于缺失原因的不同，发起人（原始权益人）需要请求相关主管部门进行查找、补办、说明情况或出具处理意见。236 号文为各级政府常态化解决项目合规问题、确认项目转让条件提供了制度依据。236 号文有利于部门协调机制的进一步完善，有利于加快解决企业在项目培育阶段遇到的需通过相关部门协调解决的难点问题，提高 REITs 申报效率。

二、推动常态化：合理把握项目发行条件

（一）支持消费基础设施建设

关于消费基础设施的建设，新通知与此前规定的对比如表 4 所示：

表 4　新通知与此前规定关于消费基础设施建设的对比

新通知	此前规定
“贯彻党中央、国务院关于把恢复和扩大消费摆在优先位置的决策部署，研究支持增强消费能力、改善消费条件、创新消费场景的消费基础设施发行基础设施 REITs。优先支持百货商场、购物中心、农贸市场等城乡商业网点项目，保障基本民生的社区商业项目发行基础设施 REITs。项目用地性质应符合土地管理相关规定。项目发起人（原始权益人）应为持有消费基础设施、开展相关业务的独立法人主体，不得从事商品住宅开发业务。发起人（原始权益人）应利用回收资金加大便民商业、智慧商圈、数字化转型投资力度，更好满足居民消费需求。严禁规避房地产调控要求，不得为商品住宅开发项目变相融资。”	958 号文附件规定：“试点行业主要包括交通基础设施、能源基础设施、市政基础设施、生态环保基础设施、仓储物流基础设施、园区基础设施、新型基础设施、保障性租赁住房和水利设施、旅游基础设施等。 酒店、商场、写字楼等商业地产项目不属于试点范围。项目土地用途原则上应为非商业、非住宅用地，租赁住房用地以及为保障项目正常运转而无法分割的办公用房、员工宿舍等少数配套设施用地除外。 鼓励将回收资金用于国家重大战略区域范围内的重大战略项目、新的基础设施和公用事业项目建设，鼓励将回收资金用于前期工作成熟的基础设施补短板项目和新型基础设施项目建设，形成良性投资循环。”

评述：

1. 拓宽试点行业类型至消费基础设施

类比境外 REITs 市场，商贸零售类资产在美国、我国香港特别行政区、新加坡

REITs 市场的资产类别均占有较高比例。236 号文将消费基础设施纳入公募 REITs 试点范围,并提出"优先支持百货商场、购物中心、农贸市场等城乡商业网点项目,保障基本民生的社区商业项目"作为 REITs 底层资产,是在 958 号文试点范围基础上的又一次行业扩容。

消费基础设施 REITs 的试点积极响应了国家恢复和扩大消费、带动经济增长的政策号召,起到拉动线下消费投资、服务实体经济的效果,能够有效解决独立商业运营商,运营过程中可能存在的重资产持有、租金回收效率慢、融资渠道有限、资产退出渠道少的困境,为独立商业运营商盘活存量资产、拓宽融资渠道、优化资本结构提供新的解决思路,为优质零售物业的退出提供了新路径,将进一步增强消费类资产的市场流动性。

2. 对原始权益人的独立性要求和房产调控政策要求仍然严格

236 号文要求消费基础设施 REITs 的发起人(原始权益人)满足独立性要求,并要求"严禁规避房地产调控要求,不得为商品住宅开发项目变相融资"。

我们提示关注以下要点:

首先,为推行消费基础设施 REITs,958 号文关于项目土地用途原则上应为非商业用地的规定也有所突破,但 236 号文亦明确"项目用地性质应符合土地管理相关规定"。消费基础设施用地存在多样性特点,可能涉及各种类型的商业用地,加之各地推出的新型用地①,在资产筛选时需关注项目用地类型是否符合土地管理规定。

其次,消费基础设施自持要求和转让限制的处理待实务中进一步明确。消费基础设施常见一定年限或永久自持要求,该等要求通常是出于避免消费资产散售、维持基础设施品质的考虑,亦一定程度上与土地政策相关。在保障消费基础设施运营品质的情况下,如能够参照保障房、产业园区等类型基础设施,为消费基础设施发行解除现有的转让限制,将有效降低原始权益人 REITs 发行成本,有效盘活存量基础设施项目,增强市场活力。

再次,236 号文也为消费基础设施的项目发起人(原始权益人)制定了"个性化"回收资金用途,要求"发起人(原始权益人)应利用回收资金加大便民商业、智

① 例如,北京的 B4 综合性商业金融服务业用地和 F2、F3 多功能用地。

慧商圈、数字化转型投资力度,更好满足居民消费需求”。消费基础设施的项目发起人(原始权益人)应按照承诺用途使用回收资金并按规定及时披露报告,应当按照相关指引要求建立管理制度、落实监管措施、实行严格闭环管理。消费基础设施项目推进过程中,如项目发起人(原始权益人)控股股东或者其关联方的义务范围涉及商品住宅,需要进行独立性核查和改造(如需),确保项目发起人(原始权益人)在资产、业务、财务、人员和机构等方面与商品住宅业务有效隔离,保持相对独立。考虑到消费基础设施通常采用资产和商管分离的运营模式和区域性管理特点,消费基础设施的入池资产权属和收益独立性、项目公司财务管理方面的独立性都是在实操过程中需要重点关注的事项。

最后,基于消费基础设施的公众商业特点,在合规性手续方面也需要关注消防安全、经营手续等要求。

(二)合理把握项目收益与规模

关于把握项目收益与规模,新通知与此前规定的对比如表 5 所示:

表 5 新通知与此前规定关于项目收益与规模的对比

新通知	此前规定
“根据不同类型基础设施 REITs 项目的具体情况,合理把握项目收益水平。申报发行基础设施 REITs 的特许经营权、经营收益权类项目,基金存续期内部收益率(IRR)原则上不低于 5%;非特许经营权、经营收益权类项目,预计未来 3 年每年净现金流分派率原则上不低于 3.8%。可通过剥离低效资产、拓宽收入来源、降低运营成本、提升管理效率等多种方式,努力提高项目收益水平,达到项目发行要求。”	958 号文附件规定:“预计未来 3 年净现金流分派率(预计年度可分配现金流/目标不动产评估净值)原则上不低于 4%。”
“首次发行基础设施 REITs 的保障性租赁住房项目,当期目标不动产评估净值原则上不低于 8 亿元。”	958 号文附件规定:“首次发行基础设施 REITs 的项目,当期目标不动产评估净值原则上不低于 10 亿元。”

评述:

1. 根据资产类型提出收益水平要求

236 号文对经营权类 REITs 和产权类 REITs 底层资产类型,分别提出了不同的收益水平要求。

一方面,236 号文结合产权类 REITs 项目实际表现[①],适度降低产权类项目的净现金流分派率门槛,既保障了产权类 REITs 对于投资人的吸引力,也有利于原始权益人发行更多产权类 REITs 产品。

另一方面,236 号文对经营权类 REITs 项目改用“内部收益率”(IRR)作为收益水平的衡量标准。经营权类 REITs 项目的土地成本在资产组合中价值占比低,净现金流分派率通常明显高于产权类 REITs 项目,且受经营权剩余年限影响波动较大。内部收益率(IRR)可以反映经营权 REITs 项目在剩余年限的总体盈利能力,相较于净现金流分派率,更加客观合理地反映经营权类 REITs 项目的风险收益特征。[②]

2. 降低保障性租赁住房首发评估净值

236 号文将保障性租赁住房首发当期不动产评估净值门槛由“不低于 10 亿元”降至“不低于 8 亿元”。

保障性租赁住房自国务院办公厅《关于加快发展保障性租赁住房的意见》(国办发〔2021〕22 号)发布后正式推出,政策出台时间较短,各地保障性租赁住房项目认定程序和规则仍在制定和完善中,因此可以纳入保障性租赁 REITs 的资产规模较小,较难满足首发当期不动产评估净值不低于 10 亿元、可扩募资产原则上不低于拟首次发行资产规模 2 倍的要求。目前已上市的 4 单保障性租赁住房 REITs 的发行规模均不高于 13 亿元,属于平均发行规模较小的资产类型。

236 号文考虑到保障性租赁住房的保障属性,适度降低保障性租赁住房首发当期不动产评估净值要求,有利于更多优质保障性租赁住房参与公募 REITs 发行,有助于加快发展保障性租赁住房,促进解决好大城市住房突出问题。

(三)严把投资管理合规性

关于投资管理合规性,新通知与此前规定的对比如表 6 所示:

---

① 参见陈聪:《REITs | 消费基础设施与 REITs 市场》,载微信公众号“中信证券研究”2023 年 3 月 14 日,https://mp.weixin.qq.com/s/2zMWiqHBQlmnLHwVV0WTog。截至 2023 年 3 月 10 日,统计的已上市 25 单产品当中产权类 REITs 整体的 2023 年预计现金分派率约为 3.5%,经营权类 REITs 整体的 2023 年预计现金分派率约为 7.5%。

② 参见徐成彬:《REITs 项目申报推荐,走向规范化、标准化、精细化——深入理解〈国家发展改革委关于规范高效做好基础设施领域不动产投资信托基金(REITs)项目申报推荐工作的通知〉》,载微信公众号“中咨研究”2023 年 3 月 24 日,https://mp.weixin.qq.com/s/Czp3BSo4zoWZBlMVUd1eRg。

表 6　新通知与此前规定关于投资管理合规性的对比

新通知	此前规定
“投资管理手续是否合规，应以项目投资建设时的法律法规和国家政策作为主要判定依据。项目投资建设时无需办理但按现行规定应当办理的有关手续，应按当时规定把握，并说明有关情况；项目投资建设时应当办理但现行规定已经取消或与其他手续合并的有关手续，如有缺失，应由相关负责部门说明情况或出具处理意见；按照项目投资建设时和现行规定均需办理的有关手续，如有缺失，原则上应由相关负责部门依法补办，确实无法补办的应由相关负责部门出具处理意见。如项目曾进行改变功能用途的重大改扩建，应主要依据改扩建时的相关手续办理情况判断其投资管理合规性。”	958 号文附件规定：“项目投资管理手续的合法合规性，应以办理时的法律法规、规章制度、国家政策等为判定依据。项目无需办理上述手续的，应说明有关情况，并提供证明材料。项目投资管理手续缺失的，应依法依规补办相关手续，或以适当方式取得相关部门认可；如现行法律法规、规章制度、政策文件等明确无需办理的，应对有关情况作出详细说明，并提供项目所在地相关部门或机构出具的证明材料。”

评述：

投资管理手续合规性一直是监管部门审查公募 REITs 项目发行条件的重点，也是多数试点项目在资产筛选和项目培育阶段的核心优化事项。由于部分项目建设时间较早、建设手续资料保管不当等，958 号文所要求的立项、规划、用地、环评、施工和竣工验收等项目投资管理手续可能存在不同程度的缺失或瑕疵。

236 号文进一步明确投资管理手续应补尽补要求，再次强调投资管理手续合规性“应以项目投资建设时的法律法规和国家政策作为主要判定依据”，并进一步拆分细化了手续缺失的情形，明确了不同情形和场景下的处理路径（见图 1）。值得关注的是，236 号文明确反馈了监管部门对手续缺失的严格处理态度，即以补办为原则，确实无法补办的再由主管部门出具处理意见，充分体现了监管部门对“拿函代替补办”的审慎监管态度。

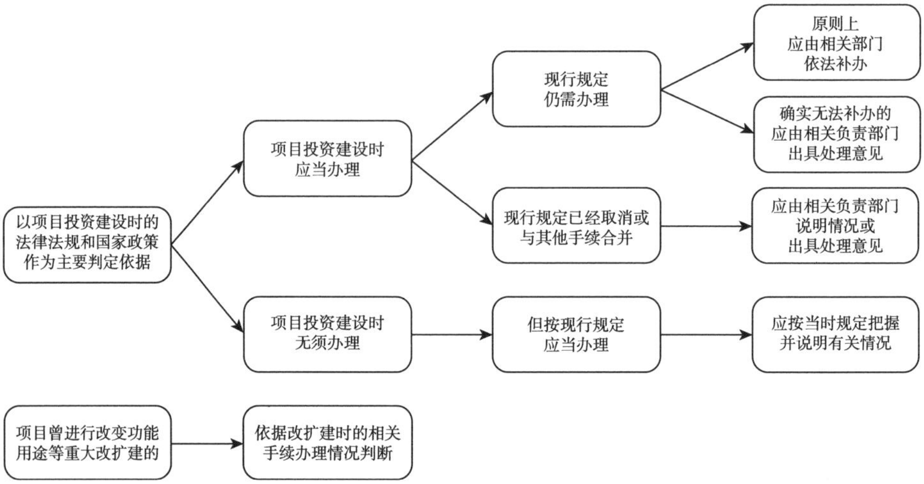

图 1　投资管理手续缺失时不同情形和场景下的处理路径

三、优化流程：切实提高申报推荐效率

（一）规范项目申报受理流程

关于项目申报受理流程，新通知与此前规定的对比如表 7 所示：

表 7　新通知与此前规定关于项目申报受理流程的对比

新通知	此前规定
“项目前期培育阶段结束、基本符合申报条件后，发起人（原始权益人）应按发改投资〔2021〕958 号文、发改办投资〔2022〕617 号文等要求，向有关省级发展改革委报送项目申报材料。省级发展改革委应及时对项目申报材料进行初步审核，对基本符合条件的项目应于 5 个工作日内正式受理；对明显不符合发行条件或材料不完整、不齐备的不予受理，并于 5 个工作日内作出回复。项目受理后，我委、省级发展改革委将明确专人对接，优化工作流程，加快工作进度，共同开展项目判断。省级发展改革委应及时将符合条件的项目申报文件和相关材料报送我委。为提高工作效率，如涉及省级其他部门的有关事项已由该部门（包括其下级部门）出具无异议函或书面支持意见，省级发展改革委向我委报送项目申报文件时不宜再重复会签。”	958 号文规定：“（九）提高申报工作效率。各地发展改革委要在严格防范风险前提下，切实承担责任，优化工作流程，及时向我委申报项目，不符合试点条件和要求的项目不得申报。” 617 号文规定：“新购入项目所在地省级发展改革委应及时对项目申报材料进行初步审核，对基本符合条件的项目应于五个工作日内正式受理；材料不完整、不齐备的不予受理，并于五个工作日内作出回复。项目受理后，省级发展改革委应明确专人对接，优化工作流程，加快工作进度，将符合条件的新购入项目申报文件和相关材料报送我委。发起人（原始权益人）应同时向其注册地省级发展改革委报备。”

评述:

在新通知发布前,国家发改委仅针对扩募项目规定了省级发改委的受理时限要求,对于首次申报项目仅要求“及时”申报,一定程度上具有模糊性和不可预期性。实践中可能出现个别省级发改委由于对 REITs 首次申报业务不熟悉等迟迟不向国家发改委报送材料的现象。新通知延续和发展了扩募规定的精神,不区分首次申报项目及扩募项目,统一明确受理时限要求均为 5 个工作日,极大提高了项目申报受理时间的透明度和可预期性。

此外,新通知也明确规定已经由省级其他部门及其下级部门出具无异议函或书面支持意见的事项不宜在报送时重复会签,避免了不必要的重复性工作和流程,有助于提高申报效率。

但亦需要注意,新通知仅明确了省级发改委、国家发改委的受理时限要求,对于市级发改委、区级发改委的受理和审查程序,仍然需按照各地发改委的具体要求执行,新通知并未进行进一步明确。

(二)完善中央企业申报流程

关于中央企业申报流程,新通知与此前规定的对比如表 8 所示:

表 8　新通知与此前规定关于中央企业申报流程的对比

新通知	此前规定
“中央企业可将项目申报材料和项目所在地省级发展改革委意见直接报送我委,也可通过省级发展改革委报送。直接报送的,我委及时对项目申报材料进行初步审核,对基本符合条件的项目于 5 个工作日内正式受理;对明显不符合发行条件或材料不完整、不齐备的不予受理,并于 5 个工作日内作出回复。”	958 号文附件规定:“发起人(原始权益人)为中央企业的跨地区打包项目,有关中央企业可将申报请示文件和项目申报材料直接报送国家发展改革委,同时须附项目所在地省级发展改革委意见。对于项目收益是否满足试点基本条件,需以打包后项目整体收益进行判断。” 617 号文规定:“(二)中央企业可将新购入项目的申报文件、项目材料和项目所在地省级发展改革委意见直接报送我委。我委及时对项目申报材料进行初步审核,对基本符合条件的项目于五个工作日内正式受理;材料不完整、不齐备的不予受理,并于五个工作日内作出回复。”

评述:

在新通知发布前,此前规定仅规定中央企业的跨地区打包项目及扩募项目可由中央企业向国家发改委直接申报,新通知则不作区分,统一明确中央企业可将项目申报材料和项目所在地省级发改委意见直接报送国家发改委，受理时限与省级发改委的受理时限一致，为5个工作日。允许中央企业直接申报有助于缩短央企项目的沟通时间、成本。

（三）及时开展咨询评估

关于开展咨询评估，新通知与此前规定的对比如表9所示：

表9 新通知与此前规定关于开展咨询评估的对比

新通知	此前规定
“对省级发展改革委正式报送和我委直接受理的项目，我委将按照《国家发展改革委关于修订印发〈国家发展改革委投资咨询评估管理办法〉的通知》（发改投资规〔2022〕632号）的规定，及时选取咨询评估机构，办理咨询评估委托书，由咨询评估机构对项目是否符合推荐条件进行综合评估。项目评估时间一般不超过30个工作日；咨询评估机构因特殊情况确实难以在规定时限内完成的，征得投资司书面同意后，可以适当延长完成时限。咨询评估机构应在规定时限内提交评估报告。”	958号文、617号文未对咨询评估机构在REITs项目中担任的角色、工作时限进行明确规定。 参考国家发改委《关于进一步推进投资项目审批制度改革的若干意见》（发改投资〔2021〕1813号）：“（八）加强投资项目决策管理。研究修订投资项目评价规范，完善投资决策咨询评估机制，切实把好项目‘准入关’，对投资项目是否符合发展建设规划、区域规划、产业政策，以及政府投资项目资金筹措等建设条件落实情况等，要重点加以审查，切实防范‘两高’项目盲目发展和违规政府投资项目盲目上马。涉及举债融资的项目，要将融资方案作为可行性研究论证重点，结合融资结构和项目收益来源，科学规划项目资金平衡方案。”

评述：

咨询评估并非REITs特有的安排，在投资决策领域已有相应广泛经验。《国家发展改革委投资咨询评估管理办法》第2条规定：“国家发展改革委在进行相关投资决策时，应当坚持‘先评估、后决策’原则，委托有关工程咨询单位开展评审评估，并在充分考虑咨询评估意见的基础上作出决策决定。”而前述管理办法未明确提及REITs的适用。

此前的958号文、617号文均未明确规定咨询评估机制是否适用于REITs项目，不过，实操中，国家发改委在进行项目评审时，仍然沿用了上述“先评估、后决策”的原则，聘请相应咨询单位先行提出咨询评估意见，保证REITs评审科学、规范、高效。

此次新通知明确了国家发改委在受理后将委托咨询评估机构对项目进行评估，并规定了具体的评估时限，明确落实了咨询评估机制在REITs申报过程中的地位。

(四)加快做好项目推荐

关于项目推荐，新通知与此前规定的对比如表 10 所示：

表 10 新通知与此前规定关于项目推荐的对比

新通知	此前规定
“自项目正式受理之日起 3 个月内，应完成省级发展改革委报送、委托咨询评估、有关业务司局会签、向中国证监会推荐项目的相关工作。发起人(原始权益人)、基金管理人等根据要求补充、修改项目材料的时间不计算在上述时间内。”	958 号文规定：“我委将持续完善工作程序，进一步提高工作效率，及时将有关项目推荐至中国证监会、沪深证券交易所。” 617 号文规定：“(三)自新购入项目申报材料受理之日起三个月内，我委和有关省级发展改革委将根据申报材料和相关政策规定，对新购入项目是否符合推荐条件进行综合评估，将符合条件的项目推荐至中国证监会，对不符合条件的将说明原因。发起人(原始权益人)根据要求补充、修改项目材料的时间不计算在三个月内。”

评述：

我们理解，由于 REITs 首次申报对于各地发改委而言均是新业务，因此在 958 号文中关于向证监会推荐的时限规定为“及时”，而在 617 号文扩募规定中，基于拥有首次申报的经验，扩募项目的推荐时限规定为受理之日起 3 个月内。新通知是在 REITs 试点了相当长一段时间后推出的，为适应后续常态化发行的需要，新通知延续扩募规定所确立的时限要求，统一将向证监会推荐的时限确定为自项目正式受理之日起 3 个月内，极大提高了项目进展的可预期性和透明度，为 REITs 项目的常态化发行在制度上奠定了基础。但需要注意的是，3 个月的时间不包含根据要求补充、修改项目材料的时间。

四、凝聚力量：充分发挥专家和专业机构作用

(一)发挥专家前期辅导作用

关于专家前期辅导，新通知与此前规定的对比如表 11 所示：

表 11　新通知与此前规定关于专家前期辅导的对比

新通知	此前规定
“项目前期培育阶段，我委将适时组织相关行业专家对项目进行辅导，就投资管理手续合规性、项目收益稳定性等方面研提意见。项目申报材料准备过程中，我委将根据需要组织行业专家提出修改完善意见。针对个别对项目有重大影响的关键问题，发起人（原始权益人）可聘请权威的独立第三方机构出具专业意见。我委将根据工作需要，必要时组织专业力量，对有关项目进行现场核查。”	《国家发展改革委办公厅关于加快推进基础设施领域不动产投资信托基金（REITs）有关工作的通知》规定： “二、摸清项目底数，分类辅导服务 根据本地区基础设施现状、项目自身条件和前期准备情况等，认真梳理意向项目和储备项目，对符合条件的项目做好分类储备。全国基础设施 REITs 试点项目库要坚持统计监测和协调服务的功能定位，做到项目‘愿入尽入、应入尽入’，不得以任何理由拒绝项目入库。及时对项目进行分类辅导，加强项目谋划、储备、申报等全过程服务，推动做好发行准备工作。 “三、安排专人对接，做好服务工作 “完善项目推进工作机制，对每一个储备项目，都要明确专人对接，压实工作责任，切实加快项目进度。项目负责人员要与原始权益人、基金管理人等加强沟通，及时掌握项目进度和存在问题，全力提供政策咨询等服务。各地发展改革委每月要进行一次项目调度，动态掌握项目进展，有针对性地开展辅导工作，为项目顺利申报发行打好基础。”

评述：

国家发改委于 2021 年 12 月 29 日发布的《关于加快推进基础设施领域不动产投资信托基金（REITs）有关工作的通知》（发改办投资〔2021〕1048 号）中，曾对各级发改委提出“摸清项目底数，分类辅导服务”“每月要进行一次项目调度，动态掌握项目进展，有针对性地开展辅导工作，为项目顺利申报发行打好基础”的工作要求。236 号文则首次提出，组织、借助行业专家的力量对项目投资管理手续合规性、项目收益稳定性等方面进行辅导，我们可见未来发改委对项目的辅导将会往更加的专业化、具体化的方向强化。

特别是针对项目前期培育阶段、申报材料准备阶段的专家辅导工作，236 号文采用了不同的表述，即针对前期培育阶段，发改委可“适时”组织行业专家对项目进行辅导，就投资管理手续合规性、项目收益稳定性等方面研提意见。进入申报材料准备阶段后，发改委“将”根据需要组织行业专家提出修改完善意见，对比来看，行业专家的参与在前期阶段只是一个可选项，但在申报材料准备阶段可能成为常态选项。

236 号文还增加了对项目进行现场核查的内容。在 IPO 领域，“现场检查”为证监会、交易所等监管部门对信息披露质量及中介机构执业质量进行监督检查的方式之一。236 号文引入“现场核查”的概念，可以看出发改委对申报文件的质量更加审慎，监管方式更加多元。

（二）确保咨询评估客观公正

关于咨询评估客观公正性，新通知与此前规定的对比如表 12 所示：

表 12　新通知与此前规定关于咨询评估客观公正性的对比

新通知	此前规定
“咨询评估机构应独立、客观、公正地开展咨询评估工作，认真梳理项目问题、提出意见建议，确保评估时效和质量。咨询评估机构和有关评估人员应严格遵守廉洁纪律和保密纪律，未经我委同意，不得与发起人（原始权益人）、基金管理人、资产支持证券管理人以及相关中介机构私自联系，不得泄露咨询评估情况。咨询评估机构及其直属单位、控股或参股企业，以及所有评估人员，不得与发起人（原始权益人）、基金管理人、资产支持证券管理人等单位存在利益关联关系或直接商业竞争关系，不得参与被评估项目发行基础设施 REITs 的前期准备工作。”	—

评述：

236 号文明确提出针对基础设施公募 RETIs 项目的咨询评估机制，236 号文第（九）条对咨询评估机制进行制度化规定，从“四、充分发挥专家和专业机构作用”列示的三类“专家和专业机构”来看，咨询评估机制系发改委确保项目审核专业化和高质量的三大基石之一。本条主要针对咨询评估机构的客观性、公正性要求进行具体规定，包括：（1）机构独立，即咨询评估机构及其直属单位、控股或参股企业，不得与发起人（原始权益人）及其他中介机构存在利益关联关系或直接商业竞争关系；（2）人员独立，即所有评估人员，不得与发起人（原始权益人）、基金管理人、资产支持证券管理人等单位存在利益关联关系或直接商业竞争关系；（3）行为独立，即不得与发起人（原始权益人）及其他中介机构私自联系，不得泄露咨询评估情况，不得参与发行前期准备工作。

（三）督促中介机构履职尽责

关于中介机构的作用，新通知与此前规定的对比如表 13 所示：

表 13　新通知与此前规定关于中介机构履职尽责的对比

新通知	此前规定
“为基础设施 REITs 项目提供服务的财务顾问、法律顾问、审计机构、评估机构、税务咨询顾问等中介机构，在提供服务期间应未被列入严重失信主体名单，未被采取失信惩戒措施，未因违法违规问题被有关监管机构禁止或限制开展基础设施 REITs 相关或同类业务。律师事务所和会计师事务所近 3 年还应未发生重大违法违规事件。上述机构应切实发挥业务专长，依法依规履行职责，保证出具的相关材料科学、合规、真实、全面、准确。”	958 号文附件规定： “六、中介机构要求 （十一）为项目申报提供服务的中介机构，包括法律顾问、财务顾问、评估机构、税务咨询顾问、审计机构等，应依法依规履行相关职责，保证出具的相关材料科学、合规、真实、全面、准确。 （十二）发起人（原始权益人）选择的律师事务所和会计师事务所近 3 年未发生重大违法违规事件，未受到国家行政机关或监管机构行政处罚。律师事务所出具法律意见书应经律师事务所负责人及承办律师签字。会计师事务所出具审计报告应经有关注册会计师签字和盖章。”

评述：

从内容来看，236 号文第（十三）条针对中介机构的部分要求主要系重申之前 958 号文附件的规定，如要求律师事务所和会计师事务所近 3 年应未发生重大违法违规事件，以及各中介应当保证出具的相关材料科学、合规、真实、全面、准确等。

本次新增的内容主要是针对中介机构信用情况的要求，即各中介机构不得在“提供服务期间”被列入严重失信主体名单、被采取失信惩戒措施或因违法违规问题被有关监管机构禁止或限制开展基础设施 REITs 相关或同类业务。

另外，本条删除了 958 号文附件“未受到国家行政机关或监管机构行政处罚”的内容，我们理解，本次修改着眼于是否存在“重大违法违规”，单纯“行政处罚”本身不一定构成“重大违法违规”，因此，236 号文一定程度上扩大了可适用性。实操中，根据中介机构违法行为的性质和严重程度、行政处罚的种类等综合判断所涉及的行为是否构成重大违法违规行为、是否对 REITs 发行构成实质性障碍等，具体适用情形仍有待国家发改委进一步明确。

五、加速循环：用好回收资金促进有效投资

关于回收资金的使用，新通知与此前规定的对比如表 14 所示：

表 14　新通知与此前规定关于回收资金使用的对比

新通知	此前规定
“(十四)严格把握回收资金用途。……不超过30%的净回收资金可用于盘活存量资产项目，不超过10%的净回收资金可用于已上市基础设施项目的小股东退出或补充发起人(原始权益人)流动资金等。在符合国家政策及企业主营业务要求的条件下，回收资金可跨区域、跨行业使用…… (十五)督促回收资金尽快使用。……基础设施REITs购入项目(含首次发行与新购入项目)完成之日起2年内，净回收资金使用率原则上应不低于75%，3年内应全部使用完毕。净回收资金使用进度明显不符预期的，应审慎考虑新购入项目安排。如回收资金实际投入项目与申报时拟投入项目不一致的，应按要求向有关省级发展改革委备案并说明情况。 (十六)建立回收资金使用直报制度。……已上市基础设施REITs项目发起人(原始权益人)应于每季度结束后5个工作日内向我委投资司直接报送回收资金使用情况，同步抄送再投资项目涉及的省级发展改革委。如回收资金使用进度不及预期，我委将及时提醒有关项目发起人(原始权益人)；确有必要时，将提请有关省级发展改革委约谈项目单位，了解具体情况，提出整改建议。”	958号文附件规定：“(九)鼓励将回收资金用于基础设施补短板项目建设，具体应满足以下要求：1.回收资金应明确具体用途，包括具体项目、使用方式和预计使用规模等。在符合国家政策及企业主营业务要求的条件下，回收资金可跨区域、跨行业使用。2. 90%(含)以上的净回收资金(指扣除用于偿还相关债务、缴纳税费、按规则参与战略配售等的资金后的回收资金)应当用于在建项目或前期工作成熟的新项目。3.鼓励以资本金注入方式将回收资金用于项目建设。” 617号文规定：“切实加强对新购入项目回收资金的监管督促。引导项目发起人(原始权益人)将回收资金以资本金注入等方式投入基础设施补短板等重点领域新项目建设，确保新项目符合国家重大战略、发展规划、产业政策等要求。对回收资金拟投入的新项目，协调加快前期工作和开工建设进度，尽快形成实物工作量。对原始权益人未按承诺将回收资金投入到相关项目的，要及时督促加快落实。”

评述：

236号文调整了对部分回收资金的使用要求。此前规定90%以上的净回收资金用于在建项目或前期工作成熟的新项目，新通知则允许“不超过30%的净回收资金可用于盘活存量资产项目”“不超过10%的净回收资金可用于已上市基础设施项目的小股东退出或补充发起人(原始权益人)流动资金等”。前述调整为发起人(原始权益人)利用回收资金进行有效投资提供了更大的选择空间，在盘活存量资产的同时，保留了大多数回收资金应用于新项目投资的要求，有利于统筹发展，促进存量资产和新增投资的良性循环。同时，236号文也为小股东退出提供了一定空间。

236号文中明确了回收资金使用进度要求，即“2年内，净回收资金使用率原则上应不低于75%，3年内应全部使用完毕”。同时，建立了回收资金使用直报制度，明确发起人（原始权益人）应于每季度结束后5个工作日内向国家发展改革委投资司直接报送回收资金使用情况，并抄送再投资项目涉及的省级发改委。前述规定旨在督促回收资金尽快投入使用，提高回收资金利用效率，切实保障回收资金高效发挥作用。

六、突出“管资产”：切实加强运营管理

（一）充分认识运营管理的重要性

关于运营管理的重要性，新通知与此前规定的对比如表15所示：

表15 新通知与此前规定关于认识运营管理重要性的对比

新通知	此前规定
“加强基础设施REITs项目运营管理，有利于向社会更好提供公共产品，保障公共利益；有利于提升项目运营质量和收益能力，保障投资者利益；有利于实现项目公共属性和经济属性的有机统一，保障基础设施REITs市场的平稳健康发展。”	958号文规定：“（十一）促进存续项目稳定运营。推动基金管理人与运营管理机构健全激励约束机制，提高运营效率，提升服务水平，保障基金存续期间项目持续稳定运营。引导运营管理机构依法合规运营，处理好基础设施项目公益性和商业性关系，切实保障公共利益，防范化解潜在风险。” 19号文规定：“（二十）保障基础设施稳健运营。对公共属性较强的基础设施项目，在盘活存量资产时应处理好项目公益性与经营性的关系，确保投资方在接手后引入或组建具备较强能力和丰富经验的基础设施运营管理机构，保持基础设施稳健运营，切实保障公共利益，防范化解潜在风险。推动基础设施REITs基金管理人与运营管理机构健全运营机制，更好发挥原始权益人在项目运营管理中的专业作用，保障基金存续期间项目持续稳定运营。”

评述：

基础设施项目一般具有公益属性，经济、社会、生态环保等方面的外部性特征突出，而REITs作为金融投资工具具有鲜明的经营性，应具有最基本的商业盈利属性，才能得到市场的认可。按照236号文的要求，在REITs发行后，需要加强基础设施REITs项目运营管理，包括充分发挥原始权益人的专业运营能力；在基金管理人与运营管理机构之间建立合理的激励和约束机制，调动运营管理机构的积极性；将基础设施REITs新购入项目与已发行项目的实际运营表现挂钩等方式，促进运营效率的提高，保证充足有效的基础设施、公共产品、公共服务的供给量，保护好社会公众的利益，同时提升基础设施项目的盈利水平，保护投资人利益，做

到商业价值和公共利益的协同并进。

(二)注重项目运营可持续性

关于项目运营可持续性,新通知与此前规定的对比如表 16 所示:

表 16　新通知与此前规定关于项目运营可持续性的对比

新通知	此前规定
“运营管理机构应结合项目情况,依法合规创新运营模式,科学合理制定运营计划,做好底层资产更新维护,保障项目运营和收益的可持续性。要积极采用新技术、新工艺、新材料,提升运营质量,降低运营成本,保障项目盈利能力。要努力创新商业模式,挖掘项目商业价值,拓宽项目收益来源,提升 REITs 产品的市场价值。”	40 号文规定:“二、推进基础设施 REITs 试点的基本原则……(三)创新规范并举,提升运营能力。加强对基础设施资产持续运营能力、管理水平的考核、监督,充分发挥管理人的专业管理职能,确保基础设施项目持续健康运营,努力提升运营效率和服务质量,推动基础设施投融资机制和运营管理模式创新。”

评述:

不同类型的基础设施项目在运营模式、收益状况、商业逻辑、专业人员配备等方面的差异较大,因此对运营管理机构的要求也不能一概而论。236 号文要求运营管理结构应结合项目情况,依法合规创新运营模式,科学合理制订运营计划,做好底层资产更新维护,保障项目运营和收益的可持续性。这就要求运营管理机构应当按照不同基础设施项目的政策要求和市场特点,制定适宜的运营管理机制,提升服务水平,促进运营管理专业化发展。

同时,236 号文要求积极采用新技术、新工艺、新材料,提升运营质量,降低运营成本,保障项目盈利能力。对于今后基础设施项目运营管理,需要将“数字化”“智能化”融入生产、管理、营销、产业协作等方面,运用新技术、新手段、新理念,实现基础设施项目管理的提质增效。

(三)加强资产运营管理指导

关于资产运营管理指导,新通知与此前规定的对比如表 17 所示:

表 17 新通知与此前规定关于资产运营管理指导的对比

新通知	此前规定
"基金管理人每年向基金投资人公开年度运营情况时,应将有关情况抄送我委和有关省级发展改革委;如发生影响资产价值和项目收益的重大突发性事件,应在履行相关信息披露程序后及时抄送。有关省级发展改革委要对遇有较大问题的项目加强帮助指导,提出意见建议。"	—
"基础设施 REITs 新购入项目应同已发行项目的实际运营表现挂钩,运营表现严重不符预期、引发较大负面舆情或出现重大生产经营安全事故的,应暂停新购入项目安排。"	617 号文未对已发行项目的运营表现提出要求。参考《上海证券交易所公开募集基础设施证券投资基金(REITs)规则适用指引第 3 号——新购入基础设施项目(试行)》及《深圳证券交易所公开募集基础设施证券投资基金业务指引第 3 号——新购入基础设施项目(试行)》规定:"基础设施基金投资运作稳健,上市之日至提交基金变更注册申请之日原则上满 12 个月,运营业绩良好,治理结构健全,不存在运营管理混乱、内部控制和风险管理制度无法得到有效执行、财务状况恶化等重大经营风险。"

评述:

1. 加强发改委对已发行 REITs 项目的存续期管理

在 236 号文出台前,发改委对于 REITs 的管理、监督、指导、协调和推动作用更多体现在项目储备、项目发行前的政策支持和协调、项目发行的审核方面,对于存续期的 REITs 产品,此前规定中有原则性的要求,在具体操作细则方面则主要体现在对于回收资金使用情况的跟踪监督。对于 REITs 存续期的运营管理,包括信息披露、停牌、复牌、终止上市等方面更多按照证监会和交易所的规定执行。

236 号文出台后,加强了发改委对已发行 REITs 项目的存续期管理。基金管理人除了应当按照法律法规及证监会相关规定,编制并披露基础设施基金定期报告外,在每年向基金投资人公开年度运营情况时,还应将有关情况抄送国家发改委和有关省级发改委。此外,如发生影响资产价值和项目收益的重大突发性事件,应在履行相关信息披露程序后及时抄送国家发改委和有关省级发展改革委。

值得关注的是,236 号文未对"影响资产价值和项目收益的重大突发性事件"

的含义进行界定，实操中，考虑到 236 号文对基金管理人的要求为“在履行相关信息披露程序后及时抄送”，是否可以理解为按照证监会、交易所的信息披露标准来判断仍有待进一步实践予以说明。236 号文有关信息披露的规定和证监会、交易所信息披露法规的衔接，均有待通过实操进一步完善。

2. 基础设施 REITs 新购入项目与已发行项目的实际运营表现挂钩

此前交易所关于新购入基础设施项目的指引，主要从正面强调已发行项目需要运营业绩良好，治理结构健全，不存在运营管理混乱、内部控制和风险管理制度无法得到有效执行、财务状况恶化等重大经营风险。

617 号文对于新购入项目申报，未对已发行项目的表现提出要求。236 号文进一步明确，基金管理人和运营管理机构应保障项目运营和收益的可持续性，如基础设施 REITs 运营表现严重不符预期、引发较大负面舆情或出现重大生产经营安全事故的，应暂停其新购入项目安排，进一步要求基金管理人督促运营管理机构提升项目运营质量和收益能力，压实管理责任。

七、加强市场体系建设：推动扩募常态化，扩大参与主体范围

关于市场体系建设，新通知与此前规定的对比如表 18 所示：

表 18　新通知与此前规定关于市场体系建设的对比

新通知	此前规定
“（三）推动扩募发行常态化。按照市场化法治化原则，鼓励运营业绩良好、投资运作稳健、会计基础工作规范的上市 REITs 通过增发份额收购资产，开展并购重组活动。加快推动首批扩募 REITs 项目落地，完善扩募定价机制，鼓励更多符合条件的扩募项目发行上市。”	—
“（四）扩大市场参与主体范围。支持经营规范、治理健全、资产管理经验丰富的优质保险资产管理公司等金融机构开展资产证券化业务试点，允许符合条件的机构参与基础设施 REITs，依托其在基础设施项目储备和运营管理优势，促进形成存量资产和新增投资的良性循环。”	—

评述：

1. 加快扩募试点落地并推进扩募常态化

自 2022 年 9 月 28 日博时蛇口产园 REIT、红土盐田港 REIT、富国首创水务

REIT、华安张江光大 REIT、中金普洛斯 REIT 首批5单申报扩募至今,已有博时蛇口产园 REIT、红土盐田港 REIT、华安张江光大 REIT、中金普洛斯 REIT 共4单公开问询。《常态化发行的通知》明确将进一步加快首批扩募项目的落地,完善扩募定价机制。首批扩募项目的落地将有助于落实扩募全流程的监管审查要点和扩募要求,进一步调动市场主体广泛寻找及高效并购潜在资产的积极性,更大限度发挥 REITs 盘活存量资产的能力,进一步增强市场活力。

2. 将优质保险资管公司等金融机构纳入试点范围

2023 年 3 月 3 日,证监会指导证券交易所制定了《保险资产管理公司开展资产证券化业务指引》,支持公司治理健全、内控管理规范、资产管理经验丰富的优质保险资产管理公司参与开展资产证券化(ABS)及不动产投资信托基金(REITs)业务,进一步丰富参与机构形态,着力推动多层次 REITs 市场高质量发展。

保险资金和保险资管一直是市场参与不动产投资和基础设施 REITs 投资的主力。新通知明确将“优质保险资产管理公司等金融机构”纳入资产支持证券化业务试点范围,允许符合条件的机构参与基础设施 REITs,在进一步扩大市场参与主体的范围的同时,有助于发挥险资基础设施项目储备的优势,极大增强市场活力,也为保险资金投资不动产的退出通道给出了更多的空间。

在申请条件方面,只有经营规范、治理健全、资产管理经验丰富的优质的保险资产管理公司可以开展这项业务,对保险资产管理公司的管理和经营提出了较高的要求,对于优质保险资管公司的认定可能需基于《保险资产管理公司管理规定》和《保险资产管理公司监管评级暂行办法》等规定予以进一步细化。

八、结语

从新通知的内容上看,国家发改委和证监会从框架和制度层面坚持 REITs 规范与发展并重,构建全链条监管机制,促进市场参与主体的归位尽责,在进一步明确和细化项目发行标准、优化申报流程的基础上,同时给予了更多的市场化空间,无论是从市场容量的扩充方面,还是从市场参与主体方面,都有力推动了健康、成熟、标准 REITs 市场的建设,中国 REITs 市场发展之路正基于中国国情逐步成熟、完善和稳健发展。

(黄伟凤对本文亦有贡献)

论消费基础设施 REITs 项目合规要点

乔文骏 周喆豪 吴 轶* 郭 堃

* 作者简介：

乔文骏，中伦律师事务所上海办公室资本市场部合伙人，电邮为：anthonyqiao@ zhonglun. com。

周喆豪，中伦律师事务所上海办公室资本市场部合伙人，电邮为：zhouzhehao@ zhonglun. com。

吴轶，中伦律师事务所上海办公室资本市场部非权益合伙人，电邮为：edwardwu@ zhonglun. com。

2023 年 3 月 24 日,国家发展和改革委员会下发《关于规范高效做好基础设施领域不动产投资信托基金(REITs)项目申报推荐工作的通知》(发改投资〔2023〕236 号,以下简称 236 号文)。同日,中国证券监督管理委员会公布《关于进一步推进基础设施领域不动产投资信托基金(REITs)常态化发行相关工作的通知》(以下简称《常态化发行的通知》)。监管部门首次以正式文件的形式表示"研究支持增强消费能力、改善消费条件、创新消费场景的消费基础设施发行基础设施REITs",并明确"优先支持百货商场、购物中心、农贸市场等城乡商业网点项目"以及"保障基本民生的社区商业项目"(以上合称消费基础设施)。

本文结合过往业务实践,从发展消费基础设施不动产投资信托基金(Real Estate Investment Trust,REITs)的意义、消费基础设施投资管理合规以及消费基础设施项目运营合规层面进行初步解读和探讨,以供交流参考。

一、消费基础设施融入 REITs 市场的积极意义

(一)丰富资产类别,推动中国 REITs 快速发展

2022 年 12 月,中国证券监督管理委员会副主席李超在首届长三角 REITs 论坛暨中国 REITs 论坛 2022 年年会上表示将"研究推动试点范围拓展到市场化的长租房及商业不动产等领域",是监管部门首次对外表达发展商业 REITs 的可能性。国家发展和改革委员会投资司副司长、一级巡视员韩志峰也曾表示,希望到 2023 年年底,基础设施 REITs 能够超过 60 只,总发行规模超过人民币 2000 亿元。

236 号文和《常态化发行的通知》对消费基础设施予以明确的政策支持,首次将与民生消费相关的资产纳入底层资产类别,完善了我国 REITs 试点拼图,一定程度上体现了与其他 REITs 市场的接轨,必将推动中国 REITs 市场的有效发展。

(二)有效促进消费、拉动内需,服务实体经济

从底层资产端角度,236 号文指出消费基础设施具有"增强消费能力、改善消费条件、创新消费场景"以及"保障基本民生"的特点。从资金回收端角度,236 号文亦要求"回收资金加大便民商业、智慧商圈、数字化转型投资力度,更好满足居民消费需求",即支持利用回收资金开发或持有其他消费基础设施。因此,将消费类基础设施纳入 REITs 试点可以扩大消费基础设施投资规模,既能有效拉动对存量和增量项目的投资,又能惠及民生,服务实体经济。

（三）驱动不动产资管转型

在消费基础设施纳入 REITs 试点范围之前，投资人退出项目的方式一般是通过大宗交易收并购或者是发行商业房地产抵押贷款支持证券（Commercial Mortgage Backed Securities，CMBS）、类 REITs 等资产证券化产品实现退出，而 CMBS、类 REITs 产品的属性更多偏债，诸如购物中心等消费基础设施的退出渠道并不畅通。消费基础设施纳入底层资产，意味着商业类不动产有望在“募投管退”环节实现全链条打通，有助于不动产资管循环，提高周转效率，扩大在管资产规模。

另外，公开化的退出渠道意味着更加公开透明的估值方式，要想获得高额的投资回报或溢价就必须提高消费基础设施的服务运营能力，提升消费者的消费体验并更好地吸引消费者，消费者也更愿意作为该等基础设施 REITs 的投资人长期投资并持有相关项目，一个正向的反馈循环就此诞生。

二、消费基础设施权属及投资管理合规

在我国 REITs 市场发展伊始，相关监管部门、交易所、基金业协会发布的法规文件、监管指引均对基础设施项目建设、运营的合规性提出较为严格的要求。作为现行法规框架下不动产领域可行的“IPO”，REITs 项目具备公开、复杂、创新等特点，因此项目开发、建设和运营的法律合规性被视为 REITs 试点能否顺利开展的重要前提和基础。

对于消费基础设施，236 号文和《常态化发行的通知》中重申了投资管理合规手续的重要性，强调投资管理手续合规性“应以项目投资建设时的法律法规和国家政策作为主要判定依据”，并进一步拆分细化了手续缺失所应补办、出具处理意见的情形。可见，对于开发建设手续更为复杂的消费基础设施，监管机构对底层资产的合规性审查设定了切实可行但更为严格的标准。

那么，实践视角下购物中心类消费基础设施的投资管理手续合规的关注重点有哪些，下面笔者结合 REITs 的相关规定及对消费基础设施项目的尽职调查经验，尝试以购物中心类消费基础设施为切入点，从权属和开发建设角度尝试进行简单梳理以及实务要点提示。

（一）项目权属及权利限制

根据国家发展和改革委员会、中国证券监督管理委员会、交易所、基金业协会

等监管机构所发布的相关监管规定和指引要求，基础设施项目应当权属清晰、资产范围明确，且原始权益人依法合规持有项目所有权。因此，在 REITs 视角下往往通过项目公司持有基础设施资产的情形来论证权属清晰。

然而，实践中开发商所持有的购物中心往往并非独立建筑，而是由开发商在同一地块上同步建设的包含住宅、商业（如酒店）、办公的综合体项目（以下简称综合体），购物中心往往是办公业态建筑的“裙楼”。各地存在购物中心单独办理不动产权证或是与其他业态（如酒店、办公楼）建筑共同登记在一本不动产权证上的情形。

鉴于上述情形，我们对消费基础设施的权属合规通常需要重点关注以下方面：

1. 综合体所涉非消费基础设施项目。鉴于消费基础设施存在综合体开发的实际情况，而 236 号文并未明确将酒店、办公楼纳入现行 REITs 试点范围，因此，在项目核查和筛选阶段，即需要通过不动产权查册、审阅实测报告、实地勘察等手段，分析判断综合体其他业态的销售、交付、过户登记等情况，剥离未纳入 REITs 试点的业态资产，以确保项目权属清晰。

从操作可行性、便利程度和税务优化的角度，实践中存在通过“资产转让”“公司分立”等形式将综合体业态中的购物中心予以剥离的商业安排。此时，亦需重点关注相应剥离方式在程序上是否符合相关规定，以及因该等剥离产生的税费负担：如在公司分立情形下，需审查分立公告、股东决定、分立协议、分立后新设公司资产负债表等方面；在资产转让的情形下，需要审查项目本身是否能够分割登记、是否受限于资产转让限制、是否受限于项目公司自持要求等方面，并采取相应的解决方案和措施。

2. 共用部位和设备设施。鉴于购物中心往往是综合体的一部分，不可避免地存在需要与其他业态共用部位和设备设施的情况。根据《民法典》等相关法律法规的规定，涉及共有共用部位和设施设备的相关事项应由项目公司与其他业态的业主共同决定，如选聘和解聘整个物业管理区域的物业服务企业、改变共有部分的用途或利用其从事经营活动等。因此，在项目筛选阶段，如存在涉及共有部位及设施设备以及相关物业管理权责、费用收益划分情况，应当从法律和工程角度予以审慎判断和论证。

3. 地下空间是否办理不动产权证登记。实践中,部分商场存在地下空间(规划为车位、超市等)因未缴纳地下部分土地出让金而未办理不动产权证的情形。未办理不动产权证的部分存在无法直接作为合格入池资产的风险。

4. 是否涉及抵押、查封。实践中,购物中心业态的消费基础设施往往可能涉及抵押。根据 REITs 的相关规定,基础设施项目不得存在如抵押、质押等他项权利设定,但基础设施基金成立后能够解除他项权利的除外。

5. 是否存在尚未移交的政府资产。根据笔者的经验,部分优质的购物中心往往与地铁直接相连或毗邻,或作为综合体开发时配建包括公交站、幼儿园、学校、社区用房等公益设施。因而政府与产权方可能签署相关协议,并就相关资产(如地铁换乘通道)的移交与管理作出约定。因此,需重点关注该等资产是否已依约移交或依法办理了“公益性设施认定”。

(二)项目审批、核准或备案手续

立项是项目前期工作的重要阶段和项目决策的核心环节。考虑到基础设施项目存在投资主体、投资行业、投资规模、项目性质(是否盈利)之间的差异,因此对立项实行差异化管理。当前,项目立项分为审批、核准、备案三种方式,分别实行相应的决策程序。同时,如初始立项手续所载明的投资规模、投资主体、项目性质等情况发生实质变更,则还需办理相关变更手续。

以购物中心为例,多数购物中心因不涉及“国家安全、全国重大生产力布局、战略性资源开发和重大公共利益”,依法按照属地原则备案管理。因此,相关项目取得当地发展改革委出具的固定资产投资项目备案证明即可。但实践中,购物中心项目存在综合体开发模式,并可能作为整体上报为一个固定资产投资项目,由发展改革委出具固定资产投资项目核准文件予以立项。

综上,应当结合项目当时的法规要求、申报主体情况(如外资、国资)等综合研判消费基础设施的审批、核准或备案手续的合规性。同时,还应当关注该等文件中所载内容(如投资规模、主要建设内容、建设地址)等是否与后续建设文件存在较大出入。如存在较大出入,还应进一步判断是否取得相关变更手续。

(三)用地、规划和施工手续

在 REITs 项目中,用地、规划和施工手续为各类监管部门所共同关注。用地手续通常包括用地预审手续、土地征迁手续、用地批准手续(如有)、土地出让或划拨手续、土地使用权证或不动产权证办理等。规划手续通常包括用地规划设计条件、选址意见书、建设用地规划许可、建设工程规划许可、规划条件核实等。施工手续通常包括施工图审查意见、土建工程、装饰装修工程的施工许可证等。除上述常规手续外，消费基础设施还存在以下特别关注点：

1. 出让合同以及用地手续项下的转让限制。根据笔者的经验，部分消费基础设施在出让合同和用地手续项下可能涉及资产转让限制（限制分割销售和转让、整体自持或需自持一定年限）、股权转让限制等要求。该等限制的核心宗旨是政府希望开发商能够统筹安排消费基础设施的运营，保障底层资产的持续经营能力。依据 REITs 规定，原始权益人须在发行 REITs 前取得相关部门对该等转让限制的支持同意文件。

2. 规划证照所载用途与面积。实践中，部分消费基础设施存在一定违规加建/改建（如竣工验收后加建夹层），或是违反规划用途的情形（如将地下车库、地下库房用作商业经营）。因此，应当结合规划、施工手续所载内容，针对具体情形予以综合判断。同时，如规划建设证照所载面积与不动产权证所载面积存在较大出入，则除关注加建/改建手续外，还需判断是否存在超容积率建设而需补缴地价的风险。

3. 项目改扩建/外立面工程。实践中，部分消费基础设施因开发建设的时间较早，后续存在改扩建/外立面变更工程。尽管该等改扩建/变更外立面工程通常不涉及用地规划手续的调整，但仍需取得工程规划（视情况而定）、施工许可以及后续验收等相关手续。

（四）竣工验收手续

整体而言，固定资产投资的验收包括工程整体验收以及专项验收（包括环保、消防、节能、人防等）。实践中，对于底层资产为购物中心的物业，通常需审阅的文件包括五方验收、规划验收、土地核验、消防验收、人防验收、城建档案验收、节能验收、环保验收、交通验收，或相关联合验收意见、竣工验收备案等文件。

对于购物中心资产，还需要关注楼栋之间是否建设连廊，以及该等连廊的规划性质和用途，如属于消防疏散通道则需关注是否存在被占用、堵塞情况。

此外，如前述文件存在缺失，还可以采取城建档案馆查询、申请补办、委托相应专业机构出具专项审查或检测报告/意见等措施予以替代或解决。

三、消费基础设施运营合规

此外,236 号文明确指出,对于消费基础设施应当“切实加强运营管理”,“充分认识运营管理的重要性”以及“注重项目运营可持续性”。根据现行 REITs 相关规定,底层资产的运营合规也是监管部门重点关注的事项。

一般而言,消费基础设施运营合规层面主要体现在以下三个方面:一是项目运营所需资质证照是否齐备、有效;二是消费基础设施项目租赁安排是否满足 REITs 要求;三是项目公司合规。

(一)项目运营资质、证照

根据笔者的经验,商业地产项目的运营往往涉及不同类型、不同维度的资质和证照。以购物中心为例,初步列举如下:

1. 公众聚集场所投入使用、营业前消防安全检查。对于建筑面积大于 300 平方米的商场、集贸市场在投入使用、营业前应当向属地消防救援机构申请消防安全检查。

2. 卫生许可证。我国对公共场所实行卫生许可证制度,除公园、体育场(馆)、公共交通工具外的公共场所,基础设施项目的经营单位应当及时向卫生行政部门申请办理卫生许可证。

3. 公共停车场经营备案证。基础设施项目配套停车场如向公众开放经营收费,需按照相关规定取得公共停车场经营备案证。

4. “人防工程”使用许可或备案。基础设施项目涉及使用“人防工程”的(通常是人防车位),需办理“人防工程”使用许可或备案手续;如涉及使用非“人防工程”的普通地下室用于经营,部分地方政府规定需办理备案手续。

5. 广告位及标识牌匾备案。购物中心的消费基础设施项目的广告位通常包括户外广告位(LED 屏幕、灯箱等)和室内广告位(电梯间、立柱、墙面、室内吊挂等)。对于户外广告位应关注是否符合当地政府部门的户外广告设施规划条件和设计要求,是否按当地规定向市政市容部门办理登记备案(如需)。

对于标识牌匾,应当关注当地法规政策对建筑物外墙设置标识牌匾的要求(包括尺寸、数量、位置以及是否需办理审批/备案手续等),并核查项目设置的标识牌匾是否符合相关规定。

（二）消费基础设施现金流及历史运营合规

发行基础设施 REITs 要求项目运营具备稳定性、持续经营能力、较好的增长潜力（236 号文对产权类基础设施项目运营的现金流资产的分派率要求由 4% 降至 3.8%）。同时，现行 REITs 要求基础设施历史运营应当具备“总体出租率较高，租金收入较高，租金收缴情况良好，主要承租人资信状况良好、租约稳定，承租人行业分布合理”等特点。

不难发现，前述现金流和历史合规运营要求最终都将通过商场对外租赁的模式予以实现。就 REITs 的要求而言，高租金带来高现金流分派，体现的是消费基础设施相关运营能力，而租约稳定、租金收缴情况良好，则是风控能力的体现。因此，所谓现金流要求、历史运营合规，一定程度上指对消费基础设施所涉租约的整体管理和把控能力，即如何在把控整体风险的情况下，提高收益。

不同于产业园、仓储物流等其他产权类基础设施，消费基础设施需面对的租户主体更加多元、诉求更加多样、模式亦更加灵活多变，同时还受到所处的地理位置、行业地位、租赁业态等因素影响。因此，管理消费基础设施租约显然是一项难度更高但可能收益更大的任务。鉴于各市场主体在运营能力和租约管理能力上存在一定的差异，不同开发商/原始权益人所主导运营的消费基础设施在形象、品质、营业额、风控上往往存在较大差别。

实践中，部分港资/美资开发商在打造优质购物中心、社区商业领域往往颇有建树。根据笔者的观察，其成功的一大因素是其对租约强大的合规管理能力。具体而言，首先，此类开发商往往自持底层消费基础设施并对外出租，且该等资产通常不存在抵押、查封等权利限制，进而简化了租赁结构（避免存在转租/授权经营的租赁结构）。其次，原则上一般使用集团标准版本的租约（如商务条款作为附件，而约定条款作为正文），并且极少接受对具体条款整体的删减或添加，仅允许租户在标准版本上调整具体表述。再次，此类开发商在租约中会对租金支付、违约责任、租户管理以及经营业态/用途等事项均作出详细约定。最后，该类开发商往往倾向于提前引入第三方律师，辅之以其关联的商管团队、物业团队等协助处理租约的起草、函件往来以及租约事项日常监管。

相较于其他类型的 REITs 底层资产，笔者简单列举消费基础设施 REITs 可能被予以重点关注的条款。

1. 竞争排他条款。实践中，部分餐饮品牌或电子产品零售品牌可能会在租约中限制出租给相同或类似品牌的条款。

2. 提前解约条款。实践中，部分强势的品牌租户可能在租约中加入单方终止条款，加入触发特定条件即可单方终止的条款，或加入仅需承担一定违约责任即可单方终止的条款。

3. 开业率/开业品牌要求条款。实践中，部分租户会要求添加特定开业率/开业品牌的要求，否则出租人将承担一定违约责任。

4. 优先续租权/优先购买权。实践中，部分租户不同意放弃其在租约项下的优先续租权或优先购买权。

（三）项目公司合规

REITs 现有法规和指引对项目公司的合规作出了较为明确和详尽的规定，此处不再赘述。仅针对购物中心类消费基础设施的特殊性作以下简要提示：

1. 政企合作协议。除常规意义项下的重大合同（如物业管理合同、商业管理合同、运营管理协议等），笔者还注意到部分政府会与开发商（含项目公司作为签署一方）在消费基础设施项目投资之前签署政企合作协议，政企合作协议中可能会相应就转让限制、产业引入义务以及政策支持和补贴作出细化约定。因此，需要重点审阅政企合作协议项下的相关义务是否已全部达成，是否存在相应违约责任。

2. 重大诉讼。一方面，相较于其他 REITs 项目，消费基础设施因面对的租户群体更加庞大、复杂，更容易产生相关纠纷，进而导致诉讼发生。另一方面，项目公司也可能因为原持有综合体项下其他的业态而涉诉。

3. 境外股权搭建及股东穿透核查。实践中，之所以存在通过搭建境外架构持有境内消费基础设施的商业安排，是因为此前境内商业 REITs 未放开，故部分投资人通过搭建境外架构以便后续于中国香港特别行政区或新加坡上市。在已有 REITs 案例中，交易所对于该等结构会要求详细披露了搭建过程，跨境投资（台港澳侨投资企业批准证书等）、外汇登记（FDI 对内义务出资文件、业务凭证等）、税收（取得无欠税证明等合规证明文件）等方面的合规性文件。同时，对于搭建境外架构的原始权益人，交易所还将关注出资来源合法性、股权结构清晰度（是否存在委托持股等）。

4.“转供电”。此前,“转供电”模式在商业运营中非常普遍,“加价”向用户收取电费一度成为行业惯例。公开信息显示,北京及上海已有知名开发商名下购物中心因违规收取转供电价款而被监管部门予以高额罚款。因此,笔者建议应核查消费基础设施是否涉及加价收取电费的情形。

5.经营者集中申报。部分项目公司因持有优质购物中心,其营业额足以触发经营者集中项下的申报门槛。因此,如项目公司历史过程中存在股权交易,且相关交易已满足经营者集中项下的“控制权标准 + 营业额标准”,则应当就该等交易申报经营者集中,且实践中已有类似案例。考虑此前部分房地产企业对反垄断合规重视程度较低,加之现行反垄断法规项下存在较严格的罚则,在梳理项目公司历史沿革的过程中亦需将是否曾涉及应报但实际未报的经营者集中申报纳入考量标准。

随着消费类基础设施纳入 REITs 底层资产,可以预见我国 REITs 将迎来更具成长性的市场、更丰富的资产类别、更灵活的投资选择以及更多元的参与机构。这对盘活存量资产、完善基础制度、健全市场功能、更好服务构建新发展格局和经济高质量发展都将产生积极且深远的影响。

不动产私募投资基金试点初探之要点与实务

张　平　魏轶东*　李嘉栋　於佳凝
吴佳宝　储灿林

* 作者简介：
张平，中伦律师事务所北京办公室私募基金与资管部合伙人，电邮为：pingzhang@ zhonglun. com。
魏轶东，中伦律师事务所北京办公室公司业务部合伙人，电邮为：weiyidong@ zhonglun. com。

一、出台背景

为响应国家"促进房地产业良性循环和健康发展"的决策部署,中国证券监督管理委员会(以下简称证监会)于 2022 年 11 月 28 日的答记者问中,首次提出5 项资本市场支持房地产企业股权融资的优化措施,其中不动产私募投资基金试点计划引起了私募行业的广泛关注。时隔 3 月,经证监会及中国证券投资基金业协会(以下简称中基协)充分调研当前不动产私募基金募集运作的实践和需求,证监会于 2023 年 2 月 20 日晚正式宣布试点启动,中基协也于同日发布了市场企盼已久的《不动产私募投资基金试点备案指引(试行)》(中基协发〔2023〕4 号)(以下简称《不动产基金试点指引》)。

《不动产基金试点指引》允许符合要求的私募股权基金管理人在具备初步募资和展业计划的基础上设立不动产私募投资基金,引入机构资金,投资特定居住用房、商业经营用房和基础设施项目等,促进房地产企业盘活存量不动产并探索新的发展模式。本文将通过以下要点初探不动产私募基金试点规则及相关运营实务。

二、要点与实务

(一)监管:试点先行,差异化管理

1. 新设产品类型

对于参与试点的私募股权基金管理人,中基协为其独立设置"不动产私募投资基金"产品类型,区分于私募股权投资基金类型下的"房地产基金""基础设施基金",便于实施差异化管理。

2. 新旧规并行

未参与试点的私募股权基金管理人,仍可依据《私募投资基金备案须知》(以下简称《备案须知》)、《关于加强私募投资基金监管的若干规定》(以下简称《私募若干规定》)、《证券期货经营机构私募资产管理计划备案管理规范第 4 号》(以下简称《4 号规范》)等规定,募集并管理投资于保障性住房、商业地产、基础设施等类别不动产项目的传统私募股权投资基金,但相比之下,其在投资范围及方式、杠杆设置、后续募集等方面无法享受不动产私募基金的差异化优惠政策。

(二)投资范围:类别拓展及与公募 REITs 衔接

1. 类别拓展

相较于以往地产类私募股权投资基金,不动产私募基金投资范围更为宽泛,包括特定居住用房(存量商品住宅、保障性住房、市场化租赁住房)、商业经营用房、基础设施项目等①。不动产私募基金可以投资“存量商品住宅、市场化租赁住房”,一方面赋予了不动产私募基金支持“盘活存量资产”“保交楼、稳民生”的政策使命,另一方面改变了投资住宅类的私募股权投资基金无法备案的局面,为住宅类项目规范化回归私募市场提供了舞台。

2. 衔接公募 REITs 投资领域

值得关注的是,《不动产基金试点指引》对投资范围的调整使得不动产基金与公募 REITs 相衔接成为可能,为私募基金投资者参与不动产投融资搭建了进入和退出的路径,也为公募 REITs 底层资产储备和扩充提供了更多可能。

首先,不动产私募投资基金的投资范围与《关于进一步做好基础设施领域不动产投资信托基金(REITs)试点工作的通知》(发改投资〔2021〕958 号,以下简称 958 号文)规定的公募 REITs 主要试点行业均包含保障性租赁住房和基础设施项目,为不动产私募投资基金参与培育公募 REITs 底层资产,打造前期不动产投资信托基金(Pre – Real Estate Investment Trust, Pre – REITs 基金)提供了政策支持。其次,北京、上海、广州、苏州等多地已发文支持设立 Pre – REITs 基金,《不动产基金试点指引》恰逢此时出台,为 Pre – REITs 不动产私募投资基金的设立和管理提供了重要指引。此外,不动产私募投资基金的投资范围还包含商业经营用房等,也让投资者对商业地产纳入公募 REITs 试点范围增加了一份期待。

---

① 《不动产基金试点指引》第 3 条规定:存量商品住宅是指已取得国有土地使用证、建设用地规划许可证、建设工程规划许可证、建筑工程施工许可证、预售许可证,已经实现销售或者主体建设工程已开工的存量商品住宅项目,包括普通住宅、公寓等。保障性住房是指已取得国有土地使用证,为解决住房困难问题而搭建的限定标准、限定价格或租金的政策性住房,包括公租房、保障性租赁住房、共有产权住房等。市场化租赁住房是指已取得国有土地使用证、建设用地规划许可证,不以分拆产权销售为目的、长期对外进行市场化租赁运营,但未纳入保障性租赁住房体系的租赁住房。商业经营用房是指开发建设或者运营目的供商业活动使用的不动产项目,包括写字楼、商场、酒店等。基础设施项目是指开发建设或者运营目的供市政工程、公共生活服务、商业运营使用的不动产项目,包括高速铁路、公路、机场、港口、仓储物流工程、城市轨道交通、市政道路、水电气热市政设施、产业园区等传统基础设施,5G 基站、工业互联网、数据中心、新能源风电光伏设施等新型基础设施。

(三)管理人资质:强调稳定性及专业性

《不动产基金试点指引》主要从股权稳定性、风险隔离、专业能力、合规运作等方面对拟参与试点的私募机构设置了较高门槛,重点关注机构稳定性及专业性,以发挥头部机构的示范效应。

(1)管理人类型:已在中基协登记为私募股权投资基金管理人;

(2)结构稳定:主要出资人及实际控制人最近两年未发生变更;

(3)风险隔离:主要出资人及实际控制人不得为房地产开发企业及其关联方,因私募基金投资需要向房地产开发项目企业派驻管理人员的情形除外,以避免房地产开发企业利用不动产私募基金开展自融;

(4)实缴资本:不低于2000万元人民币;

(5)管理规模:在管不动产投资本金不低于50亿元人民币,或自管理人登记以来累计管理不动产投资本金不低于100亿元人民币,具体计算标准可参考后文“(八)试点申请及备案关注要点”;

(6)投资及退出经验:具有3个以上的不动产私募投资项目成功退出经验,投资部门拥有不少于8名具有3年以上不动产投资经验的专业人员,其中具有5年以上经验的不少于3名;

(7)合规运作:最近3年未发生重大违法违规行为。

(四)投资者资质要求:高风险承受能力及资金实力

1. 机构投资者为主

为引入长期资金,不动产私募投资基金以机构投资者为主,在现行监管规则基础上整体提高了适格投资者的门槛,要求基金首轮实缴募集资金规模不低于3000万元人民币、单个投资者首轮实缴不低于1000万元人民币。如基金引入自然人投资者,自然人投资者合计出资金额不得超过基金实缴金额的20%。

除养老基金、社会公益基金、保险资金、金融机构资管产品、合格境外有限合伙人(Qualified Foreign Limited Partner, QFLP)试点基金等被豁免主体外,合伙企业、契约等非法人形式投资者应适用穿透核查标准,即穿透后的最终投资者应同样满足上述最低首轮实缴额要求及自然人出资比例限制。

2. 适度放宽扩募要求

不动产私募基金在备案后的扩募除需满足前述适格投资者资格外,相较于一般私募股权基金的扩募规则[①]并无额外要求。考虑到《〈不动产私募投资基金试点备案指引（试行）〉起草说明》（以下简称《起草说明》）特别指出适度放宽扩募限制，《备案须知》所列的部分扩募条件特别是3倍扩募上限以及组合投资要求，可能在实操中不适用于不动产私募基金。如不适用，将为不动产项目特别是Pre-REITs项目的孵化和培育提供支持。

3. 与公募REITs退出渠道的衔接

需要注意的是，如不动产私募投资基金拟通过公募REITs退出，基于公募REITs原始权益人战略配售要求[②]，基金管理人与投资者需在发行公募REITs前综合考虑各方参与公募REITs战略配售的能力和意愿，选择适当主体拟定为公募REITs战略投资者，并相应调整各方在不动产私募投资基金的治理机制与份额分配。

同时，958号文附件要求公募REITs项目90%（含）以上的净回收资金[③]应当用于在建项目或前期工作成熟的新项目，如底层资产包含保障性租赁住房，或原始权益人控股股东或者其关联方的业务范围涉及商品住宅和商业地产开发，回收资金监管要求则更为严格。因此，不动产私募投资基金拟通过公募REITs退出时，对于净回收资金的用途需在基金退出安排中予以考虑，以满足监管要求。

（五）投资方式：贴合不动产项目投资及退出需求

1. 股债比限制的突破

尽管私募股权投资基金以股权投资为基础，但由于不动产项目投资金额及风险较高，适当的债权投资配比更适宜管理人实施风险及现金流的控制。然而，传统私募股权投资基金在对不动产项目实施债权投资方面，始终受制于《私募若干

---

① 《备案须知》第11条规定，已备案通过的私募股权投资基金或私募资产配置基金，若同时满足以下条件，可以新增投资者或增加既存投资者的认缴出资，但增加的认缴出资额不得超过备案时认缴出资额的3倍：（1）基金的组织形式为公司型或合伙型；（2）基金由依法设立并取得基金托管资格的托管人托管；（3）基金处在合同约定的投资期内；（4）基金进行组合投资，投资于单一标的的资金不超过基金最终认缴出资总额的50%；（5）经全体投资者一致同意或经全体投资者认可的决策机制决策通过。

② 《上海证券交易所公开募集基础设施证券投资基金（REITs）业务办法（试行）》第20条第2款规定和《深圳证券交易所公开募集基础设施证券投资基金业务办法（试行）》第20条第2款规定，基础设施项目原始权益人或其同一控制下的关联方参与基础设施基金份额战略配售的比例合计不得低于本次基金份额发售总量的20%，其中基金份额发售总量的20%持有期自上市之日起不少于60个月，超过20%部分持有期自上市之日起不少于36个月，基金份额持有期间不允许质押。

③ 指扣除用于偿还相关债务、缴纳税费、按规则参与战略配售等的资金后的回收资金。

规定》及《4 号规范》等相关规则限制，主要包括：(1)基金仅可以股权投资为目的，为被投企业提供不超过 1 年期限(且不晚于股权投资退出日)的借款、担保；(2)基金对外借款或担保的余额不超过基金实缴总额的 20%；(3)禁止私募基金直接或间接以各类债权、收(受)益权或名股实债等方式投资热点城市普通住宅或向房地产开发企业提供用于支付土地出让款、补流等用途的融资。

《不动产基金试点指引》贴合不动产项目投资的需求，在股债比[对单一项目股权投资与债权投资(含担保)金额的比例]等方面为不动产私募基金提供了较大灵活度，具体而言有以下突破：

(1)借款担保期限最晚至基金清算完成日；

(2)基金有自然人投资者且持有被投企业 75% 以上股权的情况下，股债比可设置为不低于 1:2；

(3)基金若均为机构投资者且持有被投企业 75% 以上股权，或者持有被投企业 51% 以上股权且被投企业为基金提供担保的，股债比可由基金投资者通过基金合同灵活约定。

从上述(2)(3)项来看，股债比的突破需以基金对被投企业具有资产控制力为前提，且为保障投资者权益，不动产基金合同需提前预设基金实施对外借款及担保的相关规则及内部审议程序。

值得注意的是，证监会在启动试点公告中仅明确了指引对《私募若干规定》之股债比限制的差异化安排，对于《4 号规范》的相关限制而言，不排除其仍适用于不动产私募基金。

2. 与公募 REITs 退出渠道的衔接

如考虑通过公募 REITs 方式退出，上述新规将有利于节省税务成本以及简化负债构建方案：目前试点的公募 REITs 项目在“专项计划 + 项目公司”的层面基本采用了“股 + 债”的方式，税务筹划效果最好的股债比例为 1:2，而该股债比与《私募若干规定》的规定难以匹配，《不动产基金试点指引》对前述规则的修改则有效地实现了 Pre – REITs 私募不动产基金与公募 REITs 项目在股债比上的衔接。

3. 对外担保及投资限制

为避免不动产私募基金产生风险外溢并损害投资者利益，指引在提供前述投资灵活度的基础上，也为基金设置了特定限制，包括禁止不动产私募基金为基金、被投企业以外的主体提供担保，禁止基金直接或者间接投资于其管理人、控股股东、实际控制人及其实际控制的企业或者项目等，私募机构应结合拟投项目背景（如担保需求、被投企业与管理人的关联关系等）提前评估是否设立不动产私募基金参与相关项目投资，以尽量避免受到该等投资限制的不利影响。

（六）内外部杠杆设置：对资管新规①的突破

1. 分级杠杆

《不动产基金试点指引》允许管理人对不动产私募基金设置合理的分级杠杆比例（优先级投资者出资金额与劣后级投资者出资金额的比例），未设置具体比例限制。该规则可能突破资管新规对权益类产品分级比例不超过1∶1的限制，并有利于基金通过分级安排撬动更高比例的优先级资金。

2. 举债杠杆

《不动产基金试点指引》允许基金通过申请经营性物业贷款、并购贷款等方式，扩充投资资金来源，但不动产私募投资基金总资产不得超过其净资产的200%，即基金的举债杠杆比例不得超过2∶1。与之相比，资管新规对无分级安排的权益类私募产品，设置同样的举债杠杆比例限制，而对于分级私募产品，则适用1.4∶1的比例限制，不排除指引项下有分级安排的基金可突破该等比例限制。

（七）其他规范运作要求

除上述要点外，《不动产基金试点指引》从托管、风险揭示、基金合同、关联交易、信息披露等方面，结合不动产私募投资基金的风险特征加强监管，具体如下：

（1）托管：不动产私募基金被强制要求托管。

（2）风险揭示：相较于一般私募基金，管理人应当在募集推介材料以及风险揭示书的"特殊风险揭示"部分向投资者揭露不动产私募基金抵质押、股东借款、贷款的特殊风险（如涉及），详细披露基金投资范围、投资方式等基本情况。

（3）基金合同：相较于一般私募基金，不动产私募投资基金的基金合同需要明确抵质押等担保安排（如有）、被投企业向基金分红事项（如有），如基金投向单一项目还应明确约定投资标的、投资结构等。

---

① 参见中国人民银行、证监会等四部门于2018年4月27日发布的《关于规范金融机构资产管理业务的指导意见》（银发〔2018〕106号）。

(4)关联交易:《不动产基金试点指引》在《备案须知》认定的基金关联方基础上,进一步将管理人的高级管理人员及与其有重大利害关系主体纳入关联方范围。

(5)信息披露:不动产私募投资基金的管理人应按季度制作并向投资者披露不动产基金财产管理报告,并需按季度、年度向中基协报送不动产私募投资基金运行情况。

(八)试点申请及备案关注要点

1. 试点申请要求

私募股权投资基金管理人若拟募集设立不动产私募基金,应在 2023 年 3 月 1 日后,通过中基协资产管理业务综合报送平台(AMBERS 系统)"政策申请"模块申请试点资格,除需具备指引有关管理人的门槛要求外,中基协特别关注管理人是否已具备基金初步募集和展业计划。具体申请材料包括:

(1)拟设立不动产私募投资基金的募集计划、投资运作计划等情况;

(2)管理人主要出资人及实际控制人适格证明材料;

(3)管理人实缴资本证明材料;

(4)不动产投资管理规模证明材料;

(5)不动产投资业务相关高级管理人员信息、从业人员信息;

(6)合法合规及诚信情况;

(7)证监会、中基协要求的其他信息和材料。

2. 申请要点

为确认申请机构不动产投资管理规模是否符合指引要求,中基协通过《起草说明》明确了以下计算标准:

(1)自身管理。其限于拟申请机构管理的已备案私募股权基金(不包含创业投资基金)不动产投资管理规模,不包含关联方管理人或管理人高管在其关联方管理人名下的管理规模;

(2)投资范围。其用于认定不动产投资管理规模的投资项目限于住宅地产(普通住宅、公寓、保障性住房、市场化租赁住房)、商业经营用房(写字楼、商场、酒店等)、基础设施项目(高速铁路、公路、机场、港口、仓储物流工程、城市轨道交通、市政道路、水电气热市政设施、产业园区等传统基础设施,5G 基站、工业互联网、数据中心、新能源风电光伏设施等新型基础设施建设项目)；

(3)计算口径。其限于已备案基金实缴且投向项目的股权本金金额(不包括增值部分),外部贷款杠杆部分规模以及投向不动产行业FOF基金规模不予认定；

(4)例外情形。例如申请机构在提交申请材料时承诺其后续备案的不动产私募投资基金投资者均为机构投资者,则对申请机构在管本金、累计管理本金的要求分别可由50亿元人民币、100亿元人民币调低至30亿元人民币、60亿元人民币。

3.备案要点

取得试点资质后,管理人可开展不动产私募基金的募集活动,并应当在基金募集完毕后20个工作日内向中基协报送材料信息并办理备案手续。考虑到不动产私募基金在备案前通常可能已有拟议底层投资标的,除常规的申请材料外,指引特别要求管理人一并报送如下涉及底层项目的相关材料：

(1)底层投资协议、投资框架协议或具体投资方案(如适用)；

(2)项目公司已经取得的国有土地使用证、建设用地规划许可证、建设工程规划许可证、建筑工程施工许可证、预售许可证,以及证明项目主体建设工程进展的证明文件材料(如适用)。

三、结语

总体来看,《不动产基金试点指引》是监管对不动产私募基金这一特定产品类别的创新和尝试,为房地产及基础设施行业的投融资注入了一针强心剂,同时,指引下的不动产私募基金也与公募REITs相关规则实现多处关联与衔接,有利于打通不动产基金从募资、投资到退出的完整渠道。可以预见若干头部机构将很快取得首批试点资格,并迈出规则实践的第一步,对于债权投资、杠杆比例等有待进一步厘清的规则适用问题,我们也将持续关注相关监管实务。

法律视野下城乡供水一体化特许经营项目的实践热点话题

王霁虹　韩江瑜*

* 作者简介：

王霁虹，中伦律师事务所北京办公室公司业务部合伙人，电邮为：wangjihong@ zhonglun. com。

韩江瑜，中伦律师事务所北京办公室公司业务部非权益合伙人，电邮为：hanjiangyu@ zhonglun. com。

水是生命之源，农业是立国之本。“十三五”以来，在乡村振兴战略及脱贫攻坚等中央政策的引导下，以解决农村供/饮水安全问题为核心目标的城乡供水一体化项目逐渐成为各地基础设施补短板的重点。笔者参与实施了多个城乡供水一体化项目，现结合近期承办的福建省某市城乡供水一体化项目（以下简称N项目）经验，对法律视野下城乡供水一体化特许经营项目的实践热点话题作简要总结分析。

一、城乡供水一体化项目概述

目前，国家层面尚未出台专门的法律法规或政策规范对城乡供水一体化的内涵外延作出界定。现行城乡供水一体化项目主要是以各级地方政府为主体进行推进。就笔者在福建省承办的N项目而言，福建省2019年出台《关于推进城乡供水一体化建设试点的意见》，明确城乡供水一体化是“以提高农村供水保障水平为目标，统一标准、统筹规划、分步实施，参照城市供水建设经营管理模式，多渠道、多主体、多方式推进农村供水‘标准化建设、企业化运营、专业化管理、规模化发展’，逐步实现城乡供水同质同服务”。

城乡供水一体化项目在实施过程中，主要的操作模式通常有EPC + O（设计、采购、施工及运营一体化）模式、PPP模式、特许经营模式等，各种模式均有其不同的特点。EPC + O模式与传统的EPC模式相比延伸了后端运营环节，通过整合设计、采购、施工、运营各阶段工作，有利于提高项目的运营效率，降低项目全生命周期成本，但由于其仍属于传统的政府投资项目范畴，投融资责任由政府方承担，当期往往需要大量的财政资金和纳入财政预算，使得政府方面临着较大的财政压力。因而在实践中，除了极少数财政实力雄厚的地方政府愿意采用EPC + O模式外，大部分的地方政府更倾向于采取PPP模式或特许经营模式。PPP模式和特许经营模式也由于其引入社会资本缓解当期财政压力、提高政府资金使用效率、优化运营管理机制、保障运营绩效服务产出、促进政府职能转变等优势，广受地方政府欢迎。PPP模式和特许经营模式在运作方式、交易架构、功能优势等方面的相似性和重叠性，也使得许多地方政府将两种模式混为一谈。但随着近年来对PPP模式的监管日趋严格，“两评一案”论证、入库审核监督等较长的耗时和复杂的程序，一般公共预算支出10%的红线控制和财政预算使用受限等，逐渐使得地方政府对 PPP 模式也望而却步，PPP 模式和特许经营模式出现了分野，越来越多的城乡供水一体化项目采用了特许经营模式。

根据《基础设施和公用事业特许经营管理办法》《市政公用事业特许经营管理办法》的规定，城乡供水工程可实行特许经营，即政府采用竞争方式依法授权法人或者其他组织，通过协议明确权利义务和风险分担，约定其在一定期限和范围内投资建设运营基础设施和公用事业并获得收益，提供公共产品或者公共服务。城乡供水一体化项目在特许经营过程中的方式主要有 BOT（Build - Operate - Transfer，建设—运营—移交）、TOT（Transfer - Operate - Transfer，移交—运营—移交）、ROT（Retrofit - Operate - Transfer，改建—运营—移交）、OM（Operation - Maintenance，委托—运营）等。以笔者承办的 N 项目为例，城乡供水一体化特许经营项目在实施过程中的模式就包括 BOT、ROT、OM 等多种方式的组合。

具体而言，N 项目的合同体系及交易路径为，政府方项目实施机构就引入社会投资人进行公开招标，并与中标社会投资人签署投资合作协议，之后由中标社会投资人与政府方出资代表签署股东协议和公司章程，共同出资设立项目公司。项目公司设立后，项目实施机构与项目公司签署特许经营协议，由项目公司获得项目特许经营权。同时，项目公司与有资质的中标社会投资人直接签署工程总承包合同，由有资质的中标社会投资人开展项目工程的勘察、设计、采购、施工等工作。

二、法律视野下的实践热点话题

城乡供水一体化的目的是解决城乡供水发展不平衡、不充分的问题，但由于城乡之间的天然差距和客观事实，各地在实施城乡供水一体化项目过程中均存在不同的难点问题，从法律角度来看，各类难点问题具有相似性。以笔者承办的 N 项目为例，由于城镇和乡村供水“同水源、同管网、同水质、同服务”一体化的前提和要求，N 项目在实施过程中就面临着以下几个难点问题。

（一）存量水务资产整合

城乡供水一体化的落脚点在于城乡供水同质同服务，这一目标的实现需要以水务资产统一建管、统一运营为前提。因此，城乡供水一体化特许经营项目实施过程中，往往需解决存量水务资产整合及其所涉及的原有社会资本退出、债权债务处置、职工安置等问题。

1. 存量资产整合方式

城乡供水一体化首先表现为供水单位的一体化，即把特许经营项目公司打造为属地城乡供水投融资、工程建设、管护维养“三位一体”的独家平台。对于一体化项目实施前当地已建成的存量水务资产（水厂、管网等），通过无偿划拨、作价入股、委托代管、兼并收购等方式，整合移交给新组建的项目公司管理运营。对于已实际停运或无实际效用或无合法手续（如非法用地、违法建筑等）的水务资产，可由属地政府依法取缔、关停，无须再进行整合。以N项目为例，部分存量水务资产经评估作价后，作为政府方股东对项目公司的实物出资；其余政府方（包括属地政府部门或其下属自来水公司、国有企业）或乡镇集体、村集体所有的存量水务资产按照资产权属不变、经营权分离的原则，无偿委托给项目公司改扩建和运营，待特许经营期届满后再移交给政府指定接收单位。

2. 原有社会资本退出

在N项目中，有部分存量水务资产是由福建省级国有企业控股的水务公司（以下简称原投资人）投建和运营，为确保新引入的投资人及其控股的项目公司取得此类存量资产的管理权，属地政府需要结合相关资产用地的性质，分类引导原有社会资本实现退出。具体而言，如为划拨用地，则土地和资产均归属地政府所有，由属地政府对原投资人已投资金额、已经营期限、已获得回报等进行综合评估后（评估时扣除政府投入金额和补贴）折算合理费用并予以支付，实现原有社会资本退出。如为出让用地，则土地和资产均归原投资人所有，由属地政府与原投资人进行磋商，按照评估确定的价值收购其资产后实现原有社会资本退出，或由原投资人与新引入投资人协商共同参与当地城乡供水一体化特许经营项目。

3. 债权债务处置

对于存量水务资产整合涉及的债权债务（特别是债务）问题，应由属地政府或社会投资人依法进行处置。以N项目为例，其存量水务资产建设运营的资金来源包括银行贷款、民间借款或其他社会融资，该等债务的余额、性质、合法性、真实性等经核查确认后，原则上由属地政府自行安排资金解决；若部分存量资产委托代管后拟由新组建的项目公司负责解决该等资产所涉债务，则该等债务须事先经项目公司确认，且相关债务将构成项目公司的额外建设、运营成本，需要在特许经营期内通过折算的供水水价和政府应给予的财政补贴来覆盖成本和合理回报。需要注意的是，对于民营企业或省级国有企业控股子公司等非属地政府所有的存量水务资产所涉债务，其债务余额上限不应超过该类资产经依法评估确定的净资产值，否则无论是属地政府还是项目公司承接债务，承债金额都会高于直接收购该类存量资产所需金额，进而给属地政府或项目公司造成经济损失。

4. 原有职工安置

存量水务资产涉及的原有职工可由新组建的项目公司依法接收、安置，但考虑到城乡供水一体化特许经营项目的社会投资人多为中央企业或省级国有企业，人员编制管控严格，其控股的项目公司可能无法全部接收存量资产整合涉及的人员。为此，项目公司可通过委托运营方式处理原有职工安置问题。具体做法：项目原有供水设施作业人员的劳动关系、人事关系保持在原单位不变，项目公司将原有供水设施委托给原单位运营，从而通过原单位间接对相关作业人员进行使用安排和考核管理，并通过委托关系将上述人员的工资薪金支付给原单位，由原单位转付给相关作业人员，从而保障原有职工薪资待遇，确保人员和社会稳定。

（二）项目建设资金来源及回报机制

城乡供水一体化项目公益属性较强，加上受供水管理体制复杂、资产质量不高、农村供水点分散、用水量缺乏保证、水费回收难度大等因素制约，对社会投资人的吸引力相对有限。在这样的背景下，如何有效筹集建设资金、提高运营绩效、保障投资收益便成为城乡供水一体化特许经营项目各方主体关注的焦点。

1. 项目建设资金来源

城乡供水一体化建设资金由项目资本金和债务性资金两部分组成。N 项目资本金的一部分为项目公司股东按股权比例实缴的出资，其中政府方以存量水务资产作价出资，投资人以货币出资；另一部分为上级政府补助资金，以资本公积方式注入项目公司，但补助资金未及时到位时，项目需“先建后补”。N 项目的债务性资金包括政府专项债券和银行贷款，其中专项债以政府为借款人，具有利率低、还款期限长的优势，有助于减轻社会投资人的融资压力，但债券资金使用须接受财政部门的绩效评价；银行贷款以项目公司为借款人，一般需以特许经营期内的项目收费权提供质押担保。需要注意的是，《银行保险机构进一步做好地方政府隐性债务风险防范化解工作的指导意见》（银保监发〔2021〕15 号）出台后，一些银行开始对以有权取得政府补贴为由申请建设贷款的项目放贷持谨慎态度,城乡供水一体化特许经营项目融资受到了一定影响。

2. 项目投资回报来源

城乡供水一体化特许经营项目的投资回报主要来自水费收入,以及经人大批准的属地政府中长期财政规划和各年度财政预算中安排的政府补贴。其中,水费收入与水价密切相关,考虑到水价调整受到政府物价部门严格管控、容易引发社会民众强烈关注,在属地政府尚未建立并公开合理且可预期的水价形成及调整机制的情况下,社会投资人应在特许经营协议中对水价问题进行细化约定,并争取让政府方就水价调整作出承诺。如N项目的协议中约定,政府方"同意根据项目《可行性研究报告》《特许经营实施方案》等相关分析,根据项目运营情况,依法依规逐步开展水价调整工作,并在进入运营期后10年内将项目水价调整至不低于合理成本水价"。此外,城乡供水一体化项目水费收入增长的另一制约因素为农村的低水价、低水费收取率。为解决该问题,政府方应协助投资人做好农村用水、节水及水费收缴的宣传、督导工作,实行农村供水"一户一表"收费到户,逐步实现城乡供水"同网、同质、同价、同服务"。

3. 项目绩效考核机制

在城乡供水一体化项目的实施方案及特许经营协议中,政府方通常会要求针对项目建设期和运营期分别设置详尽的绩效评价指标体系,并选取核心指标作为日常绩效监控的内容,建设期绩效评价结果与处罚金额相挂钩,运营期绩效评价结果与政府补贴费用相挂钩。因此,绩效考核直接关系到项目公司的政府补贴能否及时获取、社会投资人的投资收益能否及时收回。投资人在项目中标前应仔细研读特许经营实施方案中关于绩效考核部分的规定,并在中标后进一步与政府方沟通协商绩效考核指标和评分标准的相关问题,细化绩效考核方案。以N项目为例,投资人凭借在城乡供水一体化项目建设运营方面的专业技术优势,在中标后与政府实施机构就绩效考核指标、考核频次等内容做了多轮沟通,最终使得该项目的绩效考核方案相对宽松易实现,最大限度降低了项目因绩效评价不达标而难以及时收回投资成本并获取投资收益的风险。

三、结语

农为邦本,本固邦宁,加快城乡供水一体化建设对于推进农业农村现代化和乡村振兴具有重要意义。随着福建、江西、海南、安徽、浙江、江苏、山东等地的指导性文件相继出台,全国各地将掀起新一轮城乡供水项目投资建设高潮。建议各地在颁布新政策时,需同步协调好现有政策,以保障城乡供水处在同样的政策框架之下,拥有同样的远景目标,避免"政出多门,相互打架";同时,建议国家层面尝试制定城乡供水一体化建设运营的统一指导标准(包括水质、服务等标准),并尽快建立城乡对等的政策制度体系,一方面有利于缩小全国城乡差距,另一方面还有利于从根本上统筹城乡协调发展,打破二元割裂的局面,使得农村居民早日实现与城市居民享受同等供水公共服务的目标。此外,对于以特许经营模式实施的城乡供水一体化项目,建议政府方及社会投资人重点关注存量水务资产整合及项目建设资金和回报来源等问题,合理制定项目交易架构,严格履行特许经营协议,力争实现多方合作共赢。

(吴鹏对本文亦有贡献)

TOD 综合开发模式的中国实践

穆　耸　唐梦沅[*]　高明轩

[*] 作者简介：

穆耸，中伦律师事务所北京办公室公司业务部合伙人，电邮为：musong@ zhonglun. com。

唐梦沅，中伦律师事务所北京办公室公司业务部非权益合伙人，电邮为：tangmengyuan @ zhonglun. com。

一、TOD 模式的发源与本地化

以公共交通为导向的发展模式(Transit – Oriented Development,TOD)在国际实践上可以理解为以公共交通为导向的土地开发模式,即围绕地铁、轻轨等城市公共交通展开,以公共交通场站为中心,建立一定范围的城市中心的公共化配置土地资源和公共资源的开发模式。该模式最初是为了解决20世纪90年代初美国城市拓展进程中土地利用单一、低密度蔓延的郊区化发展模式的系列问题,在人口稠密的东亚,这一模式成为改善交通问题、提高土地利用效率、优化城市结构的方式。

通过土地溢价及物业运营收益反哺地铁建设运营的"轨道 + 物业"模式在我国香港特别行政区产生巨大的社会和经济效益,但因土地政策与经济环境的差异,使得我国香港特别行政区的经验难以直接在内地复制。我国中央政府层面自2012 年起陆续下达政策文件对 TOD 模式的实施进行"本地化"引导,不断在开发范围、节地模式、融资机制、溢价反哺、站城一体等方面作出宏观规定。

二、中央层面及地方层面政策情况

自 2012 年起国务院及各部委陆续出台涉及 TOD 综合开发的相关规定,包括国务院《关于城市优先发展公共交通的指导意见》(国发〔2012〕64 号)、国务院办公厅《关于支持铁路建设实施土地综合开发的意见》(国办发〔2014〕37 号)、国务院办公厅《关于进一步加强城市轨道交通规划建设管理的意见》(国办发〔2018〕52 号)、自然资源部《轨道交通地上地下空间综合开发利用节地模式推荐目录》、国家发展改革委等《关于进一步做好铁路规划建设工作的意见》等。虽然相关规定存在条款内容较为原则无法直接指导实践操作的问题,但其鼓励吸引社会资本(尤其是具有一定实力的房地产开发企业)参与公共交通以及涉及的土地开发政策的导向非常清晰,且指出反哺公共交通的一体化开发目的,以及提出防范泛房地产化、谨防政府债务的政策目标。

在 TOD 综合开发项目具体适用政策方面,仍需以地方性政策为主要参考。随着国内轨道交通建设走上快车道,据不完全统计,截至 2021 年 3 月,已有 22 个地方政府出台了公共交通场站及周边/上下土地开发的相关政策。北京、上海、广州等发展较快的典型城市政策文件已相对完备。在其他城市中,除东莞出台了一系列相关政策外，其余城市基本只出台了相关的指导性政策或是针对TOD综合开发的某一方面的规定。目前在政策层面，我国TOD综合开发模式整体仍处于探索阶段。其中，较有特点的广州市①、上海市②、深圳市③、重庆市④等地均结合了当地的具体情况作出了不同的土地供应、收益反哺相关规定。

三、我国常见的TOD综合开发模式

总体而言，我国TOD综合开发模式受限于土地政策、市场情况等因素，大多采取了和其他国家或地区不同的开发经营方式，且并没有形成完整的体系。笔者通过对现有典型TOD综合开发项目进行梳理，将其分为单经营性土地开发模式、公共交通枢纽建设+经营性土地开发模式、公共交通枢纽建设+公共交通运营+经营性土地开发模式。

---

① 《广州市轨道交通场站综合体建设及周边土地综合开发实施细则（试行）》（穗府办规〔2017〕3号）（已失效）将开发范围限定为距离轨道交通场站综合体约800米范围、与轨道功能紧密关联的地区。强调"一体规划、同步建设、统一供应"的思路，并根据土地条件的不同采取划拨、协议出让、带条件出让形式的差异化供应。针对开发收益，该细则指明一级开发收益将重点用于轨道交通项目建设，轨道交通投资建设主体参与二级开发的项目收益则用于轨道交通建设和运营补亏。

② 上海市是规定协议出让公共交通用地的典型城市。2016年印发的《关于推进本市轨道交通场站及周边土地综合开发利用的实施意见》（沪府办〔2016〕79号）（已废止），打破了土地出让必须通过招拍卖挂牌的方式，在完成土地储备形成"净地"后，可以协议方式将场站综合用地使用权出让给综合开发主体。2020年颁发《关于加快实施本市轨道交通车辆基地及周边土地综合开发利用的意见》（〔2020〕69号）明确申通地铁集团为开发主体，增加了可以通过分层供应将车辆基地已建或待建预留工程上部建设用地使用权协议出让给公共交通建设运营主体，删除了以协议方式取得的土地使用权不得转让的规定，鼓励通过市场化方式引进品牌房企合作，并以开发收益反哺基建。

③ 作为改革开放的前沿阵地，深圳近年来也在积极探索我国香港特别行政区"轨道+物业"模式。深圳市于2013年颁布《深圳市国有土地使用权作价出资暂行办法》，确定国有土地使用权作价出资在市地铁集团有限公司先行先试，为之后其他城市的综合开发用地获取提供了有益的参考基础。在《前海深港现代服务业合作区综合规划》中，深圳市将前海综合交通枢纽上盖物业项目用地作价出资给深圳市地铁集团有限公司，地上和地下空间同时供应给深圳市地铁集团有限公司。

④ 重庆市《关于推进主城都市区城市轨道交通区域综合开发的实施意见（试行）》将城市轨道交通综合开发用地范围划定为以站点为中心半径600米；车辆基地按本体工程用地以及周边不低于本体工程用地规模2倍确定为开发用地。明确了重庆交通开投集团作为城市轨道交通综合开发的一级开发主体，而二级开发主体通过市场化方式确定。综合开发用地范围内、轨道交通站场用地范围外的综合开发用地，须按招标拍卖挂牌方式出让。轨道交通站场用地范围内的综合开发项目按用途实行分层供应，并可以采取PPP等模式引入社会投资人建设城市轨道交通项目。轨道交通综合开发一级收益溢价部分，实行市区分成。市级分成部分统筹用于城市轨道交通建设资本金支出及运营补助。

（一）单经营性土地开发模式（一般适用于公共交通枢纽已建成或趋于建成）

在此模式下，公共交通枢纽建设用地与经营性土地实际并不联动供应，社会资本参与的工作内容不涉及公共交通枢纽的建设与运营。但由于该模式下经营性土地与公共交通枢纽距离较近，因此仍需考虑建设的一致性、配套衔接等技术操作问题，也基于此，实践中大量经营性土地仍需由社会资本与公共交通的建设运营主体共同参与拿地建设。

1. 房地产开发企业单独拿地模式

对于具备独立建设条件的公共交通枢纽周边/上下的经营性开发空间，若地方政策及土地出让条件对轨道建设资格及开发能力没有相应要求，房地产开发企业可独立或通过合作的方式在公开市场获取相关地块进行开发。

项目实例：

著名的重庆沙坪坝 TOD 项目内容为对既有铁路站场改造实施高铁车站上盖，形成站城一体的大型城市综合体。根据公开信息，沙坪坝项目将空间权属分为上盖下盖两个部分，实施分层出让。以上盖部分的地坪为界，地下部分及地上车站部分由重庆交通开投集团开发，上盖区域的土地使用权通过招标拍卖挂牌于 2020 年 6 月 16 日出让，出让公告中并没有关于轨道建设资格的要求，该土地使用权最终由某地产公司摘得。

2. 房地产开发企业与公共交通公司合作竞买模式

顾名思义，合作竞买模式是指由社会资本（一般为房地产开发企业）与公共交通公司组成“联合体”竞买拟出让的经营性土地。

根据各地方政策的规定，不具备单独规划建设条件（符合城市公共交通设施与其地上、地下空间必须整体规划、一体设计，在结构上不可分割、工程上应当统一实施、时序上必须统筹建设条件）的经营性地上空间，可带技术能力要求、建筑设计方案、场站施工方案等条件以招标拍卖挂牌方式公开出让。

在技术上，经营性部分开发一般与综合交通枢纽建设紧密结合，对区域内交通换乘、地下空间、公共空间、景观和步行系统等需进行统一设计、建设和管理。因此，一般该类经营性土地会设定较高的竞买条件（比如对设计方案有所要求、虽然项目本身不需要公共交通运营但仍要求竞买主体具备一定公共交通建设运营经验)。专业公共交通公司与房地产开发企业合作竞买模式有利于满足招标拍卖挂牌时严苛的竞买人门槛。

在体量上,该类项目一般较大,由多家不同专业背景的机构共同参与有助于充分利用自身优势并分摊整体成本。

项目实例:

东莞虎门站项目位于虎门镇最具流量的交通枢纽,汇聚了莞太路、地铁R2线、广深高铁、京港澳高速、环莞快速,此地块由7宗地块和4宗地下空间地块组成,总占地面积为198888.11平方米,总计容建面积达1051898.6平方米。

该地块的出让条件较为严苛,包括:需无偿配建虎门高铁站站房改扩建工程;需建地铁2号线交通交乘中心,地上三层,地下一层;需配建9421平方米甲级商业物业、市政配套面积107398平方米、独立占地3600平方米幼儿园等。此地块最终由某合资公司以底价66亿元+基建投资23.1亿元成功竞得。该公司由轨交公司与某地产公司联合投资成立。可以预见,虎门站轨交枢纽日后将由项目公司中的地产公司主要负责枢纽上盖物业开发。

(二)公共交通枢纽建设+经营性土地开发模式(一般适用于公共交通站点、车辆段等无须经营公共交通的情形)

大多数传统的TOD综合开发项目中,公共交通枢纽与周边/上下经营性土地共同出让、同步开发建设。这是目前的主流模式。

1.股权交易联合开发模式

该模式主要是指公共交通公司根据当地政策法规先行取得包括公共交通枢纽地块及相关经营性地块之后,由房地产开发企业通过股权收购方式获取公共交通公司TOD综合开发项目的部分权益以参与开发建设。此种合作模式在我国广泛运用,一般表现为公共交通公司低价拿地后公开转让股权,究其原因,主要是公共交通公司具备成熟的轨道建设专业能力和开发经验,在拿地环节更具备优势。

项目实例:

成都市的部分TOD项目以轨交集团为核心,项目土地由轨交集团竞得后,再依据全市的统一规划,按自主开发或股权合作两种模式进行项目开发。具体项目中,如成都市TOD示范站点新津站项目,拟将高铁站、地铁10号线新津站、S8号线站点以及公交场站通过地下、地上连廊无缝衔接,垂直空间叠建商业商务和产业载体。在土地招标拍卖挂牌方案中,政府要求意向竞买人或意向竞买人的实际控制人须具备6条及以上地铁线网建设和运营管理经验,且已建成并投入运营的地铁线网里程不得少于200公里。该项目4组地块于2019年11月27日被轨交集团下属公司与地方城投企业所设立的项目公司竞得。

在竞得上述地块后,项目公司股东转让所持66%的股权份额以引入经营性物业开发的合作方。从披露的受让方资格来看,转让方对受让方在国企类房地产开发企业排名、信用评级、资产总额等方面均有严苛要求,例如要求国内合作方应具有房地产开发一级资质,且上一年度排名为中国房地产开发企业综合实力前50强或商业地产综合实力前30强。最终,经过13轮交替竞价,某地产公司以42271.38万元报价中标。

2. 整体合作开发模式

近年来,房地产开发企业与公共交通公司在更上层的集团战略层面达成合作的现象增多,如越秀与广铁、万科与深铁、龙湖与武汉地铁等。集团战略层面的合作可以理解为更为稳固的联合开发模式,比股权收购联合开发更系统化,且其合作内容更多将涉及土地一级开发、整体项目经营增值等工作。整体合作开发模式指的是房地产开发企业与公共交通集团(一般以市属企业为主)成立平台公司,整合各方资源,共同探索新基建及轨道相关重点项目,最终实现优势互补。

项目实例:

整体合作开发模式的典型案例为广州越秀相关项目。自2016年4月由某地产公司与广州地铁集团签署战略协议后,双方在资本运作、金融服务、物业开发、云计算等领域达成全方位合作。在开发模式上,前期主要由地铁集团获取土地,某地产公司产业基金联合地方公共交通城市更新基金完成地块的土地整备与一级开发。之后,由某地产公司通过股权收购的形式与地铁集团合作成立项目开发平台公司,对TOD项目进行实际操盘。项目开发完成后,项目的商业部分还可以借助某地产公司旗下的商投和房托平台,进行商业运营或资产证券化。

(三)公共交通枢纽建设+公共交通运营+经营性土地开发模式(适用于新建大型公共交通项目)

该模式为TOD综合开发的集大成者,也是日本、我国香港特别行政区的主要TOD模式。此模式下,TOD项目由公共交通建设运营主体主导,公共交通枢纽建设、公共交通运营、经营性物业开发三者并驾齐驱,实现“直接捆绑”。

1. 政府以土地使用权作价出资模式

政府以土地使用权作价出资,即政府以 TOD 整体项目土地使用权的评估值作为资本金注入公共交通公司,由其以此为依托进行公共交通建设开发。最早由深圳在《深圳市国有土地使用权作价出资暂行办法》中提出,确定国有土地使用权作价出资在市地铁集团有限公司先行先试。作为土地供应的特殊模式,作价出资的土地的开发往往与将进行的公共交通工程建设或者与完成建设的公共交通工程设施具有密切关系,或者是工程结构上难以分割且工程上需要统一实施,或者是涉及公共交通建设运营安全。

不过,在该类模式下,房地产开发企业的工作定位不清晰,笔者也未了解到现有实操案例中该类模式中房地产开发企业的参与路径。

项目实例:

深铁集团于 2012 年 12 月 28 日通过土地使用权作价出资形式获得前海枢纽上盖物业的土地使用权,宗地登记价为 145.56 亿元,土地使用年限为 40 年,项目借鉴了我国香港特别行政区及国际大都市“轨道 + 物业”的建设模式及“站城一体化”的理念。该项目属于超大型的轨道 + 上盖综合体、地下为一个整体,枢纽与物业空间紧密相连,在设计、融资、建设和运营的全周期将公共交通与土地利用整合、满足地铁站点综合交通功能的前提下,将站点与物业同步规划、同步设计,结合车辆段的大平台进行综合开发,同时用物业收益来反哺公共交通建设运营(建立了政府与地铁公司土地溢价回收利益分配机制)。

2. 一级半开发模式

一级半开发模式,即公共交通建设主体不仅是 TOD 项目二级开发建设与经营的主体,也是土地的一级开发主体。公共交通建设主体在公共交通建设和运营之外,探索公共交通物业上盖开发,承担着搭建平台、整理车辆基地土地的职能,将公共交通建设及经营性物业开发中的前期工作同步规划。在做好建设施工及上盖条件的预留后,引入房地产开发企业或其他有能力的主体共同进行开发和运营。理论上,房地产开发企业等专业机构可以全流程参与并和公共交通公司进行一级半开发。

项目实例：

北京的大量 TOD 项目采用一级半开发模式。在获得政府授权的前提下，由某轨交公司作为一级开发商进行统筹规划。某轨交公司在充分考虑车辆段功能和对上盖开发方案进行整体规划设计后，负责地铁停车场施工和可上盖大平台的统一施工、负责车辆段的施工和上盖条件的预留、上部规划区的开发与建设。为了确保为二级预留的开发条件能够落实，许多工程要与公共交通设施同步建设，这就必须在一级开发的前期阶段对项目的规划条件进行深入设计和研究，而后遴选房地产开发企业进行上盖建设和房地产开发。

3. PPP 模式

目前国内应用较广泛的公共交通 PPP 模式主要是由社会资本承担公共交通及枢纽的建设、被授予特许运营权负责公共交通运营并由政府以公共财政补贴票价的合作模式，北京地铁 4 号线和深圳地铁 4 号线是较为典型的案例。除传统的公共交通 PPP 模式，各地也在积极尝试创新 PPP + TOD 相结合的模式。PPP + TOD 模式是指将公共交通和站点周边土地资源重新整合，如可在城市轨道交通 PPP 项目一开始就研究与沿线土地综合开发问题，同步研究、同步运作、同步开发，实现房地产开发收益反哺城轨建设运营的良性互动，是具备可持续性的项目模式。

项目实例：

重庆市在《关于推进主城都市区城市轨道交通区域综合开发的实施意见（试行）》中，明确指出可以采取 PPP 等模式引入社会投资人建设城市轨道交通项目。重庆市城轨快线璧铜线 PPP 项目也是我国首例真正意义上的轨交 PPP + TOD 项目。此项目于 2020 年 2 月发布中标公告，中标单位是由轨交公司与城建公司共同组成的社会投资人联合体。据悉，此项目将公共交通项目和站点周边土地资源打包，集市郊铁路投资、建设、运营和沿线站点 TOD 开发于一体，线路全长 37.35 公里，项目总投资约 86 亿元，设车站 9 座，项目合作期 20 年。

四、结语

2022 年 7 月 1 日，国家发展和改革委员会办公厅发布《关于做好盘活存量资产扩大有效投资有关工作的通知》（发改办投资〔2022〕561 号），明确提出“对具备盘活存量和改扩建有机结合条件的项目,鼓励推广污水处理厂下沉、地铁上盖物业、交通枢纽地上地下空间综合开发等模式,拓宽收入来源,提高资产综合利用价值”,可见以公共交通为导向的 TOD 开发模式将成为存量盘活的重要方式(此类存量项目可理解为通过前述的单经营性土地开发模式进行实施);2022 年 7 月 12 日,国家发展和改革委员会发布《“十四五”新型城镇化实施方案》(发改规划〔2022〕960 号),指出“推广以公共交通为导向的开发(TOD)模式,打造站城融合综合体,鼓励轨道交通地上地下空间综合开发利用”。可以预见的是,“十四五”交通强国战略驱动之下,轨道交通高质量建设及 TOD 综合开发将成为中大型城市未来发展的重要内容,极具市场潜力。

对于具备土地一级开发、土地二级开发、招商引资经营能力的大型房地产开发企业而言,由于单宗、存量 TOD 项目的实施体量可能不大,如何凭借政策机遇通过“整体合作开发模式”“一级半模式”“PPP 模式”参与大型 TOD 项目的开发是值得探索的方向。但在机遇背后,TOD 项目开发也面临着较多挑战,如项目模式选择与土地获取,房地产开发企业、轨道交通公司和政府三者间的利益平衡,PPP + TOD 等新模式的合规性等,均是关系着项目能否顺利落地的重要问题,尚需社会资本方与外部法律顾问等专业团队共同探索。

社会资本参与水利基础设施项目投资的风险管理

周兰萍* 孟 奕

* 作者简介：

周兰萍，中伦律师事务所上海办公室公司业务部合伙人，电邮为：laurazhou@zhonglun.com。

2022年5月31日，水利部印发《关于推进水利基础设施政府和社会资本合作(PPP)模式发展的指导意见》(水规计〔2022〕239号)，旨在加大政府投入的同时充分发挥市场机制作用，积极吸引社会资本参与水利建设，为水利基础设施项目(以下简称水利项目)的建设发展注入新动力、提供新机遇。本文将结合该指导意见的政策指向和实操案例，对水利项目投资的特点及风险点进行分析，以期为社会资本把握水利投资机会、落实投资风险管控提供有益思路。

一、水利基础设施投融资的现状和政策举措

水利是现代农业建设的首要条件，是经济社会发展不可替代的基础支撑，是生态环境改善不可分割的保障系统，具有很强的公益性、基础性、战略性。从投资规模来看，我国水利投资呈持续快速上升趋势。“十三五”时期，全国水利建设完成总投资达到34700亿元，年均投资达到6945.6亿元，是“十二五”年均投资的1.7倍(见图1)。截至2022年8月底，全国在建水利工程已达到3万多个，在建水利工程投资的总规模超过1.8万亿元，创历史新高。

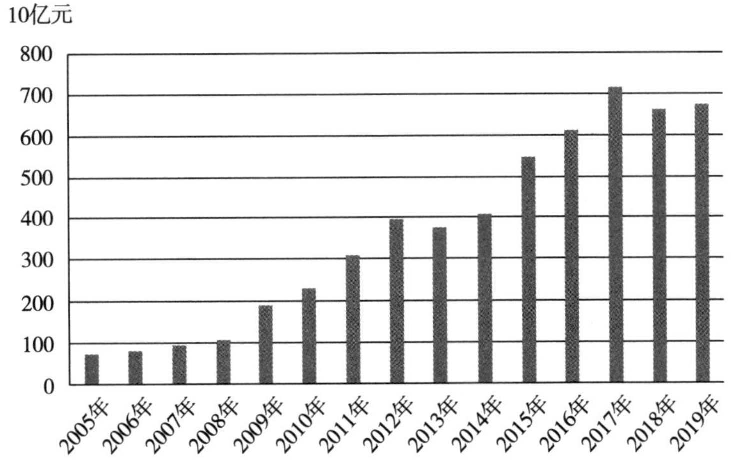

图1 2005—2019年历年水利建设投资完成额

资料来源：参见中华人民共和国水利部编：《2020中国水利统计年鉴》，中国水利水电出版社2020年版，第117页。

从资金投向来看，我国水利投资主要投向防洪、水资源(含水网、引调水、灌溉)、水土保持及水生态治理三大领域。“十三五”期间，防洪工程投资11584.4亿

元，占 33.4%；水资源工程投资 13563.6 亿元，占 39.1%；水土保持及生态治理工程投资 3962.2 亿元，占 11.4%；其他工程投资 5617.8 亿元，占 16.1%。

从资金来源来看，我国水利投资长期以政府投资尤其是地方政府投资为主。2005—2019 年，财政投入平均占水利投资完成额的 82.1%。“十二五”期间财政投入平均占比更是高达86%。“十三五”期间，政府投资26798.7 亿元，占77.2%；金融贷款 5024.0 亿元，占 14.5%；社会资本 2905.3 亿元，仅占 8.3%（见图 2）。

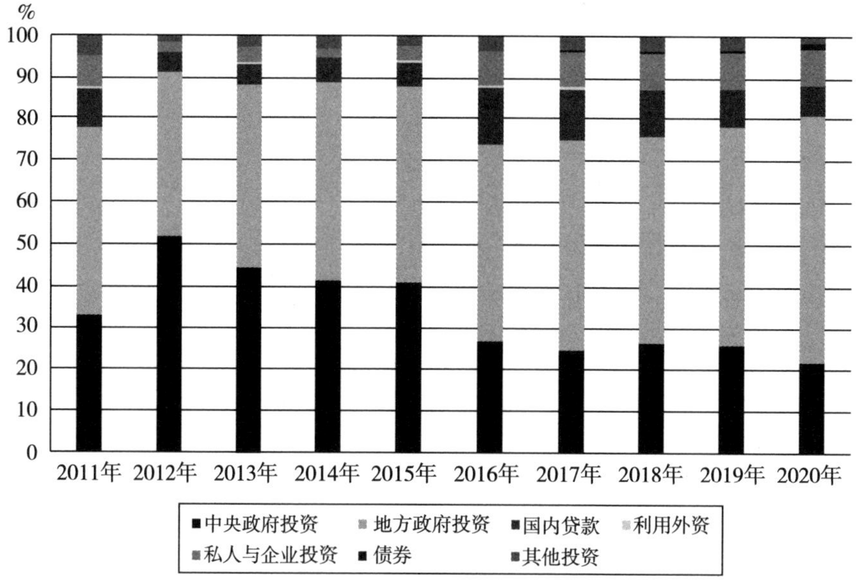

图 2 2011—2020 年全国水利项目资金来源

资料来源：《水利发展统计公报》，载水利部网，http://www.mwr.gov.cn/sj/tjgb/slfztjgb/。

“十四五”时期，我国水安全保障工作处于加快补齐短板、消除薄弱环节、筑牢安全底线、解决累积性问题、提档升级的关键时期，水利建设的任务十分繁重。同时，水利基础设施投资对扩大内需、促进就业、稳定经济具有积极推进作用，两者叠加导致水利投资持续升温。然而，我国财政收入与支出存在下滑趋势，专项用于水利建设的地方水利建设基金规模缩水，在防范和化解地方债务风险的背景下，地方政府筹措水利建设资金的难度和压力增大。

在该背景下，积极引入社会资本参与水利投资成为保障持续增长的水利投资需求的重要举措和政策发力点。近年来，为应对逐年增加的水利基础设施投资需求，我国陆续出台了十余项旨在助力拓展水利项目投融资渠道的支持政策，主要包括：(1)用足用好金融政策和工具，拓宽水利基础设施建设长期资金筹措渠道；(2)推进水利基础设施投资信托基金(REITs)试点，有效盘活存量资产，形成存量资产和新增投资的良性循环；(3)鼓励和吸引更多社会资本参与水利基础设施建设运营，推动水利基础设施 PPP 模式规范发展；(4)深化水价形成机制改革、用水权市场化交易制度改革、节水产业支持政策改革、水利工程管理体制改革，通过改革协同，以达到充分激发市场主体活力，保障水利建设，构建多元化、多层次、多渠道投融资格局，保障水利建设资金需求，推进水利高质量发展的长远目标。

二、社会资本参与水利项目投资的现状及主要风险

(一)社会资本参与水利项目投资的现状

社会资本的参与是构建多元化、多层次、多渠道水利项目投融资格局的重要一环。我国对于社会资本进入水利工程建设一贯持支持态度，且近年来围绕“拓宽社会资本进入领域”以及“吸引社会资本参与”出台了一系列政策文件，并取得了一定成效。从实践情况来看，当前社会资本参与水利项目的投资方式也呈现出多元化态势，具体包括存量项目转让(含资产/股权/经营权/收益权转让等)、委托运营、政府购买服务、政府和社会资本合作(PPP)、特许经营和市场化的股权合作等(见表 1)。但从同期水利基础设施投入资金的绝对值和占比来看，社会资本参与水利投资建设项目的积极性仍有待提高，而投资大、周期长、风险高、收益低，是水利项目对社会资本缺乏吸引力的主要原因。

表 1　社会资本参与水利项目投资模式和案例

投资模式	模式说明	实践案例
存量项目转让	通过将建成水利项目的资产所有权、经营权、收费权全部或部分转让给社会资本，以盘活存量资产，提高存量项目管理效率和运营效益	河南省作为全国 7 个国家级水权试点之一，积极探索开展了转让水库供水收费权和用水指标的水权交易。其中，出山店水库、前坪水库管理局分别将 1.63 亿立方米、1.6 亿立方米供水收费权转让给省水投集团，解决了水库工程建设融资问题；光山县五岳水库管理局通过农业节水将 138 万立方米用水指标转让给河南新华五岳抽水蓄能发电有限公司，解决了抽水蓄能电站施工期用水问题

续表

投资模式	模式说明	实践案例
委托运营/政府购买服务	政府通过委托运营、政府购买服务等方式，将水利设施的运营权交由社会资本管理，以降低行政事业单位的资金和人员管理压力，提升项目管理效益和效率	徐州市智慧水利工程 PPP 项目中，徐州市政府对已经建设完成的一期工程（存量项目）拟采用委托运营方式实施，由社会资本方与政府方出资代表共同组建项目公司并负责一期工程的委托运营，并在项目合作期结束时将项目资产无偿移交给徐州市政府
政府和社会资本合作（PPP）	政府采取竞争性方式择优选择具有水利项目投资、运营管理能力的社会资本，双方按照平等协商原则订立合同，明确权责关系，由社会资本提供公共服务，政府依据公共服务绩效评价结果向社会资本支付相应对价，保证社会资本获得合理收益	海口市南渡江引水工程总投资 35.8 亿元，具体采用 BOT 模式实施，由海口市政府授权海口市水务局作为本项目的招标实施主体，以公开招标方式选择投资人；并授权海口市水务集团有限公司代表政府与中标投资人在海口市共同出资设立项目公司，项目合作期 30 年，期满后项目公司将项目资产无偿移交给海口市政府
特许经营	根据《基础设施和公用事业特许经营管理办法》等相关规定，由政府通过市场竞争机制选择水利项目的投资者或者经营者，并授予其在一定期限和范围内经营水利项目设施的权利并获取收益	浙江衢州市开化水库特许经营项目总投资 45.5 亿元，由开化县政府授权开化水库建设中心作为项目实施机构，经过公开招投标方式选择特许经营权被授予主体，并通过市场化运作方式进行水库工程项目建设和运营，是浙江省第一次采用特许经营模式建设运营的大型水利工程
股权合作	政府通过股权转让、增资入股或整合改制等市场化的股权合作方式引入社会资本参与水利项目投资和运营	滇中引水工程通过转让股权的方式引入 95 亿元的股权投资，具体通过公开招标方式，招选“股权投资 + 施工总承包”，项目不承诺投资回报率，按照“同股同权、同股同利原则，由投资各方按照认缴出资比例共担风险、按照实缴出资比例共享收益”。项目建成投入运营 10 年后，股权投资人可按公司章程的规定对外转让部分或全部股权
基础设施不动产投资信托基金（REITs）	发起人依法向社会投资者公开募集资金形成基金财产，通过基础设施资产支持证券等特殊目的载体持有水利基础设施项目，由基金管理人等主动管理运营项目，并将产生的绝非大部分收益分配给投资者的标准化金融产品	我国首批 9 个基础设施 REITs 试点项目中唯一的水务类项目为“富国首创水务封闭式基础设施证券投资基金”，该产品由富国基金作为基金管理人设立，经证监会注册后，向社会公开发售基金份额募集资金，通过购买富国资产为管理人设立发生的基础设施资产支持证券，经过特殊的股债结构设置，完成对合肥首创和深圳首创两个项目特许经营权的收购

资料来源:1.《人民网:河南省 4 宗水权交易在郑州集中签约》,载河南省水利厅网,https://slt.henan.gov.cn/2022/08-11/2558817.html。

2.《资产负债率≤75%:徐州市智慧水利工程 PPP 项目资格预审公告》,载微信公众号"PPP 拾惠者",https://mp.weixin.qq.com/s/urlaiX_01YuqM6HnACpJkQ。

3.《财政部 PPP 项目管理库:海口市南渡江引水工程》,载 https://www.cpppc.org:8082/inforpublic/homepage.html#/projectDetail/d1e441131af9486aba6ccbd957163b8f。

4. 参见胡巩民等:《开化水库工程特许经营单位确定 系全省首次采用特许经营模式的大型水利工程》,载中国网·衢州有礼,http://qz.china.com.cn/2021-11/26/content_41803828.html。

5. 参见秦椿干、崔莹:《绿色 PPP 项目作为底层资产发行 REITs 产品的案例分析——以首创水务为例》,载中央财经大学绿色金融国际研究院网,http://iigf.cufe.edu.cn/info/1012/4462.htm。

(二)社会资本参与水利项目投资的主要风险

虽然水利投资前景可期,但不应忽视与投资机遇相随的风险。社会资本参与水利投资,既要面临基于水利基础设施自身行业特点带来的共性风险,也要应对因采用不同方式参与水利项目投资而产生的差异性风险。具体包括以下几种风险。

1. 基于水利基础设施工程属性的建设风险

水利项目类型繁多、投资规模庞大、涉及范围广、技术复杂、建设周期长、难度大、公益性强,同时具有经济、社会、环境的多重目标。水利项目其本身的行业特点所带来的共性风险包括:

(1)项目审批风险。水利项目的审批流程复杂。水利项目开工建设分别需要办理用地预审手续、环境影响评价审批手续、重大项目社会稳定风险评估手续,移民安置规划审批手续、洪水影响评价审批手续、航道通航条件影响评价审核手续等,若在某一环节出现问题,不仅会导致项目周期延长,还可能导致项目前期成本的损失。

其中,环境影响评价是水利项目前期工作的重要一环,若项目前期对项目环境生态影响分析深度不足或环境保护措施采取不当,将有可能带来重大的环境影响。比如在(2020)云民终 824 号北京市朝阳区自然之友环境研究所与中国水电顾问集团新平开发有限责任公司环境污染责任纠纷案中,中国水电顾问集团新平开发有限责任公司开发建设的云南红河戛洒江一级水电站淹没区大部分被划入生态保护红线范围,北京市朝阳区自然之友环境研究所以水电站一旦蓄水将导致绿孔雀栖息地被淹没、当地干热河谷季雨林生态系统被破坏为由提起了预防性环境公益民事诉讼,要求中国水电顾问集团新平开发有限责任公司消除水电站对前述生态环境的侵害危险,并停止水电站建设,最终得到了云南省高级人民法院的支持。

(2)勘察设计风险。对水利项目而言,勘察风险主要是指由于勘探点分布、勘探方法不当等造成勘探结果错误,从而对水利项目的工程地质、水文地质的判断错误,进而直接影响项目后续设计与建设,不仅可能导致成本上升问题,严重的可能导致建筑物倒塌。设计风险则主要是水利工程设计结构、防震、防渗、排水等设计参数与材料选择不当导致水利工程无法满足基本安全要求或设计进度无法满足工程要求等,从而提高项目整体成本。

(3)建设管理风险。水利项目在建设阶段的风险主要体现在施工过程中出现的工期、成本、技术等风险。关于工期风险,建设阶段任何环节的时间延误都有可能增加资金的支出。关于成本风险,首先,因设计缺陷、错误和遗漏等引发工程量增加或已建工程拆除重建的设计变更会导致施工量增加,成本上升;其次,因未能预见的现场条件或自然条件导致建设成本增加,也会使社会资本面临投资风险;最后,若施工期间发生政策性变化或市场变化,将会导致材料、设备及人工费的上涨,进而导致项目成本上升。关于技术风险,主要是指施工方法不合理或采用不成熟的新工艺、新技术导致水利工程出现工期延误,进而产生成本与质量的损失。

2. 价格机制改革滞后造成的项目收益风险

我国水利项目与国计民生关系紧密,水利工程水价长期以来实行政府定价或政府指导价。水利基础设施的公益属性、水资源公共产品的定位,再加上水利投资长期依赖政府而缺乏市场主体参与,造成水利工程水价和投资、运营成本严重脱节,项目可融资性较弱,而且由于缺少合理的投资回报机制,项目整体收益率不高,社会资本也无法通过提高服务效率而增加收益。因此,水利基础设施项目对金融资金和社会资本整体吸引力不足,不仅不利于促进水资源节约和水利工程良性运行,也无法和市场化的投融资体制相适应。

3. 项目类型及参与方式不同导致的差异化风险

社会资本参与水利项目投资的方式不同,适用的项目类型以及承担的风险也不尽相同,需要应对的重大风险呈现出一定的差异化和特殊性。以采用生态环境导向开发模式(Eco-environment-oriented Development,EOD)的水利项目为例。该类项目具有行业跨度大、见效周期长的特点,除要求社会资本具备与水生态治理相关的技术能力外,还要求具备项目策划、产业规划、概念规划、工程施工、资产运营、产业导入等项目全生命周期实施能力以及产业链整合能力。同时,还要求社会资本具备强大的融资、开发、变现能力,对于长流程的资金链要有充分的管控和操盘能力。[①] 另外,需要严格遵循不增加地方隐性债务、资金自平衡的政策红线,要求项目脱离政府信用的限制,导致社会资本需要切实承担项目的投融资、市场和收益风险。

4. 创新投融资模式带来的试错风险和潜在问题

为积极引入社会资本参与水利项目投资,水利部、国家发展和改革委员会先后发文要求各地"创新体制机制和投融资模式""积极探索新的投融资模式"。各地在探索和创新过程中,难免出现政策无法衔接,配套措施滞后、缺乏制度规范等情形,参与其中的社会资本往往也要承受由此带来的试错风险;与此同时,新模式也会派生出新的风险。以"投资人 + EPC"为例,模式的合规性、是否触及隐性债务红线、项目市场需求的有效性、经济上的可行性、退出路径的可靠性都是社会资本需要直面的问题。

三、社会资本参与水利项目投资的相关建议

(一)把握政策导向和创新投融资模式的底线

当前,我国基础设施和公共服务领域投融资逻辑正发生着变化,准确把握政策导向对社会资本参与基础设施投资、规避风险来说异常重要。综观水利部下发的《关于推进水利基础设施政府和社会资本合作(PPP)模式发展的指导意见》以及后续各地出台的相关文件,笔者总结了以下要点:

(1)因地制宜,分类施策。结合各地区实际情况,统筹区域水资源和特色产业规划,推出鼓励社会资本参与水利基础设施投资建设运营的政策措施。综合项目实施内容、回报机制、收益情况等因素,分类施策,匹配相应的合作方式、投融资模

---

① 参见金风:《吴智深委员:建议环境治理与产业项目"肥瘦搭配",以产业盈利反哺生态环境治理》,载中国科技网 2022 年 3 月 9 日,http://stdaily.com/index/kejixinwen/202203/a3724cb66235433884ecf84c8d6f7395.shtml。

式以及政府支持措施。

(2)鼓励市场化运作。围绕投资收益和项目可融资性这两个市场化融资的核心要素,通过创新项目生成模式、水资源产业化、产业链延伸、深化水权水价改革、推动生态产品经营开发、价值实现、优化项目融资结构等市场化举措,规划稳定、可持续的项目收益,完成投资收益的闭环,满足项目市场化融资的条件。

(3)强调依法合规,不增加政府隐性债务。政府通过出台产业补贴、税收优惠等扶持政策,健全生态资源权益交易、生态保护补偿机制以及合理配置资源、资本、资产等合规的方式给予项目支持,不承诺投资收益,社会资本自主决策并承担投资风险。

(二)深化项目的前期论证和顶层规划

在地方财政长期“紧平衡”的情况下,合理规划项目的内生增长机制,平衡项目的投入产出,就显得尤为重要。这一理念在EOD项目中已经得到了充分体现:通过项目打捆、资源补偿、水价改革等方式改善项目的收益情况;通过资源综合开发利用,产业融合联动,拓展项目经营功能和生态增值功能,深度挖掘项目商业价值和生态价值,增加项目经营性收益。因此在该背景下,社会资本应当尽早介入,以项目为平台,组建综合性咨询团队,深化项目的前期论证和顶层规划,保障项目的合规性、科学性和可持续性。

目前已有一些水利项目采用了项目打捆、资源补偿等创新方式,并取得了不错的成果。比如,广东省英德市防洪堤、水库建设及河流整治工程,充分利用当地水土资源条件,将收益来源从单一水资源收入拓展到水资源收入、河砂出让金收入、小型水库灌溉用水收入等,属于匹配资产资源的成功案例;再如,黄山市屯溪三江口汇水区生态保护及河街改造工程,充分利用所在地的旅游产业背景及地方文化资源,将沿线河街打造为集民宿、文旅设施、美食街、咖啡厅、体验馆等休闲娱乐场所于一体的文化旅游景点,将功能性水利工程与其他营利性产业打捆,为项目创造了民宿营业收入、体验馆营业收入、河街租金收入、广告收入等其他收益,大大拓宽了项目经营收益来源。

(三)争取水利工程的优惠政策,增大财政对水利项目的资金支持

水利项目投资成本较大,资本金回收期较长,如社会资本有意参与水利项目投资,可尝试通过以下途径获取政府方的融资支持并降低自身的投融资风险:

其一,可与政府方积极沟通,以争取项目在规划、用地、税收等方面的政策支持。其二,可与政府方协商优先支持社会资本方参与的水利项目,并通过增加中央和地方的财政资金作为项目资本金出资等方式,进一步优化项目融资结构。例如,滇中引水工程一期项目就是通过多渠道方式解决资金筹措问题,其中财政预算安排452.79亿元(包括中央预算内投资补助180.16亿元、地方水利建设基金272.63亿元),发行专项债券用作资本金160亿元,引入社会资本作为战略合作方投入60亿元。其三,可尝试利用ABS与REITs等新型市场化融资模式,实现项目的再融资,并与政府方提前沟通再融资产品发行前所需的政府审批文件以及发行后项目运营管理模式的转变等,以化解社会资本方投资退出难的问题等。

(四)加强与区域头部水利投资企业的战略合作

水利项目投资规模大、回收周期长的特点以及跨产业融合的趋势,对社会资本的资金实力和综合能力有着较高的要求,单一市场主体很难满足,联合开发将成为常态。因此,社会资本加大与地方水利基础设施投融资平台(主要为从事水利项目投资的地方国有公司)的战略合作也将成为未来深化水利项目投融资机制改革的重要方式。

实践中,地方政府已开始选择综合实力较强的水利投资企业,通过明确各级水利投资公司的职能定位,加快法人治理结构、内部经营机制、监督管理体制等方面的市场化改革,提升其专业化水平;并通过资本金及各类专项资金的注入,划入优质资产、股权、收益权,强化市场化运营等方式,提升其市场化投融资能力(见表2)。以原属浙江省水利厅主要从事水利工程施工的浙江省围海建设集团股份有限公司为例。面对企业经营危机,该公司通过与东方资产、宁波舜农、源真投资3家公司进行混改重组,[①]以"央企+地方国资+民营资本"新型混改模式走出了一条企业破产重整和上市公司重组的新路,也进一步加强了地方企业在重大水利工程和水利基础设施投资的硬实力。

① 《浙江省围海股份混改重组之路:政策扶持下的"凤凰涅槃"》,载腾讯网,https://new.qq.com/rain/a/20220425A0A55X00。

表 2　部分地方政府对省级水利投资企业的支持举措

企业名称	主要支持举措
永发集团	山东省财政厅财政专项资金注入；省内其他涉水涉农国企的股权划入；持续的财政补助
云南水投	水利固定资产注入；水利建设项目资本金注入；水利补助资金和经营补贴；对于中央水利建设资金、省级财政预算安排的水利建设资金投资相关项目形成的资产，公司享有占有、使用、收益和处分的权利
贵州水投	持续注资增强资本实力；针对不同规模建设项目，分别由中央、省级和地市/区县财政进行出资和补助
河南水投	公司负责南水北调配套工程建设，财政及配套资金通过资本金形式注入公司，相关资产及收益权亦归属于公司
重庆水投	土地资产注入；中央预算内资金、市级水利基础设施建设资金注入
江西水投	以国有股权、中央及省级财政拨付资金、省级地方政府债券资金及专项补助预算资金等进行增资

四、结语

“十四五”时期，我国加快水利基础设施补齐短板、消除薄弱环节、筑牢安全底线、解决累积性问题、提档升级水利项目整体建设水平的任务十分繁重，积极引入社会资本参与水利投资将成为保障未来持续增长的水利投资需求的重要举措和政策发力点。社会资本在参与水利项目投资过程中，应重点关注水利项目由于行业特点带来的共性风险和采用不同投融资方式下的差异性风险，牢牢把握当前国家水利政策导向和红线，深化项目前期论证和顶层规划，通过争取中央和地方政府的财政支持，加强与头部水利投资企业的战略合作，进一步增强对水利项目的投融资实力和抗风险能力。

建设用地土壤修复工程主要法律问题及风险防范

周月萍*

* 作者简介：
周月萍，中伦律师事务所上海办公室争议解决部合伙人，电邮为：cindyzhou@ zhonglun. com。

随着国家对绿色环保的大力倡导和城市更新进程的不断发展,城市建设用地的土壤污染防治已成为社会关注的热点。随着《土壤污染防治法》2019 年 1 月 1 日正式施行以及相关法规政策的相继出台,土壤修复工程也已在各地广泛开展,我国土壤污染风险监管防控制度也在逐步建立和完善,为建设用地土壤修复工程的开展提供了法律保障。然而,由于土壤修复工程的复杂性和系统性,以及我国相关市场和法规体系尚处于发展阶段,相关法律风险和纠纷也时有发生。本文中,笔者对建设用地土壤修复工程的发包签约、履约实施和验收交付三个阶段的主要法律问题进行了梳理,并就相关风险的防范提出了建议。

一、前期策划阶段主要法律问题及风险防范

(一)项目实施主体的确认

《土壤污染防治行动计划》(以下简称“土十条”)和《土壤污染防治法》按照“谁污染,谁治理”原则初步建立了我国的土壤污染责任人制度,明确了建设用地土壤污染风险管控和修复的实施要求和责任主体。根据《土壤污染防治法》第 45 条第 1 款、第 2 款的规定,土壤污染责任人负有实施土壤污染风险管控和修复的义务。土壤污染责任人无法认定的,土地使用权人应当实施土壤污染风险管控和修复。地方人民政府及其有关部门可以根据实际情况组织实施土壤污染风险管控和修复。

因此,在该制度框架下,建设用地土壤修复工程有多种开展模式,实施主体包括土壤污染责任人、土地使用权人以及地方政府和有关部门等。实践中,开展较为广泛的是“净地出让”模式,即由地方政府或其土地储备平台公司完成土壤污染修复和评估后,再将净地进行出让。

(二)项目资金来源的问题

长期来看,我国土壤修复行业具有超过万亿的市场空间,而该类项目实施的主要“瓶颈”就是资金。虽然土壤修复的实施主体包括了土壤污染责任人、土地使用权人以及地方政府和有关部门等,但是我国土地的国有性质、经营主体的多样化(国营、集体所有、私营等)决定了我国污染土壤修复责任主体认定的复杂性,而该类项目本身又具有较高的公益属性和较低的经营属性,因此项目资金筹措的责任很大程度上依赖于地方政府的财政实力。

虽然目前已有多个地方政府通过发行政府专项债的方式一定程度上缓解了资金来源问题，但是长期来看，如何发挥市场作用、带动更多社会资本参与才是更具可持续性的做法。对此，“土十条”中已经明确提出通过政府和社会资本合作（Public Private Partnership，PPP）模式，发挥财政资金撬动功能，带动更多社会资本参与土壤污染防治。同时，要积极发展绿色金融，发挥政策性和开发性金融机构引导作用，为重大土壤污染防治项目提供支持，并探索通过发行债券推进土壤污染治理与修复，在土壤污染综合防治先行区开展试点，多渠道地为项目提供建设资金。

实践中，地方政府已通过特许经营等模式引入社会资本参与土壤修复项目。例如，岳阳云溪区工业污染综合治理及资源化利用项目中，项目内容涵盖工业固体废物综合处置工程、云溪内河湖水环境综合治理、污染土壤治理与修复三个子项目。招标范围为该项目30年（建设期2年，运营期28年）的特许经营权，特许经营者在特许经营期限内负责项目的投资、建设、运营及维护。

（三）项目实施效果的评价问题

为进一步实现土壤污染防治和修复项目的实施效果以及财政资金利用的物有所值，有必要在项目前期策划阶段构建对于土壤修复效果的评价体系。但是，实践中土壤污染类型（建设用地土壤污染、农用地土壤污染、矿山土壤污染等）和修复技术（原位修复技术与异位修复技术、物理/化学技术、生物技术和其他技术等）的多样化，导致较难形成统一的考核和评价指标体系。

对此，部分地方政府已作出有益尝试，通过委托第三方专业机构在项目前期策划阶段搭建土壤修复效果评估体系。主要以“目标导向”为原则，从土壤是否达到修复目标、风险管控是否达到规定要求、地块风险是否达到可接受水平等方面进行科学、系统的评估，并根据不同土壤污染类型和修复技术有针对性地设计考核指标体系。在项目实施阶段，又通过对资料回顾与现场踏勘、布点采样与实验室检测等手段来实现对项目风险管控与土壤修复效果的考核。

二、发包签约阶段主要法律问题及风险防范

（一）工程发包和招标合规性问题

根据《招标投标法》和《必须招标的工程项目规定》的相关规定，虽然土壤修

复不再属于必须招标的工程建设项目类型，但如项目全部或者部分使用国有资金投资或国家融资，仍应依法进行招标。

根据《土壤污染防治法》第 70 条的规定，各级人民政府应当加强对土壤污染的防治，安排必要的资金用于由各级人民政府及其有关部门组织实施的土壤污染状况普查、监测、调查和土壤污染责任人认定、风险评估、风险管控、修复等活动。因此，对于“净地出让”模式或其他使用国有资金的土壤修复工程，应根据工程规模依法进行招标，涉及使用财政性资金的还应遵守政府采购相关规定；而对于由非国有的土地使用权人或土壤污染责任人开展的土壤修复工程，可采用直接发包的方式。

对于依法应进行招标的土壤修复工程，其发包应遵守《招标投标法》及其实施条例的相关规定，否则可能导致中标结果和签订的合同无效，乃至引起行政或刑事处罚。实践中，常见的违规情形既包括人为操纵中标结果、设置不合理的招标条件、进行标前实质性谈判或与投标人串通投标等，也包括投标人为中标以他人名义投标或者以其他方式弄虚作假等。建设用地土壤修复工程往往投资金额较大，一旦发生此类违规情形，不仅将导致工程无法顺利实施，相关人员还将面临严重法律后果。因此，在招投标过程中，应特别注意相关合规要求，并设置合理的招标要求和期限，可聘请专业机构或人员协助编制招投标文件和完成相关工作。

（二）承接工程的资质要求问题

建设用地土壤修复工程通常被认为属于环保工程，且实践中参与土壤修复的服务商往往是具备一定技术的高新技术企业，并通常会依据项目承接规模申请取得住建部门颁发的相应级别的建筑业企业资质许可（如环保工程专业承包资质、环境工程设计专项资质、土石方工程专业承包资质等），但并无其他专业资质。

同时，2020 年 11 月印发的《建设工程企业资质管理制度改革方案》附件 2 中，环保工程专业承包资质与特种专业工程专业承包资质合并为通用专业承包资质，且不分等级。因此，承接土壤修复工程的资质要求将进一步放宽，有利于更多企业进入该市场。但是，市场的高速发展也带来了企业良莠不齐的问题。一些缺乏资质和能力的企业，通过转包挂靠、违法分包等手段承接工程，既给土壤修复的质量效果埋下了隐患，也可能导致相关工程合同无效。因此，发包方在发包签约阶段就应做好对工程承接方的资格和资信审查，如从人员从业年限、以往类似业绩、公司规模等方面对土壤修复服务商进行遴选。同时，双方应在合同中对于工程管理和人员提出明确要求，就转包挂靠、违法分包等违法违规情形设置严格的违约责任。

(三)工程合同的法律性质问题

目前我国尚未出台针对土壤修复工程的合同示范文本，对于相关合同的法律性质也可能存在不同意见。实践中，此类合同在多数情况下被视为建设工程合同。然而也有意见认为，由于土壤修复工程并不涉及形成建筑物或构筑物，与通常意义上的“建设工程”存在差异，故不应完全理解为建设工程合同。从目前的司法实践来看，土壤修复工程相关合同还可能被定性为承揽合同或者技术服务合同，乃至可能属于没有明文规定的无名合同。在缺少合同明确约定的情况下，双方的权利义务将取决于合同被认定的法律性质和类型。因此，笔者建议在合同中就工程所涉及的双方权利义务尽可能进行明确、具体的约定，必要时可参考目前体系和内容已较为完善的建设工程施工合同范本及与建设工程相关的法律规定，以减少因约定不明产生的合同风险。

三、履约实施阶段主要法律问题及风险防范

(一)工期控制问题

建设用地土壤修复是复杂的系统性工程，部分场地土壤修复所需的时间甚至长达数年。然而，由于土壤修复大多受到后续出让或开发驱动，发包方为了尽快完成修复并利用场地，留给工程承接方的修复时间往往十分有限。中国环保产业协会编写的《中国污染场地修复行业发展报告》统计了 2017 年我国开展的土壤修复工程工期信息，其中，59.2% 的项目工期不超过半年，86.8% 的项目工期不超过 1 年。由于土壤修复工期普遍较短，一旦承接方未如约完成修复工程，则会引发后续的相关纠纷和损失。因此，发承包双方应在合同中合理确定工期长度，并就工程的进度控制、工期顺延的情形和程序要求，以及未按期完成工程的违约责任作出具体约定，以减少工期延误引发的纠纷。

(二)实施过程控制问题

土壤修复工程的实施主要包括清挖环节、运输环节、暂存环节、修复环节和回填环节等，一旦完成后再返工，所需时间和费用成本较高，因此对各实施环节的有

效控制是保证工程质量效果的基础。除此之外,实施过程本身也会对环境产生影响,特别是受污染土壤未得到妥善处理,不仅会使得修复目的不能实现,甚至还可能因污染土壤外运填埋导致新的污染。因此,一方面,应注意在工程实施过程中定期进行相关检测,检测合格方可进入后续环节,检测不合格的应尽快予以整改,并就相关责任承担进行明确约定;另一方面,对于污染土壤应根据《土壤污染防治法》等法规政策要求进行处理外运,避免因不合规情况导致新的污染。上述工作可由发承包双方开展,也可以考虑聘请专业的环境监理等咨询单位进行监督与管理。

(三)合同价格调整支付问题

建设用地土壤修复工程以总价或单价包干合同为主,并在签订合同时往往已有确定的预估土方量。但在出现工程量的重大变化时,双方仍可能就工程量计算和价格变更调整方式等发生争议。除此之外,如实施过程中出现市场价格波动、疫情、天气等影响工程条件的重大变化时,双方还可能就包干价格是否可调整、是否可进行索赔等事项产生争议。为防范相关风险,笔者建议,对于合同价格形式、调整原则和工程量计量方式,包括实方与虚方之间的换算问题等进行明确约定,并且从招标签约阶段就要注意投标价格是否合理。在合同履行过程中要做好工程量和价格信息的记录确认工作,对相关调价、变更、索赔及时进行处理和进行过程结算,避免纠纷矛盾的累积扩大。

四、验收交付阶段主要法律问题及风险防范

(一)竣工日期确定问题

建设用地土壤修复工程完工后,还需要经过发包方和相关政府部门的验收,且该过程往往耗时较长。对此,究竟是以实际完工之日、发包方验收之日还是相关政府部门验收之日为竣工日期,实践中较易产生争议。例如,在(2018)渝05民初186号案中,发包方基于通过环保验收备案的时间主张存在工期延误,而承包方则认为按实际完工时间来看并未延误,未及时办理验收的责任应由发包方承担。法院基于合同已明确约定工期天数包含通过当地环保部门验收的时间,且承包方也未举证自身以外因素对工期造成的影响,最终认定以通过环保验收备案的日期为准计算实际工期,且承包方应承担逾期违约金。因此,笔者建议在合同中

对竣工日期的确定方式在公平合理的基础上进行明确约定,包括与此相关的价款结算支付时间以及质保期起算时间等,以避免因此产生纠纷或损失。

(二)工程验收标准问题

建设用地土壤修复工程的目的是将土壤内污染物水平降低至目标值,因此工程验收的核心在于通过现场采样与实验室分析等方式,评估是否达到土地修复效果。为此,可以参照国家以及各地政府机构发布的相关技术规范,并按照合同约定的程序和目标开展验收。但由于验收取样具有一定的不确定性,且工程验收结果除经发包方认可外,还需通过相关政府部门验收备案,因此实践中也可能就验收结果发生争议。例如,在(2019)冀06民终1791号案中,发包方提出第三方检测报告载明经承包方处理后的土壤"铬"浸出值为mg/L < 0.15,不符合修复目标值mg/L < 0.05,应进行返工。但法院认为,工程已通过验收并获得当地环保局的确认备案,而第三方出具的检测报告系阶段性报告,因而认定修复土壤达到了修复要求。因此,建议在合同中对验收主体和标准进行明确约定,包括结果出现冲突时如何处理、是否需要引入第三方机构协助确认,以避免就验收结果与时间产生争议。

(三)交付后的责任问题

由于建设用地土壤修复工程具有复杂性且通过采样检测进行验收,其实际修复效果往往在工程验收交付后的使用阶段才能逐步体现。例如,某房地产开发商在房地产开发建设过程中发现该地块土壤、地下水及空气污染超标,被当地环保部门紧急叫停交房,某房地产开发商最终与买房人解除了购房合同。

此类情况可通过质保期的质保责任或进行修复工作弥补处理。在无法通过质保修复解决问题时,对于发包方所产生的损失,包括第三方(如小业主)向发包方索赔造成的损失,则根据合同相对性原理,一般需要先由土地受让方向土地出让方索要赔偿,再由土地出让方向受托对地块进行土壤修复的承包方或验收检测机构等责任方进行索赔,其追索链条较为复杂。因此,对于此类情形的责任承担,建议在相关合同中进行明确约定。各方均需要注意其前后环节的合同中对责任传递和分担的相关约定,以避免因责任链条断裂导致自身损失,甚至替他方承担责任的情况。

五、结语

综上所述，在建设用地土壤修复工程领域，仍存在一系列的法律问题和风险，相信随着国家法规政策体系的不断完善，以及未来市场的发展和规范化，这些问题都会逐步得到解决。与此同时，相关从业机构在日常开展经营过程中，需时刻关注最新的法律政策出台情况，并可根据自身所处的行业积极参与相关法律法规、政策文件及合同范本的意见征集和制定；而在实施工程过程中，需特别注意防范和规避相关风险，尤其是注意应选择具有相应资质和资信的合作方，以及在合同中对于相关问题尽可能进行明确、具体的约定，必要时可参考相关的建设工程合同范本，以全面防范相关法律风险。

CHAPTER 03

交通与物流

仓储物流公募REITs实务中的核心问题探讨

路竞祎　陈　瑶　曹艳铃*
曹瑞琨　饶泽龙

* 作者简介：

路竞祎，中伦律师事务所北京办公室私募基金与资管部合伙人，电邮为：lujingyi@ zhonglun. com。

陈瑶，中伦律师事务所上海办公室公司业务部合伙人，电邮为：ellenchan@ zhonglun. com。

曹艳铃，中伦律师事务所上海办公室公司业务部非权益合伙人，电邮为：caoyanling @ zhonglun. com。

截至2023年3月，全市场共发行25只公募REITs产品，其中3只为仓储物流公募REITs，分别为中金普洛斯仓储物流封闭式基础设施证券投资基金（以下简称普洛斯REITs）、红土创新盐田港仓储物流封闭式基础设施证券投资基金（以下简称盐田港REITs）和嘉实京东仓储物流封闭式基础设施证券投资基金（以下简称嘉实京东仓储基础设施REIT）。

世界银行的数据显示，中国仓储物流设施总库存（含高标库和非高标库）约10亿平方米，但现代仓储物流设施库存占比不足7%，人均存量依然明显低于发达国家，未来居民消费能力的提高、城镇化的发展，将驱动仓储物流行业整体需求的增长。2020年新冠疫情暴发以来，电商行业、零售行业、第三方物流等相关行业的发展，使得资本市场对仓储物流的关注和配置达到前所未有的高度。仓储物流项目作为公募REITs底层资产具有独特优势，不仅回报稳健可观，产品运作的风险也高度可控，是公募REITs产品的重要资产类型之一。

一、仓储物流资产概述

现代仓储物流行业是指在经济全球化与供应链一体化背景下，利用自建或租赁库房、场地，集储存、保管、装卸搬运、配送货物功能于一体[①]的行业。国家标准化管理委员会发布的《物流术语》（GB/T 18354—2021）将“物流设施”定义为“用于物流活动所需的、不可移动的建筑物、构筑物及场所”。仓储物流基础设施是商贸流通与物流活动的基础性设施，也是支撑城市社会经济发展的基础性、战略性资源。

仓储物流行业市场分为现代仓储物流设施（高标准仓库或高标库）和常规仓储物流设施（非高标库）。根据项目主要用途的不同，高标库可以进一步细分为标准库、高温冷库、低温冷库、危险品仓库、自动化分拣立体仓库等。

仓储物流的主要租户包括第三方物流企业（快递、快运、城市配送）、电商公司、批发零售企业、制造业以及其他行业企业，主要的收入来源为租金和管理费收入，主要运营支出为物业管理费、市场营销费、租赁佣金、行政管理费、保险费、设施维护所需的资本性支出、税费等。

---

① 参见孙多娇：《仓储物流企业消防安全问题剖析与对策研究》，载《消防界》2022年第7期。

优质的仓储物流基础设施资产通过市场化的运营管理，可以获得稳定的现金流，运营风险可控，是基础设施基金理想的投资标的。

二、仓储物流合格资产的筛选

发展和改革委员会（以下简称国家发改委）在 2023 年 3 月 1 日发布的《关于规范高效做好基础设施领域不动产投资信托基金（REITs）项目申报推荐工作的通知》（发改投资〔2023〕236 号，以下简称 236 号文）中强调，应充分认识前期培育工作的重要，包括梳理筛选资产、制订产品方案、完善合规手续、解决难点问题等工作。

就拟参与 REITs 的基础设施项目应当满足的申报条件，国家发改委、中国证券业监督管理委员会（以下简称中国证监会）、交易所均各自出台了相应的规定。

国家发改委在《关于做好基础设施领域不动产投资信托基金（REITs）试点项目申报工作的通知》（发改办投资〔2020〕586 号，以下简称 586 号文）以及《关于进一步做好基础设施领域不动产投资信托基金（REITs）试点工作的通知》（发改投资〔2021〕958 号，以下简称 958 号文）中规定，基础设施项目应成熟稳定、满足以下条件：基础设施项目权属清晰、资产范围明确；土地使用依法合规；基础设施项目具有可转让性；基础设施项目成熟稳定；资产规模符合要求；发起人（原始权益人）等参与方符合要求；基础设施项目手续应当依法合规（包括依法依规取得固定资产投资管理相关手续）；回收资金的具体用途和相应金额符合国家政策和企业主营业务要求；涉及外商投资的项目，符合国家利用外资有关法律法规等。

根据中国证监会《公开募集基础设施证券投资基金指引（试行）》（以下简称《公募 REITs 指引》）第 8 条①的规定，拟参与公募 REITs 的基础设施项目应当满足如下要求：原始权益人享有完全所有权或经营权利，不存在重大经济或法律纠

① 《公开募集基础设施证券投资基金指引（试行）》第 8 条："基础设施基金拟持有的基础设施项目应当符合下列要求：（一）原始权益人享有完全所有权或经营权利，不存在重大经济或法律纠纷，且不存在他项权利设定，基础设施基金成立后能够解除他项权利的除外；（二）主要原始权益人企业信用稳健、内部控制健全，最近 3 年无重大违法违规行为；（三）原则上运营 3 年以上，已产生持续、稳定的现金流，投资回报良好，并具有持续经营能力、较好增长潜力；（四）现金流来源合理分散，且主要由市场化运营产生，不依赖第三方补贴等非经常性收入；（五）中国证监会规定的其他要求。"

纷；不存在他项权利设定（基础设施基金成立后能够解除他项权利的除外）；已产生持续、稳定的现金流，现金流不依赖第三方补贴等非经常性收入等。

586号文对拟入池项目现金流提出了进一步明确要求，即“现金流持续稳定且来源合理分散，投资回报良好……预计未来3年净现金流分派率（预计年度可分配现金流/目标不动产评估净值）原则上不低于4%”。在236号文中，现金流分派率要求有所降低，规定申报发行“非特许经营权、经营收益权类项目，预计未来3年每年净现金流分派率原则上不低于3.8%。可通过剥离低效资产、拓宽收入来源、降低运营成本、提升管理效率等多种方式，努力提高项目收益水平，达到项目发行要求”。

在筛选、审查拟参与公募REITs仓储物流资产时，除应考虑上述监管部门对所有基础设施项目的共性要求外，还应结合仓储物流资产的特点对以下方面予以关注。

（一）土地使用权

1. 土地使用权期限问题

仓储物流项目中，需关注土地剩余使用权期限和公募REITs产品期限适配的问题，如产品存续期超过土地剩余使用权期限，可能存在土地使用权到期后被要求支付高昂的土地出让金或承担额外条件等风险。

以普洛斯REITs为例。该产品的存续期为50年（至2070年），但7个物流园的土地使用权到期日分别介于2054—2064年之间，土地使用权续期存在不确定性。根据《城镇国有土地使用权出让和转让暂行条例》第40条的规定，土地使用权期满，土地使用权及其地上建筑物、其他附着物所有权由国家无偿取得。土地使用者应当交还土地使用证，并依照规定办理注销登记。但该条例第41条也规定，土地使用权期满，土地使用者可以申请续期。需要续期的，应当依照该条例第二章的规定重新签订合同，支付土地使用权出让金，并办理登记。

由于目前土地主管部门并未就非住宅建设用地使用权续期事宜作出明确、具体的审批标准及操作指南，若发生土地使用权期限届满后被要求支付高昂的土地使用权出让金，或承担额外条件，或申请续期不被批准，或土地使用权在到期前被提前收回，且获得的补偿金不足以覆盖基础设施项目估值或弥补经营损失的情况，将会对基础设施项目产生重大不利影响。

2. 土地用途问题

在仓储物流公募 REITs 中，底层基础设施项目常见的土地用途为仓储用地或工业用地。

根据住房和城乡建设部 2010 年 12 月 24 日发布的《城市用地分类与规划建设用地标准》(GB 50137—2011)的规定，城市建设用地包括城市内的居住用地、公共管理与公共服务用地、商业服务业设施用地、工业用地、物流仓储用地、交通设施用地、公共设施用地、绿地。根据自然资源部土地利用管理司的相关回复①：“工业用地、仓储用地同为二级地类，属于不同用途，因此，应该依据《中华人民共和国城镇国有土地使用权出让和转让暂行条例》第十八条的规定办理，‘土地使用者需要改变土地使用权出让合同规定的土地用途的，应当征得出让方同意并经土地管理部门和城市规划部门批准，依照本章的有关规定重新签订土地使用权出让合同，调整土地使用权出让金，并办理登记’。”

根据上述用地标准，原则上来说，工业用地与物流仓储用地为两种不同的土地类型，需关注项目中是否存在土地用途与实际用途不一致的风险。例如，将土地用途为工业用地的仓储物流项目作为底层资产发行公募 REITs，需要核查项目所在地关于工业用地、仓储物流用地规划的具体文件、鼓励物流产业发展的政策文件、工业土地的监管文件等，根据项目所在地当地用地政策情况，个案判断是否存在土地批准用途与实际用途不一致的法律风险。

根据沪深交易所的相关规定②，基础设施项目“土地实际用途应当与其规划用途及其权证所载用途相符。如不一致，基金管理人和资产支持证券管理人聘请的律师应说明其实际用途的法律、法规及政策依据，基金管理人和资产支持证券管理人应当在相关文件中充分揭示风险，并设置相应的风险缓释措施”。因此，倘若确实存在土地用途与实际用途不一致的风险，建议原始权益人申请改变土地使用权出让合同规定的土地用途或通过取得当地政府或土地主管部门的同意函件缓释合规风险。

---

① 《仓储用地调整为工业用地是否为改变土地用途?》，载中华人民共和国自然资源部网，http://www.mnr.gov.cn/zt/hd/tdr/24tdr/nwwd/201310/t20131018_2050956.html。

② 《上海证券交易所公开募集基础设施证券投资基金(REITs)规则适用指引第 1 号——审核关注事项(试行)》《深圳证券交易所公开募集基础设施证券投资基金业务指引第 1 号——审核关注事项(试行)》。

以普洛斯 REITs 为例。普洛斯通州光机电物流园项目建设用地性质为工业用地,建筑使用性质包括厂房、综合楼、分拣用房及附属设施用房等,目前亚马逊公司实际租赁该项目用于仓储。北京市规划和自然资源委员会通州分局就此问题出具了《关于对"关于确认普洛斯通州光机电物流园项目用途情况申请函"的回复意见》,确认:"鉴于项目已取得北京市规自委通州分局核发的相关规划手续,且完成竣工验收备案并已取得房屋所有权证等相关产权证书,考虑到该项目的历史建设背景及相关业态要求,北京市规自委通州分局已书面确认项目符合促进城市功能合理复合化发展、推进存量空间的精细化提升等要求,并同意普洛斯通州光机电物流园项目参与申报基础设施 REITs 试点。"

以嘉实京东仓储基础设施 REIT 为例。武汉项目的实际用途为仓储,其《湖北省企业投资项目备案证》、《建设用地规划许可证》和《建设工程规划许可证》记载的项目名称均体现项目为"仓储",且《建设工程规划许可证》进一步明确建设项目主要为"4 个库房",虽然《国有建设用地使用权出让合同》所载土地用途为"工业用地",但土地出让人为武汉市东西湖区国土资源和规划局,与颁发《建设用地规划许可证》和《建设工程规划许可证》的武汉市东西湖区国土资源和规划局为同一主体,因此武汉市东西湖区国土资源和规划局对于武汉项目土地系用于建设仓储项目有所知悉并认可,且后续核发了《建设用地规划许可证》《建设工程规划许可证》等建设文件。综上,该项目基金管理人、计划管理人和法律顾问认为,武汉市东西湖区国土资源和规划局对土地使用权人予以处罚、要求其补缴土地出让金或责令土地使用权人交还土地的可能性较小。

3. 项目用地经济指标问题

在《公募 REITs 指引》中,中国证监会也强调了基金管理人在基础设施基金运作过程中需建立相关机制防范外部管理机构的履约风险、基础设施项目经营风险等基础设施项目运营过程中的风险。

以盐田港 REITs 为例。《红土创新盐田港仓储物流封闭式基础设施证券投资基金招募说明书》介绍,目前仓储物流用地供应紧张且价格逐渐走高,同时一般附带高隐性成本,如投资强度、税收贡献、容积率等限制要求,投资成本较高。事实上,在我国大量的仓储物流项目的一手拿地阶段,除与规划与自然资源部门签署土地出让合同外,项目公司一般会另行与当地政府或所在园区的管理委员会签订相关的投资协议或项目监管协议，就项目运营的投资强度、产出强度和税收强度等经济指标进行约定，并且一般会设置相关未达标后的违约责任，如要求项目公司补足差额部分，缴纳相关违约金，甚至由相关主管部门限期收回土地使用权等。

因此，对于底层仓储物流项目的投资情况和经营情况，还应当结合项目拿地阶段通过各种形式所作出的经济指标承诺及相关违约责任进行综合的风险判断。

（二）固定资产投资管理手续问题

在仓储物流公募 REITs 中，需关注固定资产投资建设相关手续是否均已办理完成，相关材料是否完备、是否存在瑕疵问题。

根据 958 号文附件《基础设施领域不动产投资信托基金（REITs）试点项目申报要求》的规定，固定资产投资管理相关手续主要包括：(1)项目审批、核准或备案手续；(2)规划、用地、环评、施工许可手续；(3)竣工验收报告（或建设、勘察、设计、施工、监理"五方验收单"，或政府批复的项目转入商运文件）；(4)外商投资项目应取得国家利用外资有关手续；(5)依据相关法律法规应办理的其他必要手续。

根据 586 号文的规定，为了证明项目依法依规取得固定资产投资管理相关手续，需要提供的证明材料包括项目可行性研究报告批复或核准、备案文件复印件，规划、用地、环评、施工许可证书或批复文件复印件，项目竣工验收文件和产权文件（如有）复印件等。

1. 固定资产投资管理手续的缺失

部分仓储物流项目的建成时间较早，可能存在材料缺失或手续不全的问题，针对这一情况，958 号文附件规定："项目投资管理手续缺失的，应依法依规补办相关手续，或以适当方式取得相关部门认可；如现行法律法规、规章制度、政策文件等明确无需办理的，应对有关情况作出详细说明，并提供项目所在地相关部门或机构出具的证明材料"。[①] 国家发改委办公厅《关于加快推进基础设施领域不动产投资信托基金（REITs）有关工作的通知》（发改办投资〔2021〕1048 号）对此出

---

① 例如，在固定资产投资项目的节能审查方面，国家发展和改革委员会于 2006 年 12 月 12 日发布的《关于加强固定资产投资项目节能评估和审查工作的通知》（现已失效）中规定："地方政府有关部门可参照国家发展改革委审批、核准项目的要求，制定本地区的固定资产投资项目节能评估和审查办法，结合现有固定资产投资项目的审批、核准程序，依据国家和地方的合理用能标准和节能设计规范，开展节能评估和审查工作。"部分地区，项目年综合能源消耗量在一定数额以下的，可填写《固定资产投资项目节能承诺表》即可完成节能审查手续，无须进行节能审查审批、核准程序。

台了支持性意见，其规定：在依法合规的前提下，重点围绕项目手续完善、产权证书办理、土地使用、PPP 和特许经营协议签订、国有资产转让等，协调有关方面对项目发行基础设施 REITs 予以支持，加快无异议函等相关手续办理，落实各项发行条件。

236 号文进一步规定，应当严把投资管理合规性："投资管理手续是否合规，应以项目投资建设时的法律法规和国家政策作为主要判定依据。项目投资建设时无需办理但按现行规定应当办理的有关手续，应按当时规定把握，并说明有关情况；项目投资建设时应当办理但现行规定已经取消或与其他手续合并的有关手续，如有缺失，应由相关负责部门说明情况或出具处理意见；按照项目投资建设时和现行规定均需办理的有关手续，如有缺失，原则上应由相关负责部门依法补办，确实无法补办的应由相关负责部门出具处理意见。"

以普洛斯 REITs 为例。普洛斯淀山湖物流园一期项目未取得建设项目的环评批复文件。就此问题，普洛斯取得了该项目的环保主管部门苏州市昆山生态环境局于 2021 年 2 月 22 日出具的《关于对昆山普淀仓储有限公司〈关于普洛斯淀山湖物流园一期项目环评批复手续的咨询函〉的回复》，该回复记载："根据《建设项目环境影响评价分类管理名录(2021 年版)》(生态环境部令第 16 号，自 2021 年 1 月 1 日起施行)，你公司普洛斯淀山湖物流园一期项目不涉及油库、气库和有毒、有害、危险品仓储等内容，已不再纳入建设项目环境影响评价管理，无需补办已建成项目的环境影响评价文件审批/备案手续。针对你公司普洛斯淀山湖物流园一期项目未办理建设项目的环评批复文件，我局将严格按照生态环境部《关于建设项目未批先建违法行为法律适用问题的意见》(环政法函〔2018〕31 号)未批先建违法行为自建设行为终了之日起二年内未被发现的，环保部门应当遵守《行政处罚法》第二十九条的规定，不予行政处罚的意见执行。"

2. 项目改扩建问题

在仓储物流项目已经取得建筑物的不动产权证后，建设单位可能会基于客户要求、项目更新等原因对建筑物再次进行改扩建，因此还需关注改扩建工程是否依法依规履行固定资产投资管理相关手续。

改扩建工程的相关问题包括改扩建工程是否存在夹层或加建、改扩建阶段是否按工程内容办理了行政许可等手续、用地面积是否存在超越红线或不符合退界要求、建筑面积是否与不动产权证记载一致等。

倘若项目改扩建涉及变更规划条件(如增加建筑面积、外立面调整、主体结构变更等)的,建设单位应申请取得新的《建设工程规划许可证》,反之则不需要,可以直接申请施工许可。以北京地区为例,北京市规划和自然资源委员会发布的《关于〈办理建筑许可〉常见问题 130 条问答信息汇总》即载明"符合建设项目使用性质正面清单,不增加现状建筑面积,不改变建筑外轮廓的,可以直接办理施工许可证"。

以普洛斯 REITs 为例。普洛斯广州保税物流园二期周转库因被台风毁损仓库顶部而重新修复建设,重建工程与原工程规划内容相同,不存在新建、扩建、加建、改建、危房原址重建等需要办理建设工程规划许可证的情形,因此广州保税普洛斯无须就二期重建工程取得建设工程规划许可证。

根据《建筑工程施工许可管理办法》的规定,"工程投资额在 30 万元以下或者建筑面积在 300 平方米以下的建筑工程,可以不申请办理施工许可证",而部分地方对此进一步放宽了要求。例如,北京市住房和城乡建设委员会发布了《关于做好社会投资简易低风险工程建设项目建筑工程施工许可有关问题的通知》,将需办理建筑施工许可证的工程投资额的限额上调至了人民币 100 万元;广东省住房和城乡建设厅发布的《关于调整房屋建筑和市政基础设施工程施工许可证办理限额的通知》规定,"工程投资额在 100 万元以下(含 100 万元)或者建筑面积在 500 平方米以下(含 500 平方米)的房屋建筑和市政基础设施工程(以下简称限额以下小型工程),可以不申请办理施工许可证"。因此,倘若项目施工范围不符合所在地区关于豁免办理施工许可相关条件,仍应向主管住建部门申请取得施工许可证。

236 号文规定,"如项目曾进行改变功能用途的重大改扩建,应主要依据改扩建时的相关手续办理情况判断其投资管理合规性"。因此,如仓储物流项目存在二次改扩建行为,应结合改扩建工程当时对应的相关法规确定对应的行政许可手续办理要求。如确实存在未办理相应手续的情况,建议原始权利人及时向相关行政机关申请补办或取得相关政府部门认可不构成重大违法违规的函件,并由原始权益人出具承诺函,承诺对由此给 REITs 造成的损失承担赔偿责任。

(三)转让限制问题

根据《上交所公募 REITs 指引 1 号》第 13 条和《深交所公募 REITs 指引 1 号》

第 13 条的规定，基础设施项目应当“不存在法定或约定的限制转让或限制抵押、质押的情形，且转让已获得有效的审批手续（如适用）”。在实务中，通过划拨、协议转让的方式取得的用地或用地类型为工业用地的，可以从两个层面关注转让限制的问题。

第一个层面是相关资产涉及的手续文件以及合同所载明的资产转让限制，比如《土地出让合同》或《土地投资协议》中是否约定了对基础设施项目资产的转让限制和对持有基础设施项目的项目公司股权转让的限制。以盐田港 REITs 为例，其招募说明书披露：(1)在资产转让层面，土地主管部门出于规范建设用地、规划管理的考虑，在盐田港集团、项目公司签署的《土地出让合同补充协议七》中设置了“宗地及建筑物限整体转让”等要求，是对目标基础设施项目用地转让形式的具体要求，并非对转让行为作出限制，项目公司也不涉及分拆转让目标基础设施项目的需求；(2)在股权转让层面，由于目标基础设施资产对应的宗地国有土地使用权系通过协议出让方式取得，根据 958 号文附件的要求，须取得《土地出让合同》签署机构（或按现行规定承担相应职责的机构）出具的无异议函。就此，盐田港集团已经取得了深圳市规划和自然资源局盐田管理局出具的复函，确认盐田港现代物流中心项目已签订的土地出让合同及补充协议书中未对项目股权转让进行限制，其对该项目发行基础设施 REITs 无异议。以嘉实京东仓储基础设施 REIT 为例。重庆项目取得了重庆市巴南区人民政府出具的《关于北京京东世纪贸易有限公司开展公募 REITs 项目请示函的复函》、重庆市巴南区规划和自然资源局出具的《关于开展公募 REITs 项目请示函的复函》，确认对京东重庆电子商务基地项目（中转配送中心）一期项目以 100% 股权转让方式发行基础设施 REITs 无异议。

第二个层面是规则层面对相关资产的转让限制。例如，2016 年 3 月 30 日，上海市人民政府办公厅发布的《关于加强本市工业用地出让管理的若干规定》要求，工业用地标准厂房类的建设用地使用权人出资比例结构、项目公司股权结构改变的，应当事先经出让人同意。因此，倘若基础设施项目位于上海市，且土地性质属于“工业用地标准厂房类”，则持有该项目的项目公司的股权转让需要事先取得土地出让人的同意。深圳市规划和自然资源局发布的《深圳市工业用地使用权转让暂行办法》亦规定了对工业用地使用权转让的相关限制：“工业用地使用权转让时，转让人应分别向市规划和自然资源部门派出机构和区产业主管部门申请审核。”“除出让合同另有约定外,工业用地使用权限整体转让,转让时其地上建筑物、构筑物和其他附着物等一并转让。”在实务中,应特别关注资产所在地相关法规是否对土地转让、项目公司股权转让存在限制性规定。

另外,如果原始权益人是上市公司,还需关注是否涉及交易所相关审批。以一仓储基础设施 REITs 为例。原始权益人以美国存托股份于纳斯达克证券交易所上市,同时普通股于香港联交所主板上市,需要关注原始权益人就基础设施项目的转让是否需要事先取得纳斯达克证券交易所、香港联交所的同意。原始权益人聘请的境外律师的意见确认纳斯达克证券交易所的相关规则未要求该 REITs 发行需要取得纳斯达克证券交易所的审批同意;根据境外律师的意见,发行 REITs 需要呈交香港联交所审批。仓储基础设施 REIT 已取得了香港联交所出具的决定书,同意原始权益人分拆发行 REITs 并上市的申请。

(四)土地增值税问题

国家发改委在项目审核过程中高度关注公募 REITs 项目纳税方案的合规性,也对此作出了专门要求。

根据 958 号文附件的规定,发起人(原始权益人)、基金管理人应按照有关规定和要求,对如实办理相关事项的承诺、并表或出表管理的情况说明、拟纳税方案向税务部门书面报告情况(如需)、需说明的重大问题等进行准确完整的信息披露。以项目公司股权转让模式间接转让仓储物流项目的,有可能涉及计征土地增值税的风险。

我国《土地增值税暂行条例》及相关实施细则并未明确规定股权转让应当视同转让国有土地使用权,但在国家税务总局针对地方税务机关关于个案请示的批复,如《关于天津泰达恒生转让土地使用权土地增值税征缴问题的批复》(国税函〔2011〕415 号)、《关于土地增值税相关政策问题的批复》(国税函〔2009〕387 号)中存在“利用股权转让方式让渡土地使用权,实质是房地产交易行为,应依照《土地增值税暂行条例》的规定,征收土地增值税”的认定意见。尽管如此,前述案例均是国家税务总局针对地方税务机关关于个案请示的批复,根据国家税务总局印发的《全国税务机关公文处理办法》的有关规定,批复适用于答复下级机关请示事项。若请示的问题具有普遍性,可使用“通知”或其他文种行文,不再单独批复请示单位。上级税务机关针对下级税务机关有关特定税务行政相对人的特定事项如何适用税收法律、法规、规章或税收规范性文件的答复或者解释，需要普遍执行的，应当按照《税收规范性文件制定管理办法》的规定制定税务规范性文件。但截至目前，国家税务总局尚未就股权转让是否征收土地增值税出具普遍执行的税收规范性文件；而且根据公开检索的司法案例①，存在人民法院认为股权转让行为不应缴纳土地增值税的裁判意见。

因此，对于仓储物流公募 REITs 项目公司的股权重组阶段是否需计征土地增值税的问题，建议就个案情况与当地税收征管部门在项目前期进行充分沟通。

（五）项目现金流稳定性

仓储物流项目中应关注项目的主要租户租金占全部营业收入的占比情况、现金流稳定性情况。

根据 586 号文及 958 号文附件的要求，公募 REITs 试点项目应满足“现金流持续稳定且来源合理分散，投资回报良好，近 3 年内总体保持盈利或经营性净现金流为正”“项目收益持续稳定且来源合理分散，直接或穿透后来源于多个现金流提供方。因商业模式或者经营业态等原因，现金流提供方较少的，重要现金流提供方应当资质优良，财务情况稳健”的基本条件。

《公募 REITs 指引》规定，基础设施基金拟持有的基础设施项目应当符合“现金流来源合理分散，且主要由市场化运营产生，不依赖第三方补贴等非经常性收入”的要求。根据沪深交易所的相关规定，基础设施项目现金流应当符合以下条件：(1)基于真实、合法的经营活动产生，价格或收费标准符合相关规定；(2) 持续、稳定，近 3 年（不满 3 年的，自开始运营起）未出现异常波动，存在异常波动的，需说明波动原因和合理性；(3)来源合理分散，直接或穿透后来源于多个现金流提供方。因商业模式或者经营业态等原因，现金流提供方较少的，重要现金流提供方应当资质优良，财务情况稳健；(4) 近 3 年总体保持盈利或经营性净现金流为正；(5)中国证监会和该证券交易所规定的其他条件。并且，仓储物流基础设施项目还需要符合“近 3 年总体出租率较高，租金收入较高，租金收缴情况良好，主要承租人资信状况良好、租约稳定，承租人行业分布合理”的条件。

---

① 以最高人民法院(2014)民二终字第 264 号为例，法院认为由于转让股权和转让土地使用权是完全不同的行为，当股权发生转让时，目标公司并未发生国有土地使用权转让的应税行为，目标公司并不需要缴纳营业税和土地增值税。

在仓储物流行业中，一些位于重点交通枢纽城市、大规模、高空间利用率、充分实现自动化的高标库，通常系面向大型互联网经营企业、高端零售商、高端制造业等行业门类，该类租户对仓储项目品质要求高，同时对租金的价格敏感度及违约概率均偏低；而面向对租金敏感度较高的众多小租户散租的仓储物流项目，虽然能满足现金流来源分散的要求，但受经济环境等外部因素影响，反而租金收入波动大而不一定能满足现金流持续稳定的要求。

因此，为满足 REITs 项目对收入来源的要求，应关注项目的主要租户租金在全部营业收入中的占比情况。以普洛斯 REITs 为例。根据基金管理人披露，目标基础设施资产的经营高度市场化，收入来源分散，主要租户包括京东、美团、德邦物流、上海医药、捷豹路虎等。截至 2020 年 12 月 31 日，按合同租金及管理费金额占比计算，前十大租户占比 58.32%，关联租户占比 5.70%。

此外，笔者建议还应关注承租方是否与项目公司存在股权关联关系及占比情况、是否存在当地财政补助或其他形式的补贴收入。以嘉实京东仓储基础设施 REIT 为例，底层基础设施项目的主要租户之一为关联方京东物流。基金管理人为此聘请了第三方评估机构进行评估，以确保基础设施项目的租金符合项目所在区域同等标准物业的市场化租金水平、定价公允。同时，原始权益人的控股股东京东集团亦作出相关承诺：自 REIT 项目设立起 5 年内，尽合理的商业努力，实现 REIT 项目项下基础设施项目的京东集团体系外租户占比超过 40%。

三、仓储物流 REITs 交易机制设计

仓储物流 REITs 与其他资产类型的基础设施 REITs 无显著差异，均是采取"证券投资基金 + 专项计划"的交易架构，证券投资基金持有专项计划全部份额，通过专项计划持有项目公司全部股权，并间接持有底层仓储物流项目。普洛斯 REITs、盐田港 REITs 和嘉实京东仓储基础设施 REIT 均构造了"股 + 债"的投资结构来实现部分税收筹划，债务利息可以进行税前抵扣（股东借款金额与股权投资比例不超过 2∶1 时），以减少税费支出。

在普洛斯 REITs 中，专项计划在成为各项目公司股东后，将使用部分募集资金向各项目公司发放股东借款，并委托上海普洛斯作为外部管理机构进行运营管理，交易结构如图 1 所示：

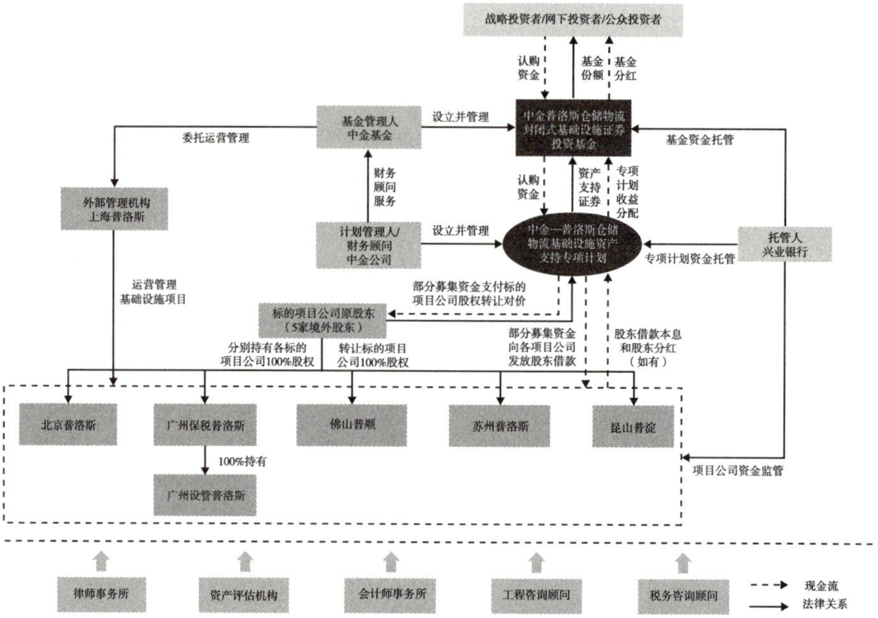

图 1　普洛斯 REITs 交易结构

在盐田港 REITs 中，专项计划将使用募集资金收购 SPV 股权，并向原始权益人购买其对于 SPV 的债权。在收购完成后的 6 个月内，项目公司将反向吸收合并 SPV。反向吸收合并完成后，SPV 注销，计划管理人（代表专项计划）直接持有项目公司 100% 的股权，盐田港物流作为外部管理机构对底层项目进行运营管理。反向吸收合并完成后，盐田港 REITs 的整体架构如图 2 所示：

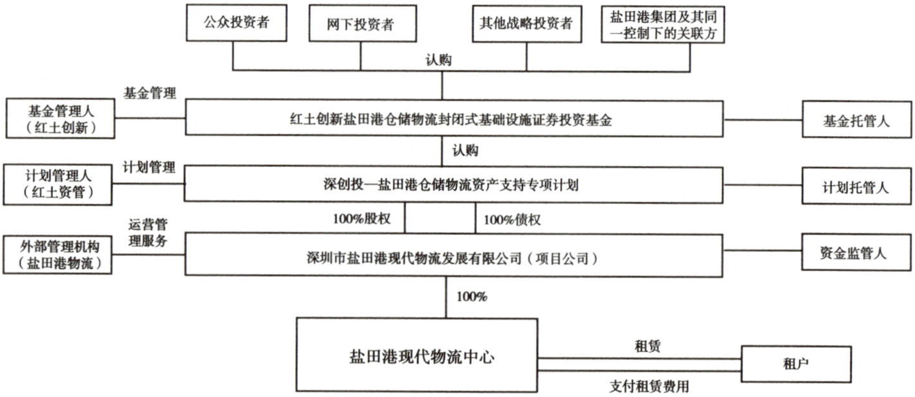

图 2　盐田港 REITs 整体架构

在嘉实京东仓储基础设施 REIT 项目中，专项计划将使用募集资金支付标的股权转让价款、向 SPV 公司实缴注册资本、发放标的借款。项目公司取得 SPV 公司发放的股东借款后，偿还完毕关联方借款。SPV 公司分别与对应的项目公司进行反向吸收合并，项目公司继续存续并直接由资产支持专项计划持有项目公司 100% 股权，SPV 公司注销，由项目公司承继 SPV 公司对资产支持专项计划的相关负债。基础设施基金的整体架构如图 3 所示：

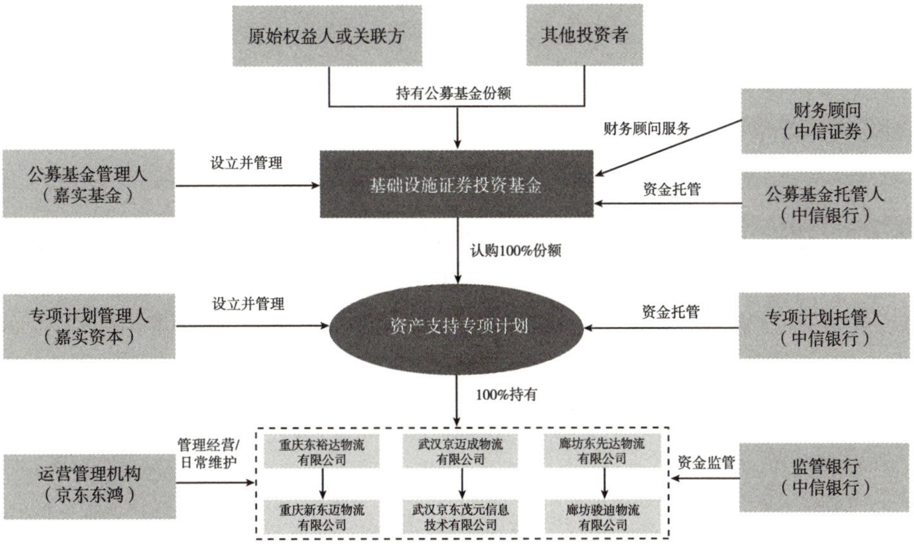

图 3　基础设施基金整体架构

在仓储物流项目的运营管理方面，需关注是否存在相关运营风险，如运营管理机构是否具有相应资质、是否存在承租人私自建设改造的情况[①]、基础设施项目是否投保了足额保险[②]等。通常运营管理仓储物流项目无须具备特殊资质，如普洛斯 REITs 项目的招募说明书披露：运营管理机构运营方式为将仓储物流园物业对外出租用于物流仓储用途，从事前述业务无须取得特别的经营资质；盐田港

① 如承租人私自建设改变了项目建筑的主体结构，并且增加了建筑面积，需要办理相应的规划及施工许可，若承租人及/或项目公司未就目标项目中的加建、改建等工程办理取得其他必要的政府审批文件，则不排除承租人及/或项目公司会因此遭受相应行政处罚的可能。

② 如根据项目公司提供的财务报表，目标项目的价值已经超过了财产一切险项下的保险金额，建议项目公司根据评估机构的评估结果确认项目公司就目标项目购买的现有财产保险是否充足；如项目公司就目标项目购买的现有保险并不充足，建议项目公司对目标项目补充购买充足的财产保险。

REITs 项目的招募说明书披露：外部管理机构为基础设施项目提供运营管理服务无须取得不动产运营管理资质。嘉实京东仓储基础设施 REIT 项目的招募说明书披露：仓储物流行业运营管理机构不涉及相关运营资质要求，京东东鸿作为基础设施运营管理机构可按照营业执照批准的营业范围从事仓储物流运营管理。但仍不能排除存在例外情况，比如仓储物流基础设施项目所在地法规对仓储物流项目的运营管理设有特殊资质的要求。

236 号文亦强调了应注重项目运营可持续性，运营管理机构应"结合项目情况，依法合规创新运营模式，科学合理制定运营计划，做好底层资产更新维护，保障项目运营和收益的可持续性。要积极采用新技术、新工艺、新材料，提升运营质量，降低运营成本，保障项目盈利能力"。

除上述事项外，在资产筛选和交易机制设计阶段，不仅需要关注仓储物流资产过往的建设开发情况、现在的运营管理情况，还需要关注未来的维修运营改造计划、租户流失风险。部分竣工时间较早的仓储物流园，可能存在基础设施老旧需要大额资金进行维修改造的风险，或未来周边新建物流园可能会对目标项目产生较大冲击，导致租户流失，进而影响现金流情况。

仓储物流项目的光伏低碳之路

穆 耸 唐梦沅* 高明轩

*作者简介：

穆耸，中伦律师事务所北京办公室公司业务部合伙人，电邮为：musong@ zhonglun. com。

唐梦沅，中伦律师事务所北京办公室公司业务部非权益合伙人，电邮为：tangmengyuan@ zhonglun. com。

一、分布式光伏仓储项目的发展背景

（一）仓储物流投资持续升温

新冠疫情后，互联网零售及快递业务的重要性越发凸显，中国物流与采购联合会公布的数据显示，2021 年全国社会物流总额达 335.2 万亿元，按可比价格计算，同比增长 9.2%。相较于高速增长的物流及仓储需求，严控增量的背景下新增物流用地的供应仍持续短缺。2020 年 5 月 20 日，国务院办公厅下发《关于进一步降低物流成本实施意见的通知》，重点强调保障物流用地需求，支持利用铁路划拨用地等存量土地建设物流设施，并对提高自有工业用地或仓储用地利用率、容积率用于建设仓储、分拨转运等物流设施给予不再增收土地价款的优惠。需求的增长及相关利好政策的释放使投资人对仓储物流项目的投资热度逐渐升温。从项目地域角度而言，据观察，当前投资人仍重点关注粤港奥大湾区、长江三角洲地区及京津地区。

（二）光伏产业迎来时代机遇

仓储物流投资持续升温的同时，京东、顺丰、阿里巴巴等企业均在其仓储物流园区内“抢滩”布局分布式光伏项目。比如，京东通过和合作伙伴共建全球屋顶光伏发电产能最大的生态体系，在京东物流“亚洲一号”等智能物流园区、智能产业园区全面推广布局和应用以光伏发电为主的清洁能源，以期建成碳中和示范园区①。此外，自 2017 年起，菜鸟网络就开始在上海、广州、杭州、武汉和东莞的智慧物流园内配备屋顶光伏发电项目，用清洁能源替代电力，以减少碳排放。截至 2022 年，菜鸟光伏物流园区累计装机容量达 24.9 兆瓦，实现年度减碳 16000 吨。阿里巴巴计划在 2030 年前，实现有铺设条件的菜鸟物流园区全面完成光伏铺设。② “双碳”（碳达峰、碳中和）目标提出后，能源绿色转型已经成为供应链发展的大势所趋，2021 年 6 月 23 日，国家能源局下发《关于报送整县（市、区）屋顶分布式光伏开发试点方案的通知》掀起了覆盖全国的“分布式光伏整县推进”行动，

---

① 参见陈听雨：《明年实现“亚洲一号”智能产业园碳中和——京东推进 2030 年减碳目标》，载新华网，http://www.xinhuanet.com/tech/20211105/fc5a07674ad44c0fbab28e5b180df36f/c.html。

② 《2022 阿里巴巴环境、社会和治理（ESG）报告》，载阿里巴巴集团网，https://data.alibabagroup.com/ecms-files/1452422558/7a2bf413-5b3d-4042-a42d-1f88199917b5.pdf。

文件指出试点地区“工商业厂房屋顶总面积可安装光伏发电比例不低于30%”。[①]同年9月，国家能源局公布了整县（市、区）屋顶分布式光伏开发的试点名单，全国676个县（市、区）进入开发试点名单。同年10月，国家发改委等多部委联合发布《“十四五”可再生能源发展规划》，明确“全面推进分布式光伏开发，重点推进工业园区、经济开发区、公共建筑等屋顶光伏开发利用行动”。政府的推广使投资人对园区“厂房+屋顶”的开发模式的尝试越发积极。2022年4月1日，住房和城乡建设部发布的《建筑节能与可再生能源利用通用规范》正式生效，要求“新增建筑应安装太阳能系统”，并“新建、扩建、改建建筑及既有建筑节能改造均应进行建筑节能设计”，此次发布的强制性国家标准明确将可再生能源纳入国家新建建筑总体规划中，分布式光伏项目可谓再度迎来巨大的时代机遇。

二、分布式光伏仓储项目的类型及商业模式

（一）分布式光伏的一般类型

不同于单独占地的集中式光伏电站，分布式光伏指“在用户所在场地或附近建设运行，以用户侧自发自用为主、多余电量上网且在配电网系统平衡调节为特征的光伏发电设施”[②]。从用户类型上看，分布式光伏可分为自然人业主自建的户用光伏以及安装于工商业项目屋顶的工商业分布式光伏。从与建筑结合的方式上看，实践中分布式光伏可分为后置式光伏发电屋面系统（Building Attached Photovoltaic，BAPV）及光伏建筑一体化（Building Integrated Photovoltaic，BIPV），其中BAPV指在既有建筑上安装、与所依托建筑物可以分割的太阳能光伏发电系统，应用场景一般为“分布式光伏整县推进”行动等涉及存量建筑改造的项目；而BIPV指与建筑物同步设计、同步施工和安装并与建筑融为一体的太阳能光伏发电系统，鉴于《建筑节能与可再生能源利用通用规范》要求“新建、扩建、改建建筑

---

① 《国家能源局综合司关于报送整县（市、区）屋顶分布式光伏开始试点方案的通知》中规定：“一、申报试点条件。申报开展整县（市、区）推进屋顶分布式光伏开发试点的县（市、区）应符合以下条件：……（五）党政机关建筑屋顶总面积可安装光伏发电比例不低于50%；学校、医院、村委会等公共建筑屋顶总面积可安装光伏发电比例不低于40%；工商业厂房屋顶总面积可安装光伏发电比例不低于30%；农村居民屋顶总面积可安装光伏发电的比例不低于20%。”

② 《分布式光伏发电项目管理暂行办法》第2条：“分布式光伏发电是指在用户所在场地或附近建设运行，以用户侧自发自用为主、多余电量上网且在配电网系统平衡调节为特征的光伏发电设施。”

及既有建筑节能改造均应进行建筑节能设计”，未来新建的厂房建筑中应用 BIPV 技术可能将成为主流。

（二）分布式光伏仓储项目的商业模式

无论是应用 BAPV 技术还是 BIPV 技术，仓储物流园区布局工商业分布式光伏都可能涉及三方主体：一是仓储物流项目投资人（同时作为房屋所有权人，以下简称投资人）；二是专业的分布式光伏承包方（以下简称光伏项目单位），部分情况下该角色直接由投资人的关联公司担任，如仓储物流行业巨头普洛斯与博枫设立的平台公司普枫新能源已成为国内分布式光伏领域头部企业；三是仓储物流项目的承租人（以下简称承租人）。从相关案例来看，出于把控园区设计、建设标准及分享项目运营收益等考虑，整租园区的承租人通常与投资人成立项目公司共同开发仓储物流项目，并寻求专业的光伏项目单位拓展园区屋顶的分布式光伏。投资人与光伏项目单位签署合同能源服务协议后，光伏项目单位发包并交由 EPC 承包人进行建设与安装，建成投产后向园区进行供电。

前述模式下，对投资人而言，仓储物流园区布局光伏项目能树立节能环保的企业形象并有望在园区内实现碳中和的目标，如京东“亚洲一号”西安智能产业园通过分布式光伏发电及购买国家核证自愿减排量成为全国首个实现碳中和的物流园区。同时，对大面积闲置屋顶加以利用又能开拓新的增收渠道，符合地方补助标准的还可以获得一笔可观的补助，利用富余的碳指标进行交易也符合环境、社会和公司治理的投资概念。对承租人而言，承租人通常能够享受电价优惠，且“双碳”背景下企业（特别是出口型企业需满足欧洲碳税、碳足迹等要求）自身的绿电需求不断攀升；而对光伏项目单位而言，仓储物流园区具有屋顶面积大、建筑规格标准、遮挡物少、自身用电需求大等特点，是开发分布式光伏的天然场所。综上，仓储物流园区布局分布式光伏项目能够满足投资人、承租人、光伏项目单位的多方利益诉求，并且目前已形成较为成熟的商业模式。

三、分布式光伏仓储项目的各环节及其法律风险

倘若仓储物流整体项目的投资人、承租人及光伏项目单位有意落地及参加分布式光伏仓储项目，则从整体流程上一般需经历前期尽职调查、协议签署、开发建设及后期运营四个阶段。本部分笔者将从三方视角简要地探讨前三个阶段可能

涉及的法律风险。

(一)前期尽职调查阶段

1. 投资人/承租人视角。就仓储物流项目而言,鉴于仓储物流用地供应的持续短缺,新落地的项目大多从二级市场拿地且以"现状受让"形式为主,因此投资人/承租人应务必对项目地块进行全面的尽职调查,包括但不限于核查不动产权属状况、土地使用权转让程序的合法合规性、项目地块是否存在历史瑕疵等。此外,仓储物流项目还应重点关注项目地块的土地用途(二级市场受让的通常为工业用地)以及容积率等规划条件的情况,并应提前向土地及规划部门沟通土地用途及规划调整的风险是否可控。

2. 光伏项目单位视角。分布式光伏项目主要采取"自发自用、余电上网"的收益模式,[①]因此光伏项目单位的盈利包括企业端的电价收入以及财政补贴。鉴于2021 年起中央财政针对新备案的工商业分布式光伏项目不再实行补贴,[②]并且省市级补贴主要取决于当地政策,因此光伏项目单位在入局之前首先应确定项目选址(包括当地政府的扶持性政策、园区布局等)。在确定合作园区之后,光伏项目单位(特别是 BAPV 形式)应进一步核实所依托建筑物的建设手续的合法合规性,无拆除禁用风险、不存在抵押、查封情况等。并鉴于分布式光伏项目属于重资产投资,还应注意核实业主的资信情况及园区的电费消纳能力、所依托建筑物的所有权年限是否大于商业运营期(如是否大于25 年[③])、所依托建筑物所在区域在运营期内是否存在拆迁规划等。最后从技术层面上看,光伏项目单位还应注意核实屋顶面积、屋顶承受力、屋顶材质及荷载等满足项目的建设标准。

(二)协议签署阶段

1. 投资人视角。如投资人在尽职调查后确定投资意向,就仓储物流项目而

---

① 《分布式光伏发电项目管理暂行办法》第 5 条:"分布式光伏发电实行'自发自用、余电上网、就近消纳、电网调节'的运营模式,电网企业采用先进技术优化电网运行管理,为分布式光伏发电运行提供系统支撑,保障电力用户安全用电,鼓励项目投资经营主体与同一供电区内的电力用户在电网企业配合下以多种方式实现分布式光伏发电就近消纳。"

② 国家发展和改革委员会《关于 2021 年新能源上网电价政策有关事项的通知》中规定,2021 年起,对新备案集中式光伏电站、工商业分布式光伏项目和新核准陆上风电项目,中央财政不再补贴,实行平价上网。

③ 《建筑节能与可再生能源利用通用规范》第 5.2.9 条:"太阳能光伏发电系统中的光伏组件设计使用寿命应高于 25 年。市场上能源管理合同普遍约定分布式光伏电站商业运营期(节能效益分享期)为 25 年。"

言，投资人通常需与园区管委会签署入园协议或与政府方签署投资协议等监管类协议，该等协议中通常约定项目投资强度、产出率、税收承诺等用地指标，投资人在签署时应注意考虑项目开发运营能否满足相应指标要求及其违约责任，一般建议设定“缓冲期”，以免在运营初期体量不足时接受考核。

2. 承租人视角。从承租人（特别是整租园区的承租人）角度来看，鉴于土地用途及规划调整的不确定性，承租人应在与投资人所签署的合作协议中对面积承诺等事项作出安排，约定重要义务履行节点应承诺土地用途、计容建筑面积等能够满足承租人的业务需求。

3. 光伏项目单位视角。鉴于光伏设备的价格及其技术的专业性，投资人通常选择引入专业的光伏项目单位，根据相关法规，如项目所依托建筑物的所有权人与光伏项目单位非同一主体，则光伏项目单位应与所有权人签署屋顶场地的租赁协议，并视经营方式与用电单位签署合同能源服务协议。① 实践中出于减少财务往来等便利考虑，较常见的做法是将租赁关系直接并入合同能源服务协议，所有权人不收取屋顶租金，但享受一定电价优惠。但在所有权人已将园区整体出租使用的情况下，笔者的倾向是，即使承租人选择直接与电力公司进行结算（多发生于政府持有并运营的大型工业园区），光伏项目单位亦应与所有权人签订屋顶租赁协议，并视情况与承租人签订合同能源服务协议。

合同能源服务协议作为分布式光伏项目的最重要法律文件之一，未来也可能成为各方的争议焦点。2023 年 2 月 16 日，最高人民法院发布《关于完整准确全面贯彻新发展理念 为积极稳妥推进碳达峰碳中和提供司法服务的意见》（法发〔2023〕5 号）对涉碳案件提出指导性意见，其中一项即“依法审理合同能源管理节能服务合同纠纷案件。节能服务企业与用能单位以合同形式约定节能项目的节能目标，节能服务企业向用能单位提供节能服务，用能单位以节能效益支付节能服务企业投入及其合理利润，用能单位未依约支付节能效益分享款的，依法认定构成违约”。因此，投资人及光伏项目单位均应重点关注合同能源服务协议中电力消纳模式转换、租赁期限、费用支付、所有权人动迁、资产及收益归属、运营期内

① 《分布式光伏发电项目管理暂行办法》第 16 条：“分布式光伏发电项目所依托的建筑物及设施应具有合法性，项目单位与项目所依托的建筑物、场地及设施所有人非同一主体时，项目单位应与所有人签订建筑物、场地及设施的使用或租用协议，视经营方式与电力用户签订合同能源服务协议。”

责任界面划分等约定，对潜在风险点作出提前安排，做到防患于未然。鉴于本文篇幅有限，此处不展开赘述。

（三）开发建设阶段

1. 投资人视角。在开工建设前，仓储物流项目及分布式光伏项目均应履行一定“前置程序”。鉴于项目地块的获取以二级市场“现状受让”为主，新建项目前投资人可能需完成原建筑物的拆除工程，该等拆除工程应确保履行拆除工程施工事前备案等合规程序、不会对项目开发造成不利影响。此外，从二级市场获取的项目地块多为工业用地，势必涉及土地用途变更及规划调整，较为合规的做法是经土地出让方同意，并经属地土地及规划部门批准后，改变土地用途为仓储物流用途并调整容积率等相关指标后再行开发建设。同时，调整项目地块的土地用途及容积率均涉及补缴土地出让金，投资人对此也应提前谋划。就分布式光伏项目而言，项目应先通过企业投资项目在线平台以分布式光伏项目名义完成备案。相较于集中式光伏电站，分布式光伏备案程序简便快捷，免除发电业务许可、规划选址、土地预审、环境影响评价（但在建成投产前应完成环境影响登记表备案）等一系列前置性手续和文件，①且部分省份针对物流园区建设分布式光伏项目出台了“实行随时备案，电网及时受理”等利好政策。② 除完成项目备案外，申请并网接入并根据电网公司出具的接入意见开展建设安装等后续工作同样重要。

2. 投资人/承租人视角。进入开发建设阶段，仓储物流项目的建设单位应办理立项、用地规划、工规证、消防设计审查（如属于特殊建筑工程）及施工证，并根据相关法规要求及与光伏项目单位间签署的协议协调分布式光伏项目的开发建设。

3. 光伏项目单位视角。实践中，分布式光伏项目在建设安装阶段很少受住建部门及规划部门的监管，通常无须就光伏部分单独取得建设工程规划许可证及施工证，但需注意相关设计文件应通过施工图审查。

---

① 《分布式光伏发电项目管理暂行办法》第 10 条：“省级以下能源主管部门依据国务院投资项目管理规定和国务院能源主管部门下达的本地区分布式光伏发电的年度指导规模指标，对分布式光伏发电项目实行备案管理，具体备案办法由省级人民政府制定。”第 11 条规定：“项目备案工作应根据分布式光伏发电项目特点尽可能简化程序，免除发电业务许可、规划选址、土地预审、水土保持、环境影响评价、节能评估及社会风险评估等支持性文件。”

② 《河南省人民政府关于印发支持现代物流强省建设若干政策的通知》中规定，对物流园区利用符合条件的厂房屋顶、停车场等建设的分布式光伏发电项目，实行随时备案，电网及时受理，采用“自发自用、余电上网”模式接入电网。

4. 三方需共同注意的问题。例如,应用 BAPV 在既有建筑上进行安装,则根据《建筑法》第 61 条的规定,分布式光伏项目的建设安装原则上应在所依托建筑物整体竣工验收后进行。[①] 同时,应用 BAPV 技术时还应注意避免影响所依托建筑物外立面风貌、结构安全和使用功能,如需同步对建筑外立面和建筑结构进行改造,改造部分涉及规划管理许可事项的应报经规划部门批准。而如拟应用 BIPV 实现光伏建筑一体化,建设单位应注意将光伏部分的设计纳入建筑整体的设计文件。[②] 如前所述,分布式光伏项目虽无须办理单独的建设手续,但项目发包时仍应注意审查 EPC 承包方的施工资质。一般来说,分布式光伏项目的安装、运维承包人应取得承装(修、试)电力设施许可证,涉及建筑工程施工的,承包人应取得电力工程施工总承包资质或建筑机电安装工程专业承包资质,并需取得安全生产许可证。如承包人不具备相应资质,可能造成合同无效并使项目验收受阻。项目完工后,应完成单位工程验收以及电网公司并网验收两道验收程序,在与电网公司签署购售电合同等相关协议后方可投产使用。

项目验收完成后即进入正式的运营期,仓储物流项目及分布式光伏项目相关投资风险在此阶段也将逐渐显现,因此如何在前期尽职调查阶段对投资风险进行评估,并在协议中对相关风险及退出机制予以提前安排就显得尤为关键。

四、结语

综上所述,分布式光伏的新能源方案已被国内外众多仓储物流供应商采纳,并已形成较为成熟的商业模式,随着“分布式光伏整县推进”行动的开展及强制性国家标准的发布,分布式光伏项目势必将成为仓储物流园区的“标配”。笔者认为,投资人应开始考虑如何对园区大面积闲置屋顶加以开发,在为承租人提供绿色的现代物流设施、增加客户黏性的同时,提升仓储物流项目的整体资产价值。此外,“双碳”目标提出后国内也迎来碳资产扩张开启的元年,2021 年 2 月 1 日

---

① 《建筑法》第61 条第2 款:“建筑工程竣工经验收合格后,方可交付使用;未经验收或者验收不合格的,不得交付使用。”该等建设时序也在 2022 年河北省能源局发布的《屋顶分布式光伏建设指导规范(试行)》得到明确,《屋顶分布式光伏建设指导规范(试行)》第 6.4 条:“以下建筑不应安装分布式光伏:(a)未通过竣工验收的建筑……”

② 《建筑节能与可再生能源利用通用规范》第 5.2.4 条规定,太阳能建筑一体化应用系统的设计应与建筑设计同步完成。

《碳排放权交易管理办法(试行)》正式实施,2021 年 7 月 16 日全国碳排放权交易市场正式开市。随着相关法律的日趋完善及全国统一碳市场的日渐成熟,碳排放权也将演变为企业的一项重要资产,未来如何能够通过富余碳排放配额或者通过登记备案国家核证自愿减排量①形式在碳交易市场上开展交易、获取利润,对于应用光伏技术的企业而言是一个值得思考、探索的方向。

① 国家自愿减排项目(CCER)于 2017 年 3 月暂停项目和减排量备案申请,目前主管部门正在对 2012 年印发的《温室气体自愿减排交易管理暂行办法》进行修订,待修订完成并发布后,有望依据新办法重启 CCER 的备案受理相关申请及交易。

CHAPTER 04

文旅与酒店

莫使“春风不度玉门关”
——露营地项目中农用地的土地经营权流转和转用

王丽娟[*]　徐皖蒙　阴姝伟

[*]作者简介：

王丽娟，中伦律师事务所北京办公室公司业务部合伙人，电邮为：wanglijuan@ zhonglun. com。

根据携程发布的《2022五一假期出游报告》，2022年"五一"假期用户出游整体呈现就近、就地特点，本地游订单占比达40%，较历年同期显著提升，其中露营旅行、乡村旅游等出游形式受到青睐。携程数据显示，2022年"五一"假期首日，"露营"在平台的访问热度达到历史峰值，搜索热度环比上周增长90%，俨然成为这次小长假的"顶流"。资本市场方面，露营经济板块近期也涨幅居前。《一起露营吧》等多个"露营系"综艺节目的推出更是带出了一波流量，露营地可谓火爆"出圈"。

2014年8月9日，国务院下发《关于促进旅游业改革发展的若干意见》(国发〔2014〕31号)，提出了积极发展休闲度假旅游，建立旅居全挂车营地和露营地建设标准等意见。2015年11月25日，原国土资源部、住房和城乡建设部以及原国家旅游局联合下发了《关于支持旅游业发展用地政策的意见》(国土资规〔2015〕10号)(已失效)，明确提出促进自驾车、房车营地旅游有序发展，按照"市场导向、科学布局、合理开发、绿色运营"原则，加快制定自驾车房车营地建设规划和建设标准。在国家支持性政策的催动下，近年来我国露营行业的市场规模快速增长。艾媒咨询(iimedia Research)提供的数据(见图1)，2014年至2021年中国露营营地市场规模从77.1亿元增至299亿元，复合增长率18.5%。预计2023年国内露营市场总体规模可达1781.4亿元。①

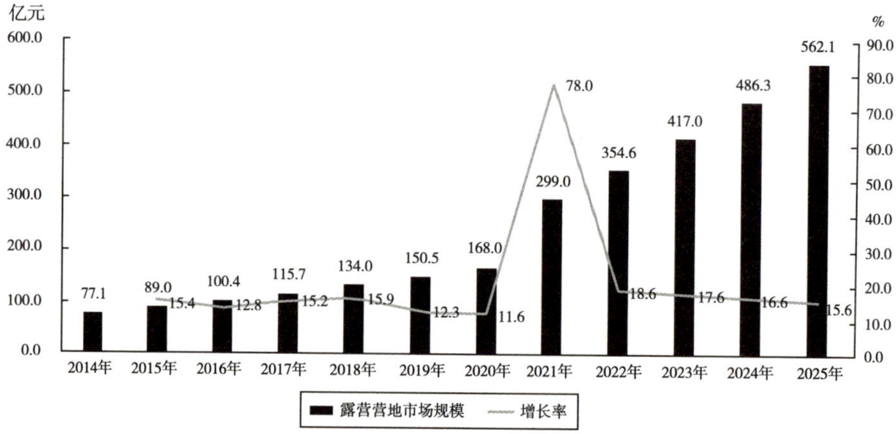

图1 2014—2025年中国露营营地市场数据与预测

资料来源：《艾媒咨询2021—2022年中国露营经济产业现状及消费行为数据研究报告》。

① 参见《〈2022中国文旅露营产业融合发展研究报告〉正式发布》，载搜狐网2022年11月23日，https://www.sohu.com/a/609303429_100158。

基于露营活动本身所追求的放松身心、愉悦精神的娱乐休闲体验，露营地一般会选址在环境宜人且交通便利的市郊或者乡村，因此在实践中，较多露营地项目会涉及对农用地的使用。露营地的经营主体通常选择通过租赁方式从农户、村集体经济组织或者村委会手中直接或间接流转取得农用地的土地经营权，进而开展项目建设。然而值得注意的是，我国实行土地用途管制制度，农用地需经批准后方可用作非农用途，否则将被追究法律责任。例如，在自然资源部挂牌督办的一起土地违法案件中，甘肃省天水市一家文化旅游公司便因违法占用农村土地（其中部分为耕地）建设体育露营公园而被查处。由此可见，对于处在“全民露营”这场“春风”里的露营行业而言，经营主体更应当对项目用地的合法合规性予以足够重视，若在土地问题上疏忽大意，则很可能导致项目折戟，空叹“春风不度玉门关”。

本文首先对露营地作简要介绍，然后对近年来有关露营地的用地政策进行梳理，进而对实践中经营主体流转取得土地经营权后在农用地上建设露营地项目的模式进行分析，并对相应的法律风险进行提示。

一、露营地简介

根据原国家质量监督检验检疫总局和国家标准化管理委员会联合发布的《休闲露营地建设与服务规范》（GB/T 31710）中的定义和分类，露营是指“使用自备或租赁设备，以在野外临时住宿和休闲生活为主要目的的活动方式”，休闲露营地是指“有明确范围和相应休闲服务设施的露营场所”，应当“各类功能清晰、持续运营、有一定接待规模”。

休闲露营地按照不同的分类标准可分为不同类型（见表1）。

表1　休闲露营地类型

	分类标准	对应的露营地类型
1	按进入营地所采用的交通工具分类	房车露营地、汽车露营地、骑行露营地（自行车/摩托车、马匹）、徒步露营地等
2	按主要住宿设施的性质分类	房车露营地、木屋露营地、帐篷露营地等
3	按功能主题和服务内容分类	专业露营地、综合型露营地等
4	按所处自然环境分类	山地露营地、森林露营地、湿地露营地、海滨露营地、草原露营地、沙漠露营地等

实践中，综合型休闲露营地可能会包含多个种类的基础设施和功能区。例如，以自驾车、房车露营为主的露营地的基础功能区一般包括出入口、服务中心、停车场、自驾车和房车露营区、服务保障区、废弃物收纳与处理区，并可根据具体的功能定位设置木屋住宿区、帐篷露营区、儿童游乐区、户外运动区、露天活动区、商业活动区、宠物活动区等特色功能区。

二、露营地的用地政策梳理

国家先后出台的关于露营地的用地政策文件梳理（见表2）：

表2　关于露营地的用地政策文件

序号	政策文件名称	涉及露营地用地政策的相关内容摘录
1	原国土资源部、住房和城乡建设部以及原国家旅游局联合下发的《关于支持旅游业发展用地政策的意见》（国土资规〔2015〕10号）（该文件有效期5年，已于2020年11月25日到期失效）	（七）促进自驾车、房车营地旅游有序发展。按照“市场导向、科学布局、合理开发、绿色运营”原则，加快制定自驾车房车营地建设规划和建设标准。新建自驾车房车营地项目用地，应当满足符合相关规划、垃圾污水处理设施完备、建筑材料环保、建筑风格色彩与当地自然人文环境协调等条件。自驾车房车营地项目土地用途按旅馆用地管理，按旅游用地确定供应底价、供应方式和使用年限。 （十二）严格旅游业用地供应和利用监管。严格旅游相关农用地、未利用地用途管制，未经依法批准，擅自改为建设用地的，依法追究责任……
2	原国家旅游局、国家发展和改革委员会等多部委联合下发的《关于促进自驾车旅居车旅游发展的若干意见》（旅发〔2016〕148号）	五、强化保障 （二）优化营地用地政策。自驾车旅居车营地项目建设应该符合城乡规划、土地利用总体规划、自驾车旅居车营地建设规划、自驾车旅居车营地建设与服务规范，依法依规使用土地，不得占用基本农田，不占或者尽量少占耕地。选址在土地利用总体规划确定的城镇规划区外的自驾车旅居车营地，其公共停车场、各功能区之间的连接道路、商业服务区、车辆设备维修及医疗服务保障区、废弃物收纳与处理区等功能区可与农村公益事业合并实施，依法使用集体建设用地，其自驾车营区、旅居车营区、商务俱乐部、木屋住宿区、休闲娱乐区等功能区应优先安排使用存量建设用地，确需新供的，用途按旅馆用地管理，宜以招标方式实行长期租赁或者先租后让；其他功能区使用未利用地的，在不改变土地用途、不固化地面的前提下，可按原地类管理。 选址在土地利用总体规划确定的城镇规划区内的自驾车旅居车营地，全部用地均应依法办理转用、征收、供应手续。已供自驾车旅居车营地项目建设用地不得改变规划确定的土地用途，不得分割转让和转租

续表

序号	政策文件名称	涉及露营地用地政策的相关内容摘录
3	自然资源部《产业用地政策实施工作指引(2019年版)》	第八条(可按原地类管理的情形)各地要依据国土空间规划积极引导产业项目合理选址,尽量利用未利用地及存量建设用地等,不占或少占耕地,严格保护永久基本农田。依据下列规定使用的农用地或未利用地,可按原地类认定和管理,并严格按照规定条件使用土地。 …… (四)依据《关于促进自驾车旅居车旅游发展的若干意见》(旅发〔2016〕148号)的规定,对自驾车旅居车营地的特定功能区,使用未利用地的,在不改变土地用途、不固化地面的前提下,可按原地类管理。 第二十三条 (使用集体建设用地的情形)产业发展允许依法依规使用集体建设用地,农村土地制度改革试点地区的集体经营性建设用地用于相关产业发展的按照试点政策规定执行。根据国务院及相关部门政策规定,符合下列情形的产业用地,可以使用集体建设用地: …… (六)依据旅发〔2016〕148号文件的规定,选址在土地利用总体规划确定的城镇规划区外的自驾车旅居车营地,其公共停车场、各功能区之间的连接道路、商业服务区、车辆设备维修及医疗服务保障区、废弃物收纳与处理区等功能区可与农村公益事业合并实施,依法使用集体建设用地

目前,明确规定了露营地用地政策且现行有效的政策文件主要是表2中的《关于促进自驾车旅居车旅游发展的若干意见》(旅发〔2016〕148号,以下简称148号文)。148号文明确了自驾车旅居车露营地用地政策,对破解供地难题、加快自驾车旅居车露营地建设具有重要推动作用。① 虽然148号文中载明的是自驾车和旅居车(房车)的用地政策,但笔者理解,该规定对于其他类型的露营地用地同样具有参照意义。

根据148号文的规定,自驾车和旅居车露营地的用地政策如图2所示:

① 参见张欣杰:《坚守基本底线 实行差异管理——自驾车旅居车营地用地政策解析》,载自然资源部网2016年11月30日,http://www.mnr.gov.cn/zt/td/cyydzc/gfgdhjd/201905/t20190520_2412002.html。

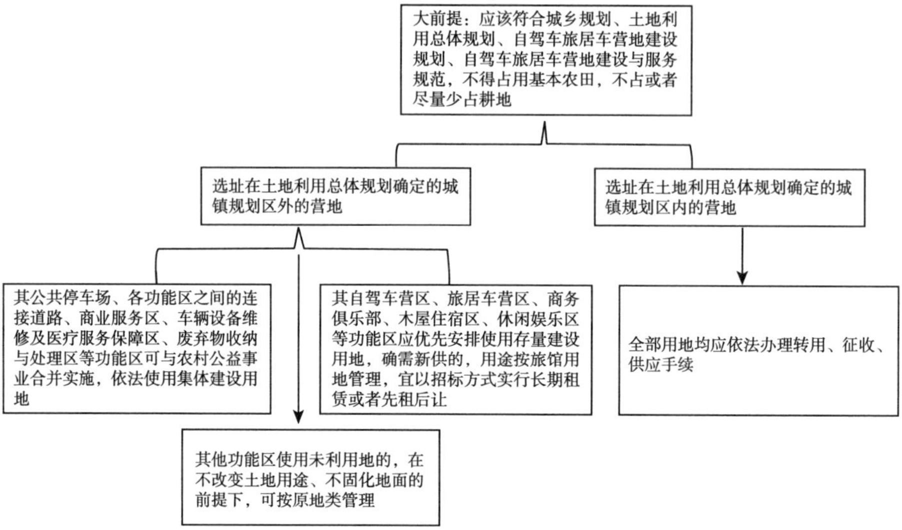

图 2　自驾车和旅居车露营地用地政策

可见，148 号文对于自驾车和旅居车露营地的用地按照位于城镇规划区内和城镇规划区外两种实行差别化管理，且如前文所述，露营地因对自然环境要求较高而多位于城镇规划区外，因此 148 号文着力针对该种项目用地的土地政策作了进一步明确。

综上所述，虽然国家大力推广以自驾车旅居车露营地为代表的露营行业有序发展，但在用地问题上依然坚守土地管理的基本底线，近两年火爆“出圈”的露营行业，在用地问题上不能出圈。

三、农用地的土地经营权流转和转用

实践中，部分露营地项目的经营主体通常会通过租赁方式从农户、村集体经济组织或者村委会手中直接或间接流转取得农用地的土地经营权，进而开展项目建设。根据《土地管理法》的有关规定，我国土地按用途划分为农用地、建设用地和未利用地。其中农用地是指直接用于农业生产的土地，包括耕地、林地、草地、农田水利用地、养殖水面等。农用地的土地经营权流转以及农用地转用问题是经营露营地项目不可避免会遇到的关键问题，不解决好这两个问题，将无法沐浴在“全民露营”这场“春风”中。下面将依次对前述两个关键问题进行介绍。

（一）农用地土地经营权流转

1.“三权分置”原则的确立

2014年11月20日，中共中央办公厅、国务院办公厅下发《关于引导农村土地经营权有序流转发展农业适度规模经营的意见》，提出“坚持农村土地集体所有，实现所有权、承包权、经营权三权分置，引导土地经营权有序流转”，这是中央政策文件层面首次正式提出农村土地所有权、承包权和经营权的“三权分置”原则。2016年10月30日，中共中央办公厅、国务院办公厅下发《关于完善农村土地所有权承包权经营权分置办法的意见》，对于农村土地所有权、承包权和经营权的“三权分置”作出了进一步规定。2018年修订的《农村土地承包法》新增第9条内容，“承包方承包土地后，享有土地承包经营权，可以自己经营，也可以保留土地承包权，流转其承包地的土地经营权，由他人经营”。自此，在法律层面上对农村土地“三权分置”以及土地经营权流转进行了确认。

2021年1月1日施行的《民法典》物权编进一步体现了“三权分置”制度，规定土地承包经营权人可以自主决定依法采取出租、入股或者其他方式向他人流转土地经营权。2021年1月4日中共中央、国务院下发《关于全面推进乡村振兴加快农业农村现代化的意见》进一步明确了“三权分置”，要求坚持农村土地农民集体所有制不动摇，坚持家庭承包经营基础性地位不动摇，在保持农村土地承包关系稳定并长久不变的基础上健全土地经营权流转服务体系。2021年3月1日，农业农村部制定的《农村土地经营权流转管理办法》正式施行，该办法进一步放活并规范了土地经营权的流转事宜。

综上，所谓“三权分置”，是指在农村土地所有权和土地承包经营权“两权分离”的基础上，允许土地承包经营权进一步派生出土地经营权并对其进行流转，即在法律上呈现出“农村土地所有权→土地承包经营权→土地经营权”的派生关系，而土地经营权正是从土地承包经营权中派生出来的一项权能。“三权分置”原则的确立为露营地的经营主体流转取得土地经营权提供了政策基础和法律依据。

2. 土地经营权的流转方式及注意事项

实践中，通常由村集体经济组织或者村委会与村民们签署土地承包合同，再由该等村民与露营地项目的经营主体签署土地经营权流转合同（流转方式为出租)，使露营地项目的经营主体获得该等土地的经营权。《农村土地承包法》第36条规定:“承包方可以自主决定依法采取出租(转包)、入股或者其他方式向他人流转土地经营权，并向发包方备案。”因此对于经营主体而言，可通过租赁或者由承包方以土地经营权入股等方式流转取得农用地的土地经营权。若从村民手中以租赁方式获得农用地的土地经营权，需确保该村民已取得土地承包经营权，这是以租赁方式流转土地经营权的前提条件。

根据《农村土地承包法》第36条、第38条、第41条、第46条以及《民法典》第341条的规定，土地经营权流转应当注意以下事项:

(1)不得改变土地所有权的性质和土地的农业用途，不得破坏农业综合生产能力和农业生态环境(因此农用地用作非农建设需要办理农用地转用审批手续)。

(2)流转期限不得超过承包期的剩余期限。

(3)土地经营权流转期限为5年以上的，当事人可以向登记机构申请土地经营权登记。未经登记，不得对抗善意第三人。

(4)承包方向他人流转土地经营权时应当向发包方备案，受让方再流转土地经营权前应当经承包方书面同意并向本集体经济组织备案。

(二)农用地的转用

1.农用地用作非农建设应当办理转用审批手续

我国实行土地用途管制制度。《民法典》第334条和《农村土地承包法》第11条均规定，未经依法批准不得将承包地用于非农建设。《土地管理法》第44条第1款规定:“建设占用土地，涉及农用地转为建设用地的，应当办理农用地转用审批手续。”因此，经营主体在流转取得土地经营权后不得擅自将农用地用作非农建设，否则将面临相关法律风险(见表3)。

表 3　擅自将农用地用作非农建设的法律风险及依据

序号	擅自将农用地用作非农建设的法律风险	法律依据
1	经营主体可能被责令退还土地、限期拆除(或被没收)新建的建筑物和其他设施、恢复土地原状以及被处以罚款等;此外,相关责任人员亦可能受到处罚;构成犯罪的,还可能被追究刑事责任	《土地管理法》第 77 条第 1 款规定:“未经批准或者采取欺骗手段骗取批准,非法占用土地的,由县级以上人民政府自然资源主管部门责令退还非法占用的土地,对违反土地利用总体规划擅自将农用地改为建设用地的,限期拆除在非法占用的土地上新建的建筑物和其他设施,恢复土地原状,对符合土地利用总体规划的,没收在非法占用的土地上新建的建筑物和其他设施,可以并处罚款;对非法占用土地单位的直接负责的主管人员和其他直接责任人员,依法给予处分;构成犯罪的,依法追究刑事责任。”
2	承包方可能因此遭受处罚以及被要求对承包地受到的损害承担赔偿损失。承包方如被处罚或被要求赔偿,很可能会向经营主体索赔,如届时发生争议,还可能会对露营地的正常运营造成不利影响	《农村土地承包法》第 63 条规定:“承包方、土地经营权人违法将承包地用于非农建设的,由县级以上地方人民政府有关主管部门依法予以处罚。承包方给承包地造成永久性损害的,发包方有权制止,并有权要求赔偿由此造成的损失。”
3	承包方有权单方解除与经营主体之间的土地经营权流转合同。 此外,农村集体经济组织也可能在报经原批准用地的人民政府批准后收回土地使用权。 如土地经营权流转合同约定将农用地用于非农用途,则该合同还可能因违反关于未经依法批准不得将农用地用于非农建设的强制性规定(根据调研,司法实践中多个案例均认定其为效力性强制性规定)而被认定为无效	《农村土地承包法》第 42 条规定:“承包方不得单方解除土地经营权流转合同,但受让方有下列情形之一的除外:(一)擅自改变土地的农业用途……” 《土地管理法》第 66 条规定:“有下列情形之一的,农村集体经济组织报经原批准用地的人民政府批准,可以收回土地使用权:……(二)不按照批准的用途使用土地的……” 《民法典》第 334 条和《农村土地承包法》第 11 条均规定,未经依法批准不得将承包地用于非农建设

经网络公开信息检索,实践中也出现过多起露营地项目因违法占地问题而被查处的案例(见表 4)。

表 4 露营地项目因违法占地被查处案例

	案例名称	基本案情和处罚结果
1	甘肃省天水市南山云端文化旅游开发有限公司违法占地建设体育露营公园案①（自然资源部挂牌督办案件）	2017 年 5 月，天水市南山云端文化旅游开发有限公司未经批准，擅自占用秦州区玉泉镇李官湾村土地 147.91 亩（耕地 86.84 亩）建设体育露营公园。 甘肃省自然资源厅决定，对项目内的永久性设施、悬空设施和场地硬化予以拆除，恢复土地原状。天水南山云端文化旅游开发有限公司因涉嫌构成犯罪，移送公安机关追究刑事责任。天水市秦州区人民政府、玉泉镇人民政府因履行耕地保护主体责任不到位，秦州区相关部门因未履行监管责任等问题，移送纪委监委追究责任
2	西安市爱自在房车自驾游温泉露营地旅游度假区项目占用耕地违法建设案②	西安理乐文化发展有限公司在渭河大堤南侧、尚稷路北侧、污泥处理厂西侧建设爱自在房车自驾游温泉露营地旅游度假区项目，该项目违法违规占用农用地进行非农业建设，在耕地上挖埋管道、填埋、堆放渣土，已构成严重的破坏耕地行为，违反了《土地管理法》相关规定。 西安市经开区管委会相关部门已开展联合执法，向该公司下发责令改正违法行为通知书，要求该公司限期清理耕地上所有堆放、压占物品，破除硬化地面、铺装道路等，对占压的耕地恢复耕种条件，复耕复种
3	温州天湖旅游开发有限公司破坏基本农田和非法占用土地案③	温州天湖旅游开发有限公司在未依法办理建设用地审批手续的情况下，擅自在平阳县海西镇青湖村占用土地建温州天湖度假村天池自驾车（房车）露营地项目。占地面积为 807.76 平方米，建筑占地面积为 469.39 平方米，建筑面积为 751.56 平方米，现状为 8 间 1 层简易木房、2 处 2 层简易木房、1 处 3 层简易集装箱结构建筑物、1 处水泥浇筑游泳池及地坛。该地块现状地类为旱地，在平阳县海西镇土地利用总体规划图中确定的用途为一般基本农田 528.84 平方米、一般农田 278.92 平方米。 根据平土资罚（2017）178 号行政处罚决定书，温州天湖旅游开发有限公司受到了以下处罚：（1）责令退还非法占用的 278.92 平方米一般农田，限期拆除其上新建的建筑物及其他设施，并恢复土地原状；（2）责令限期整改或治理破坏的 528.84 平方米一般基本农田，恢复原种植条件；（3）对其破坏 528.84 平方米基本农田的行为处以每平方米 40 元的罚款计人民币 21153.6 元；对其非法占用 278.92 平方米一般农田的行为处以每平方米 25 元的罚款计人民币 6973 元，共计人民币 28126.6 元

① 《自然资源部公布挂牌督办的 11 起土地违法案件调查处理意见》，载自然资源部网，http://www.mnr.gov.cn/dt/ywbb/202102/t20210207_2610352.html。

② 《西安经济技术开发区关于爱自在房车自驾游温泉露营地旅游度假区项目占用耕地违法建设行为的公告》，载西安经济技术开发区网 2021 年 4 月 28 日，http://xetdz.xa.gov.cn/xwzx/tzgg/608942c6f8fd1c20730c13c2.html?ivk_sa=1024320u。

③ 《温州天湖旅游开发有限公司破坏基本农田和非法占用土地案》，载威科先行 2017 年 12 月 28 日，https://law.wkinfo.com.cn/administrative-punishment/detail/MkUwMzAzNjEzODY%3D?searchId=0423f754e83540059153478b68d3d3f6&index=3&q=%E6%B8%A9%E5%B7%9E%E5%A4%A9%E6%B9%96%E6%97%85%E6%B8%B8%E5%BC%80%E5%8F%91&module=。

2. 办理农用地转用审批手续的审批机关和流程

(1)审批机关

根据《土地管理法》第44条的规定，办理农用地转用审批手续的审批机关如表5所示：

表5 农用地转用情形及审批机关

序号	转用情形	审批机关
1	永久基本农田转为建设用地的	由国务院批准
2	在土地利用总体规划确定的城市和村庄、集镇建设用地规模范围内，为实施该规划而将永久基本农田以外的农用地转为建设用地的	按土地利用年度计划分批次按照国务院规定由原批准土地利用总体规划的机关或者其授权的机关批准。 在已批准的农用地转用范围内，具体建设项目用地可以由市、县人民政府批准
3	在土地利用总体规划确定的城市和村庄、集镇建设用地规模范围外，将永久基本农田以外的农用地转为建设用地的	由国务院或者国务院授权的省、自治区、直辖市人民政府批准

(2)审批流程

根据《土地管理法实施条例》第24条的规定，农用地转用的审批流程如下：

建设项目批准、核准前或者备案前后，由自然资源主管部门对建设项目用地事项进行审查，提出建设项目用地预审意见。建设项目需要申请核发选址意见书的，应当合并办理建设项目用地预审与选址意见书，核发建设项目用地预审与选址意见书。

建设单位持建设项目的批准、核准或者备案文件，向市、县人民政府提出建设用地申请。市、县人民政府组织自然资源等部门拟订农用地转用方案，报有批准权的人民政府批准；依法应当由国务院批准的，由省、自治区、直辖市人民政府审核后上报。农用地转用方案应当重点对是否符合国土空间规划和土地利用年度计划以及补充耕地情况作出说明，涉及占用永久基本农田的，还应当对占用永久基本农田的必要性、合理性和补划可行性作出说明。

农用地转用方案经批准后，由市、县人民政府组织实施。

四、结语

虽然国家陆续出台政策鼓励露营行业发展，但土地管理的红线不可逾越。在露营地项目的选址上，应当首先符合土地利用总体规划和城乡规划（或者已经编制的国土空间规划），依法依规使用土地，不得占用基本农田，不占或者尽量少占耕地，优先考虑利用存量集体建设用地和四荒地等。确需使用农用地等非建设用地的，则需办理转用审批手续。否则，即使通过土地经营权流转的方式取得项目用地，流转合同也存在被解除或者被认定无效的法律风险，项目用地可能被收回，项目投资将遭受损失，情节严重的还可能被追究刑事责任，因此露营地项目的经营主体应当重视此问题。

旅游景区开发项目中的 PPP 模式应用

穆 耸*

* 作者简介：
穆耸，中伦律师事务所北京办公室公司业务部合伙人，电邮为：musong@zhonglun.com。

旅游景区是旅游业发展的物质基础。大型旅游景区一般依托于山川、河流等自然景观或寺庙、历史遗址等人文景观建设而成。在我国,该等自然景观或人文景观的所有权属于国家,政府既是所有者,又是管理者,因此,我国政府对于社会资本投资旅游业一直持鼓励的态度。2009 年国务院发布的《关于加快发展旅游业的意见》即提出"鼓励社会资本公平参与旅游业发展,鼓励各种所有制企业依法投资旅游产业"。2012 年 6 月,原国家旅游局发布《关于鼓励和引导民间资本投资旅游业的实施意见》,明确鼓励民间资本经营和管理旅游景区、投资旅游基础设施。2014 年,国务院发布的《关于促进旅游业改革发展的若干意见》再次提出"推动旅游市场向社会资本全面开放"。2022 年,水利部发布《水利风景区管理办法》提出"鼓励社会资本参与水利风景区建设与运营"。但是,上述政策并没有具体阐述社会资本投资旅游景区项目的方式。社会资本投资大型旅游景区的整体开发与运营,一方面须与政府合作,另一方面必须面对旅游资源开发与旅游资源保护之间的张力,因此,需要一个能够协调政企合作关系、平衡企业盈利与政府公益的合作模式。

自 2014 年开始,中央政府开始在各个领域大力推广政府与社会资本合作(Publice - Private Partnership,PPP)模式。PPP 模式也给民营企业参与旅游景区的开发提供了一种新的思路。2022 年文化和旅游部、自然资源部、住房和城乡建设部发布《关于开展国家文化产业和旅游产业融合发展示范区建设工作的通知》,要求"规范和引导社会资本进入,在文化和旅游领域稳妥推进基础设施领域不动产投资信托基金(REITs)、政府和社会资本合作(PPP)模式等,激发社会投资活力,扩大有效投资",即国家已从顶层制度上鼓励社会资本通过 PPP 方式参与旅游景区的开发。那么,从实操角度而言,民营企业,即 PPP 模式中的社会资本方,是否适合通过 PPP 模式参与大型旅游景区的整体开发和运营(以下简称旅游景区开发项目)呢?旅游景区开发项目是否符合 PPP 模式的基本要求,在具体实施上又可能存在哪些法律问题?本文尝试对上述问题作初步的探析。

一、旅游景区开发项目与 PPP 模式的契合性

PPP 模式属于舶来品。但自国务院首倡 PPP 模式以来,财政部、国家发展和改革委员会发布了一系列文件,在推广 PPP 模式的同时,阐述了 PPP 模式的政策

目的和操作方式,形成了中国语境下PPP模式的独特内涵。

从适用范围的角度看,我国的PPP模式有三个基本特点:第一,政府推广PPP模式的根本目的是增加公共产品和公共服务的供给,因此,PPP模式适用于"政府负有提供责任又适宜市场化运作的公共服务、基础设施类项目"。第二,PPP模式适用于投资总额巨大且需要专业化运营管理的项目。对于这种项目,政府无力以财政资金投资建设,也缺乏管理运营的专业知识和经验,引入社会资本具有必要性。第三,目前政府力推的采用PPP模式实施的项目,都是具有经营性的项目,即存在"使用者付费"基础的项目。PPP模式兴起的初衷是缓解地方政府债务问题。通过使用者付费,而非以地方政府存量财政资金来偿还企业的投资成本和投资回报,可以有效地减少政府的债务负担。

从上述三个基本特点考量,旅游景区开发项目是适合采用PPP模式的。

首先,旅游景区本身具有公共产品的性质。根据《旅游法》的规定,"利用公共资源建设的景区的门票以及景区内的游览场所、交通工具等另行收费项目,实行政府定价或者政府指导价,严格控制价格上涨"。因此,旅游景区的运营并不是完全市场化的,而是具有一定的公益性。国家发展和改革委员会《关于开展政府和社会资本合作的指导意见》(发改投资〔2014〕2724号)明确将旅游项目作为一种公共服务项目,鼓励采用PPP模式,旅游景区作为提供旅游公共服务的基础设施,其开发与运营自然也适合采用PPP模式。

其次,大型旅游景区的开发与运营,需要巨大的投资和专业的运营管理经验。根据《旅游法》的规定,旅游景区对外开放的前提条件之一是具备必要的旅游配套服务和辅助设施。通常来说,景区需要较为完善的道路、游步道、停车场、道路标识标牌以及给排水、供电、环保、公共卫生、通信等设施;需要游客综合服务中心、旅游饭店、餐厅、商店等旅游服务和辅助设施。旅游配套服务和辅助设施的完善程度,很大程度上决定了景区的综合服务能力和水平。为大型旅游景区内配备该等设施通常需要很大的投资,而且该等旅游设施的修建和后续运营需要专业的景区开发、运营管理经验。政府通过引入具有资金实力和专业经验的社会资本开发、运营旅游景区,不仅能够解决旅游景区开发、建设的资金问题,还能够提高旅游景区的吸引力和旅游服务的水平。

最后,旅游景区项目具有经营性。旅游景区的经营活动主要包括门票的经营和景区内交通、餐饮、商品销售等服务项目的经营。相应地,旅游景区的主要经营收入包括两部分,即门票收入和景区内服务项目的经营收入,最终都是由游客承担。因此,景区开发项目具有 PPP 模式下使用者付费的基础,引入社会资本合作不会显著增加政府的财政负担。

对此,在文化和旅游部、财政部《关于在文化领域推广政府和社会资本合作模式的指导意见》(文旅产业发〔2018〕96 号)中,两部委联合提出"鼓励社会需求稳定、具有可经营性、能够实现按效付费、公共属性较强的文化项目采用 PPP 模式。重点包括但不限于具有一定收益性的文化产业集聚发展、特色文化传承创新、公共文化服务、非物质文化遗产保护传承以及促进文化和旅游、农业、科技、体育、健康等领域深度融合发展的文化项目"。这与笔者的分析也不谋而合。

综上所述,从旅游景区开发项目的性质而言,旅游景区开发项目是符合财政部、国家发展和改革委员会对于 PPP 模式所适用项目的政策精神和基本要求的,适合采用 PPP 模式。

二、采用 PPP 模式实施旅游景区开发项目的相关法律问题

财政部与国家发展和改革委员会已分别颁布了 PPP 模式的操作指南及配套文件,对采用 PPP 模式项目的操作流程作了较为详细的规定,可以称之为 PPP 模式的"通用程序"。以财政部颁布的政策规定为例,任何采用 PPP 模式实施的项目都必须履行政府财政承受能力评估、物有所值评价、实施方案编制等一系列程序,并且从包括招标在内的五种备选采购方式中选择一种进行项目采购。因此,无论是水利工程、交通枢纽还是污水处理厂,所有采用 PPP 模式实施的项目都应当根据财政部或者国家发展和改革委员会的相关政策,履行标准化的通用程序。

不同投资项目除履行标准化的 PPP 模式通用程序之外,还应遵守与投资内容相关的较为特殊的法律法规。因此,采用 PPP 模式实施旅游景区开发项目时,必须符合法律、法规对于旅游景区开发、管理的相关规定。实践中,旅游景区的类型复杂多样,包括风景名胜区、文物保护单位、世界文化遗产、自然保护区、国家森林公园等,而且一个旅游景区可能同时涉及上述多种情况。上述不同类型的旅游景区均有其适用的特定法律、法规,如《风景名胜区条例》《文物保护法》《世界文化遗产保护管理办法》《自然保护区条例》《国家级森林公园管理办法》等。因此,旅

游景区开发项目不仅要符合《旅游法》和关于旅游业的地方性法规，还要根据旅游景区的不同类型，符合其适用的特定法律、法规的要求。因此，旅游景区类型的多样性导致旅游景区开发项目面临的法律问题也是非常复杂的。

由于篇幅限制，本文未对各种旅游景区开发项目面临的法律问题进行系统、全面的分析，而是根据笔者在采用PPP模式实施的旅游景区开发项目中积累的相关经验，选择了以下几个主要法律问题进行探讨。

(一)旅游景区经营权的出让依据

社会资本能够参与投资、运营旅游景区的前提，是国有旅游资源的所有权与经营权相分离，且社会资本可以依法取得旅游景区的经营权。但是，《旅游法》并没有对国有旅游资源或旅游景区的经营主体问题作出明确规定，相对而言，一些地方政府制定的地方性法规中，对于旅游景区的经营持有更加开放的态度。

根据笔者对全国31个省、自治区和直辖市人大制定的旅游条例的调研，共有16个省级地方旅游条例规定了旅游景区所有权与经营权分离的原则，为企业取得旅游景区经营权的奠定了基础。例如，《贵州省旅游条例》第27条第2款规定："旅游景区可以依法实行所有权和经营权分离，经营权的出让应当符合法律法规的规定。"

综观各省规定，企业取得旅游景区经营权的具体方式包括出让、转让、租赁、承包等合法方式，有的省份明确规定应通过招标、拍卖等方式选择受让方或承租方。此外，一些省份对于景区经营权出让收入的用途、旅游景区经营权受让方的条件、获得景区经营权的企业的开发经营方式等进行了限制。

对于特定类型的旅游景区所适用的法律、法规对于经营权的出让可能存在特殊规定。以风景名胜区为例，根据国务院颁布的《风景名胜区条例》的规定，进入风景名胜区的门票，由风景名胜区管理机构负责出售。也就是说，对于风景名胜区的门票，只能由风景名胜区管理机构经营。《风景名胜区条例》同时规定，风景名胜区内的交通、服务等项目，应当由风景名胜区管理机构采用招标等公平竞争的方式确定经营者。《贵州省风景名胜区条例》对于风景名胜区交通服务项目的特许经营进行了细化，将风景名胜区的特许经营分为整体项目和单个项目的特许经营，并分别规定了特许经营的期限。

当然，并不是所有省级地方旅游条例都明确支持旅游景区经营权的出让。笔者认为,如根据相关法律法规或政策规定,某个旅游景区仅能由其管理机构经营,那么,企业希望通过 PPP 模式参与该旅游景区的开发经营就可能存在一定法律障碍。

因此,采取 PPP 模式开发旅游景区,首先要根据地方制定的旅游条例以及特定类型的旅游景区所适用的法律法规,确定旅游景区经营权出让的依据。对于法律法规允许将经营权出让给企业的旅游景区,应进一步确认可以出让的经营权的范围。此外,如相关法律法规规定应当以招投标方式选择景区经营方,在选择 PPP 项目的采购方式时,应注意采用招标方式。

(二)付费机制相关法律问题

如上所述,理论上,采用 PPP 模式实施旅游景区开发项目可以实现使用者付费,以门票收入和景区内交通、服务等项目的经营收入来支付社会资本方的投资成本和投资收益。但是,从具体的法律规定来看,有以下四个问题值得注意。

第一,特定类型的旅游景区适用的法规中通常将门票经营的主体限定为旅游景区的管理机构。在这种情况下,社会资本无法直接获得门票收入。例如,《风景名胜区条例》规定,进入风景名胜区的门票,由风景名胜区管理机构负责出售。风景名胜区管理机构是当地县级以上政府设立的事业单位,一般而言,其收到的门票收入应上交财政。因此,门票收入转化为了财政收入。企业可以要求政府通过财政将门票收入支付给企业,但程序上应注意符合《预算法》的要求。

第二,旅游景区经营权出让可能需要依法支付对价。例如,根据《风景名胜区条例》的规定,风景名胜区内交通、服务项目的经营者应当缴纳风景名胜资源有偿使用费。旅游景区的经营权的对价可以理解为旅游景区未来经营收入的折现。如果社会资本为取得旅游景区的经营权支付了对价,那么,从商业的角度来看,社会资本只能通过门票收入及其他经营性收入收回投资成本和投资收益。这对于社会资本而言,不仅增加了资金投入上的负担,而且减少了收回投资成本和投资收益的资金保障。一种可行的解决方案是由政府承诺将收取的经营权对价投入双方成立的合资公司,用于项目建设,这在一定程度上可以减少社会资本的资金压力。

第三,无论是旅游景区的门票收入还是经营权出让收入,法律、法规或地方政策可能规定了该等收入的特定用途。因此,政府使用该等资金时,应当注意符合法律规定的用途。

第四,调价机制的问题。根据《旅游法》的规定,旅游景区的门票及服务项目的价格实行政府定价或政府指导价。因此,政府有权依法调整门票和服务项目的价格,从而影响社会资本的投资收入。社会资本为保障自身利益,可以要求在合同中约定调价必须以合理的经济测算为基础,并充分考量社会资本的意见。

(三)采用PPP模式实施旅游景区开发项目实施机构的确定

PPP项目的实施机构是负责PPP项目的准备、采购、监管和移交等工作的主体,而且是PPP项目合同中代表政府的签约方。

对于PPP项目实施机构的主体范围,财政部与国家发展和改革委员会发布的相关政策规定存在一定差异。财政部的文件中规定,“政府或其指定的有关职能部门或事业单位可作为项目实施机构”,并未明确企业可以作为项目实施机构;而根据国家发展和改革委员会发布的文件的规定,“行业管理部门、事业单位、行业运营公司或其他相关机构”可以作为政府授权的项目实施机构。因此,如果政府希望由政府部门或事业单位之外的主体作为PPP项目的实施机构,应当选择适用国家发展和改革委员会发布的文件。

采用PPP模式实施旅游景区开发项目往往会涉及风景名胜区管理、文物保护、交通、土地等多方面的内容,一般而言,只有市、县政府具有相应的职权,某个政府部门、景区管理机构或政府平台公司都不具有相应的职权处理上述各方面的问题。因此,由市、县政府作为项目的实施机构并签署PPP项目合同,才能保障项目的顺利实施,才能有效地保障社会资本的合法权益。

PPP项目实施机构是项目合同的签约主体,但不一定是与社会资本共同成立项目公司的主体,应当注意区分。采用PPP模式实施旅游景区开发项目中,市、县政府作为项目实施机构与社会资本签署PPP项目合同,可以另行指定政府平台公司等主体与社会资本成立项目公司。

(四)特殊景区的建设限制

对于文物保护单位、自然保护区等特定类型的旅游景区,为保护相关的资源,法律、法规对于一定范围内的开发建设进行了限制,并要求取得主管部门的批准。以文物保护区为例,根据《文物保护法》的规定,文物保护单位的保护范围内不得进行其他建设工程或者爆破、钻探、挖掘等作业。但是,因特殊情况需要进行建设的，须经核定公布该文物保护单位的人民政府批准，在批准前应当征得上一级人民政府文物行政部门同意。全国重点文物保护单位须经省、自治区、直辖市人民政府批准，在批准前应当征得国务院文物行政部门同意。

自然保护区、风景名胜区相关法规中也有此类对建设开发、观光游览、土地出让等行为进行限制的规定。社会资本在对特殊类型的旅游景区进行开发时，应注意相关法律、法规对于开发建设的限制，并符合相关规划的要求。

（五）上市限制问题

根据国家发展和改革委员会等部委于 2008 年联合下发的《关于整顿和规范游览参观点门票价格的通知》的规定，对依托国家资源的世界遗产、风景名胜区、自然保护区、森林公园、文物保护单位和景区内宗教活动场所等游览参观点，不得以门票经营权、景点开发经营权打包上市。笔者注意到，近年来上市的旅游业公司，其主营业务中都不包括旅游景区的门票经营权或景点整体的开发经营权，而是以景区内某些经营项目（如酒店、索道经营、旅游客运等）作为主营业务。

因此，在 PPP 模式中，以门票经营权或景点开发经营权作为主营业务的景区平台公司如有上市计划，可能面临着政策障碍。社会资本如果有上市计划，在最初交易结构设计时，要考虑到上述政策对于上市主体的业务限制。

三、结语

多年来，我国对国有旅游资源的开发一直采取以财政投入为主的模式，一方面是因为政府缺乏将能够带来稳定财政收入的优质旅游景区资产与企业分享的意愿；另一方面是因为缺少促进政府与企业就景区开发项目进行合作的良好商业模式。在目前政府政策大力支持的大背景下，PPP 模式也许能够为企业投资旅游景区开发项目提供更多的契机。

旅游景区开发项目属于综合性、区域性的 PPP 项目，涉及景区管理、文物保护、交通、土地等多方面的内容，而且要将旅游景区相关法律问题与 PPP 模式结合，因此比较复杂。笔者希望以本文激发更多的研究和探讨。

（李嘉辉对本文亦有贡献）

境外酒店业 REITs 比较研究

纪　超　朱超群*

*作者简介：

纪超，中伦律师事务所上海办公室公司业务部合伙人，电邮为：georgeji@ zhonglun. com。

朱超群，中伦律师事务所上海办公室公司业务部非权益合伙人，电邮为：Elainezhu@ zhonglun. com。

从20世纪60年代以来，不动产投资信托基金（Real Estate Investment Trusts，REITs）在国际市场已经发展成为一个较为成熟的资产证券化产品，但对国内市场而言还是一个相对新生的事物。自国家发展和改革委员会（以下简称国家发改委）和中国证券监督管理委员会（以下简称中国证监会）于2020年4月24日联合发布《关于推进基础设施领域不动产投资信托基金（REITs）试点相关工作的通知》（证监发〔2020〕40号）开始，国家发改委、中国证监会、中国证券投资基金业协会、上海证券交易所、深圳证券交易所、中国证券登记结算有限责任公司等部门及机构陆续推出公募REITs项目的配套指引和规则，标志着我国公募REITs试点工作的正式启动。2021年6月21日，首批9个公募REITs试点项目顺利上市；2021年11月12日，第二批2个公募REITs试点项目获准正式公开发行。

我国基础设施公募REITs采用了"证券投资基金＋基础设施资产支持证券"的产品构架，鼓励基础设施项目开展试点，目前支持的项目包括了仓储物流、产业园区、公路、铁路、互联网数据中心、污水处理、垃圾焚烧等资产类别，但明确规定酒店、住宅、商业及办公地产等不动产项目不属于试点范围。然而，从国外市场的发展情况来看，已有40个国家和地区建立起了不动产投资信托制度，REITs已广泛投资于酒店、办公、零售、住宅、健康医疗、工业等行业。国内REITs的市场空间广阔，国外市场中REITs产品在这些行业的成功案例和经验，对我国未来REITs产品的发展具有很好的借鉴意义。

一、美国REITs

REITs最早发源于美国。1960年，美国国会通过《不动产投资信托法案》（Real Estate Investment Trust Act）建立了REITs制度，即允许投资者以购买流通证券的形式投资于商业房地产项目，使中小型投资者能够参与大规模的不动产投资。同年，美国政府通过《国内税收法规》（Internal Revenue Code of 1960），赋予REITs税收优惠并推动了REITs在美国的发展。1986年的《税收改革法案》（Tax Reform Act of 1986）扩大了REITs的资产管理权限，使其能够直接参与经营和管理房地产，而不是简单地拥有房地产或为其提供融资。1993年，克林顿政府签署法案，允许养老基金投资房地产投资信托基金，助推了REITs在美国市场快速发展。1999年的《REITs现代化法》（REITs Modernization Act of 1999）将REITs收入分配比例降低至 90%，并允许 REITs 成立按正常公司标准纳税的子公司，允许 REITs 提供房地产以外业务的服务。美国的税法也经过多次修改和调整，持续的税收优惠为 REITs 的发展奠定了基础。REITs 在满足组织、所有权、分配以及资产和收入等要求的情况下，可享受美国联邦所得税优惠待遇。在美国，房地产证券化商品已被投资者视为在股票、债券、现金之外的第四类资产，既可以增加资产配置的多样性，又可以分散投资风险。①

从资产属性来看，美国 REITs 可分为：(1) 权益型 REITs(Equity REITs)，指拥有和运营收益型不动产项目的投资组合，主要收入来自租金或买卖不动产、地产项目的交易利润，其通常专注于一种或多种资产类别，如工业、办公、酒店、住宅等；(2) 抵押型 REITs(Mortgage REITs)，指通过购买或提供抵押贷款和抵押担保证券为收益型不动产项目提供融资，并从该等投资的利息中赚取收入的 REITs。从流通属性来看，美国 REITs 可分为：(1) 公开非上市 REITs(Public Non - listed REITs)，指需在美国证券交易委员会注册但不在证券交易所交易的 REITs；(2) 私募 REITs(Private REITs)，指免予在美国证券交易委员会注册且其股票不在证券交易所交易的 REITs。②

美国法律允许采用股份公司、信托、有限责任公司或者合伙企业的组织形式来设立 REITs。目前美国市场上公开交易的 REITs 较多采用股份公司的形式。股份公司型 REITs 以股份有限公司为载体，具有独立法人资格，可以通过出售公司股份向投资者筹集资金。投资者在投资后成为 REITs 股东，享有股东的权利，REITs再将收益以股利形式分配给投资者。

公开非上市的权益型 REITs 比较常见的结构是伞形合伙 REITs 结构(见图 1)。在该结构中，REITs 往往通过一个运营合伙企业持有和运营其所有资产和业务。不动产持有人将其拥有的不动产注入该运营合伙企业，并获得该合伙企业的财产份额。运营合伙企业财产份额的持有人可以要求合伙企业以现金赎回其财产份额，也可以通过该财产份额换取 REITs 的股份。在美国税法下，通过运营合伙企

---

① 参见陆一：《美国 REITs 市场的全景扫描》，载银河基金网，http://www.galaxyasset.com/article-filepath/REITs.pdf。

② Learn the Basics of REITS & REIT Investing, Nareit, https://www.reit.com/what - reit/reit - basics.

业进行的不动产买卖可以推迟或避免缴纳资本利得税,这也是伞形合伙REITs成为美国主要 REITs 运营结构模式的根本原因之一。

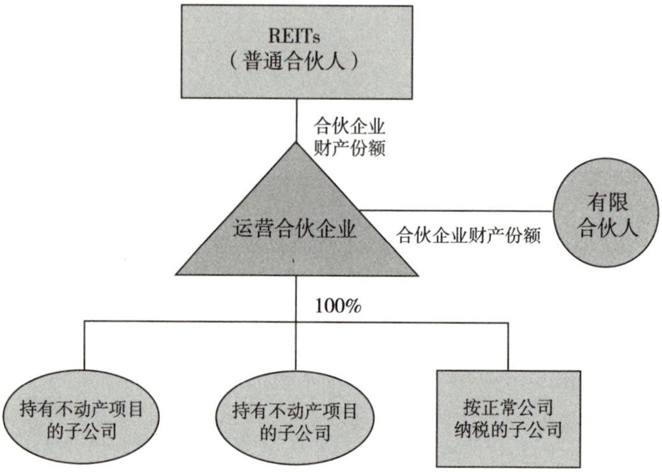

图 1 伞形合伙 REITs 结构

资料来源:Frequently Asked Questions about Real Estate Investment Trusts by Morrison Foerster LLP, https://media2. mofo. com/documents/190722 – reit – faqs. pdf。

根据美国法律,REITs 需要在组织方式、投资内容、收益来源与收益分配等方面都符合严格的规定,才能享受相关免税待遇。如果不符合该等规定,就只能与普通的股份公司一样缴纳公司所得税。该等限制性规定主要包括:

(1)法律形式。美国境内的任何合法的应纳税经营实体,由董事会或受托人管理。

(2)持有人限制。每年的 365 天中至少 335 天(第一年除外)达到不少于 100 个股东;在任何税务年度的后半年(第一年除外),5 个或更少的股东不能持有超过 50% 的股份;但对于境外股东没有限制。

(3)上市。不强制要求上市。

(4)资产构成。REITs 的全部资产价值的至少 75% 有不动产资产、现金和现金等价物或政府证券。

(5)杠杆率。暂时无法律或监管上的限制。

(6)收入。至少 75% 的收入来自租金、不动产抵押贷款利息或不动产销售收益。

(7)利润分配。每年应将其应纳税普通收入中的至少 90% 以股东股息形式分配。

美国 REITs 投资的基础资产种类丰富,包括工业、办公、零售、住宅、基础设施、数据中心等。从历史回报水平来看,各类型 REITs 的表现差异较大。通常来说,美国 REITs 专注于特定的房地产行业,如酒店、住宅、办公、工业等,但多元化 REITs 在其投资组合中持有不同类型的房地产的案例也日益增多。美国 REITs 投资的不同基础资产类别占比如图 2 所示:

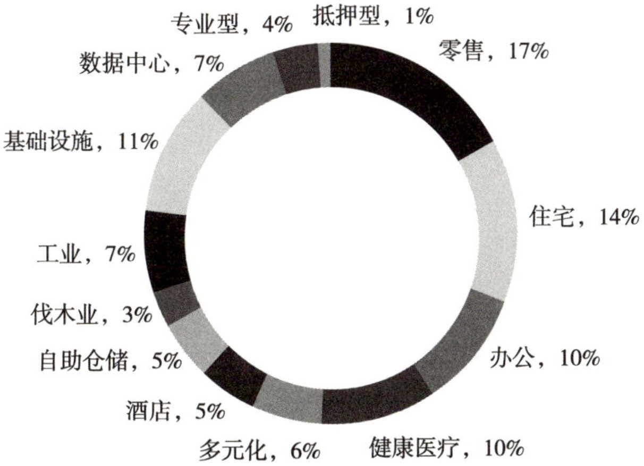

图 2 美国 REITs 投资的不同基础资产类别

资料来源:https://www.reit.com/what-reit/reit-sectors。

美国不同类型 REITs 综合回报率如图 3 所示:

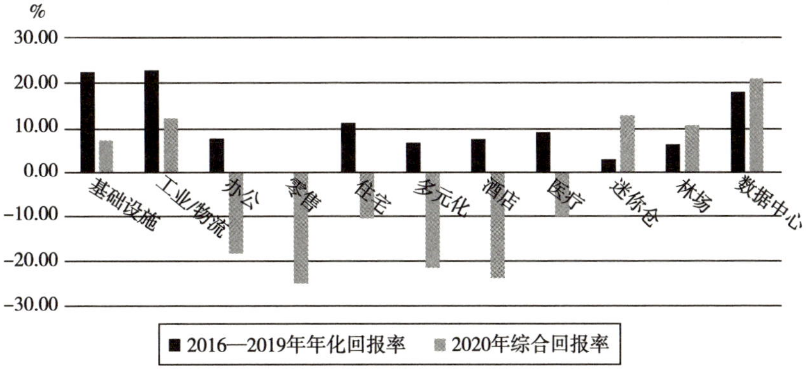

图 3 美国不同类型 REITs 综合回报率①

① 参见中国房地产业协会 & 戴德梁行:《2020 亚洲房地产投资信托基金(REITs)研究报告》,载 https://a.eqxiu.com/s/1847msB2? eqrcode=1&adpop=1。

根据美国房地产投资信托基金协会(Nation Association of Real Estate Investment Trusts,Nareit)的数据,截至2021年7月31日,部分行业不动产类型REITs的投资业绩如表1所示:

表1 部发行业不动产类型REITs的投资业绩

行业	数量	市值($B)	股息收益率	2021年7月总回报率	2021年总回报率(YTD)	2020年总回报率
酒店	13	37.5	0.04%	-5.93%	10.33%	-23.6%
办公	20	109.2	3.39%	3.06%	18.66%	-18.44%
工业	13	169.5	2.11%	6.88%	27.26%	12.17%
零售	30	169.6	3.96%	1.75%	35.13%	-25.18%
住宅	20	234.3	2.38%	10.86%	41.46%	-10.69%
伐木业	4	34.5	2.3%	-1.01%	5.77%	10.33%
健康医疗	17	129.9	3.88%	5.12%	19.12%	-9.86%
自助仓储	5	101.6	2.52%	5.54%	43.94%	12.91%
基础设施	4	251.8	1.98%	3.08%	24.67%	7.25%
数据中心	5	136.9	2.15%	2.08%	13.7%	21%
多元化	15	51.6	4.05%	4.16%	23.85%	-21.76%
专业型	10	63.5	4.44%	1.57%	29.98%	-8.24%
抵押型	33	73.6	8.25%	-2.55%	16.32%	-18.77%

注:1. 数据统计截至2021年7月31日。

2. See *REIT Industry Fact Sheet*, data as of July 31, Nareit, 2021, https://www.reit.com/sites/default/files/2021-08/MediaFactSheet_Jul-2021.pdf.

根据Nareit(Nation Association of Real Estate Investment Trusts,美国房地产投资信托基金协会)的数据,截至2021年7月31日,年度总回报率比较如表2所示:

表 2　年度总回报率比较(单位:%)

	FTSE Nareit All REITs	FTSE Nareit All Equity REITs	S&P 500	Russell 2000	Nasdaq Composite	Dow Jones Industrial Average
2021: YTD	26.05	26.65	17.99	13.29	14.26	15.31
1-Year	34.55	33.50	36.45	51.97	37.53	34.79
3-Year	12.67	13.34	18.16	11.49	25.31	13.72
5-Year	8.07	8.20	17.35	14.28	24.49	16.30
10-Year	10.56	10.64	15.35	12.34	19.53	13.88
15-Year	7.40	7.74	10.86	9.49	13.87	10.64
20-Year	10.43	10.83	8.79	9.36	10.40	8.80
25-Year	10.26	10.75	10.06	9.57	11.00	7.65
30-Year	10.66	11.21	10.65	10.39	11.91	8.50
35-Year	9.28	10.36	11.16	9.83	11.08	8.89
40-Year	10.32	11.65	11.98	10.42	11.18	9.42
1972-2021	9.82	11.84	11.06	—	8.91	7.68

Data in percent; highest return for the period in bold.

Returns in italics are price-only.

注:See *REIT Industry Fact Sheet*, data as of July 31, 2021, Nareit, https://www.reit.com/sites/default/files/2021-08/MediaFactSheet_Jul-2021.pdf。

就酒店 REITs 的经营表现而言,美国酒店 REITs 拥有和管理着众多酒店和度假不动产项目,为各领域的顾客(从商务出行到个人旅游度假)提供住宿服务。就酒店 REITs 而言,其经营情况近期逐渐显现出了复苏的迹象。Nareit 数据显示,13 支美国酒店 REITs 2020 年全年总回报率为 -23.6%,而从 2021 年年初至 2021 年 7 月 31 日的总回报率已回升至 10.33%。根据 PwC 美国酒店业指南(PwC Hospitality Directions US)预计,美国酒店 2021 年度入住率将增加到 57.2%;继 2020 年下降 21.3%之后,2021 年平均每日房价(ADR)将增加 8.0%;到 2021 年结束,每间可用客房收入大约是新冠疫情前水平的 74%。[①] 根据 Green Street 的一份报告,自新冠疫情开始以来,美国酒店 REITs 在 2021 年 3 月 EBITDA(利息、税费、折旧及摊销前利润)首次为正数。并且,STR 的数据显示,92% 的美国酒店已在 2021 年 4 月实现盈利。[②]

① See US Hospitality Directions: May 2021, https://www.pwc.com/us/en/industries/hospitality-leisure/us-hospitality-directions.html.

② See John Egan, *Lodging Resort REITs are Showing Signs of Recovery*, Nareit (JuLy 29, 2021), https://www.reit.com/news/reit-magazine/july-august-2021/lodging-and-resort-reits-are-showing-signs-recovery.

二、新加坡 REITs

除了在美国市场已经发展成熟，REITs 在亚洲市场也已成为主要投资产品之一。截至 2020 年 12 月 31 日，亚洲市场上活跃的 REITs 共计 185 只，总市值达 2814 亿美元，其中日本、新加坡、中国香港特别行政区三地 REITs 市值合计占比近九成。分派收益率①从高到低依次为新加坡（6.4%）、中国香港特别行政区（6.3%）、日本（4.8%），杠杆率从高到低依次为日本（44%）、新加坡（37%）、中国香港特别行政区（28%），年化综合收益率②（过去 10 年）从高到低依次为中国香港特别行政区（10.8%）、日本（8.9%）、新加坡（8.8%），但是 2020 年新加坡上市 REITs 表现优于中国香港特别行政区和日本，平均综合回报率为 -2.7%，而中国香港特别行政区、日本 REITs 综合收益率分别为 -13.0% 和 -13.1%。③

根据亚太房地产协会（APREA）的数据，截至 2020 年 12 月 31 日，各地区 REITs 市场年化综合收益率和亚太 REITs 市场各物业类型年化综合收益率如表 3 和表 4 所示：

表 3　各地区 REITs 市场年化综合收益率

	中国香港特别行政区	日本	新加坡
1 年	-13.0%	-13.1%	-2.7%
3 年	-2.5%	6.7%	6.1%
5 年	7.1%	4.6%	10.7%
10 年	10.8%	8.9%	8.8%

资料来源：亚太房地产协会（APREA）。

---

① 分派收益率定义为过去 12 个月的股息（过去一年的总派息额）与 REITs 股票市价（2020 年 12 月 31 日的价格）之比。

② 综合回报率由每基金单位估价变动和派息两部分组成。

③ 参见中国房地产业协会 & 戴德梁行：《2020 亚洲房地产投资信托基金（REITs）研究报告》，载 https://a.eqxiu.com/s/1847msB2?eqrcode=1&adpop=1。

表 4 亚太 REITs 市场各物业类型年化综合收益率

	综合	零售	办公	酒店	工业/物流	公寓	医疗健康
1 年	-14.9%	-15.5%	-16.8%	-23.9%	21.7%	-5.5%	-14.0%
3 年	5.7%	-0.3%	5.2%	-4.8%	17.2%	9.7%	1.1%
5 年	6.9%	3.7%	6.1%	0.1%	14.3%	8.6%	6.1%
10 年	10.4%	8.9%	8.7%	—	13.8%	11.6%	13.1%

资料来源:亚太房地产协会(APREA)。

新加坡作为亚洲第二个推出 REITs 的国家,已经是除日本之外亚洲最大的 REITs 市场,并且逐渐成为一个全球性的 REITs 中心。1999 年,新加坡金融管理局发布《新加坡不动产基金指引》,为 REITs 的发展奠定了基础。2001 年,新加坡税务部门颁布《REITs 所得税处理条款》,制定了"税收透明待遇",对达到分红比例 90% 的 REITs 可申请享受该优惠待遇,从而在 REITs 层面免征所得税,仅在投资者层面缴纳相应税款,避免了重复征税问题,为 REITs 的发展提供空间。2002 年 7 月,新加坡第一支 REITs——凯德商用新加坡信托(Capital Mall Trust)在新加坡交易所主板成功上市。

新加坡 REITs(S - REITs)受《证券和期货法则》(Securities & Futures Act)和《集合投资计划守则》(Code on Collective Investment Schemes)的管辖,由新加坡金融管理局和新加坡证券交易所监管。S - REITs 采取信托基金模式,其基本构架如图 4 所示。

新加坡法律要求 S - REITs 必须有一个独立的受托人(Trustee),其依照信托契约和相关法律为信托单位持有人的利益持有 REITs 的财产,确保符合适用法律,并对投资者利益负责。受托人必须持有新加坡金融管理局颁发的相关执照。与美国 REITs 不同的是,S - REITs 主要通过 REITs 管理人进行外部管理,且 REITs 管理人应独立于受托人。S - REITs 管理人依照信托契约和相关法规管理 S - REITs,制定和执行 S - REITs 的投资决策。新加坡法律亦对 REITs 管理人的资质作出了要求,例如:(1)必须是新加坡注册法人;(2)注册资本不少于 100 万新加坡元;(3)必须具有相关经验;(4)持有新加坡金融管理局颁发的相关资本市场服务牌照等。物业管理人往往由 REITs 管理人任命,对 S - REITs 持有的底层资产进行管理,其主要职责包括监督和处理物业的出租、维护物业、开展营销活动。

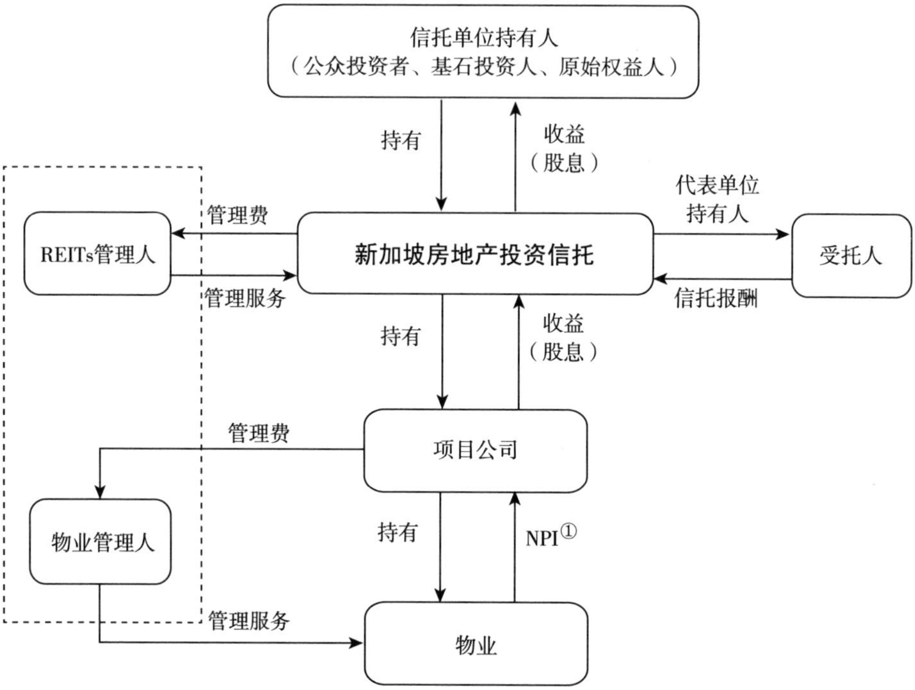

图4 S－REITs 基本结构②

为确保 S－REITs 的稳定性和公众投资者的利益，新加坡法律对 S－REIT 设定了一些限制性规定，主要包括：

(1)法律形式。契约型信托计划。

(2)上市条件。REIT 产品的资本金中至少 25% 的份额要由至少 500 个公众持有者持有；最低资产规模不低于 2000 万新加坡元（如以外币发行，则为至少 2000 万美元）；最低发行价格为 0.5 新加坡元。

已实现盈利的企业。在上一个财务年度税前盈利达到 3000 万新加坡元，且拥有至少 3 年的经营记录；或者在上一个财务年度盈利、拥有至少 3 年的经营记录，且根据发行价格计算的总市值不低于 1.5 亿新加坡元。

未实现盈利的企业。若在上一个财务年度仅有营业收入，则根据发行价格计

① NPI（Net Property Income），物业净收入。

② 凯德集团凯德基金管理总裁叶能栋：《新加坡 REITs 发展历程与实践经验分享》，载 https://xueqiu.com/7906205776/174501257。

算的总市值不低于 3 亿新加坡元。

(3)投资行为。至少 75% 的存量资产要投资于可以产生稳定收入的不动产项目;禁止投资空置土地或抵押贷款(抵押担保证券除外),但投资于在空置土地上已获得批准的待建房地产项目或其他在建工程的除外;不得从事房地产开发业务(不包括对已建成物业翻新、翻修或重新装修),除非在开发完成后持有该房地产;投资于房地产开发业务和在建工程项目的合同总金额不得超过 REITs 总资产规模的 10%(在满足特定条件的情况可以调高限额,但不得超过 25%)。

(4)收入。REITs 收入应主要来源于以下投资:REITs 持有不动产的租金收入(包括与出租不动产相关的收入,如承租人使用招牌位、广告费用的收入);或从特殊目的公司(SPV)和其他允许的投资中获得的利息、股息及其他类似收入,但从其他来源获得的收入不应超过总收入的 10%。

(5)杠杆率。2022 年 4 月之前,总杠杆比例限额为 REITs 总资产值的 45%;2022 年 4 月之后,总杠杆比例限额为 REITs 总资产值的 50%。

(6)利润分配。至少将营业收入的 90% 分配给信托单位持有人。

截至 2021 年 7 月 30 日,新加坡共有 42 只房地产信托在新加坡交易所挂牌上市,规模超过 1140 亿新加坡元,相当于新加坡股市总市值的 13%,10 年总回报率为 132.5%,10 年的市值年复合增长率为 11%,平均股息收益率为 5.8%,平均负债率为 37.5%。①

从资产区域及行业分布来看,超过 80% 的 S - REITs 拥有新加坡以外地区的资产,并且投资和拥有外国资产的比例呈上升趋势。S - REITs 投资的底层资产包括办公类、零售类、酒店/服务式公寓类、医疗保健类、工业类、物流类等,其中酒店 REITs 占据 13%(相关数据截至 2021 年 7 月 30 日,见图 5、图 6)。

---

① See *SGX Research*, *SREITs & Property Trusts*, August 2021, https://www.reitas.sg/wp-content/uploads/2021/08/SGX-Research-SREIT-Property-Trusts-Chartbook-August-2021.pdf.

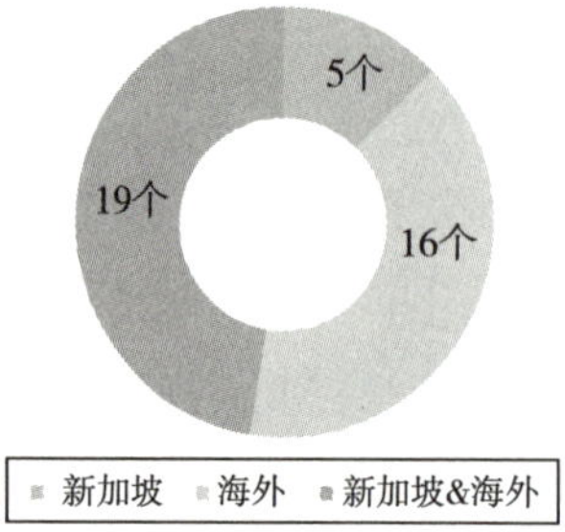

图5 80%以上的S-REITs和房产信托持有海外资产

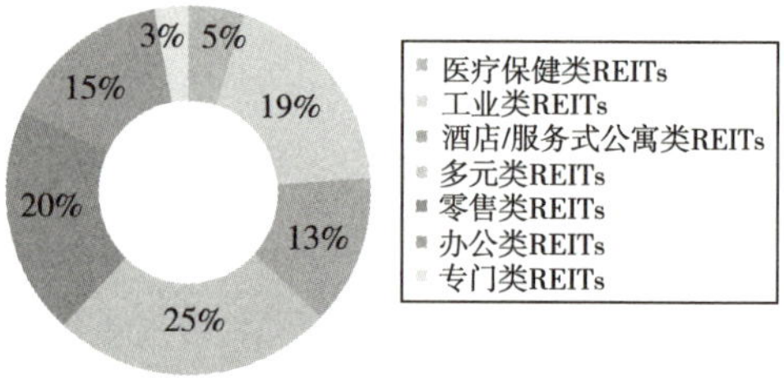

图6 S-REITs投资于不同资产类别（按S-REITs数量统计）

资料来源：*SGX Research*，*SREITs &Property Trusts*，August 2021。

S-REITs按行业划分的收益率如图7所示：

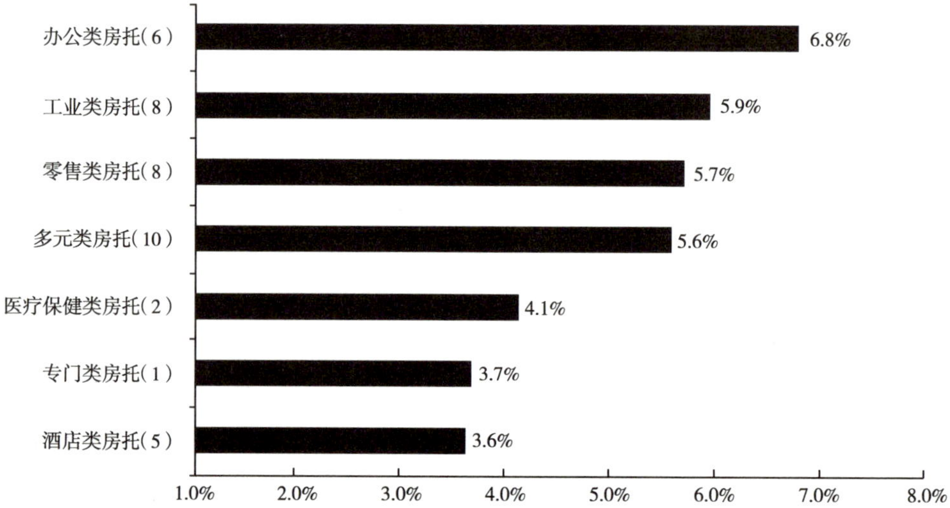

图7 S-REITs按行业划分的收益率

资料来源：*SGX Research*，*SREITs &Property Trusts*，August 2021。

截至2020年12月，有10只S-REITs持有国内物业资产，主要集中于零售、工业物流、服务式公寓、办公和商业综合体。

新加坡上市REIT和地产商业信托陆续公布了截至2021年6月30日的财务业绩或最新业务报告。公布2021年上半年派息情况的S-REIT每单位派息较去年同期平均增长36%。[①] 2021 年 1 月至 6 月，每单位派息涨幅最大的 5 只 S－REIT 的情况如表 5 所示：

表 5　2021 年上半年每单位派息同比增幅最大的 5 只 S－REIT

REIT	财政年度截止月份	每单位派息频率	2021 年上半年公布的每单位派息（新分）	2020 年上半年公布的每单位派息（新分）	变化幅度
新加坡报业控股房产投资信托*	8 月	每季度一次	2.62	0.80	228%
胜宝工业信托	12 月	每半年一次	1.48	0.47	215%
升禧环球房地产信托	6 月	每半年一次	2.07	0.70	196%
雅诗阁公寓信托	12 月	每半年一次	2.05	1.05	95%
凯德综合商业信托	12 月	每半年一次	5.18	2.96	75%

注：* 新加坡报业控股房地产投资信托的半年度每单位派息时间为 2020/2019 年 12 月至 2021/2020 年 5 月。资料来源：公司公告。

截至 2021 年 4 月，新加坡市场中的酒店类 REITs 基本情况如表 6 所示[②]：

表 6　新加坡市场中的酒店类 REITs 基本情况

	合订信托	市值 S $ Bil	资产组合 S $ Bil	国家
1	Ascott Residence Trust	3.3	7.2	新加坡、澳大利亚、印度尼西亚、马来西亚、越南、菲律宾、中国、日本、西班牙、法国、比利时、德国、英国、美国
2	CDL Hospitality Trust	1.5	2.9	新加坡、澳大利亚、新西兰、马尔代夫、日本、英国、德国
3	Far east Hospitality Trust	1.2	2.6	新加坡

① 参见《新加坡上市 S－REIT 2021 年上半年每单位派息同比平均增长 36%》，载雪球网，https://xueqiu.com/3180190978/195323617。

② See S－REITs Sector, https://www.reitas.sg/singapore－reits/s－reit－sectors/.

续表

	合订信托	市值 S＄ Bil	资产组合 S＄ Bil	国家
4	Frasers Hospitality Trust	1.0	2.4	新加坡、澳大利亚、英国、马来西亚、德国、日本
5	ARA Hospitality Trust	0.3	1.0	美国

以雅诗阁公寓信托（Ascott Residence Trust，ART）的发展沿革为例。ART 是亚太地区最大的酒店类 REITs 以及全球十大酒店信托之一，截至 2021 年 6 月 30 日，其资产价值为 73 亿新加坡元。自 2006 年 3 月在新加坡证券交易所上市以来，ART 主要投资于收益型房地产项目和相关资产，主要包括服务式公寓、酒店、租赁房产和其他住宿产品资产。2020 年 1 月，ART 完成腾飞酒店信托的合并，上市主体资产价值提升 30%，并且合并后 ART 于 2020 年 6 月纳入富时 EPRA Nareit 全球发展指数。ART 旗下包括 88 处物业，在亚太地区、欧洲和美国的 15 个国家或地区的 38 个城市拥有 16000 多个单位。ART 旗下物业主要以雅诗阁（Ascott）、盛捷（Somerset）、奎斯特（Quest）和馨乐庭（Citadines）品牌经营。ART 由雅诗阁房地产投资信托（Ascott Real Estate Investment Trust，Ascott REIT）和雅诗阁商业信托（Ascott Business Trust，Ascott BT）组成，由雅诗阁公寓信托管理有限公司（Ascott Residence Trust Management Limited，负责 Ascott REIT）和雅诗阁商业信托管理有限公司（Ascott Business Trust Management Pte. Ltd.，负责 Ascott BT）管理，两者都是新加坡上市的 CapitalLand Limited 的全资子公司，CapitalLand Limited 是亚洲最大的多元化房地产集团之一。ART 在中国的投资组合资产包括苏州馨乐庭星海公寓酒店（Citadines Xinghai Suzhou）、武汉馨乐庭沌口公寓酒店（Citadines Zhuankou Wuhan）、大连盛捷天城服务公寓（Somerset Grand Central Dalian）、沈阳盛捷和平服务公寓（Somerset Heping Shenyang）、天津盛捷奥林匹克服务公寓（Somerset Olympic Tower Tianjin）。①

Ascott Residence Trust 的交易结构如图 8 所示：

① 参见 https://www.ascottresidencetrust.com/。

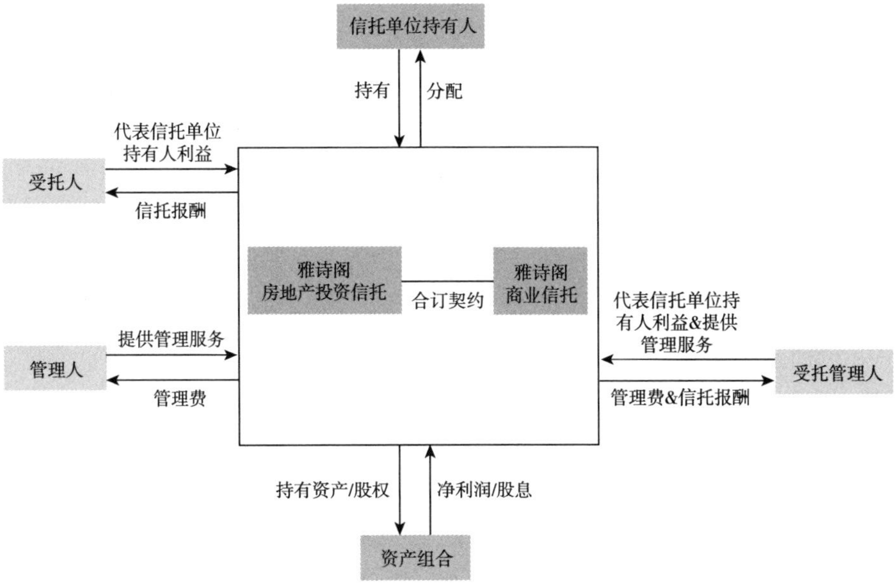

图 8　Ascott Residence Trust 结构①

截至 2021 年 6 月 30 日，Ascott Residence Trust 财务数据如图 9 所示：

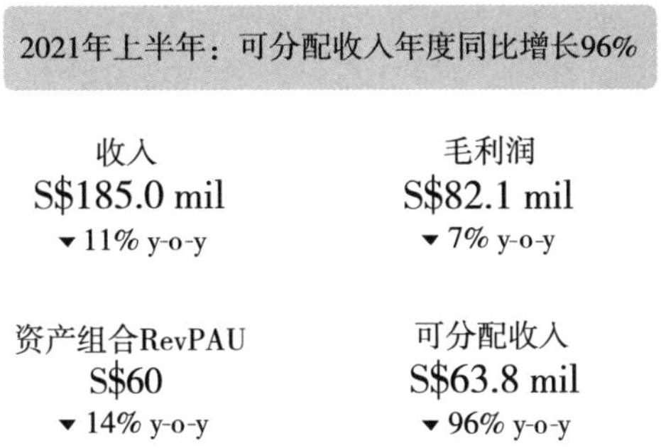

图 9　截至 2021 年 6 月 30 日，Ascott Residence Trust 财务数据②

① See Ascott Residence Trust Annual Report 2020, Ascott Residence Trust, https://investor.ascottresidencetrust.com/misc/ar2020.pdf.

② See Ascott Residence Trust 1H 2021 Financial Results, https://investor.ascottresidencetrust.com/newsroom/20210727_063025_HMN_1LAJ4GECKY96OKPM.4.pdf.

三、中国香港 REITs

2003 年，香港证券及期货事务监察委员会（以下简称香港证监会）发布了《房地产投资信托基金守则》（Code on Real Estate Investment Trust），为香港 REITs 的发展提供了法律基础。香港证监会是房地产投资信托基金的主要监管机构，所有房地产投资信托基金必须先得到香港证监会认可才能在证券市场上市。香港证监会认可的房地产基金受香港证监会的《房地产投资信托基金守则》及香港交易所（以下简称港交所）发出的有关上市规则的规制。2005 年，领展房地产投资信托基金作为首支 REITs 在港交所挂牌上市。

香港并未就 REITs 单独发布税收优惠政策，但基于其自身的税收制度优势，香港 REITs 并无双重征税的不利因素，且总体税负较低。经过十多年的发展，香港已经发展成为一个主要的 REITs 市场。香港的 REITs 市场具有比较鲜明的特色，其单只 REITs 规模较大、发行目的明确、发起人以大型地产商为主，房企在 REITs 中承担重要角色，通常对 REITs 决策、管理拥有主导权。[①] 香港 REITs 市场产品较少，其物业资产组合以综合类为主，包括零售、办公、酒店等。

2020 年受新冠疫情和社会事件的冲击，香港 REITs 交易市值整体下降 11%，相比股票价格整体下降 5% 较为疲弱，交易流动性有所降低。截至 2020 年 12 月 31 日，中国香港上市 REITs 数量共 11 只，总市值约 304 亿美元，其中有 6 只持有国内物业。香港 REITs 持有的国内物业主要集中为办公、零售、酒店、商业综合体和工业物流。2013 年上市的开元产业信托（酒店）于 2021 年 1 月公告私有化退市。2021 年 5 月，顺丰房地产投资信托基金（物流）挂牌上市，成为港交所上首只物流 REITs。[②]

---

① 参见郑雅洁：《香港 REITs 市场发展及对内地的启示》，载《新金融》2020 年第 7 期。

② 《2020 年亚洲房地产投资信托基金（REITs）研究报告》，中国房地产业协会 & 戴德梁行联合发布。

表 7　香港挂牌 REITs(截至 2021 年 9 月 3 日)①

简称(代码)	上市时间	物业资产类型	市值	收益率
领展房产基金(823)	2005 年 11 月 25 日	综合	HK $ 148.83B	4.08%
置富产业信托(778)	2010 年 4 月 20 日	零售	HK $ 16.39B	5.94%
越秀房产投资信托基金(405)	2005 年 12 月 21 日	综合	HK $ 13.44B	6.02%
阳光房地产基金(435)	2006 年 12 月 21 日	综合	HK $ 8.21B	5.32%
泓富产业信托(808)	2005 年 12 月 16 日	综合	HK $ 4.79B	5.73%
冠君产业信托(2778)	2006 年 5 月 24 日	综合	HK $ 25.94B	5.66%
招商局商业房地产投资信托基金(1503)	2019 年 12 月 10 日	综合	HK $ 3.25B	8.96%
顺丰房托(2191)	2021 年 5 月 17 日	物流	HK $ 3.48B	—
富豪产业信托(1881)	2007 年 3 月 30 日	酒店	HK $ 5.01B	7.86%
汇贤产业信托(87001)	2011 年 4 月 29 日	综合	RMB11.92B	8.15%
春泉产业信托(1426)	2013 年 12 月 5 日	综合	HK $ 4.33B	7.22%
睿富中国商业房地产投资信托基金(625)(已停牌)	2007 年 6 月 22 日	综合		
开元产业投资信托基金(1275)(已停牌)	2013 年 7 月 10 日	酒店		

香港 REITs 以信托方式组成,是主要投资于房地产项目的集体投资计划,旨在向 REITs 持有人提供来自房地产项目的租金收入的回报。香港 REITs 的基本结构如图 10 所示:

① See https://www.hkex.com.hk/Market - Data/Securities - Prices/Real - Estate - Investment - Trusts? sc_lang = zh - HK.

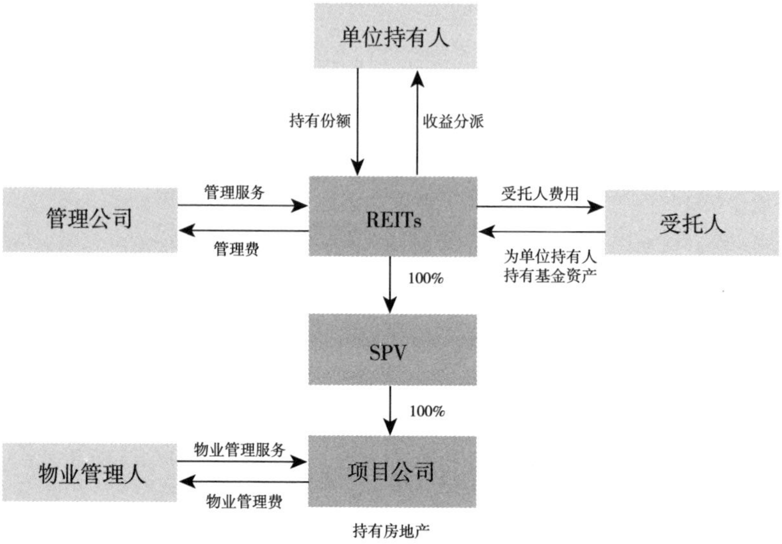

图 10 香港 REITs 的基本结构

REITs 通过出售基金单位获得的资金，根据其组成文件加以运用，以在其投资组合内维持、管理及购入房地产。REITs 需要任命香港证监会接纳的受托人，为持有人的利益而持有 REITs 的资产，监察管理公司的活动是否符合 REITs 组成文件及适用监管规定，且该受托人要与 REITs 的管理公司保持相互独立性。REITs 必须委任香港证监会接纳的管理公司，管理公司应根据 REITs 组成文件规定，为持有人的利益管理 REITs。《房地产投资信托基金守则》对 REITs 设定了一系列限制规定，主要包括：

(1)法律形式。信托。

(2)上市要求。所有在香港的 REITs 产品必须要在香港证监会规定的时间内在港交所挂牌上市，并符合相应的挂牌上市规定。

(3)持有人限制。REITs 的已发行单位数目总额至少 25% 必须由公众人士持有。

(4)投资限制。REITs 总资产价值至少 75% 必须投资于产生定期租金收入的房地产项目；一般不得参与物业发展及相关活动(不包括修缮、装修)，除非物业发展费用和购入空置或正进行大规模发展、重建或修缮的建筑物的未完成单位的投资不超过 REITs 总资产价值的 10%，该上限可提高至 25%，但必须是 REITs 组成文件所容许的,且必须取得受托人的事先同意;在满足重要原则和特定条件的前提下,允许投资于少数权益物业,但对该等少数权益物业的投资总额不得超过REITs 总资产价值的 10%;非合资格少数权益物业、物业发展、相关投资及其他附属投资的总额在不得超过 REITs 资产总值的25%(合资格少数权益物业的投资不计入以上 25% 的上限; REITs 在任何非合资格少数权益物业中所持有的价值不得超过其资产总值的 10%)。同时,一个 REIT 持有地产项目的时间不得低于 2 年,除非在单位信托证券持有人大会中,以一种特殊决议的方式来取得信托单位持有人同意。

(5)SPV。REITs 可成立和拥有 SPV 来持有其所投资的房地产项目,该等 SPV 必须合法且由 REITs 实际控制,REIT 必须在 SPV 中持有绝大多数比例和控制权。

(6)杠杆率。不得高于资产总值的 50%。

(7)利润分配要求。经审计的年度税后净收入的 90%。

目前香港市场共有两项酒店 REITs,分别是发起人为开元酒店集团的开元产业投资信托基金和发起人为富豪酒店国际控股的富豪产业信托。

开元产业投资信托基金是全球第一个专注中国内地的酒店产业的 REITs,其于 2013 年 7 月 10 日在港交所主板上市,挂牌价为 3.5 港元,总集资额约 6.75 亿港元。因招股反映不佳,原计划发行规模总集资额 16.45 亿 ~ 19.74 亿港元未能实现。开元集团是国内最大的民营星级酒店管理集团之一,开元产业投资信托基金的上市之时的物业资产为开元集团旗下 5 家自持的酒店物业,包括杭州开元名都大酒店、杭州千岛湖开元度假村、宁波开元名都大酒店、长春开元名都大酒店四家五星级酒店,以及浙江开元萧山宾馆一家四星级酒店。开元产业投资信托的主要目标为,透过开元产业投资信托的附属公司(初步酒店物业的注册拥有人及出租人)与开元酒店管理及其附属公司(承租人及酒店管理人)之间的酒店租约及管理协定,向基金单位持有人提供稳定分派及取得稳定收益。开元产业投资信托架构及开元集团关系如图 11 所示:

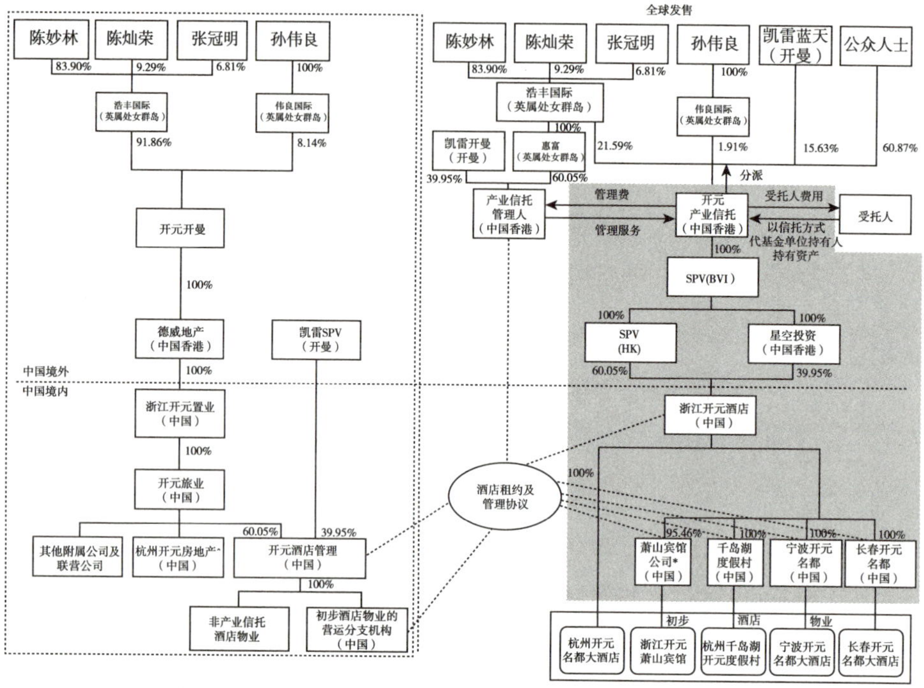

附注
（^）包括其附属公司及其直接或间接拥有权益的公司
未列入全球发售
开元产业信托及其特别目的投资工具
（*）萧山宾馆公司其余4.54%由29名独立第三方持有。

图 11　开元产业投资信托架构及与开元集团关系①

2021 年 4 月，开元产业投资信托基金将旗下 6 家酒店（开封开元名都大酒店、杭州开元名都大酒店、浙江开元萧山宾馆、杭州千岛湖开元度假村、宁波开元名都大酒店和长春开元名都大酒店）出售给控股股东浩丰国际有限公司。交易完成后，开元产业投资信托基金将无剩余的经营房地产资产，从而符合《房地产投资信托基金守则》及相关房地产投资信托基金经营的标准。

富豪产业信托②是 2006 年 12 月 11 日在香港成立的不动产投资信托，由富豪资产管理有限公司管理，于 2007 年上市。富豪产业信托的主要目标是通过积极增持酒店及策略型投资酒店、服务式住宅及商用物业，为富豪产业信托的基金单位持有

① 《开元产业投资信托基金招股说明书》第 25 页，载 http://www.ncreit.com/cn/upload/201306/201306241052299473.PDF。

② 参见富豪产业信托网，https://www.regalreit.com/orgstruct_cn.html。

人提供长远、稳定及增长的分派及资本增持。至 2020 年 12 月 31 日,富豪产业信托之物业组合包括:(1) 富豪机场酒店、富豪香港酒店、富豪九龙酒店、富豪东方酒店及丽豪酒店;(2)富荟湾仔酒店、富荟上环酒店、富荟炮台山酒店及富荟马头围酒店。

富豪产业信托为根据香港法例以基金单位信托形式成立的集体投资计划。富豪产业信托的管理人并非直接管理其投资物业。除富荟湾仔酒店外,所有酒店根据长期租赁协议出租于 Regal Hotels International Holdings Limited 的全资附属公司。承租人负责酒店业务的日常营运,并已为此根据长期酒店管理协议委聘富豪酒店国际有限公司为酒店管理人。富豪产业信托与酒店管理人就营运富荟湾仔酒店部分订立另一份酒店管理协议。富豪产业信托的受托人为德意志银行全资附属公司 DB Trustees (Hong Kong) Limited。受托人以信托形式为基金单位持有人的整体利益持有富豪产业信托的资产,并监督产业信托管理人的活动以符合信托契约及监管规定。

从外国及中国香港酒店业 REITs 的发展经验来看,REITs 结合了房地产和证券的投资属性,其投资组合多元化、市场流通性强、管理透明度高的特点,使公众投资者能受惠于投资房地产项目,并为房地产项目的发展提供新的融资渠道。对于开发商而言,REITs 可盘活存量资产、改善和丰富融资方式、减少负债和杠杆率、提升资产的管理水平以增加经营收益并带动资产价值提升。

在国际成熟资本市场中,REITs 产品已占有重要地位,并且为投资人带来了良好的收益回报。美国 REITs 的 10 年年化综合回报率超过 10.5%、中国香港为 10.8%、新加坡为 8.8%。我国 REITs 市场尚处于初期试点阶段,从目前已经上市的两批基础设施 REITs 产品的表现情况来看,有专业人士估计产权类和特许经营权类产品全周期投资的内部收益率(IRR)将至少达到 6% ~7%。[①] 虽然国内试点政策暂时仅允许基础设施类项目作为 REITs 产品的底层资产,但国内已有众多优质房地产项目采用 REITs 形式赴中国香港、新加坡上市融资,而且类 REITs 产品市场在国内也已经具有相当的规模。因此,随着国内商业房地产市场的不断成熟,推动我国 REITs 市场的发展,将其从基础设施项目领域拓展至包括酒店业在内的其他商业房地产领域,为国内优质房地产项目在国内上市融资提供机会与便利也必定是将来的发展趋势。

---

① 参见孙翔峰:《专家科普公募 REITs 预期收益率底层资产差异带来投资预期差》,载东方财富网,http://fund.eastmoney.com/a/202106041949652273.html。